भारत में मानवाधिकार

भारत—देश और लोग

भारत में मानवाधिकार

सुभाष शर्मा

nbt.india

एकः सूते सकलम्

राष्ट्रीय पुस्तक न्यास, भारत

NATIONAL BOOK TRUST, INDIA

ISBN 978-81-237-5578-6

पहला संस्करण : 2009

सातवीं आवृत्ति : 2020 (*शक* 1941)

Bharat Mein Manavadhikar *(Hindi)*

₹ **155.00**

निदेशक, राष्ट्रीय पुस्तक न्यास, भारत

नेहरू भवन, 5 इंस्टीट्यूशनल एरिया, फेज-II

वसंत कुंज, नई दिल्ली-110 070 द्वारा प्रकाशित

Website:www.nbtindia.gov.in

विषय-सूची

भूमिका

यह पुस्तक समाज के विभिन्न वर्गों (विशेषकर वंचितों) के हितों को ध्यान में रखकर लिखी गई है। मानवाधिकार सभी व्यक्तियों को मात्र मनुष्य होने के कारण प्राप्त अधिकार हैं जो अहरणीय, अविभाज्य एवं अंतर-निर्भर हैं तथा जिनमें किसी प्रकार का भेदभाव नहीं बरता जा सकता। किंतु जैसा कि महान राजनैतिक विचारक जे.जे. रूसो ने कहा था : "मनुष्य स्वतंत्र पैदा होता है किंतु सर्वत्र जंजीरों में जकड़ा रहता है" (मैन इज बॉर्न फ्री बट इज एव्रीव्हेयर इन चेन्स)। इसलिए आज यह जरूरी हो गया है कि भारत के सभी नागरिक यह जानें कि भारतीय संविधान तथा अन्य कानूनों के तहत उन्हें क्या-क्या अधिकार प्राप्त हैं और उनका उल्लंघन होने पर सही समय पर सही जगह पर वे कैसे कानूनी कार्रवाई करें। बच्चों, महिलाओं, दलितों, अल्पसंख्यकों, बंधुआ मजदूरों और कैदियों को विशिष्ट मानवाधिकार प्राप्त हैं जबकि सभी लोगों को बहुत सारे सामान्य अधिकार प्राप्त हैं जिनमें शिक्षा, स्वास्थ्य, भोजन, काम, सूचना, स्वच्छ पर्यावरण, शांति आदि प्रमुख हैं। माननीय सर्वोच्च न्यायालय, उच्च न्यायालयों तथा राष्ट्रीय मानवाधिकार आयोग के तमाम निर्णय लोगों के अधिकारों के संरक्षण के लिए होते हैं, अथवा उल्लंघन करने पर दंड के रूप में होते हैं। मगर कानून न्याय तक पहुंचने के माध्यम हैं, वे स्वयं न्याय नहीं हैं, इस तथ्य को विधिवेत्ता नहीं भूलें। यह भी सच है कि भीतरी तथा बाहरी विध्वंसक शक्तियां देश में आतंकवाद, उग्रवाद, नक्सलवाद आदि के रूप में कानून की खिल्ली उड़ाती हैं जिनके पीछे कभी-कभी कुछ आवश्यक एवं जायज मांगें हो सकती हैं अथवा भारत की अखंडता एवं संप्रभुता को खतरा पहुंचाने की सुनियोजित साजिश होती है। प्रायः बड़े-बड़े नगरों में सरकारी प्रतिष्ठान और भीड़ हिंसा के लक्ष्य होते हैं। इसीलिए समय का तकाजा है कि देश में सुशासन मनसा-वाचा-कर्मणा लागू हो जिससे हिंसा का सहारा कोई न ले और शासन-प्रशासन में पारदर्शिता पग-पग पर झलके तथा आम लोग नाना प्रकार की तिकड़मों और परेशानियों से बचें। इन्हीं सवालों की विवेचना इस पुस्तक में सांगोपांग की गई है। इस पुस्तक में व्यक्त विचार मेरे निजी हैं और मेरी समझ एवं अनुभव पर आधारित हैं। चूंकि मानवाधिकारों पर कोई प्रामाणिक पुस्तक हिंदी में उपलब्ध नहीं है, इसलिए आशा की जाती है कि समाज के तमाम वर्ग (शिक्षार्थी से शिक्षक तक बुद्धिजीवी से आम नागरिक तक) किसी-न-किसी रूप में इससे अवश्य लाभान्वित होंगे। प्रबुद्ध पाठकों से विभिन्न सृजनात्मक सुझावों का स्वागत है।

15 मई, 2007 **सुभाष शर्मा**

पटना

1

मानवाधिकार : इतिहास के आईने में

मानवाधिकार को दो तरह से ऐतिहासिक परिप्रेक्ष्य में देखा जा सकता है : पाश्चात्य इतिहास के संदर्भ में और भारतीय इतिहास के संदर्भ में। सबसे पहले हम पाश्चात्य इतिहास के संदर्भों की चर्चा करेंगे। पश्चिमी देशों में सबसे पहले ब्रिटेन में सन् 1215 ई॰ में सामंतों (फ्यूडल लार्ड्स) और ब्रिटेन के सम्राट के बीच समझौता हुआ था जो 'मैग्ना कार्टा' (Magna Carta) यानी 'ग्रेट चार्टर' के नाम से जाना जाता है। बाद में वहां ट्यूडर शासनकाल में सामंतवाद की अवनति के फलस्वरूप मैग्ना कार्टा के सिद्धांतों को भुला दिया गया। इस मैग्ना कार्टा में अन्य बिंदुओं के अलावा एक महत्वपूर्ण बात यह थी कि स्वतंत्र व्यक्ति की गिरफ्तारी सिर्फ किसी कानून के तहत ही हो सकती है। किंतु यह अधिकार नागरिक अधिकार तक ही सीमित था। एक लंबे अरसे बाद 17वीं सदी में वहां लोकतंत्र बहाल किया गया और पुनः मैग्ना कार्टा लागू कर दिया गया। सन् 1627 में 'अधिकारों की याचिका' और 1688 में 'अधिकारों के विधेयक' में भी मानवाधिकार शामिल किए गए। मानवाधिकारों के संदर्भ में 18वीं शताब्दी में चार महत्वपूर्ण घटनाएं घटीं :

(क) द्वितीय महाद्वीपीय कांग्रेस की स्वतंत्रता की घोषणा (1776)

(ख) फ्रांसीसी क्रांति (1789), तथा मनुष्य एवं नागरिक के अधिकारों की घोषणा (1789)

(ग) अमेरिकी विधिशास्त्र एवं अधिकार विधेयक, 1791

(घ) नेपोलियन की यूरोपीय देशों पर विजय

4 जुलाई, 1776 को द्वितीय महाद्वीपीय कांग्रेस (सेकंड कांटिनेंटल कांग्रेस), जिसमें उत्तर अमेरिका के अंग्रेजी उपनिवेशों के प्रतिनिधि शामिल हुए थे, ने ब्रिटेन से अपनी स्वतंत्रता की घोषणा की तथा यह माना : "सभी मनुष्य जन्म से समान हैं, उनके स्रष्टा ने उन्हें कुछ अहरणीय अधिकारों से संपन्न किया है; इन अधिकारों में जीवन, स्वतंत्रता तथा सुख की तलाश के अधिकार शामिल हैं। इन अधिकारों को सुरक्षित करने के लिए सरकारों की स्थापना की गई जिनकी न्यायसम्मत सत्ता का स्रोत शासितों की सम्पति होती है। जब भी कोई सरकार, चाहे वह किसी प्रकार की हो, इन उद्देश्यों के लिए घातक बन जाती है,

तब संबंधित जन-समाज को यह अधिकार है कि वह उस सरकार को बदलकर या मिटाकर ऐसी एक नई सरकार की स्थापना करे जो उस जन-समाज को सुरक्षा और सुख प्रदान करने की संभावनाओं से आपूरित सिद्धांतों की बुनियाद पर खड़ी हो और जिसकी सत्ता का संगठन तदनुरूप किया गया हो।" इस प्रकार इस घोषणा में सभी व्यक्तियों को समान रूप से जीवन, स्वतंत्रता तथा सुख के अधिकारों के साथ-साथ जन-विरोधी सरकार को हटाने की भी बात कही गई क्योंकि तत्कालीन ब्रिटिश सम्राट बार-बार चोट पहुंचाने, गैर-कानूनी तरीके से सब कुछ हथियाने और तानाशाही कायम करने का कार्य कर रहे थे। जून-जुलाई 1789 में फ्रांस की जनता ने अनुभव किया कि मनुष्य के अधिकारों की अज्ञानता, उपेक्षा तथा अवहेलना के कारण सरकारी तंत्र निरंकुश एवं भ्रष्ट हो गया है। अतः जनता और उसके प्रतिनिधियों (राष्ट्रीय सभा) के आंदोलन के फलस्वरूप 26 अगस्त, 1789 को मानव एवं नागरिक के अधिकारों की घोषणा अंगीकार की गई जो इस प्रकार है :

1. मनुष्य स्वतंत्र और समान अधिकारों के साथ जन्म लेते हैं और स्वतंत्रता तथा समान अधिकारों के साथ ही जीवित रहते हैं। सामाजिक विभेद तो हो सकते हैं, मगर उनका आधार केवल यही हो सकता है कि वे सामान्य रूप से सबके लिए उपयोगी हों।
2. सभी राजनीतिक संगठनों का लक्ष्य मनुष्य के प्राकृतिक और सहज अधिकारों की रक्षा करना है। ये हैं स्वतंत्रता, संपत्ति, सुरक्षा एवं अत्याचार के प्रतिरोध के अधिकार।
3. समस्त प्रभुसत्ता का सिद्धांत तत्वतः राष्ट्र में निहित है। कोई भी संस्था और कोई भी व्यक्ति ऐसी सत्ता का प्रयोग करने का अधिकारी नहीं है जो स्पष्ट रूप से राष्ट्र से प्राप्त नहीं होती।
4. स्वतंत्रता ऐसा कोई कार्य करने की शक्यता में निहित है जिससे दूसरे को हानि न हो। इसलिए प्रत्येक व्यक्ति के प्राकृतिक अधिकार पर सिवाय उन मर्यादाओं के और कोई बंधन नहीं है जो समाज के अन्य सदस्यों को वैसे ही अधिकारों के उपभोग के बारे में आश्वस्त करती है। वे मर्यादाएं केवल कानून द्वारा ही निर्धारित की जा सकती हैं।
5. कानून वैध रूप से केवल उन्हीं कार्यों का निषेध कर सकता है जो समाज के लिए हानिकारक हैं। जिस कार्य का कानून के द्वारा निषेध नहीं किया गया हो, उसके मार्ग में कोई बाधा नहीं पैदा की जानी चाहिए और न किसी व्यक्ति को वैसा कार्य करने के लिए बाध्य करना चाहिए जो कानून द्वारा अपेक्षित नहीं है।
6. कानून सभी लोगों की इच्छा की अभिव्यक्ति है। कानून के निर्माण में सभी नागरिकों को स्वयं या अपने प्रतिनिधियों के जरिए भाग लेने का अधिकार

है। कानून सुरक्षा या दंड देने के बारे में सबके लिए एक ही होना चाहिए। चूंकि सभी नागरिक कानून की दृष्टि में समान हैं, इसलिए योग्यता के अनुसार, लेकिन अपने गुणों और प्रतिभाओं के भेद को छोड़कर और किसी भी भेद के बिना, सभी लोग सरकारी प्रतिष्ठाओं, पदों और नौकरियों को प्राप्त करने के अधिकारी हैं।

7. कानून द्वारा निर्धारित मामलों और कानून द्वारा निश्चित रूपों को छोड़कर अन्य किसी भी मामले और रूप में किसी मनुष्य पर अभियोग नहीं लगाया जा सकता और न उसे गिरफ्तार या नजरबंद किया जा सकता है। जो लोग मनमाने आदेश जारी करने के लिए उकसाते हैं, उसमें तेजी लाते हैं, उस पर अमल करते हैं या करवाते हैं, उन्हें दंडित किया जाना चाहिए। मगर कानूनी तौर पर बुलाए गए या गिरफ्तार किए गए नागरिक को तत्काल आदेश का पालन करना चाहिए जिसका प्रतिरोध करने से उसे दोषी समझा जाएगा।
8. कानून द्वारा नितांत आवश्यक सजाएं ही निर्धारित की जानी चाहिए। अपराध के पूर्व स्थापित एवं घोषित वैध रूप से अमल में लाए गए कानून के द्वारा ही किसी को सजा दी जानी चाहिए, अन्य तरीके से नहीं।
9. हर मनुष्य को तब तक निर्दोष माना जाएगा जब तक उसका दोष सिद्ध नहीं हो जाता। इसलिए यदि उसे हिरासत में रखना अनिवार्य माना जाता है, तो हिरासत में अनावश्यक कठोरता का कानून में निषेध होना चाहिए।
10. किसी व्यक्ति को उसके मत के लिए, भले ही वह धार्मिक मामले से संबंधित हो, तब तक परेशान नहीं करना चाहिए जब तक ऐसे मत की अभिव्यक्ति से कानून द्वारा स्थापित सार्वजनिक व्यवस्था भंग नहीं होती।
11. विचार मत का निर्बाध संप्रेषण मनुष्य के अत्यंत मूल्यवान अधिकारों में से है। इसलिए प्रत्येक नागरिक मुक्त भाव से जो चाहे बोल या लिख सकता है अथवा छपा सकता है लेकिन इसका ध्यान रखे कि वह ऐसा आचरण न करे जो कानून की दृष्टि में इस स्वतंत्रता का दुरुपयोग है।
12. मनुष्य एवं नागरिक के अधिकारों की रक्षा के लिए राजकीय बलों की आवश्यकता होती है। इसलिए ये सबके लाभ के लिए संगठित किए जाते हैं न कि उनके लाभ के लिए जिनके अधीन इन्हें रखा जाता है।
13. राजकीय बलों के अनुरक्षण तथा प्रशासन के व्यय के लिए सामान्य कराधान आवश्यक है। करों का बोझ सभी नागरिकों पर उनकी अदायगी की क्षमता के अनुसार समान रूप से वितरित किया जाना चाहिए।
14. सभी नागरिकों को यह अधिकार है कि वे व्यक्तिगत रूप से या अपने प्रतिनिधियों के माध्यम से सार्वजनिक करों की आवश्यकता के बारे में जानकारी

प्राप्त करें, उनके भुगतान के लिए स्वेच्छा से राजी हों, उनसे होने वाली आय के उपयोग पर नजर रखें और तय करें कि किसे कितना कर देना है, कर-निर्धारण और करों की वसूली का तरीका और उसकी अवधि क्या हो।

15. समाज को प्रशासन के प्रत्येक लोक सेवक (अभिकर्त्ता) को अपने प्रति जिम्मेदार मानने का अधिकार है।

16. जिस समाज में नागरिकों की सुरक्षा सुनिश्चित नहीं है, या शक्ति का पृथक्करण निर्धारित नहीं है, उस समाज के बारे में ऐसा नहीं माना जा सकता कि उसका कोई संविधान है।

17. संपत्ति का अधिकार अजेय और पवित्र अधिकार है। इसलिए किसी को संपत्ति से तब तक वंचित नहीं किया जा सकता जब तक कानून द्वारा प्रमाणित किसी स्पष्ट सार्वजनिक आवश्यकता की पूर्ति के लिए ऐसा करना जरूरी न हो। इस स्थिति में भी उससे उसकी संपत्ति तभी ली जा सकती है जब उसे उसका उचित मुआवजा अग्रिम दे दिया जाए।

इस प्रकार फ्रांसीसी क्रांति (1789) के जो तीन मुख्य नारे थे : समता, स्वतंत्रता और बंधुत्व (भाईचारा), 'मनुष्य एवं नागरिक के अधिकारों की उद्घोषणा' (1789) में ये तीनों अधिकार शामिल थे। किंतु इस उद्घोषणा में दो विशेषताएं उल्लेखनीय थीं। पहली, ये अधिकार सिर्फ पुरुषों को प्राप्त थे, स्त्रियों को नहीं। दूसरे, ये अधिकार सिर्फ नागरिकों को प्राप्त थे, गुलामों को नहीं। अर्थात स्त्रियों और गुलामों को इन तीन आधारभूत मानवाधिकारों से वंचित रखा गया। इसके पश्चात् 1791 में अमेरिकी विधिशास्त्र तथा अधिकार विधेयक मानवाधिकारों का प्रतीक था। मगर इसमें भी नागरिकों के लिए ही लोकतांत्रिक अधिकार शामिल थे। फ्रांसीसी क्रांति और अधिकारों की घोषणा ने अमेरिका की संविधान-निर्माण प्रक्रिया को प्रभावित किया। इसी प्रकार नेपोलियन की यूरोपीय देशों की विजय (18-19वीं सदी) ने भी मानवीय गरिमा, समता, स्वतंत्रता और जीने के अधिकार को समूचे यूरोप के राजनैतिक धरातल पर ला दिया। इसमें कोई संदेह नहीं कि बीसवीं सदी के पूर्वार्द्ध में प्रथम और द्वितीय विश्वयुद्धों तथा अन्य अंतर्राष्ट्रीय संघर्षों जैसी घटनाओं ने मानवाधिकार हनन का मुद्दा अंतर्राष्ट्रीय फलक पर केंद्रित कर दिया क्योंकि सशस्त्र संघर्षों में करीब दस करोड़ लोग मारे गए थे और करोड़ों लोग घायल हुए थे। उसके अलावा 13 करोड़ अन्य मौतें राजनीति से जुड़ी हिंसक घटनाओं में हुईं। इसीलिए 1914-45 के कालखंड को 'विध्वंस काल' कहा गया है। धीरे-धीरे मानवाधिकारों के संरक्षण के लिए विभिन्न देशों और नागरिकों में जागरूकता पैदा हुई जिसके फलस्वरूप अमेरिका के तत्कालीन राष्ट्रपति रूजवेल्ट ने 1941 में घोषणा की कि सभी देशों के सभी नागरिकों को चार प्रकार की आजादी है : भय से मुक्ति, भूख से मुक्ति, अभिव्यक्ति की स्वतंत्रता तथा पूजा करने की स्वतंत्रता। दोनों महायुद्धों के दौरान हुई जान-माल की क्षति के कारण,

फासीवाद के बढ़ते खतरे के कारण, विभिन्न उपनिवेशों के द्वारा शुरू किए गए स्वतंत्रता आंदोलनों के कारण तथा सोवियत रूस में हुई समाजवादी क्रांति (अक्तूबर 1917) के कारण प्रस्तुत किए गए विकल्पों की प्रेरणा से मानवाधिकार का मुद्दा समूचे विश्व में तेजी से महत्वपूर्ण हो गया। उल्लेखनीय है कि अखिल रूसी सोवियत कांग्रेस ने **'श्रमिक और शोषित जनों के अधिकारों की घोषणा'** 1918 में की जिसमें मनुष्य द्वारा मनुष्य के शोषण का उन्मूलन, समाज के वर्ग-विभाजन की पूर्ण समाप्ति, समाजवादी संगठन की स्थापना सभी देशों में समाजवाद की विजय के मूल कर्तव्य आदि को शामिल किया गया। जिसके महत्वपूर्ण बिंदु निम्नलिखित हैं :

1. भूमि का समाजीकरण करने के लिए भूमि का निजी स्वत्वाधिकार समाप्त किया जाता है और संपूर्ण भूमि निचय (लैंड रिजर्व) को जनता की सामान्य संपत्ति घोषित किया जाता है तथा श्रमिकों को, बिना कीमत के, भूमि के समान उपयोग के सिद्धांत के आधार पर सौंपा जाता है।
2. कारखानों, खानों, रेल निकायों तथा उत्पादन, परिवहन के अन्य साधनों को पूर्ण रूप से सोवियत श्रमिकों तथा कृषकों के गणराज्य के अधिकार में सौंपने की दिशा में प्रथम कदम के तौर पर, शोषकों पर श्रमिकों की सत्ता को प्रतिष्ठित करने के प्रयोजन से, श्रमिकों के नियंत्रण तथा सर्वोच्च आर्थिक परिषद से संबंधित कानून की पुष्टि की जाती है।
3. मेहनतकश जन-साधारण को पूंजी की अधीनता से मुक्त कराने की एक स्थिति के तौर पर सभी बैंकों को श्रमिकों और किसानों के राज्य के अधिकार में सौंपने की कार्रवाई की पुष्टि की जाती है।
4. समाज के परजीवी वर्गों को मिटाने तथा आर्थिक जीवन को संगठित करने के उद्देश्य से सभी के लिए श्रम के रूप में अपनी सेवा देने की बाध्यता आरंभ की जा रही है।
5. सारी सत्ता श्रमिकों के हाथों में रहे और शोषकों की सत्ता के पुनः प्रतिष्ठित होने की कोई आशंका न रह जाए, इस उद्देश्य से श्रमिकों को हथियारबंद करने, श्रमिकों तथा किसानों की लाल सेना से संगठन और संपत्तिवान वर्गों के पूर्ण निःशस्त्रीकरण की डिक्री (आज्ञप्ति) जारी की जाती है।
6. साम्राज्यवाद के चंगुल से छुड़ाने, एक-दूसरे से युद्धरत सेनाओं का श्रमिकों एवं किसानों के साथ व्यापकतम भ्रातृत्व स्थापित करने, किसी भी कीमत पर क्रांतिकारी उपायों से विभिन्न जन-समाजों के बीच किसी अन्य राज्य के प्रदेशों को अपने राज्य में मिलाने और किसी प्रकार का अंशदान लेने की शर्त के बिना राष्ट्रों के स्वतंत्र आत्म-निर्णय के आधार पर लोकतांत्रिक शांति स्थापित करने की नीति का संविधान सभा समर्थन करती है।

7. इन्हीं उद्देश्यों को ध्यान में रखकर संविधान सभा बुर्जुआ सभ्यता की उस बर्बरतापूर्ण नीति से पूर्ण संबंध-विच्छेद का आग्रह करती है जो एशिया के सामान्यतः सभी उपनिवेशों और छोटे देशों के करोड़ों मानवों की गुलामी की बुनियाद पर कुछ चुनिंदा राष्ट्रों में शोषकों की समृद्धि का महल खड़ा कर रही है।

यदि हम फ्रांस की 'मनुष्य एवं नागरिक के अधिकारों की घोषणा' (1789) तथा सोवियत रूस की 'श्रमिक एवं शोषित जनों के अधिकारों की घोषणा' (1918) की तुलना करें, तो पाते हैं कि पहले में नागरिक तथा राजनैतिक अधिकारों एवं लोकतंत्र पर जोर है जबकि दूसरे में सर्वहारा वर्ग के सामाजिक-आर्थिक अधिकारों, तथा साम्राज्यवाद-विरोध एवं समाजवाद पर ज्यादा जोर है। ऐसा इसलिए है क्योंकि फ्रांसीसी क्रांति उदारवादी लोकतांत्रिक क्रांति थी जबकि सोवियत रूसी क्रांति समाजवादी क्रांति थी। फिर भी दोनों क्रांतियों से मानवाधिकारों की भूमिका बढ़ती गई।

संयुक्त राष्ट्र संघ का अधिकार-पत्र : (Charter of United Nations Organisation) द्वितीय विश्वयुद्ध के दौरान फासीवादी शक्तियों के विरुद्ध ब्रिटेन, संयुक्त राज्य अमेरिका, सोवियत संघ, चीन आदि देश लड़ते रहे। 25 अप्रैल, 1945 को अमेरिका के सैन फ्रांसिस्को नगर में 50 देशों (भारत सहित) के प्रतिनिधियों का एक सम्मेलन संपन्न हुआ। 25 जून, 1945 को इन देशों ने 'संयुक्त राष्ट्र संघ के अधिकार-पत्र' पर हस्ताक्षर किए जिसमें संयुक्त राष्ट्र संघ के गठन की व्यवस्था की गई थी। यह अधिकार-पत्र 24 अक्तूबर, 1945 को लागू हो गया। इसके उद्देश्य निम्नलिखित थे–

(क) युद्ध के जिस अभिशाप ने हमारे जीवन-काल में ही मानव जाति को दो बार अकथनीय विपत्ति में डाला है, उससे भावी पीढ़ियों की रक्षा के लिए;

(ख) मूल मानवाधिकारों में, व्यक्ति की गरिमा एवं महत्व में पुरुषों और स्त्रियों तथा छोटे व बड़े राष्ट्रों के समान अधिकारों में अपनी आस्था की पुनः पुष्टि के लिए;

(ग) जिन परिस्थितियों में न्याय की तथा संधियों एवं अंतर्राष्ट्रीय कानून के प्रति सम्मान की भावना की रक्षा हो, ऐसी परिस्थितियों को कायम रखने के लिए;

(घ) आर्थिक स्वतंत्रता के वातावरण में सामाजिक प्रगति तथा उच्चतर जीवन-स्तर को बढ़ावा देने के लिए;

(ङ) सहिष्णुता का आचरण करने तथा अच्छे पड़ोसियों की तरह एक-दूसरे के साथ शांतिपूर्वक रहने के लिए;

(च) अंतर्राष्ट्रीय शांति तथा सुरक्षा कायम रखने हेतु हमारी शक्ति को एकजुट करने के लिए;

(छ) उपयुक्त सिद्धांतों की स्वीकृति तथा उपयुक्त पद्धतियों की स्थापना द्वारा यह

सुनिश्चित करने के लिए कि सामान्य हितों की सिद्धि के अलावा और किसी प्रयोजन से सशस्त्र बल का प्रयोग नहीं किया जाएगा; तथा

(ज) सभी जन-समाजों की आर्थिक तथा सामाजिक प्रगति को बढ़ावा देने के निमित्त अंतर्राष्ट्रीय तंत्र का उपयोग करने के लिए।

इस अधिकार-पत्र के अनुच्छेद-1(3) में स्पष्ट प्रावधान है, "आर्थिक, सामाजिक, सांस्कृतिक या मानवीय किस्म की अंतर्राष्ट्रीय समस्याओं के समाधान में, और नस्ल, लिंग, भाषा या धर्म के आधार पर कोई विभेद किए बिना मानवाधिकारों तथा सबकी स्वतंत्रताओं को बढ़ावा देने और उनके प्रति सम्मान की भावना को प्रोत्साहन देने के कार्य में अंतर्राष्ट्रीय सहयोग प्राप्त करने के लिए।" इसके अतिरिक्त अनुच्छेद-55 में मानवाधिकारों को व्यापक रूप में संरक्षित करने का प्रावधान किया गया है, "स्थिरता और मानव कल्याण की ऐसी परिस्थितियां पैदा करने के लिए, जो विभिन्न जन-समाजों के समान अधिकारों और आत्म-निर्णय के सिद्धांत के प्रति सम्मान की भावना के आधार पर राष्ट्रों के बीच शांतिपूर्ण व मित्रतापूर्ण संबंधों के लिए आवश्यक है, संयुक्त राष्ट्र संघ :

(क) उच्चतर जीवन-स्तर, सबके लिए रोजगार, आर्थिक तथा सामाजिक प्रगति, तथा विकास की परिस्थितियों को बढ़ावा देगा,

(ख) आर्थिक, सामाजिक, स्वास्थ्य विषयक तथा अन्य संबंधित समस्याओं के समाधान को तथा अंतर्राष्ट्रीय सांस्कृतिक एवं शैक्षिक सहयोग को बढ़ावा देगा;

(ग) नस्ल, लिंग, भाषा या धर्म का विभेद किए बिना सबके मानवाधिकारों और मूल स्वतंत्रताओं के लिए सार्वभौमिक सम्मान की भावना तथा उसके पालन की वृत्ति को बढ़ावा देगा।"

मानवाधिकारों की सार्वभौमिक घोषणा (1948)
(Universal Declaration of Human Rights)

द्वितीय विश्वयुद्ध के बाद संयुक्त राष्ट्र की स्थापना 1945 में हुई और इसके सदस्य राष्ट्रों की आम सहमति से 10 दिसंबर, 1948 को 'मानवाधिकारों की सार्वभौमिक घोषणा' हुई जिसमें प्रस्तावना के अतिरिक्त 30 अनुच्छेद हैं। इस घोषणा के पूर्व तीन वर्षों तक विभिन्न चिंतकों, स्वयंसेवी संस्थाओं और राष्ट्रों ने मानवाधिकारों पर गंभीर चर्चा-परिचर्चा की थी। मानवाधिकारों की सार्वभौमिक घोषणा के मुख्य उद्देश्य इस प्रकार हैं :

(क) चूंकि मानव-परिवार के सभी सदस्यों की अंतर्निहित गरिमा एवं सम्मान तथा अहरणीय अधिकारों की मान्यता विश्व में स्वतंत्रता, न्याय एवं शांति की आधारशिला है;

(ख) चूंकि मानवाधिकारों की उपेक्षा एवं अवमानना के परिणामस्वरूप ऐसे बर्बरतापूर्ण कृत्य हुए हैं जिनसे मानवता की अंतरात्मा को घोर आघात पहुंचा

है, तथा चूंकि जिस दुनिया में सारे मानव अभिव्यक्ति एवं आस्था की स्वतंत्रता का उपभोग करेंगे तथा भय एवं अभाव से मुक्त होंगे, ऐसी दुनिया के प्रादुर्भाव को आम लोगों की सर्वोच्च आकांक्षा घोषित किया गया है।

(ग) चूंकि यदि मनुष्य को अंततः निरंकुशता तथा अत्याचार के विरुद्ध विद्रोह करने के लिए मजबूर नहीं करना है, तो मानवाधिकारों का संरक्षण विधि के शासन (Rule of law) द्वारा किया जाना आवश्यक है।

(घ) चूंकि विभिन्न राष्ट्रों के बीच मैत्रीपूर्ण संबंधों को बढ़ाना जरूरी है।

(ङ) चूंकि संयुक्त राष्ट्र के जन-समाजों संयुक्त राष्ट्र अधिकार-पत्र में मौलिक मानवाधिकारों, मनुष्य की गरिमा तथा महत्व तथा पुरुषों एवं स्त्रियों के समान अधिकारों में अपनी आस्था व्यक्त की है, और अधिक स्वतंत्रता के वातावरण में सामाजिक प्रगति तथा बेहतर जीवन-स्तर का संवर्द्धन करने के लिए निश्चय किया है;

(च) चूंकि संयुक्त राष्ट्र के सहयोग से, सदस्य राष्ट्रों ने स्वयं मौलिक स्वतंत्रताओं तथा मानवाधिकारों के सार्वभौमिक सम्मान तथा कार्यान्वयन के संवर्द्धन हेतु संकल्प लिया है;

(छ) चूंकि इस संकल्प को पूर्णतः कार्यरूप देने के लिए इन अधिकारों और स्वतंत्रताओं की साझी समझ सर्वाधिक महत्वपूर्ण है;

इसलिए सभी लोगों तथा सभी राष्ट्रों के लिए एक साझे उपलब्धि-स्तर के रूप में (संयुक्त राष्ट्र की) महासभा 'मानवाधिकारों की सार्वभौमिक घोषणा' इस उद्देश्य हेतु घोषित करती है कि इस घोषणा को सतत रूप से ध्यान में रखते हुए प्रत्येक व्यक्ति तथा समाज का अंग प्रचार एवं शिक्षण के जरिए इन अधिकारों एवं स्वतंत्रताओं के लिए सम्मान में संवृद्धि करने का प्रयास करेगा, तथा राष्ट्रीय व अंतरर्राष्ट्रीय प्रगतिशील उपायों के द्वारा स्वयं सदस्य राष्ट्रों के लोगों के बीच तथा उनके क्षेत्राधिकार में पड़ने वाले क्षेत्रों के लोगों के बीच, उनकी सार्वभौमिक तथा प्रभावकारी मान्यता एवं कार्यान्वयन की स्थिति सुनिश्चित करने का प्रयास करेगा। इन मानवाधिकारों को निम्नलिखित श्रेणी में बांटा जा सकता है :

(1) नागरिक स्वतंत्रताएं

(1) सभी मनुष्य जन्म से स्वतंत्र एवं समान गरिमा व अधिकारों से युक्त हैं। उनमें विवेक और अंतःकरण होता है तथा उन्हें एक-दूसरे के साथ बंधुत्व की भावना से व्यवहार करना चाहिए। (अनुच्छेद-1)

(2) नस्ल, लिंग, रंग, भाषा, धर्म, राजनैतिक या अन्य विचार, राष्ट्रीय या सामाजिक मूल, संपत्ति, जन्म आदि किसी प्रकार के भेदभाव के बिना प्रत्येक मनुष्य इस

घोषणा में वर्णित अधिकारों व स्वतंत्रताओं का अधिकारी है। (अनुच्छेद-2)

(3) प्रत्येक व्यक्ति को जीवन, स्वतंत्रता तथा अपने शरीर की सुरक्षा का अधिकार है (अनुच्छेद-3)

(4) किसी को भी दास बनाकर नहीं रखा जाएगा तथा दासता व दास-व्यापार निषिद्ध होंगे। (अनुच्छेद-4)

(5) किसी को भी मानवीय एवं अपमानजनक यातना नहीं दी जाएगी। (अनुच्छेद-5)

(6) कानून की दृष्टि में सभी समान हैं तथा उन्हें एक व्यक्ति के रूप में मान्यता दी जाएगी। (अनुच्छेद-6, 7)

(7) मूलाधिकारों का उल्लंघन होने पर स्वतंत्र राष्ट्रीय न्यायाधिकरण में प्रतिकार करने हेतु सभी को सार्वजनिक सुनवाई का अधिकार होगा तथा दोषसिद्ध होने तक निर्दोष माना जाएगा। (अनुच्छेद-8, 10, 11)

(8) किसी को भी मनमाने तौर पर गिरफ्तार, नजरबंद या निर्वासित नहीं किया जाएगा। (अनुच्छेद-9)

(9) किसी की निजता, घर, परिवार और पत्र-व्यवहार में मनमाना हस्तक्षेप नहीं किया जाएगा। (अनुच्छेद-12)

(10) प्रत्येक व्यक्ति को अपने देश में आने-जाने एवं बसने का अधिकार है तथा दूसरे देश में जाने और अपने देश में लौटने या अत्याचार से बचने के लिए दूसरे देश में शरण पाने का भी अधिकार है। (अनुच्छेद-13, 14)

(11) प्रत्येक व्यक्ति को विचार, अंतःकरण तथा धर्म की स्वतंत्रता का अधिकार है। (अनुच्छेद-18)

(2) राजनैतिक अधिकार

(1) प्रत्येक व्यक्ति को राष्ट्रीयता का अधिकार है, उसे अपनी राष्ट्रीयता से मनमाने तौर पर वंचित नहीं किया जाएगा तथा उसे अपनी राष्ट्रीयता बदलने का भी अधिकार होगा। (अनुच्छेद-15)

(2) प्रत्येक व्यक्ति को कोई भी मत रखने और उसे अभिव्यक्त करने का अधिकार है। (अनुच्छेद-19)

(3) प्रत्येक व्यक्ति को शांतिपूर्ण सम्मेलन करने या किसी संघ में शामिल होने का अधिकार है। (अनुच्छेद-20)

(4) प्रत्येक व्यक्ति को सीधे या अपने प्रतिनिधियों के माध्यम से अपने देश के शासन में भाग लेने का अधिकार है, सरकारी सेवाओं में प्रवेश का अधिकार है, तथा जनता की इच्छा (चुनाव के जरिए व्यक्त) सरकार की सत्ता का आधार होगी। (अनुच्छेद-21)

(3) सामाजिक अधिकार

(1) सभी वयस्क पुरुषों एवं स्त्रियों को मूलवंश, राष्ट्रीयता या धर्म की मर्यादा के बिना विवाह करने तथा घर बसाने का अधिकार है, विवाह दोनों की स्वतंत्र एवं पूर्ण सहमति से होगा। (अनुच्छेद-16)

(2) प्रत्येक व्यक्ति को सामाजिक सुरक्षा का अधिकार है। (अनुचछेद 22)

(3) हर व्यक्ति को शिक्षा पाने का अधिकार है। प्राथमिक शिक्षा निःशुल्क एवं अनिवार्य होगी। तकनीकी/व्यवसायी शिक्षा सामान्य रूप से उपलब्ध होगी तथा प्रतिभा के आधार पर सबको उच्च शिक्षा पाने की समान सुविधा होगी। मां-बाप का अधिकार होगा कि उनके बच्चे को कैसी शिक्षा मिले। (अनुच्छेद-26)

(4) प्रत्येक व्यक्ति को समुदाय के सांस्कृतिक जीवन में निर्बाध रूप से भाग लेने, कलाओं का आनंद उठाने तथा वैज्ञानिक प्रगति और उसके लाभों में हिस्सेदारी का अधिकार है। (अनुच्छेद-27)

(5) प्रत्येक व्यक्ति ऐसी सामाजिक व अंतर्राष्ट्रीय व्यवस्था का अधिकारी है जिसमें इस घोषणा में वर्णित अधिकारों व स्वतंत्रताओं को पूर्ण रूप से साकार किया जा सके। (अनुच्छेद-28)

(6) समुदाय के प्रति कर्तव्यों का पालन करने से ही प्रत्येक व्यक्ति के व्यक्तित्व का निर्बाध व पूर्ण विकास संभव है। अधिकारों के प्रयोग के समय प्रत्येक व्यक्ति सिर्फ कानून द्वारा निर्धारित मर्यादाओं के अधीन रहेगा। (अनुच्छेद-29)

(7) किसी राज्य, समूह या व्यक्ति को ऐसी गतिविधि में भाग लेने या ऐसा कार्य करने का अधिकार नहीं है जिससे इस घोषणा में वर्णित अधिकारों व स्वतंत्रताओं का हनन हो। (अनुच्छेद-30)

(4) आर्थिक अधिकार

(1) प्रत्येक व्यक्ति को अकेले या दूसरों के साथ मिलकर संपत्ति रखने का अधिकार है और उसे उसकी संपत्ति से मनमाने ढंग से वंचित नहीं किया जाएगा। (अनुच्छेद-17)

(2) प्रत्येक व्यक्ति को काम करने, रोजगार पाने, काम की अनुकूल व उचित परिस्थितियां पाने तथा बेरोजगारी के विरुद्ध सुरक्षा का अधिकार है। उसे समान कार्य के लिए समान वेतन मिलेगा। उसे न्यायसंगत व लाभदायक पारिश्रमिक पाने का अधिकार है। उसे श्रमिक संघ बनाने और संघ में शामिल होने का अधिकार है। (अनुच्छेद-23)

(3) प्रत्येक व्यक्ति को काम के उचित घंटे, विश्राम व अवकाश का अधिकार है। (अनुच्छेद-24)

(4) प्रत्येक व्यक्ति को ऐसे जीवन-स्तर का अधिकार है जिसमें उसके व उसके परिवार के स्वास्थ्य एवं कल्याण के लिए भोजन, वस्त्र, मकान, चिकित्सा की उचित सुविधा हो तथा बेरोजगारी, बीमारी, शारीरिक अक्षमता, वैधव्य, बुढ़ापा, अशक्तता में आवश्यक सामाजिक सेवाओं की व्यवस्था हो। मातृत्व तथा बचपन विशेष सहायता एवं ध्यान के पात्र हैं। सभी बच्चों (नाजायज जन्म सहित) को समान सामाजिक सुरक्षा प्राप्त होगी। (अनुच्छेद-25)

आर्थिक, सामाजिक एवं सांस्कृतिक अधिकारों पर अंतर्राष्ट्रीय प्रसंविदा

(International Covenant on Economic, Social and Cultural Rights)

सन् 1948 में स्वीकृत मानवाधिकारों की सार्वभौमिक घोषणा का पल्लवन दो अलग-अलग प्रसंविदाओं में हुआ—आर्थिक, सामाजिक और सांस्कृतिक अधिकारों पर अंतर्राष्ट्रीय प्रसंविदा एवं नागरिक तथा राजनैतिक अधिकारों पर अंतर्राष्ट्रीय प्रसंविदा। 16 दिसंबर, 1966 को संयुक्त राष्ट्रीय संघ की महासभा द्वारा पारित तथा 3 जनवरी, 1976 से प्रभावी आर्थिक, सामाजिक तथा सांस्कृतिक अधिकारों पर अंतर्राष्ट्रीय प्रसंविदा के पांच उद्देश्य हैं :

(क) संयुक्त राष्ट्र संघ अधिकार-पत्र में घोषित सिद्धांतों के अनुरूप, मानव परिवार के सभी सदस्यों की सहज गरिमा तथा समान एवं अहरणीय अधिकारों की स्वीकृति विश्व में स्वतंत्रता, न्याय एवं शांति की आधारशिला है;

(ख) ये अधिकार व्यक्ति की सहज गरिमा से उद्भूत होते हैं;

(ग) मानवाधिकारों की सार्वभौमिक घोषणा के अनुरूप स्वतंत्र मानवप्राणियों द्वारा भय एवं अभाव से मुक्ति की स्थिति के उपभोग का आदर्श तभी प्राप्त हो सकता है जब ऐसी परिस्थितियां उत्पन्न कर दी जाएं जिनमें प्रत्येक व्यक्ति आर्थिक, सामाजिक तथा सांस्कृतिक अधिकारों, तथा साथ ही नागरिक एवं राजनैतिक अधिकारों का उपभोग कर सके;

(घ) संयुक्त राष्ट्र संघ अधिकार-पत्र के अधीन राज्यों पर मानवाधिकारों तथा स्वतंत्रताओं के प्रति सार्वभौमिक सम्मान तथा उसके पालन को बढ़ावा देने का दायित्व है; तथा

(ङ) व्यक्ति पर, जिसके अन्य व्यक्तियों के प्रति तथा अपने समुदाय के प्रति कुछ कर्तव्य हैं, यह उत्तरदायित्व है कि वह इस प्रसंविदा में मान्य अधिकारों को बढ़ावा देने तथा उनका पालन किए जाने के लिए प्रयत्न करे।

इस प्रसंविदा के विभिन्न अनुच्छेदों में कई मानवाधिकारों का प्रावधान इस प्रकार किया गया है :

(1) सभी जन-समाजों को आत्मनिर्णय का अधिकार है जिसके बल पर वे अपनी

राजनैतिक स्थिति तथा आर्थिक, सामाजिक एवं सांस्कृतिक विकास तय करते हैं। किसी जन-समाज को जीविका के साधनों से वंचित नहीं किया जा सकता। (अनुच्छेद-1)

(2) प्रत्येक पक्षकार राज्य इसमें बताए अधिकारों पर रंग, लिंग, भाषा, धर्म, संपत्ति, जन्म या अन्य किसी भेदभाव के बिना अमल करने का वचन देते हैं। (अनुच्छेद-2)

(3) प्रत्येक पक्षकार राज्य वचन देते हैं कि सभी पुरुषों और स्त्रियों को इस प्रसंविदा में बताए गए सभी आर्थिक, सामाजिक एवं सांस्कृतिक अधिकारों का उपभोग करने का समान अधिकार होगा तथा सिर्फ कानून के द्वारा मर्यादाएं निर्धारित की जा सकेंगी। (अनुच्छेद-3, 4)

(4) प्रत्येक पक्षकार राज्य रोजगार चुनने तथा जीविका कमाने के अवसर प्राप्त करने के अधिकार को स्वीकार करते हैं। (अनुच्छेद-6)

(5) प्रत्येक पक्षकार राज्य स्वीकार करते हैं कि प्रत्येक व्यक्ति को काम करने की निम्नलिखित न्यायसंगत एवं अनुकूल परिस्थितियों के उपभोग का अधिकार है (अनुच्छेद-7) :

(क) स्त्रियों व पुरुषों के लिए समान काम के लिए समान वेतन तथा उचित वेतन।

(ख) सुरक्षित एवं आरोग्यपूर्ण कार्य-परिस्थितियां।

(ग) सिर्फ वरीयता एवं योग्यता के आधार पर अपने रोजगार में उपयुक्त उच्चतर स्तर तक प्रोन्नति पाने का अवसर।

(घ) विश्राम, अवकाश तथा कार्य के घंटों की उचित सीमा, समय-समय पर संवैधानिक छुट्टियां तथा सार्वजनिक छुट्टियों के दिन के लिए पारिश्रमिक की व्यवस्था।

(6) प्रत्येक पक्षकार राज्य निम्नलिखित बातें सुनिश्चित करने का दायित्व लेते हैं (अनुच्छेद-8) :

अपने आर्थिक-सामाजिक हितों की रक्षा के लिए प्रत्येक व्यक्ति को श्रमिक संघ बनाने और अपनी पसंद के श्रमिक संघ में शामिल होने का अधिकार है। उसे हड़ताल करने का अधिकार है मगर देश के कानून की मर्यादा के तहत। श्रमिक संघों पर राष्ट्रीय सुरक्षा एवं सार्वजनिक शांति व्यवस्था या दूसरों के अधिकारों की रक्षा के लिए आवश्यक पाबंदियां लगाई जा सकती हैं।

(7) प्रत्येक पक्षकार राज्य प्रत्येक व्यक्ति के सामाजिक सुरक्षा (बीमा सहित) के अधिकार को स्वीकार करते हैं। (अनुच्छेद-9)

(8) प्रत्येक पक्षकार राज्य परिवार की व्यापकतम सुरक्षा एवं सहायता का वचन

देते हैं—विशेषकर उसे बसाने, बच्चों के पालन-पोषण, शिक्षा-दीक्षा के समय। दोनों की स्वतंत्र सहमति से विवाह हो। जन्म देने के पहले और बाद उचित अवधि तक मां को विशेष संरक्षण मिले; इस दौरान कामकाजी महिला को सवैतनिक अवकाश एवं सामाजिक सुरक्षा का लाभ मिले। राज्यों द्वारा उम्र-सीमा निर्धारित करके कम उम्र के बच्चों को सवैतनिक रोजगार में लगाना निषिद्ध तथा कानूनन दंडनीय हो। (अनुच्छेद-10)

(9) प्रत्येक व्यक्ति को अपने परिवार के समुचित जीवन-स्तर (पर्याप्त भोजन, वस्त्र, आवास) का अधिकार है। सभी पक्षकार राज्य सभी के भूख से मुक्त रहने के अधिकार को स्वीकार करते हैं तथा वे अंतर्राष्ट्रीय सहयोग से पोषाहार के विषय में प्रसार, खाद्य पदार्थों के उत्पादन, परिरक्षण एवं वितरण में सुधार के लिए आवश्यक कदम उठाएंगे। (अनुच्छेद-11)

(10) प्रत्येक व्यक्ति को शारीरिक एवं मानसिक स्वास्थ्य के उच्चतम प्राप्य स्तर का उपभोग करने का अधिकार है। इस बाबत प्रत्येक पक्षकार राज्य मातृ-मृत्यु दर व शिशु-मृत्यु दर में कमी लाने, पर्यावरणीय तथा औद्योगिक स्वच्छता में सुधार लाने, महामारी, स्थानीय, व्यावसायिक एवं अन्य रोगों की रोकथाम, इलाज एवं नियंत्रण करने, और बीमार लोगों की चिकित्सा सेवा आदि के लिए आवश्यक कदम उठाएंगे। (अनुच्छेद-12)

(11) पक्षकार राज्य प्रत्येक व्यक्ति के शिक्षा के अधिकारों को स्वीकार करते हैं जिससे वे स्वतंत्र समाज में प्रभावकारी ढंग से भाग ले सकें। शिक्षा सभी राष्ट्रों, नस्लों, धार्मिक समूहों के बीच आपसी सद्भाव, सहिष्णुता एवं मित्रता बढ़ाएगी। प्राथमिक शिक्षा निःशुल्क एवं अनिवार्य होगी। सभी प्रकार की माध्यमिक शिक्षा उचित तरीके से तथा क्रमिक रूप से निःशुल्क व्यवस्था करके सबके लिए सुलभ एवं प्राप्य बनाई जाएगी। योग्यता के अनुसार उच्च शिक्षा सबको सुलभ कराई जाएगी। स्कूलों में छात्रवृत्तियों की संतोषजनक व्यवस्था कायम की जाएगी तथा शिक्षकों की स्थिति में सुधार किया जाएगा। मां-बाप या अभिभावक अपने बच्चों की शिक्षा के लिए स्कूल चुनने के लिए स्वतंत्र होंगे। (अनुच्छेद-13)

(12) पक्षकार राज्य प्रत्येक व्यक्ति के सांस्कृतिक जीवन में भाग लेने, वैज्ञानिक प्रगति व उसके प्रयोगों के लाभ का उपभोग करने, वैज्ञानिक, साहित्यिक या कलात्मक कृति के सृजन से नैतिक एवं भौतिक हितों का लाभ उठाने के अधिकार को स्वीकार करते हैं। राज्य इस अधिकार के कार्यान्वयन के लिए विज्ञान तथा संस्कृति के विकास व प्रसार के लिए आवश्यक कदम उठाएंगे तथा वैज्ञानिक अनुसंधान एवं रचनात्मक प्रवृत्ति के लिए अनिवार्य स्वतंत्रता का सम्मान करेंगे। (अनुच्छेद-14)

नागरिक एवं राजनैतिक अधिकारों पर अंतर्राष्ट्रीय प्रसंविदा
(International Covenant on Civil and Political Rights)

संयुक्त राष्ट्र संघ की महासभा द्वारा 16 दिसंबर, 1966 को पारित तथा 23 मार्च, 1976 से प्रभावी नागरिक एवं राजनैतिक अधिकारों पर अंतर्राष्ट्रीय प्रसंविदा के उद्देश्य वही हैं जो आर्थिक, सामाजिक तथा सांस्कृतिक अधिकारों पर अंतर्राष्ट्रीय प्रसंविदा के हैं। नागरिक एंवं राजनैतिक अधिकारों पर अंतर्राष्ट्रीय प्रसंविदा में मानवाधिकारों के निम्नलिखित मुख्य प्रावधान किए गए हैं :

(1) सभी जन-समाजों को आत्मनिर्णय का अधिकार है और किसी जन-समाज को उसकी जीविका के साधनों से वंचित नहीं किया जा सकता। (अनुच्छेद-1)

(2) प्रत्येक पक्षकार राज्य इस प्रसंविदा में दिए गए अधिकारों का सम्मान करेगा तथा नस्ल, रंग, लिंग, भाषा, धर्म, राजनैतिक या अन्य मत, राष्ट्रीय या सामाजिक मूल, संपत्ति, जन्म, या अन्य स्थिति के आधार पर कोई भेदभाव नहीं करेगा। राज्य स्वीकृत अधिकारों के उल्लंघन के निराकरण की विधि सम्मत न्यायिक/प्रशासनिक व्यवस्था करेगा। (अनुच्छेद-2)

(3) पक्षकार राज्य नागरिक एवं राजनैतिक अधिकारों के उपभोग के मामले में स्त्रियों व पुरुषों के अधिकार में समानता सुनिश्चित करेंगे। (अनुच्छेद-3)

(4) सार्वजनिक आपातकाल में राज्य प्रसंविदा के दायित्वों से मुक्त हो सकेंगे बशर्ते उसके कदम अंतर्राष्ट्रीय कानून के अधीन अन्य दायित्वों से असंगत न हों और उनमें मात्र नस्ल, रंग, लिंग, भाषा, धर्म या सामाजिक मूल के आधार पर विभेद न किया जाए। (अनुच्छेद-4)

(5) प्रत्येक मानव प्राणी को जीवन का सहज अधिकार है जिसकी रक्षा कानून करेगा और किसी को मनमाने ढंग से जीवन से वंचित नहीं किया जाएगा। जहां मृत्युदंड कानून लागू है, वहां मृत्युदंड अत्यंत गंभीर अपराधों के लिए ही दिया जाएगा मगर मृत्युदंड के अभियुक्त को क्षमा या दंड के लघुकरण (कंयूटेशन) की याचना का अधिकार होगा। 18 वर्ष से कम आयु के बच्चों को उनके अपराध के लिए मृत्युदंड नहीं दिया जाएगा। (अनुच्छेद-6)

(6) किसी को भी यातना नहीं दी जाएगी और न किसी के साथ नृशंस, अमानवीय या अपमानजनक व्यवहार किया जाएगा। इसके अलावा किसी व्यक्ति पर उसकी सहमति के बिना कोई चिकित्सा विषयक या वैज्ञानिक प्रयोग नहीं किया जाएगा। (अनुच्छेद-7)

(7) किसी को गुलाम बनाकर या गुलाम जैसी स्थिति में नहीं रखा जाएगा, हर प्रकार की दासता और दास-व्यापार निषिद्ध होगा। किसी से बेगार या बंधुआ श्रम नहीं लिया जाएगा। (अनुच्छेद-8)

(8) प्रत्येक व्यक्ति को अपने शरीर की स्वतंत्रता और उसकी रक्षा का अधिकार है। किसी को भी मनमाने तौर पर गिरफ्तार या नजरबंद नहीं किया जाएगा। यदि किसी को किसी कानून के तहत गिरफ्तार किया जाता है तो उसके कारण व आरोपों की जानकारी उसे दी जाएगी तथा उसे न्यायाधीश के समक्ष शीघ्र पेश किया जाएगा। वह अभियुक्त उचित अवधि के अंदर मुकदमे की सुनवाई अन्यथा रिहाई का अधिकारी होगा। गैर-कानूनी तरीके से गिरफ्तारी करने पर अभियुक्त को मुआवजा पाने का अधिकार होगा। (अनुच्छेद-9)

(9) स्वतंत्रता से वंचित लोगों की गरिमा का ख्याल करके उनसे मानवीयतापूर्ण तथा सम्मानजनक व्यवहार किया जाएगा। असाधारण परिस्थितियों को छोड़कर विचारण वाले अभियुक्तों को दोषसिद्ध कैदियों से अलग रखा जाएगा तथा उनसे भिन्न व्यवहार किया जाएगा। बाल अभियुक्तों को वयस्क अभियुक्तों से अलग रखा जाएगा तथा उनकी उम्र के अनुरूप व्यवहार करके उन्हें यथाशीघ्र न्यायिक निर्णय के लिए पेश किया जाएगा। कैदियों के सुधार एवं पुनर्वास का प्रयास किया जाएगा। (अनुच्छेद-10)

(10) प्रत्येक व्यक्ति को अपने देश में आने-जाने एवं बसने की तथा दूसरे देशों में जाने की स्वतंत्रता होगी मगर इस पर कानून के तहत राष्ट्रीय सुरक्षा, शांति-व्यवस्था, सार्वजनिक स्वास्थ्य या नैतिकता अथवा दूसरों के अधिकारों की रक्षा के लिए प्रतिबंध लगाया जा सकता है। किसी को अपने देश में प्रवेश करने के अधिकार से मनमाने तौर पर वंचित नहीं किया जाएगा। (अनुच्छेद-12)

(11) स्वतंत्र एवं निष्पक्ष न्यायालयों एवं न्यायाधिकरणों के समक्ष सभी लोग समान होंगे तथा प्रत्येक अभियुक्त दोषसिद्ध होने तक निर्दोष माना जाएगा तथा उसे निम्नलिखित अधिकार होंगे। (अनुच्छेद-14) :

- (क) उसके खिलाफ क्या आरोप है और उसका आधार क्या है? इस संबंध में शीघ्र उसकी समझ में आने वाली भाषा में सूचित करना;
- (ख) अपने बचाव के लिए तैयारी करने तथा अपनी पसंद के वकील से संपर्क करने के लिए उसे पर्याप्त समय और सुविधाएं देना;
- (ग) अनुचित विलंब के बिना विचारण (ट्रायल) शुरू करना;
- (घ) उसकी उपस्थिति में मुकदमा चलाना और उसे व्यक्तिगत रूप से या अपनी पसंद के कानूनी सलाहकार की सहायता से अपना बचाव करने का अवसर देना;
- (ङ) स्वयं के खिलाफ साक्ष्य देने या अपराध स्वीकार करने के लिए मजबूर न करना।

(च) बाल अभियुक्तों की उम्र तथा उनके पुनर्वास को प्रोत्साहन देने के लिए वांछनीयता का ख्याल रखा जाएगा।

(12) कानून के समक्ष सभी को एक व्यक्ति के रूप में मान्यता मिलेगी तथा किसी की निजता, परिवार, घर या पत्र-व्यवहार में मनमाने तौर पर या गैर-कानूनी तरीके से हस्तक्षेप नहीं किया जाएगा और न उसके सम्मान व प्रतिष्ठा पर गैर-कानूनी प्रहार किया जाएगा। प्रत्येक व्यक्ति को ऐसे हस्तक्षेप या प्रहार के विरुद्ध कानून की सुरक्षा का अधिकार है। (अनुच्छेद-16, 17)

(13) प्रत्येक व्यक्ति को विचार, अंतःकरण और धर्म की स्वतंत्रता का अधिकार है। मगर धर्म या विश्वासों की अभिव्यक्ति पर कानून द्वारा मर्यादाएं लगाई जा सकती हैं। मां-बाप या अभिभावक को अपने बच्चों की धार्मिक या नैतिक शिक्षा अपने विश्वास के अनुरूप दिलाने का अधिकार है। (अनुच्छेद-18)

(14) प्रत्येक व्यक्ति को मत रखने की और अभिव्यक्ति की स्वतंत्रता होगी मगर दूसरों के अधिकारों या प्रतिष्ठा के प्रति सम्मान के लिए अथवा राष्ट्रीय सुरक्षा या सार्वजनिक शांति व्यवस्था या सार्वजनिक स्वास्थ्य या नैतिक नियमों की हिफाजत के लिए कानून द्वारा मर्यादाएं लगाई जा सकती हैं। (अनुच्छेद-19)

(15) युद्ध के हर तरह के प्रचार पर कानूनी निषेध होगा तथा राष्ट्रीय, नस्ली या धार्मिक घृणा फैलाना कानून द्वारा निषिद्ध होगा। (अनुच्छेद-20)

(16) प्रत्येक को शांतिपूर्ण सम्मेलन करने का अधिकार है मगर कानून के द्वारा राष्ट्रीय या सार्वजनिक सुरक्षा, सार्वजनिक शांति-व्यवस्था, सार्वजनिक स्वास्थ्य या नैतिक नियमों के संरक्षण या दूसरों के अधिकारों की रक्षा के लिए प्रतिबंध लगाया जा सकता है। (अनुच्छेद-21)

(17) प्रत्येक व्यक्ति को किसी संगठन में शामिल होने, श्रमिक संघ बनाने, उसमें भाग लेने का अधिकार है। (अनुच्छेद-22)

(18) परिवार को समाज एवं राज्य द्वारा संरक्षण का अधिकार है। विवाह योग्य स्त्री-पुरुषों को स्वतंत्र एवं पूर्ण सहमति से विवाह करने और घर बसाने का अधिकार है। राज्य विवाह के संबंध में, विवाहित जीवन के दौरान और विवाह भंग होने के बाद दंपती के समान अधिकार व दायित्व सुनिश्चित करने के लिए कदम उठाएगा तथा विवाह भंग होने पर दंपती के बच्चे के संरक्षण के लिए आवश्यक व्यवस्था करेगा। (अनुच्छेद-23)

(19) बिना किसी भेदभाव के प्रत्येक बच्चे को परिवार, समाज तथा राज्य से ऐसे उपाय की अपेक्षा का अधिकार है जो अवयस्क की सुरक्षा के लिए जरूरी है। जन्म के तुरंत बाद प्रत्येक बच्चे को पंजीकृत किया जाएगा तथा उसे एक नाम एवं राष्ट्रीयता का अधिकार है। (अनुच्छेद-24)

(20) प्रत्येक नागरिक को प्रत्यक्ष रूप से स्वयं अथवा स्वतंत्र रूप से निर्वाचित अपने प्रतिनिधियों के जरिए सरकारी मामलों में भाग लेने का अधिकार है। चुनावों में गुप्त मत देने या स्वयं चुने जाने का अधिकार है तथा सामान्यतः समानता के आधार पर अपने देश की सरकारी सेवा में प्रवेश करने का अधिकार है। (अनुच्छेद-25)

(21) कानून के समक्ष सभी व्यक्ति समान हैं और बिना किसी भेदभाव के उन्हें कानून का संरक्षण प्राप्त करने का अधिकार है। कानून हर प्रकार के भेदभाव का निषेध करेगा। (अनुच्छेद-26)

(22) जिन पक्षकार राज्यों में नृजातीय, धार्मिक या भाषागत अल्पसंख्यकों का अस्तित्व है, उनमें ऐसे अल्पसंख्यक समूहों के लोगों को अपने समूह के अन्य सदस्यों के साथ मिलकर अपनी संस्कृति, अपने धर्म को मानने और उसका आचरण करने या अपनी भाषा का प्रयोग करने के अधिकार से वंचित नहीं किया जाएगा। (अनुच्छेद-27)

सभी प्रकार के नस्ली विभेदों के उन्मूलन पर अंतर्राष्ट्रीय अभिसमय

(International Convention on the Elimination of All Forms of Racial Discrimination)

संयुक्त राष्ट्र संघ की महासभा ने 21 दिसंबर, 1965 को सभी प्रकार के नस्ली विभेदों के उन्मूलन पर अंतर्राष्ट्रीय अभिसमय को अंगीकार किया तथा 4 जनवरी, 1969 से यह प्रभावी हुआ। इसके उद्देश्य निम्नलिखित हैं :

(क) संयुक्त राष्ट्र संघ अधिकार-पत्र सभी मनुष्यों की सहज गरिमा और समानता के सिद्धांतों पर आधारित है, और इस अभिसमय के सभी पक्षकार राज्यों ने संयुक्त राष्ट्र संघ के एक प्रयोजन को, जो नस्ल, लिंग, भाषा या धर्म के आधार पर कोई विभेद किए बिना, सबके लिए मानवाधिकारों और मूल स्वतंत्रताओं के प्रति सम्मान और उनके अनुपालन को बढ़ावा तथा प्रोत्साहन देता है, सिद्ध करने के लिए इस संघ के सहयोग से संयुक्त रूप से और अलग-अलग प्रयत्न करने की प्रतिज्ञा की है;

(ख) मानवाधिकारों की सार्वभौमिक घोषणा में घोषित किया गया है कि सभी मनुष्य जन्म से स्वतंत्र तथा गरिमा व अधिकारों की दृष्टि से समान हैं, और प्रत्येक व्यक्ति किसी प्रकार के भेदभाव के बिना (विशेषकर नस्ल, रंग, या राष्ट्रीय मूल पर आधारित भेदभाव के बिना) उस घोषणा में उल्लिखित सभी अधिकारों एवं स्वतंत्रताओं का अधिकारी है;

(ग) सभी मनुष्य कानून के समक्ष समान हैं, तथा किसी भी भेदभाव के खिलाफ

और भेदभाव की उत्तेजना देने वाली कार्रवाई के खिलाफ कानून के समान संरक्षण के अधिकारी हैं;

(घ) संयुक्त राष्ट्र संघ ने उपनिवेशवाद और उससे जुड़े पृथक्करण और भेदभाव की निंदा की है, तथा 14 दिसंबर, 1960 की औपनिवेशिक देशों तथा जन-समाजों को स्वतंत्रता देने से संबंधित घोषणा में उसने उपनिवेशों को शीघ्र और बिना शर्त समाप्त करने की आवश्यकता पर जोर दिया है, और उसका सत्यनिष्ठा के साथ ऐलान किया है;

(ङ) संयुक्त राष्ट्र संघ की सभी प्रकार के नस्ली भेदभावों की समाप्ति की 20 नवंबर, 1963 की घोषणा में विश्वभर में सभी प्रकार के नस्ली भेदभावों को शीघ्रता से मिटा देने और व्यक्ति की गरिमा के प्रति संवेदना तथा सम्मान सुनिश्चित करने की आवश्यकता पर बल दिया है;

(च) नस्ली भेदभाव पर आधारित श्रेष्ठता का सिद्धांत वैज्ञानिक दृष्टि से गलत, नैतिक दृष्टि से निंदनीय, सामाजिक दृष्टि से अन्यायपूर्ण और खतरनाक है, तथा उसके आधार पर कहीं भी सिद्धांत या व्यवहार में भेदभाव करना समीचीन नहीं है;

(छ) नस्ल, रंग, या नृजातीय मूल के आधार पर मनुष्य-मनुष्य के बीच भेदभाव करना राष्ट्रों के बीच मैत्रीपूर्ण एवं शांतिपूर्ण संबंधों के लिए बाधक है और ऐसा भेदभाव जन-समाजों के बीच शांति व सुरक्षा में तथा एक ही राज्य के अंदर साथ-साथ रहने वाले लोगों के बीच मेल-जोल में व्यवधान डाल सकता है;

(ज) नस्ली दीवारों की मौजूदगी किसी भी मानव-समाज के आदर्शों के लिए सर्वथा अस्वीकार्य है;

(झ) इस बात से चिंतित होकर कि विश्व के कुछ क्षेत्रों में नस्ली भेदभाव व्यवहार में आज भी देखे जा सकते हैं और नस्ली श्रेष्ठता या घृणा पर आधारित रंगभेद, पृथक्करण या अलगाव की नीति जैसी सरकारी नीतियां चल रही हैं;

(ञ) विभिन्न नस्लों के बीच सद्‌भावना को बढ़ावा देने तथा सभी प्रकार के नस्ली पृथक्करण एवं नस्ली भेदभाव से मुक्त एवं अंतर्राष्ट्रीय समुदाय का निर्माण करने के उद्देश्य से सभी प्रकार के नस्ली भेदभावों को शीघ्रता से मिटाने तथा नस्लवादी सिद्धांतों एवं व्यवहारों को रोकने तथा उनका प्रतिरोध करने के लिए सभी उपाय करने हैं।

इस अभिसमय में निम्नलिखित मानवाधिकारों का उल्लेख है :

(1) पक्षकार राज्य नस्ली भेदभाव, पृथक्करण एवं रंगभेद की निंदा करते हैं और बिना कोई विलंब किए सभी उपयुक्त उपायों से सभी प्रकार के नस्ली विभेद

को समाप्त करने और सभी नस्लों के बीच सद्भावना को बढ़ावा देने की नीति का पालन करने का वचन देते हैं। मगर परिस्थितियों का तकाजा होने पर सामाजिक, आर्थिक, सांस्कृतिक तथा अन्य क्षेत्रों में विशिष्ट नस्ली समूहों या उन समूहों के व्यक्तियों का पर्याप्त विकास और संरक्षण सुनिश्चित करने के लिए विशेष व ठोस कदम उठाएंगे ताकि वे समूह या व्यक्ति मानवाधिकारों और मूल स्वतंत्रताओं का पूर्ण व समान उपभोग कर सकें। (अनुच्छेद-2, 3)

(2) पक्षकार राज्य नस्ली श्रेष्ठता या घृणा पर आधारित विचारों के तमाम प्रचार-प्रसार को, नस्ली विभेद को उत्तेजना देने वाली कार्रवाइयों को, और किसी अन्य रंग या नृजातीय मूल के किसी भी नस्ल या समूह के लोगों के खिलाफ हिंसा की सभी कार्रवाइयों और नस्लवादी प्रवृत्तियों को दी जाने वाली आर्थिक सहायता सहित किसी भी प्रकार की सहायता को कानून द्वारा दंडनीय अपराध घोषित करेंगे। राज्य किसी भी राष्ट्रीय या स्थानीय सरकारी प्राधिकरण या संस्था को नस्ली भेदभाव को बढ़ावा या उकसावा देने की अनुमति नहीं देंगे। (अनुच्छेद-4)

(3) पक्षकार राज्य सभी प्रकार के नस्ली विभेद पर निषेध लगाएंगे और उसे समाप्त कर देंगे, तथा नस्ल, रंग या राष्ट्रीय या नृजातीय मूल का कोई भेद किए बिना प्रत्येक व्यक्ति के लिए कानून के समक्ष समानता का अधिकार सुनिश्चित करेंगे। (अनुच्छेद-5)

(4)पक्षकार राज्य वचन देते हैं कि नस्ली विभेद को जन्म देने वाले पूर्वाग्रहों का निवारण करने के लिए तथा राष्ट्रीय व नस्ली या नृजातीय समूहों के बीच सद्भावना, सहिष्णुता और मित्रता को बढ़ावा देने के लिए एवं संयुक्त राष्ट्र संघ अधिकार-पत्र, मानवाधिकारों की सार्वभौमिक घोषणा सभी प्रकार के नस्ली विभेद की समाप्ति संबंधी संयुक्त राष्ट्र की घोषणा, और इस अभिसमय का प्रचार करने के लिए विशेष रूप से अध्यापन, शिक्षण, संस्कृति और सूचना के क्षेत्रों में वे अविलंब प्रभावकारी उपाय करेंगे। (अनुच्छेद-7)

विकास के अधिकार संबंधी घोषणा

(Declaration on the Right to Development)

विकास का अधिकार नया मानवाधिकार है। संयुक्त राष्ट्र संघ की महासभा ने 4 दिसंबर, 1984 को इस घोषणा को अंगीकार किया। यह भारत जैसे विकासशील देशों के लिए विशेष रूप से महत्वपूर्ण है। इसके मुख्य उद्देश्य निम्नलिखित हैं :

(क) आर्थिक, सामाजिक, सांस्कृतिक या मानवीय प्रकृति की अंतर्राष्ट्रीय समस्याओं के समाधान में तथा नस्ल, लिंग, भाषा या धर्म के विभेद के बिना सबके लिए

मानवाधिकारों और मूल स्वतंत्रताओं के प्रति सम्मान की भावना को बढ़ाने और प्रोत्साहन देने में अंतर्राष्ट्रीय सहयोग की प्राप्ति के संबंध में संयुक्त राष्ट्र संघ अधिकार-पत्र के प्रयोजनों और सिद्धांतों को ध्यान में रखते हुए;

(ख) यह मानते हुए कि विकास एक व्यापक आर्थिक, सामाजिक, सांस्कृतिक एवं राजनैतिक प्रक्रिया है जिसका लक्ष्य विकास तथा तद्जनित लाभों के उचित वितरण में संपूर्ण आबादी और सभी व्यक्तियों की स्वतंत्र व सार्थक भागीदारी के आधार पर उनके कल्याण की स्थिति में सतत सुधार है;

(ग) मानवाधिकार की सार्वभौमिक घोषणा की व्यवस्थाओं के अधीन प्रत्येक व्यक्ति ऐसी सामाजिक एवं अंतर्राष्ट्रीय व्यवस्था का अधिकारी है जिसमें उक्त घोषणा में उल्लिखित अधिकार पूर्ण रूप से चरितार्थ हो सकें;

(घ) आर्थिक, सामाजिक और सांस्कृतिक अधिकार संबंधी अंतर्राष्ट्रीय प्रसंविदा, तथा नागरिक और राजनैतिक अधिकार संबंधी अंतर्राष्ट्रीय प्रसंविदा की व्यवस्थाओं को याद करते हुए;

(ङ) मनुष्य के समेकित विकास तथा सभी जन-समाजों की आर्थिक और सामाजिक प्रगति एवं विकास के संबंध में संयुक्त राष्ट्र संघ तथा उसकी विशिष्ट एजेंसियों के प्रासंगिक समझौतों, अभिसमयों, प्रस्तावों आदि को भी याद करते हुए;

(च) जन-समाजों के आत्म-निर्णय के अधिकार को याद करते हुए;

(छ) मानवाधिकारों से संबंधित अंतर्राष्ट्रीय प्रसंविदाओं की प्रासंगिक व्यवस्थाओं का ख्याल रखते हुए जन-समाजों के अपनी प्राकृतिक संपत्ति और संसाधनों पर संपूर्ण प्रभुसत्ता का प्रयोग करने के अधिकार को याद करते हुए;

(ज) कि सभी मानवाधिकार और मूल स्वतंत्रताएं अविभाज्य तथा अंतर्निर्भर हैं तथा विकास को संवर्धित करने के लिए नागरिक, राजनैतिक, आर्थिक, सामाजिक एवं सांस्कृतिक अधिकारों के कार्यान्वयन को बढ़ावा व संरक्षण देने की ओर समान रूप से व अविलंब ध्यान दिया जाना चाहिए;

(झ) कि अंतर्राष्ट्रीय शांति और सुरक्षा विकास के अधिकार को चरितार्थ करने के आवश्यक तत्व हैं;

(ञ) कि विकास एवं निरस्त्रीकरण के बीच घनिष्ठ संबंध है, और निरस्त्रीकरण के क्षेत्र में प्रगति से विकास के क्षेत्र में प्रगति को काफी बढ़ावा मिलेगा, तथा निरस्त्रीकरण से संसाधनों की जो बचत हो, उसका उपयोग सभी जन-समाजों तथा विशेष तौर पर विकासशील देशों के जन-समाजों के आर्थिक एवं सामाजिक विकास में किया जाना चाहिए;

(ट) कि व्यक्ति विकास-प्रक्रिया का केंद्र है, इसलिए विकास की नीति को व्यक्ति के विकास का मुख्य भागीदार तथा लाभ का भी भागी बनाना चाहिए;

(ठ) कि जन-समाजों और व्यक्तियों के विकास के लिए अनुकूल परिस्थितियों का सृजन उनके राज्यों का प्राथमिक दायित्व है;

(ड) कि मानवाधिकारों को बढ़ावा देने और उनके संरक्षण के लिए अंतर्राष्ट्रीय स्तर पर किए जाने वाले प्रयासों के साथ-साथ एक नई अंतर्राष्ट्रीय अर्थव्यवस्था स्थापित करने के प्रयत्न भी किए जाने चाहिए;

(ढ) कि विकास का अधिकार एक अहरणीय अधिकार है तथा विकास के अवसर की समानता राष्ट्रों व राष्ट्रों के घटक व्यक्तियों दोनों का विशेषाधिकार है।

इस घोषणा में निम्नलिखित मानवाधिकार शामिल हैं :

(1) विकास का अधिकार एक अहरणीय अधिकार है जिससे व्यक्ति के रूप में प्रत्येक मनुष्य तथा सभी जन-समाज आर्थिक, सामाजिक, सांस्कृतिक और राजनैतिक विकास में जिसमें सभी मानवाधिकार एवं मूल स्वतंत्रताएं पूर्ण रूप से फलीभूत की जा सकती हैं, भाग लेने व योग देने तथा उनका उपभोग करने के अधिकारी हैं। विकास के मानवाधिकार का अर्थ जन-समाजों के आत्म-निर्णय के अधिकार को भी पूर्णतः चरितार्थ किया जाना है। (अनुच्छेद-1)

(2) व्यक्ति विकास का मुख्य विषय है तथा उसे विकास के अधिकार में सक्रिय भागीदार व उसका लाभुक होना चाहिए। सभी मनुष्यों का व्यक्तिगत व सामूहिक रूप से विकास के प्रति एक दायित्व भी है। ऐसी उपयुक्त राष्ट्रीय विकास नीतियां तैयार करना राज्यों का अधिकार व कर्तव्य है जिनका लक्ष्य विकास में तथा तद्‌जनित लाभों के वितरण में संपूर्ण आबादी तथा सभी व्यक्तियों की सक्रिय, स्वतंत्र और सार्थक भागीदारी के आधार पर उनके कल्याण की स्थिति में सतत सुधार हो। (अनुच्छेद-2)

(3) विकास के अधिकार को चरितार्थ करने के लिए अनुकूल राष्ट्रीय एवं अंतर्राष्ट्रीय परिस्थितियां तैयार करना राष्ट्र-राज्यों की प्राथमिक जिम्मेदारी है तथा विभिन्न देशों के बीच मैत्रीपूर्ण संबंधों व सहयोग से संबंधित अंतर्राष्ट्रीय कानून के सिद्धांतों के प्रति पूर्ण सम्मान की भावना आवश्यक है। विकास सुनिश्चित करने एवं विकास के मार्ग की बाधाओं को मिटाने में एक-दूसरे से सहयोग करना राज्यों का दायित्व है। (अनुच्छेद-3)

(4) विकास के अधिकार को चरितार्थ करने के लिए राज्य अलग-अलग तथा सामूहिक रूप से अंतर्राष्ट्रीय विकास नीतियां तैयार करने के लिए कदम उठाएं। विकासशील देशों के चतुर्दिक विकास को बढ़ावा देने के लिए उपयुक्त साधन व सुविधाएं सुलभ कराने के निमित्त प्रभावकारी अंतर्राष्ट्रीय सहयोग आवश्यक है। (अनुच्छेद-4)

(5) रंगभेद, नस्लवादी भेदभाव, उपनिवेशवाद, विदेशी प्रभुत्व व कब्जे, विदेशी हस्तक्षेप व खतरों, युद्ध के खतरों तथा जन-समाज के आत्मनिर्णय के मूल अधिकार को मानने से इनकार करने से उत्पन्न परिस्थितियों तथा मनुष्यों के मानवाधिकारों के व्यापक व गंभीर उल्लंघनों को समाप्त करने के लिए राज्य दृढ़तापूर्वक कदम उठाएंगे। (अनुच्छेद-5)

(6) सभी मानवाधिकार एवं मूल स्वतंत्रताएं अविभाज्य एवं अंतर्निर्भर हैं। नागरिक, राजनैतिक, आर्थिक, सामाजिक और सांस्कृतिक अधिकारों के कार्यान्वयन, प्रोन्नयन एवं संरक्षण की ओर समान रूप से अविलंब ध्यान देना चाहिए। इन सारे अधिकारों के पालन में विफलता से विकास के मार्ग में उत्पन्न होने वाली बाधाओं को मिटाने के लिए सभी राज्यों को उपाय करने चाहिए। (अनुच्छेद-6)

(7) सभी राज्यों को अंतर्राष्ट्रीय शांति व सुरक्षा की स्थापना और अनुरक्षण तथा उनके सुदृढ़ीकरण को बढ़ावा देना चाहिए। इस लक्ष्य की प्राप्ति के लिए अंतर्राष्ट्रीय नियंत्रण के अधीन सामान्य व पूर्ण निरस्त्रीकरण संपादित करने के लिए तथा उससे सुलभ होने वाले संसाधनों को सर्वतोन्मुखी विकास में उपयोग किया जाना चाहिए। (अनुच्छेद-7)

(8) राष्ट्रीय स्तर पर विकास को साकार करने के लिए राज्य यह सुनिश्चित करेंगे कि बुनियादी संसाधनों, शिक्षा, स्वास्थ्य-सेवाओं, भोजन, आवास, रोजगार और आय के न्यायसंगत वितरण के मामले में सभी को अवसर सुलभ हों। विकास की प्रक्रिया में महिलाओं की सक्रिय भूमिका हो, तथा सभी सामाजिक अन्यायों के निराकरण के लिए उपयुक्त आर्थिक एवं सामाजिक सुधार किए जाने चाहिए। सभी मानवाधिकारों को पूर्ण चरितार्थ किए जाने की दृष्टि से राज्यों को सभी क्षेत्रों में जन-सामान्य की भागीदारी को प्रोत्साहन देना चाहिए। (अनुच्छेद-8)

(9) इस घोषणा में विकास के अधिकार के सभी पहलू अविभाज्य एवं अंतर्निर्भर हैं, तथा उनमें से प्रत्येक को संपूर्ण के संदर्भ में देखना चाहिए। (अनुच्छेद-9)

(10) विकास के अधिकार का पूर्ण प्रयोग एवं उसका क्रमिक अभिवर्द्धन सुनिश्चित करने के लिए उपाय किए जाने चाहिए जिनमें राष्ट्रीय व अंतर्राष्ट्रीय स्तरों पर नीतिगत, विधिनिर्माणगत तथा अन्य उपायों की योजना बनाने, उन उपायों को अंगीकार करने तथा उन्हें कार्यान्वित करने की कार्रवाइयों का भी समावेश है। (अनुच्छेद-10)

वियन्ना घोषणा 1993

महिलाओं के विरुद्ध सभी प्रकार के भेदभावों की समाप्ति संबंधी अभिसमय 1979 (सेडा) तथा बाल अधिकारों संबंधी अभिसमय (Convention on the Rights of Child) 1989 की चर्चा संबंधित अध्यायों में विस्तार से की गई है, अस्तु उन्हें यहां दुहराने की आवश्यकता नहीं है। इसके बाद वियना घोषणा 25 जून, 1993 महत्वपूर्ण है जिसमें लोकतंत्र, विकास तथा मानवाधिकारों की पारंपरिक अंतर्निर्भरता तथा मानवाधिकारों की सार्वभौमिकता, अविभाज्यता एवं अंतर्निर्भरता को संयुक्त राष्ट्र महासभा ने स्वीकार किया। इस घोषणा का उद्देश्य 1948 के बाद से मानवाधिकारों के क्षेत्र में हुई प्रगति की समीक्षा, विकास तथा आर्थिक, सामाजिक, सांस्कृतिक, नागरिक एवं राजनैतिक अधिकारों के संबंधों पर विचार करना, मार्ग की बाधाओं तथा उनके उपायों की पहचान करना था। इसके प्रमुख प्रावधान निम्नलिखित हैं :

(1) सभी मानवाधिकारों एवं स्वतंत्रताओं का सार्वभौमिक स्वरूप निर्विवाद है तथा इन जन्मसिद्ध अधिकारों का संरक्षण एवं संवर्द्धन प्रत्येक सरकार का प्राथमिक दायित्व है। सभी जन-समाजों को आत्मनिर्णय का अधिकार है तथा इसका उल्लंघन मानवाधिकार का उल्लंघन है। (अनुच्छेद-1, 2)

(2) सभी मानवाधिकार सार्वभौमिक, अविभाज्य, अंतर्निर्भर एवं अंतर्संबद्ध है। राष्ट्रीय तथा क्षेत्रीय विशिष्टताओं एवं विभिन्न ऐतिहासिक, सांस्कृतिक तथा धार्मिक पृष्ठभूमियों के महत्व को ध्यान में रखना चाहिए मगर राज्य सभी मानवाधिकारों एवं मूल स्वतंत्रताओं का संवर्द्धन करे। (अनुच्छेद-5)

(3) लोकतंत्र, विकास, तथा मानवाधिकारों व मूल स्वतंत्रताओं के प्रति सम्मान, ये तीनों अंतर्निर्भर एवं एक दूसरे को मजबूत बनाने वाले हैं। (अनुच्छेद-8)

(4) विश्व मानवाधिकार सम्मेलन पुनः पुष्टि करता है कि लोकतंत्रीकरण तथा आर्थिक सुधारों की प्रक्रिया से प्रतिबद्ध न्यूनतम विकसित देशों को अंतर्राष्ट्रीय समुदाय का समर्थन मिलना चाहिए। (अनुच्छेद-9)

(5) विकास के अधिकार की एक सार्वभौमिक एवं अहरणीय अधिकार तथा मानवाधिकारों के अभिन्न अंग के रूप में पुनः पुष्टि की जाती है तथा इसके विकास का केंद्र बिंदु मनुष्य है। मानवाधिकारों को कम करने का औचित्य सिद्ध करने हेतु विकास के अभाव की दुहाई नहीं दी जाए। विकास के अधिकार को साकार करने के लिए प्रभावकारी अंतर्राष्ट्रीय सहयोग का अभिवर्द्धन करना चाहिए। (अनुच्छेद-10)

(6) विकास के अधिकार को इस प्रकार साकार करना चाहिए जिससे वर्तमान एवं भावी पीढ़ियों के विकास संबंधी एवं पर्यावरणीय आवश्यकताएं न्यायसंगत तरीके से पूरी हो सकें। विषैले तथा खतरनाक पदार्थों एवं अपशिष्ट चीजों

को अवैध रूप से फेंकना प्रत्येक व्यक्ति के जीवन तथा स्वास्थ्य संबंधी मानवाधिकार के लिए गंभीर खतरे की संभावना से युक्त है। प्रत्येक व्यक्ति को वैज्ञानिक प्रगति तथा उसके प्रयोगों से होने वाले लाभों को उपभोग करने का अधिकार है। (अनुच्छेद-11)

(7) सभी प्रकार के नस्लवाद एवं नस्ली विभेद, विदेशी द्वेष और इनसे संबंधित असहिष्णुता की त्वरित एवं व्यापक समाप्ति अंतर्राष्ट्रीय समुदाय का प्राथमिक कर्तव्य है। सभी राज्य सभी प्रकार के नस्लवाद को रोकने और उसका मुकाबला करने का तत्काल उपाय करें एवं सशक्त नीतियां विकसित करें, धर्म पर आधारित असहिष्णुता एवं हिंसा का निवारण करने का उपाय करें। (अनुच्छेद-15, तथा भाग 2 के अनुच्छेद-19, 20, 22)

(8) सभी प्रकार के आतंकवाद की कार्रवाइयां, तरीके एवं आचरण तथा कुछ देशों में नशीले पदार्थों के व्यापार के साथ उसका संबंध, ये सब मानवाधिकारों, मूल स्वतंत्रताओं तथा लोकतंत्र का विनाश करने वाली प्रवृत्तियां हैं जो राज्यों की अखंडता तथा सुरक्षा के लिए खतरा हैं तथा वैध रूप से गठित सरकारों को अस्थिर करती हैं। आतंकवाद को रोकने और उसका सामना करने के निमित्त सहयोग बढ़ाने के लिए अंतर्राष्ट्रीय समुदाय को आवश्यक उपाय करने चाहिए। (अनुच्छेद-17)

(9) महिलाओं और बालिकाओं के मानवाधिकार अहरणीय तथा सार्वभौमिक मानवाधिकारों से अभिन्न एवं अविभाज्य हैं। लिंग आधारित हिंसा, सभी प्रकार के लैंगिक संताप एवं शोषण मनुष्य की गरिमा एवं महत्व से असंगत हैं, तथा उन्हें हर हालत में समाप्त कर देना चाहिए। (अनुच्छेद-18)

(10) अल्पसंख्यक समुदायों के लोग बिना किसी भेदभाव के तथा कानून के समक्ष पूर्ण समानता के स्तर पर सभी मानवाधिकारों एवं मूल स्वतंत्रताओं का पूर्ण रूप से तथा प्रभावकारी ढंग से प्रयोग करें। उन्हें मुक्त रूप से तथा बिना किसी हस्तक्षेप या भेदभाव के अपनी संस्कृति का उपभोग करने, अपना धर्म मानने एवं उसका आचरण करने तथा निजी एवं सार्वजनिक तौर पर अपनी भाषा का प्रयोग करने का अधिकार है। (अनुच्छेद-19)

(11) विश्व मानवाधिकार सम्मेलन मूलवासी लोगों की सहज गरिमा एवं समाज के विकास तथा उसकी बहुलता (प्लूरलिटी) में उनके अद्भुत योगदान को स्वीकार करता है। उनकी मूल स्वतंत्रताओं तथा मानवाधिकारों का, समानता के स्तर पर और बिना किसी भेदभाव के, सम्मान किया जाए। साथ ही इन राज्यों को उनकी विशिष्ट पहचानों, संस्कृतियों तथा सामाजिक संगठन के महत्व एवं उनकी विविधता को स्वीकार करना चाहिए। (अनुच्छेद-20)

(12) विकलांग व्यक्तियों द्वारा मानवाधिकारों एवं मूल स्वतंत्रताओं के विभेद रहित एवं समान उपभोग सुनिश्चित करने की ओर विशेष ध्यान देने की जरूरत है। चूंकि प्रत्येक व्यक्ति जन्म से समान है और उसे जीवन, कल्याण, शिक्षा, रोजगार, स्वतंत्र रूप से जीने तथा समाज के सभी पहलुओं में भागीदारी करने के समान अधिकार हैं, इसलिए किसी भी विकलांग व्यक्ति के विरुद्ध कोई प्रत्यक्ष विभेद या उसके साथ अन्य नकारात्मक भेदभावपूर्ण व्यवहार उसके अधिकारों का उल्लंघन है। सामाजिक रूप से विहित सभी शारीरिक, वित्तीय, सामाजिक या मनोवैज्ञानिक व्यवधानों को समाप्त करके विकलांग व्यक्तियों के लिए समान अवसर सुनिश्चित कर देना चाहिए। (अनुच्छेद-21, भाग 2 के अनुच्छेद-63, 64)

(13) प्रत्येक व्यक्ति को किसी अत्याचार से बचने के लिए अन्य देशों में शरण की तलाश करने, उसका उपभोग करने तथा स्वदेश लौटने का अधिकार है। विश्व मानवाधिकार सम्मेलन सभी मानवकृत तथा प्राकृतिक विपत्तियों से प्रभावित लोगों की मानवीयता की भावना से सहायता करने के महत्व तथा आवश्यकता पर जोर देता है। (अनुच्छेद-23)

(14) कमजोर समूहों, आप्रवासी श्रमिक सहित, के मानवाधिकारों के संरक्षण एवं संवर्द्धन तथा उनके विरुद्ध भेदभावों की समाप्ति एवं उनके संदर्भ में मानवाधिकार दस्तावेजों एवं उपकरणों के सबलीकरण व उनके अधिक प्रभावकारी कार्यान्वयन को पर्याप्त महत्व देना चाहिए तथा राज्य आप्रवासी श्रमिकों एवं उनके परिवारों के मानवाधिकारों के संरक्षण की गारंटी दे। (अनुच्छेद-24, भाग 2 के अनुच्छेद-33, 34)

(15) घोर गरीबी एवं सामाजिक वर्जन का अर्थ मानवीय गरिमा का दमन है, ऐसी गरीबी के कारणों की जानकारी प्राप्त करने का उपाय करना आवश्यक है जिससे गरीबों के मानवाधिकारों का संवर्द्धन किया जा सके, तथा घोर गरीबी एवं सामाजिक वर्जन को मिटाया जा सके। (अनुच्छेद-25)

(16) विश्व मानवाधिकार सम्मेलन मानवाधिकारों के उल्लंघनों, विशेषकर युद्ध के दौरान जाति संहार, नृजातीय शुद्धीकरण, तथा महिलाओं के साथ योजनाबद्ध बलात्कार (जिसके कारण शरणार्थी एवं विस्थापित लोग स्वदेश त्यागने को मजबूर हो जाते हैं) की निंदा करता है तथा ऐसे अपराध करने वालों को सजा देने तथा ऐसे आचरणों के अविलंब अंत का आह्वान करता है। नृजातीय शुद्धीकरण की कार्रवाई करने वाले व्यक्तिगत रूप से जिम्मेदार होंगे तथा उनके खिलाफ कानूनी कार्रवाई की जाए। राज्य नृजातीय शुद्धीकरण की प्रथा को समाप्त करने के लिए अलग-अलग एवं सामूहिक रूप से निवारण करे तथा

इसके शिकार लोगों को अविलंब एवं प्रभावकारी उपचारों का अधिकार है। (भाग 2 के अनुच्छेद-23, 24 तथा भाग 1 के अनुच्छेद-28)

(17) यह सुनिश्चित करना राज्यों का कर्तव्य है कि शिक्षा का लक्ष्य मानवाधिकारों तथा मूल स्वतंत्रताओं के प्रति सम्मान की भावना को मजबूत बनाना हो। यह मानवाधिकार शिक्षा पर जोर देता है। राज्य निरक्षरता को मिटाने का प्रयास करे तथा गैर-सरकारी व सरकारी संस्थाओं की मदद से मानवाधिकारों तथा पारस्परिक सहिष्णुता के संबंध में अधिक जागरूकता पैदा करे। (अनुच्छेद-33, भाग 2 के अनुच्छेद-78-82)

(18) बच्चों के शोषण एवं उत्पीड़न के निवारण के लिए सक्रिय तौर पर प्रयास किया जाना चाहिए। नवजात बालिकाओं की हत्या, हानिकर बालश्रम, बच्चों और अंगों की बिक्री, बाल वेश्यावृत्ति, बच्चों के लिए अश्लील लेखन, तथा अन्य प्रकार के लैंगिक दुर्व्यवहार के खिलाफ प्रभावकारी उपाय करने की जरूरत है। राज्य ऐसे कानूनों एवं विनियमों को रद्द कर दें तथा ऐसे रीति-रिवाजों को मिटा दें जो बालिकाओं के खिलाफ भेदभाव करते हैं और उन्हें हानि पहुंचाते हैं। बच्चों के संरक्षण की व्यवस्था युद्ध के दौरान तथा उसके पश्चात हो। सशस्त्र बलों में भर्ती की न्यूनतम उम्र को बढ़ाने के प्रश्न का अध्ययन बाल अधिकार समिति करे। (भाग 2, अनुच्छेद-28, 49, 50)

(19) राज्य यातना की प्रथा को तत्काल समाप्त कर दे तथा जबरन गायब किए जाने की कार्रवाइयों को रोकने, समाप्त करने तथा उनके दोषी व्यक्तियों को दंडित करने के लिए प्रभावकारी वैधानिक, प्रशासनिक, न्यायिक एवं अन्य उपाय करे। (भाग 2, अनुच्छेद-57, 62)

इस प्रकार स्पष्ट है कि मानवाधिकारों को व्यापक अर्थ में लिया गया है। इसमें किसी प्रकार का पूर्वाग्रह या भेदभाव नहीं है। इसमें यह स्पष्ट किया गया है कि अपने अधिकारों के साथ-साथ दूसरों के अधिकारों का सम्मान किया जाना है, अधिकारों के साथ-साथ समुदाय के प्रति कर्तव्यों का भी निर्वहन किया जाना है तथा इन अधिकारों में आर्थिक, सामाजिक, सांस्कृतिक, नागरिक एवं राजनैतिक सभी प्रकार के अधिकार शामिल हैं तथा वे परस्पर निर्भर एवं पूरक हैं। ये अधिकार सभी मनुष्यों को मात्र मनुष्य होने के नाते गरिमा प्रदान करते हैं और इन अधिकारों को अहरणीय एवं अविभाज्य बनाया गया है। एक बात विशेष रूप से उल्लेखनीय है कि संप्रभु राष्ट्रों के माथे पर भी संयुक्त राष्ट्र ने यह बहुत बड़ा दायित्व सौंपा है कि उन्हें अंततः अपने नागरिकों के बहुआयामी हितों को ध्यान में रखकर कानूनों को बनाना है, न कि निरंकुश तरीके से नागरिक-विरोधी कानून बनाना। इस प्रकार संयुक्त राष्ट्र ने विश्व के सभी नागरिकों के हित में 'अधि राष्ट्र-राज्य' (Supra nation-state) की महत्वपूर्ण भूमिका निभाई है। मगर यदि हम व्यवहार में

देखें, तो संयुक्त राष्ट्र प्रायः महत्वपूर्ण मौकों पर पंगु नजर आता है क्योंकि संयुक्त राज्य अमेरिका संयुक्त राष्ट्र का कहना नहीं मानता और अफगानिस्तान तथा इराक जैसे देशों पर आक्रमण कर देता है और इजरायल, फलस्तीन तथा लेबनान के रिहाइशी क्षेत्रों पर किसी बहाने से लगातार बमबारी करता है जिसके फलस्वरूप हजारों लोगों के जान-माल की हानि होती रहती है।

संयुक्त राष्ट्र के द्वारा समय-समय पर की गई महत्वपूर्ण घोषणाएं प्रसंविदाएं (प्रतिज्ञापत्र) तथा अभिसमय बहुत सारे मानवाधिकारों के संरक्षण में हैं जिन्हें ऐतिहासिक क्रमबद्ध तरीके से आगे की तालिका 1 में दिया गया है :

तालिका-1 : संयुक्त राष्ट्र की घोषणाओं, प्रसंविदाओं एवं अभिसमयों का क्रम

क्रमांक	*तिथि*	*घोषणा/प्रसंविदा/अभिसमय*
1.	10 दिसंबर, 1948	मानवाधिकारों की सार्वभौमिक घोषणा (यूनिवर्सल डिक्लेरेशन ऑफ ह्यूमन राइट्स)
2.	20 नवंबर, 1959	बाल अधिकारों की घोषणा (डिक्लेरेशन ऑफ राइट्स ऑफ द चाइल्ड)
3.	14 दिसंबर, 1960	यूनेस्को शिक्षा में भेदभाव रोकने का अभिसमय (यूनेस्को कन्वेंशन टू प्रिवेंट डिस्क्रिमिनेशन इन एजुकेशन)
4.	20 नवंबर, 1963	प्रजातीय भेदभाव के सभी रूपों की समाप्ति पर घोषणा (डिक्लेरेशन ऑन इलिमिनेशन ऑफ आल फॉर्म्स ऑफ रेशियल डिस्क्रिमिनेशन)
5.	21 दिसंबर, 1965	प्रजातीय भेदभाव के सभी रूपों की समाप्ति पर अभिसमय (कन्वेंशन ऑन द इलिमिनेशन ऑफ आल फॉर्म्स ऑफ रेशियल डिस्क्रिमिनेशन)
6.	16 दिसंबर, 1966	आर्थिक, सामाजिक एवं सांस्कृतिक अधिकारों पर अंतर्राष्ट्रीय प्रसंविदा (इंटरनेशनल कॉविनेंट ऑन इकोनॉमिक, सोशल एंड कल्चरल राइट्स) नागरिक तथा राजनैतिक अधिकारों पर अंतर्राष्ट्रीय प्रसंविदा (इंटरनेशनल कॉविनेंट ऑन सिविल एंड पोलिटिकल राइट्स) वैकल्पिक प्रोटोकॉल

क्रमांक	तिथि	घोषणा/प्रसंविदा/अभिसमय
7.	18 दिसंबर, 1979	महिलाओं के विरुद्ध भेदभाव के सभी रूपों की समाप्ति पर अभिसमय (कन्वेंशन ऑन द इलिमिनेशन ऑफ आल फार्म्स ऑफ डिस्क्रिमिनेशन अगेंस्ट वीमेन)
8.	25 नवंबर, 1981	असहनशीलता के सभी रूपों तथा धर्म या आस्था पर आधारित भेदभाव की समाप्ति पर घोषणा (डिक्लेरेशन ऑन द इलिमिनेशन ऑफ आल फॉर्म्स ऑफ इंटॉलरेंस एंड ऑफ डिस्क्रिमिनेशन बेस्ड ऑन रीलिजन ऑर बिलीफ)
9.	18 दिसंबर, 1984	प्रताड़ना, एवं अन्य क्रूर, अमानवीय, घृणित व्यवहार या दंड के विरुद्ध अभिसमय (कन्वेंशन अगेंस्ट टॉर्चर एंड अदर क्रुएल, इनह्यूमन डिग्रेडिंग ट्रीटमेंट ऑर पनिशमेंट)
10.	4 दिसंबर, 1984	विकास के अधिकार संबंधी घोषणा
11.	9 दिसंबर, 1988	नजरबंदी या कैद के किसी रूप के अधीन सभी लोगों के संरक्षण के लिए सिद्धांतों का बांड (बांड ऑफ प्रिंसिपल्स फॉर द प्रोटेक्शन ऑफ आल परसंस अंडर एनी फॉर्म ऑफ डिटेंशन ऑर इंप्रिजनमेंट)
12.	20 नवंबर, 1989	बाल अधिकार अभिसमय (कन्वेंशन ऑन द राइट्स ऑफ द चाइल्ड)
13.	18 दिसंबर, 1992	राष्ट्रीय या नृजातीय, धार्मिक एवं भाषाई अल्पसंख्यकों से संबंधित व्यक्तियों के अधिकारों पर घोषणा (डिक्लेरेशन ऑन द राइट्स ऑफ परसंस बिलांगिंग टू नेशनल ऑर एथनिक, रेलिजियस एंड लिंग्विस्टिक माइनॉरिटीज)
14.	25 जून, 1993	वियन्ना घोषणा (मानवाधिकार एवं मूलभूत स्वतंत्रता सभी का जन्मसिद्ध अधिकार)

भारत में मानवाधिकारों का इतिहास

अब हम भारत में मानवाधिकारों की ऐतिहासिक परिप्रेक्ष्य में विवेचना करेंगे। भारत में प्राचीनकाल में सबसे पुराने ग्रंथ 'ऋग्वेद' और उसके बाद 'अथर्ववेद' तथा कौटिल्य के 'अर्थशास्त्र' में विभिन्न मानवाधिकारों और स्वतंत्रताओं के प्रच्छन्न रूप मिलते हैं। उदाहरणार्थ, ऋग्वेद (मंडल 5, सूक्त 60, मंत्र 5) में कहा गया है :

अज्ये ठासोअकनि ठास एते।
सं भ्रातरो वावृधुः सौभगाय ॥

इसका आशय है कि कोई श्रेष्ठ या निम्न नहीं है। सभी बंधु हैं : सभी लोग सभी के हितों के लिए प्रयत्न करें तथा सभी सामूहिक रूप से प्रगति करें। इस प्रकार सभी मनुष्यों को समान एवं भाई माना गया है। ऋग्वेद का दूसरा मंत्र है—'संगच्छधवं सं वदध्वं सं वो मनांसि जानताम्।' इसका अर्थ है—ऐ मानव प्राणी! आप सभी परस्पर सहयोग से साथ-साथ रहें, मित्रतापूर्वक एक दूसरे से वार्ता करें, एवं जीवन के साझे आदर्शों वाला ज्ञान प्राप्त करें। इसी प्रकार ऋग्वेद के दूसरे मंत्र (मंडल 10, सूक्त 191, मंत्र 4) में ऐसा ही भाव व्यक्त किया गया है :

समानो व आकृतिः समानो हृदयानि व।
समानमस्तु वो मनो यथा वः सुसहासति ॥

इसका अर्थ है—अपने संकल्पों, हृदयों एवं मनों में एकरूपता होने दो। सभी में परस्पर सहयोग के साथ जीने की शक्ति पुष्ट होने दो। इसके अलावा अथर्ववेद (समाज्ञान सूक्त) में समानता का अधिकार वर्णित है :

समानो प्रपा सह वोत्रभागः
समानो योक्त्रे सह वो युनज्मि
आराः नाभिमिवाभितः ॥

अर्थात भोजन एवं जल में सभी को समान अधिकार है। जीवन-रथ का जुआ सभी के कंधों पर समान रूप से टिका है। जिस प्रकार रथ के पहिए के आरे रिम और धुरी से जुड़कर एक दूसरे की मदद करते हैं, उसी प्रकार सभी मनुष्यों को सामंजस्यपूर्ण ढंग से एक दूसरे की मदद करनी चाहिए।

जहां तक शिक्षा का सवाल है, 'महाभारत' में कहा गया है कि प्रत्येक व्यक्ति के चार प्रकार के कर्तव्य हैं : ईश्वर के प्रति, मां-बाप के प्रति, शिक्षकों के प्रति तथा मानवता के प्रति। इसी प्रकार 'हितोपदेश' में स्पष्ट किया गया है :

माता बैरी पिता शत्रुः येन बालो न पाठितः।

अर्थात जिनके मां-बाप ने अपने बच्चों को नहीं पढ़ाया, वे उनके दुश्मन हैं। इसके अलावा 'धर्मकोश' में धार्मिक स्वतंत्रता का उल्लेख है :

पाषंअनैगम श्रेणी पूगब्रात गणादिषु।
संरक्षेत् समयं राजा दुर्गे जनपदे तथा।

अर्थात राजा वेद को मानने वालों तथा न मानने वाले दोनों तथा अन्यों का संरक्षण करें। इस प्रकार वैदिक धर्म को मानने वालों, अवैदिक धर्मों को मानने वालों तथा नास्तिकों को संरक्षण देना राजधर्म कहा गया है। इसमें पंथ-निरपेक्षता या सर्वधर्मसमभाव का बीज निहित है। इसी प्रकार 'मनुस्मृति' में भी कहा गया है :

क्षत्रियस्य परो धर्मः प्रजानामेव पालनम्।
निर्दिष्ट फल भोक्ता हि राजा धर्मेण युज्यते ॥

अर्थात राजा का सर्वोच्च कर्तव्य अपनी प्रजा का संरक्षण है। जो राजा अपनी प्रजा से कर प्राप्त करता है तथा उसका संरक्षण करता है, वह धर्म के अनुसार कार्य करता है। इसके अलावा निम्न प्रकार से न्याय करना राजा का कर्तव्य माना गया है (अत्रि संहिता) :

दुष्टस्य दंडः सुजनस्य पूजा न्यायेन कोषस्य च संप्रवशद्धिः।
अपक्षपातोअर्थिषु राष्ट्र रक्षा पंचैव यज्ञाः कथिता नश्पाणाम् ॥

अर्थात दुष्टों को दंड देना, भले लोगों का सम्मान करना, न्यायप्रद तरीकों से राजकोष को समृद्ध करना, मुकदमे का निर्णय करने में निष्पक्ष होना, तथा राज्य की सुरक्षा करना, ये पांच कर्तव्य राजा के हैं। इसके अलावा कात्यायन ने यहां तक कहा है कि चोरी की गई संपत्ति उसके मालिक को वापस की जाए और यदि वापस करना संभव न हो तो उसकी क्षतिपूर्ति की जाए। यदि चोर पकड़ा जाए मगर संपत्ति बरामद न हो, तो चोर उसकी कीमत चुकाए अथवा राजा उसको चुकाए। 'राजतरंगिणी' में कल्हण ने कहा है कि किसी व्यक्ति की जमीन उसकी सहमति के बिना, मंदिर निर्माण तक के लिए भी नहीं ली जाए। यदि सही और गलत का निर्णय करने वाला ही अवैध कार्य करे, तो कानून का पालन कौन करेगा? इस प्रकार स्पष्ट है कि शासन का कर्तव्य है कि वह नागरिकों के अधिकारों की रक्षा करे। किसी स्त्री, राज्य या मंदिर की संपत्ति को हड़पने वाले को कात्यायन ने अस्वीकार करने को कहा। इसी प्रकार कौटिल्य के 'अर्थशास्त्र' में किसी महिला के साथ बलात्कार करने वाले को मृत्युदंड देने का प्रावधान किया गया था। इसके अलावा 'महाभारत' के शांतिपर्व में सभी वर्णों के लिए नौ धर्म-नियम बताए गए हैं :

अक्रोधः सत्यवचन संविभाग क्षमा तथा।
प्रजनः स्वेषु दारेषु शौचमद्रोह एवं च।
आर्जवं भश्त्यभरणं नवैते सार्वर्णिका ॥

अर्थात, क्रोध न करना, सही बात कहना, दूसरों के साथ संपत्ति का साझा करना, क्षमा करना, मात्र अपनी पत्नी से बच्चे पैदा करना (यौन नैतिकता), पवित्रता, शत्रुता का अभाव, स्पष्टवादिता और अपने पर निर्भर लोगों का भरण-पोषण करना सभी वर्णों

के सभी व्यक्तियों का कर्तव्य है। अन्यत्र कहा गया है कि कोई भी व्यक्ति अपनी मां, पत्नी, पिता और बच्चों का परित्याग नहीं करे। यदि कोई परित्याग करता है, तो वह दंड का भागी होगा। कात्यायन ने कहा है कि यदि कोई राजा धर्म के अनुसार (जिसका अर्थ राजधर्म है) लोगों के मामलों की समीक्षा करता है, तो लोग स्वतः अच्छा आचरण करते हैं तथा खुश रहते हैं। 'नारद स्मृति' में भी कहा गया है राजा मुकदमे का अध्ययन करके विचारण करे तथा अपने प्रधान न्यायाधीश के परामर्श पर कानून के अनुसार निर्णय दे। 'मनुस्मृति' में अपराधी को निश्चित रूप से दंड देने को कहा गया है :

पिताअचार्य सुहन्माता भार्या पुत्राः पुरोहितः।
नादंअयो नाम राज्ञोअस्ति यः स्वधर्मे न तिष्ठति ॥

अर्थात अपराधी से संबंध रहने पर भी उसे बिना दंड दिए राजा के द्वारा नहीं छोड़ा जाना चाहिए। पिता, आचार्य, मित्र, मां, पत्नी, पुत्र या पुरोहित को भी अपराध करने पर बिना दंड के नहीं छोड़ना चाहिए। इसके अलावा शुक्रनीति में कहा गया है कि उचित मजदूरी वह है जिससे जीवन की आवश्यकताएं पूरी हो जाएं क्योंकि कम मजदूरी, दुर्व्यवहार, अपमान, अपशब्द, ज्यादा जुर्माना थोपना अथवा कठिन दंड देने से कर्मचारियों में रोष व्याप्त होता है। इसके अलावा कौटिल्य के 'अर्थशास्त्र' में कैदियों को भी अधिकार दिए गए हैं : यदि कोई अधिकारी कैदियों की नित्यक्रिया जैसे सोना, बैठना, भोजन करना आदि में बाधा डालता है, तो उसे तीन पण और उससे अधिक के जुर्माने से दंडित किया जाएगा। इसके अतिरिक्त मनु के अनुसार राजा छिपे हथियारों से वार न करे, न कंटीले, जहरीले या आग उगलने वाले हथियारों से वार करे। वह रथ पर बैठकर जमीन पर खड़े व्यक्ति पर वार न करे। वह नपुंसक, समर्पण करने वाले या युद्धस्थल से भागने वाले योद्धा या बैठे हुए योद्धा या हार मानने वाले योद्धा पर वार न करे। वह सोने वाले, कवच खो गए व्यक्ति, नंगे व्यक्ति, मूकदर्शी और दूसरे से युद्ध में संलग्न व्यक्ति पर वार न करे। वह उस पर वार न करे जिसका हथियार टूट गया हो, या जो विपत्ति में हो या जो बुरी तरह जख्मी हो और जो भय में हो।

अथर्ववेद में राजा के लिए कहा गया है–'प्रयं सर्वस्य पश्यत उत शूद्र उतार्ये।' अर्थात राजा सभी के प्रिय रहें, आर्यों तथा शूद्रों में समान रूप से प्रिय रहें। ऋग्वेद में और ज्यादा भार राजा पर डाला गया है : 'असि दभ्रस्य चिद् वृधः' अर्थात प्रजा में प्रत्येक को भोजन मिले, ऐसी व्यवस्था राजा करे। इसी प्रकार अथर्ववेद में भी कहा गया है : 'यत्र शुल्को न क्रियते अबलेन बलीयसी' अर्थात सबल दुर्बल को न सता सके। निर्बल से कोई सबल कोई शुल्क (जिसमें नाना प्रकार के लाभों से लेकर आज की रंगदारी शामिल की जा सकती है) न ले। अथर्ववेद में ही राजा और प्रजा दोनों पर नियंत्रण की बात कही गई है : 'ब्रह्मचर्येणा तपसा राजा राष्ट्रं विरक्षति।' अर्थात राजा और प्रजा दोनों अति न करें। अथर्ववेद में राजा के पांच गुण बताए गए हैं–

भद्रमिच्छन्त ऋषयः स्वविर्ददस्तपो दीक्षामुप निषेदुरगे।
ततो राष्ट्रं बलमोजश्च जातं तदस्मे देवा उपसंनमन्तु ॥

इसका अर्थ निम्नलिखित है :

(क) वह दूरदर्शी हो।

(ख) वह प्रजाजनों का भला चाहने वाला हो।

(ग) उसमें स्वार्थ नहीं हो, बल्कि परोपकार की भावना से वह कार्य करे।

(घ) प्रजा की तरह वह भी तपवान हो।

(ङ) प्रजा की तरह वह भी दृढ़ संकल्प वाला हो।

महाभारत में कहा गया है : 'न हि मनुषात्परतरं किंचिदस्ति' (मनुष्य से श्रेष्ठ कुछ भी नहीं है) इसके अलावा निम्न श्लोक में सबके सुखी, निरोगी, शुभ और दुखरहित होने की कामना की गई है :

सर्वे भवन्तु सुखिनः सर्वे भवन्तु निरामयाः।
सर्वे भद्राणि पश्यंतु मा कश्चिद् दुःख भाग्भवेत् ॥

इतना ही नहीं, कौटिल्य के अनुसार राजधर्म की स्थापना तभी हो सकती है जब प्रजा को सुख हो, तथा राजा, प्रजा के ही सुख में अपना सुख समझे :

प्रजा सुखे सुखं राज्ञः प्रजानां च हिते हितम्।
नात्मप्रियं हितं राज्ञः प्रजानां तु प्रियं हितम् ॥

अर्थात प्रजा के सुख में राजा का सुख होता है और प्रजा के हित में राजा का हित। जो अपने को प्रिय हो, वह राजा का हित नहीं है, प्रजा को जो प्रिय हो, वही उसका हित है। इसी प्रकार 'गीता' में 'परित्राणाय साधूनां विनाशाय च दुष्कृताम्' (सज्जनों के संरक्षण तथा दुष्टों के विनाश के लिए) ठीक ही कहा गया है।

मगर प्राचीनकाल में विभिन्न ग्रंथों में एक ही अपराध के लिए विभिन्न वर्णों के लोगों के लिए अलग-अलग दंड की भी व्यवस्था की गई जो भेदभाव का सूचक है। वैसे भारतीय संस्कृति तो 'वसुधैव कुटुम्बकम्' (सारी धरती एक परिवार है) को मानती रही है जिसका निहितार्थ है कि राष्ट्र की सीमा से परे लोगों की समानता, स्वतंत्रता एवं बंधुत्व की भावना की हिमायती हमारी संस्कृति है। मगर वैदिक काल के बाद भारतीय समाज में नाना प्रकार की समस्याएं आईं तथा शासन-व्यवस्था नागरिकों के अधिकारों को सीमित करने लगी। मध्यकाल में विदेशी आक्रमणकारियों ने नागरिकों के जान-माल को काफी नुकसान पहुंचाया। देशी राजागण अपने स्वार्थों में लगे होने के कारण एकजुटता से न तो आक्रमणकारियों का सामना किए और न अपने नागरिकों के हितों की रक्षा में आगे बढ़े। नाना कारणों से अपने राज्य का विस्तार करने के लिए युद्ध पर युद्ध लड़े जाते रहे जिसके परिणामस्वरूप मानवाधिकारों का हनन बार-बार अमानुषिक तरीके से होता

रहा। अकबर जैसे उदार राजा अपवाद थे और औरंगजेब जैसे अनुदार शासक अधिक थे। वास्तव में, मानवाधिकार आधुनिक अवधारणा है। ब्रिटिश उपनिवेशकाल में मानवाधिकारों का बहुत हनन हुआ। सन् 1857 में प्रथम स्वतंत्रता संग्राम लड़ा गया मगर अंग्रेजी शासन की विपुल सैन्य शक्ति, कूटनीति तथा रणनीति के कारण उसे कुचल दिया गया और 1860 में भारतीय दंड संहिता (इंडियन पीनल कोड) बनाया गया जिसमें विभिन्न अपराधों के लिए दंड का स्वरूप निर्धारित किया गया। यह विशेष रूप से उल्लेखनीय है कि 1885 में कांग्रेस की स्थापना के बाद 1895 में कांग्रेस ने भारत का संविधान बिल तैयार किया जिसे 'होम रूल' के नाम से हम जानते हैं। इसमें तात्कालिक उद्देश्य अभिव्यक्ति की स्वतंत्रता तथा न्याय में समानता शामिल थे जबकि दीर्घकालिक उद्देश्य आजादी प्राप्त करना था। इसके अलावा कांग्रेस ने यह भी मांग की थी कि भारत के लोगों को वे सारे अधिकार मिलें जो ब्रिटिश नागरिकों को उस समय प्राप्त थे। 1925 के कामनवेल्थ कम्युनिटी बिल में अधिकारों की घोषणा में सात मौलिक अधिकार शामिल थे। इन मांगों पर सुनवाई के लिए साइमन कमीशन भारत आया था मगर उसने एक भी मांग नहीं मानी।

भारतीय राष्ट्रीय कांग्रेस का लाहौर अधिवेशन, 1929

भारतीय राष्ट्रीय कांग्रेस ने 1929 में अपने लाहौर अधिवेशन में पूर्ण स्वराज को अपने लक्ष्य के रूप में अपनाया और संकल्प लिया कि 26 जनवरी प्रति वर्ष 'स्वतंत्रता दिवस' के रूप में मनाई जाए (आजादी के बाद इसे 'गणतंत्र दिवस के रूप में मनाया जाता है)। 26 जनवरी, 1930 को देशभर में भारतीयों ने स्वतंत्रता की यह प्रतिज्ञा ली। इसकी मुख्य बातें निम्नलिखित हैं :

(क) अन्य की तरह भारतीय जन-समाज को भी अधिकार है कि वह अपनी स्वतंत्रता प्राप्त करे, अपनी मेहनत के फल का उपभोग करे तथा पूर्ण विकास के अवसर के लिए उसके पास जीवन के लिए आवश्यक वस्तुएं हों। भारत की ब्रिटिश सरकार ने भारतीय जनता को न केवल उसकी स्वतंत्रता से वंचित कर दिया है बल्कि उसने आम जनता के शोषण को अपना आधार बनाया है, इसलिए भारत को ब्रिटेन से अपना सारा नाता तोड़ लेना चाहिए और पूर्ण स्वराज प्राप्त करना चाहिए।

(ख) जिस शासन ने हमारे देश का हर तरह से विनाश किया है, उसकी अधीनता को अब और स्वीकार करना हम मनुष्य एवं ईश्वर के प्रति अपराध मानते हैं। तथा अपनी स्वतंत्रता प्राप्त करने का सबसे प्रभावकारी उपाय हिंसा का सहारा लेना नहीं है। हमें पूर्ण विश्वास है कि यदि हम सरकार को स्वेच्छा से दी जाने वाली सहायता वापस ले लें और करों की अदायगी बंद कर दें तथा अहिंसा पर कायम रहें, तो इस अमानवीय शासन का अंत निश्चित है।

इसलिए 1931 में भारतीय राष्ट्रीय कांग्रेस ने कराची अधिवेशन में मौलिक अधिकारों के बाबत प्रस्ताव पारित किया जिनमें राजनैतिक स्वतंत्रता, सामाजिक परिवर्तन, आर्थिक स्वतंत्रता जैसे गंभीर अधिकार शामिल थे।

भारतीय राष्ट्रीय कांग्रेस का कराची अधिवेशन, 1931

29-31 मार्च, 1931 को कराची में हुए अधिवेशन में भारतीय राष्ट्रीय कांग्रेस ने बीस महत्वपूर्ण प्रस्ताव पारित किए जो निम्नलिखित हैं :

1. जनता के मूलाधिकार

(1) संगठन और संयोजन की स्वतंत्रता;

(2) वाणी एवं प्रेस की स्वतंत्रता;

(3) अंतःकरण की स्वतंत्रता, और सार्वजनिक शांति व्यवस्था का ध्यान रखते हुए कोई भी धर्म मानने व उसका आचरण करने की स्वतंत्रता;

(4) अल्पसंख्यकों की संस्कृति, भाषा एवं लिपि की सुरक्षा;

(5) लैंगिक भेदभाव के बिना सभी नागरिकों के अधिकार एवं कर्तव्य;

(6) सरकारी सेवा, पद, सत्ता या सम्मान की प्राप्ति के मामले में, और कोई धंधा या पेशा करने के संबंध में किसी भी नागरिक पर धर्म, जाति, विश्वास या लिंग के आधार पर कोई निर्योग्यता न लागू किया जाना;

(7) सार्वजनिक सड़कों, कुओं, स्कूलों एवं सार्वजनिक प्रयोजनों से संबंधित अन्य स्थानों के संबंध में सभी नागरिकों को समान अधिकार;

(8) नियमों के अनुसार तथा तत्संबंधी प्रतिबंधों को ध्यान में रखते हुए शस्त्र रखने एवं धारण करने का अधिकार;

(9) कानून में विहित रीति के अलावा और किसी भी तरीके से किसी भी व्यक्ति को स्वतंत्रता से वंचित नहीं किया जाएगा और न उसके आवास या संपत्ति में प्रवेश किया जाएगा, न उससे छीना जाएगा और न जब्त किया जाएगा।

2. धर्म के मामले में राज्य की तटस्थता
3. वयस्क मताधिकार
4. निःशुल्क प्राथमिक शिक्षा
5. औद्योगिक श्रमिकों के लिए जीवन-निर्वाह के लिए पर्याप्त मजदूरी, कार्य के सीमित घंटे, काम करने की स्वस्थ परिस्थिति, बुढ़ापा, बीमारी एवं बेरोजगारी के आर्थिक परिणामों से रक्षा
6. कृषि-दासता या लगभग कृषि-दासता की स्थिति से श्रमिकों की मुक्ति
7. महिला मजदूरों के संरक्षण तथा विशेषकर प्रसव की अवधि में अवकाश की व्यवस्था

8. स्कूल जाने की उम्र के बच्चों को कारखानों में नियोजित करने का निषेध
9. अपने हितों की रक्षा के लिए श्रमिकों का अपना संघ बनाने का अधिकार और साथ ही पंच फैसले द्वारा विवादों के निपटारे के लिए उपयुक्त तंत्र
10. किसानों द्वारा अदा किए जाने वाले लगान में भारी कमी, अलाभकर जोतों के मामले में जब तक जरूरी हो तब तक लगान की माफी, और छोटे जमींदारों को (ऐसी कटौती के कारण जहां जरूरी हो) राहत
11. कृषि से होने वाली आय पर एक न्यूनतम निर्धारित सीमा के बाद वर्धमान आयकर लगाना
12. संपत्ति के परिमाण के अनुसार स्तरबद्ध कर
13. मौजूदा पैमाने से सैनिक खर्च में आधे की कमी
14. नागरिक प्रशासन के विभागों में व्यय तथा वेतनों में काफी कमी लाना
15. देश में विदेशी कपड़े तथा विदेशी सूत का वर्जन करके देसी कपड़े को संरक्षण देना
16. मादक एवं पेय पदार्थों का पूर्ण निषेध
17. भारत में बने नमक पर कोई उत्पाद कर नहीं
18. विनिमय तथा मुद्रानीति पर ऐसा नियंत्रण जिससे भारतीय उद्योगों को सहायता तथा आम जनता को राहत मिले
19. प्रमुख उद्योगों पर राज्य का नियंत्रण और खनिज संसाधनों पर उसका स्वामित्व
20. सूदखोरी पर प्रत्यक्ष या अप्रत्यक्ष नियंत्रण।

उपर्युक्त से स्पष्ट है कि भारत के स्वतंत्रता संग्राम में आधुनिक मानवाधिकारों का पूरी समझदारी से बीजारोपण किया गया था। कराची अधिवेशन (1931) में पारित किए गए प्रस्तावों में मानवाधिकारों तथा नए सामाजिक-आर्थिक कार्यक्रमों का सम्यक् समावेश था। दूसरे, यह भी उल्लेखनीय है कि 1931 में ही भारत के स्वतंत्रता सेनानियों ने मानवाधिकारों की जो परिकल्पना की थी, वह 'मानवाधिकारों की सार्वभौमिक घोषणा' (1948) के 17 वर्ष पूर्व की है अर्थात वैश्विक स्तर पर मानवाधिकारों पर जो सहमति बनी, उसके पूर्व भारतीयों ने उसका खाका और संकल्प तैयार कर लिया था। तीसरे, 5 मार्च, 1931 को गांधी-इर्विन समझौते पर हस्ताक्षर हो जाने के बाद सविनय अवज्ञा आंदोलन स्थगित कर दिया गया था, मगर भारतीय राष्ट्रीय कांग्रेस ने कराची अधिवेशन (29-31 मार्च, 1931) में 'स्वराज' का अर्थ सामान्य भारतीयों को स्पष्ट कर दिया कि जन-साधारण के शोषण को समाप्त करने के लिए राजनैतिक स्वतंत्रता में अनिवार्यतः भूखी जनता की आर्थिक स्वतंत्रता भी शामिल होनी चाहिए। कांग्रेस ने यह भी स्पष्ट कर दिया था कि संविधान के अंतर्गत स्वराज सरकार को उपर्युक्त मानवाधिकारों एवं मूल

स्वतंत्रताओं का समावेश होना चाहिए। इन प्रस्तावों का प्रभाव गवर्नमेंट ऑफ इंडिया एक्ट, 1935 में देखने को मिलता है। सन् 1935 के गवर्नमेंट ऑफ इंडिया एक्ट में पहली बार एक भारतीय को जाति, धर्म व जन्म-स्थान के आधार पर संपत्ति के अधिकार से वंचित न होने का अधिकार ब्रिटिश संसद ने दिया। इसके बाद 1945 में सप्रू समिति के प्रतिवेदन में भारतीय समाज के सभी वर्गों के लिए समानता के अलावा अन्य नागरिक एवं राजनैतिक अधिकार देने का प्रस्ताव शामिल था। बाद में भारतीय संविधान के प्रारूप में मौलिक अधिकारों को शामिल किया गया जिनमें तीन महत्वपूर्ण अधिकार निम्नलिखित थे :

(क) किसी भी व्यक्ति को स्वेच्छाचारी तरीके से न तो गिरफ्तार किया जाएगा, न जेल में रखा जाएगा और न निर्वासित किया जाएगा।

(ख) प्रत्येक व्यक्ति को अपने अधिकारों और दायित्वों के निर्धारण में तथा अपने विरुद्ध किसी प्रकार के आपराधिक आरोप पर एक स्वतंत्र व निष्पक्ष न्यायालय द्वारा न्यायसम्मत सार्वजनिक सुनवाई का समान अधिकार होगा।

(ग) प्रत्येक व्यक्ति को किसी आरोप में तब तक निर्दोष माना जाएगा जब तक कि किसी सार्वजनिक विचारण में अपराध सिद्ध न हो जाए। इसमें उसे बचाव का पूरा अधिकार होगा।

इसके बाद भारतीय संविधान में विभिन्न मानवाधिकारों को शामिल किया गया। हम मानवाधिकारों की सार्वभौमिक घोषणा तथा भारतीय संविधान में दिए गए मानवाधिकारों का तुलनात्मक अध्ययन अगली तालिका-2 में कर सकते हैं :

तालिका-2 : मानवाधिकारों की सार्वभौमिक घोषणा तथा भारतीय संविधान में दिए गए मानवाधिकार

क्रमांक	*अधिकार*	*मानवाधिकारों की सार्वभौमिक घोषणा की धाराएं*	*भारतीय संविधान की धाराएं*
1.	कानून के समक्ष समानता	7	14
2.	धर्म, जाति, लिंग, जन्मस्थान, प्रजाति आदि के आधार पर भेदभाव न करना	2(1)	15
3.	सार्वजनिक सेवा में नियुक्ति के अवसर की समानता	21(2)	16(1)
4.	अभिव्यक्ति, बैठक करने, शांतिपूर्वक सभा करने, संघ बनाने, आने-जाने तथा बसने की स्वतंत्रता	13,19,20, (1,2)	19

क्रमांक	अधिकार	मानवाधिकारों की सार्वभौमिक घोषणा की धाराएं	भारतीय संविधान की धाराएं
5.	दोषसिद्ध होने तक निर्दोष मानना, तथा घटना के समय किसी कार्य के अपराध न घोषित होने के मामले में दंड के विरुद्ध सुरक्षा	11(1,2)	20(1)
6.	जीने का अधिकार तथा व्यक्तिगत स्वतंत्रता	3,9	21
7.	गुलामी, दास-व्यापार तथा किसी रूप में परतंत्रता का निषेध	4	23(1)
8.	विचार, अंतःकरण एवं धर्म की स्वतंत्रता तथा उन्हें खुले आम या निजी रूप में व्यक्त करना	18	25(1)
9.	अल्पसंख्यकों का संरक्षण	22	29(1)
10.	अधिकारों के उल्लंघन पर संवैधानिक गारंटी	8	32, 226
11.	प्रत्येक व्यक्ति को राष्ट्रीयता का अधिकार	15	5
12.	सार्वभौमिक एवं समान मताधिकार के आधार पर आयोजित चुनावों में व्यक्त जनता की इच्छा सरकार की सत्ता का आधार	21(3)	326
13.	प्रताड़ना (मनमानी गिरफ्तारी) के विरुद्ध प्रावधान	9	22
14.	स्वतंत्र एवं निष्पक्ष न्यायपालिका द्वारा निष्पक्ष एवं सार्वजनिक सुनवाई	10	39 क (नीति निर्देशक सिद्धांत)
15.	संपत्ति का अधिकार	17	300ए
16.	शिक्षा का अधिकार	26	21ए, 45 (नीति निर्देशक सिद्धांत)
17.	शासन में प्रत्यक्ष या प्रतिनिधियों के माध्यम से भागीदारी तथा स्वतंत्र व निष्पक्ष चुनाव में सरकार चुनने का अधिकार	21(1)	325

क्रमांक	*अधिकार*	*मानवाधिकारों की सार्वभौमिक घोषणा की धाराएं*	*भारतीय संविधान की धाराएं*
18.	काम का अधिकार तथा न्यायप्रद एवं सही पारिश्रमिक पाने का अधिकार तथा बेरोजगारों की सुरक्षा	23	धारा 21 के तहत राष्ट्रीय ग्रामीण नियोजन गारंटी अधिनियम, 2005 39(ए) 41,43 (नीति निर्देशक सिद्धांत)
19.	सामाजिक सुरक्षा का अधिकार, तथा व्यक्ति के विकास हेतु आर्थिक एवं सामाजिक अधिकार	22	38(1) (नीति निर्देशक सिद्धांत)
20.	स्वास्थ्य, भोजन, वस्त्र, मकान, चिकित्सा हेतु उचित जीवन-स्तर तथा बेरोजगारी, मातृत्व, बचपन, अशक्तता, वृद्धावस्था, विधवापन एवं आजीविका के अभाव में सुरक्षा का अधिकार	25	21 में भोजन का अधिकार निहित 39 च, 42,47, (नीति निर्देशक सिद्धांत)
21.	स्त्री-पुरुषों को समान पारिश्रमिक का अधिकार	23(2)	39(डी)(नीति निर्देशक सिद्धांत)
22.	श्रमिक संघ बनाने तथा उसमें शामिल होने का अधिकार	23(4)	19(1)
23.	विश्राम एवं अवकाश का अधिकार (काम के उचित घंटे एवं सवेतन अवकाश)	24	43
24.	समुदाय के सांस्कृतिक जीवन में भाग लेने, कलाओं का आनंद उठाने, वैज्ञानिक प्रगति के लाभों में हिस्सेदारी का अधिकार	27	51क
25.	समुदाय के प्रति व्यक्ति के कर्तव्य	29	51क
26.	ऐसी सामाजिक एवं अंतर्राष्ट्रीय व्यवस्था का अधिकार जिससे इन स्वतंत्रताओं और अधिकारों को पूर्णतः साकार किया जा सके	28	38, 51

क्रमांक	*अधिकार*	*मानवाधिकारों की सार्वभौमिक घोषणा की धाराएं*	*भारतीय संविधान की धाराएं*
27.	मनमाने तौर पर गिरफ्तार, नजरबंद या निर्वासित नहीं किए जाने का अधिकार	9	22
28.	किसी को यातना नहीं दी जाएगी	5	21
29.	कानून की दृष्टि में हर जगह हर व्यक्ति को एक व्यक्ति के रूप में मान्यता का अधिकार	6	14, 21
30.	किसी को दास बनाकर या दासता की स्थिति में नहीं रखा जाएगा	4	23

उपर्युक्त तुलनात्मक विवरणी से स्पष्ट है कि 'मानवाधिकारों की सार्वभौमिक घोषणा' में वर्णित अधिकतर मानवाधिकार भारतीय संविधान की विभिन्न धाराओं (भाग-3, 4 एवं 4क) में शांमिल किए गए हैं मगर जहां भाग-3 में वर्णित मूलाधिकारों के उल्लंघन पर किसी नागरिक को न्यायालय में याचिका दायर करके उसके प्रतिकार का अधिकार है, वहीं ऐसा प्रावधान भाग-4, 4क तथा अन्य धाराओं (जैसे 226, 300क, 325, 326, 330, 331) को लागू करने के लिए नहीं है। दूसरी महत्वपूर्ण बात यह है कि मानवाधिकारों की सार्वभौमिक घोषणा में कतिपय मानवाधिकार वर्णित हैं मगर वे भारतीय संविधान की किसी धारा में स्पष्टतः वर्णित नहीं हैं : जैसे मानवाधिकारों की सार्वभौमिक घोषणा (अनुच्छेद-12) में प्रावधान है कि प्रत्येक व्यक्ति को उसके निजत्व, परिवार, घर या पत्र-व्यवहार में हस्तक्षेप या उसके सम्मान और प्रतिष्ठा पर प्रहार के खिलाफ कानून की सुरक्षा प्राप्त करने का अधिकार है। फिर इस घोषणा के अनुच्छेद-14 में प्रत्येक व्यक्ति को अत्याचार से बचने के लिए दूसरे देशों में शरण पाने की कोशिश करने और उसका उपभोग करने का अधिकार प्रदत्त है। फिर इसी घोषणा के अनुच्छेद-16 में विवाह और परिवार के संबंध में स्त्री पुरुष को समान अधिकार है। इसी प्रकार इस घोषणा के अनुच्छेद-13(2) में प्रत्येक व्यक्ति को अपने देश से किसी भी देश में जाने और फिर अपने देश में लौट आने का अधिकार प्राप्त है। मगर ये चारों अधिकार भारतीय संसद द्वारा बनाए गए विभिन्न कानूनों के तहत भारतीय नागरिकों को प्राप्त हैं। अब तो भारत में मानवाधिकार संरक्षण अधिनियम, 1993 लागू है जिसके तहत पूरे देश के स्तर पर राष्ट्रीय मानवाधिकार आयोग गठित है और राज्यों को भी ऐसा आयोग गठित करना है। इसके अतिरिक्त भारतीय दंड विधान, 1860; दंड प्रक्रिया संहिता, 1973 तथा कई अन्य कानून मानवाधिकारों के संरक्षण के लिए बनाए गए हैं।

2

मानवाधिकार : दृष्टियां एवं मुद्दे

मानवाधिकारों का तात्पर्य ऐसे अधिकारों से है जो किसी मानव प्राणी के सर्वांगीण विकास के लिए परमावश्यक हैं, अर्थात ये अधिकार उसके जीवन और व्यक्तित्व के निर्णायक तत्व हैं। मानवाधिकारों के संबंध में अनेक दृष्टिकोण हैं जिनमें निम्नलिखित दो विशेष रूप से उल्लेखनीय हैं :

क—उदारवादी लोकतांत्रिक दृष्टिकोण

ख—मार्क्सवादी दृष्टिकोण

उदारवादी लोकतांत्रिक दृष्टिकोण पुराना किंतु संकीर्ण है। यह व्यक्ति के नागरिक और राजनीतिक अधिकारों का हामी है, अर्थात एक ओर तो यह समता, स्वतंत्रता और बंधुत्व पर बल देता है (ये तीनों मूल्य 1789 फ्रांसीसी क्रांति के मुख्य नारे और 1789 के 'मनुष्य और नागरिक अधिकारों की उद्घोषणा' के आधार-स्तंभ थे), तो दूसरी ओर प्रेस और अभिव्यक्ति की स्वतंत्रता के साथ-साथ राज्य के विरोध का भी अधिकार प्रदान करता है। भारत के संविधान के खंड-3 में समता, स्वतंत्रता, धार्मिक स्वतंत्रता, शोषण के विरुद्ध जैसे मौलिक अधिकार एवं उनका संरक्षण धारा 14-35 में वर्णित है। 'कानून के समक्ष सभी बराबर' हैं और 'कानून की समुचित प्रक्रिया' दोनों को समता के अधिकार में शामिल किया गया है। जन्मस्थान, जाति, वंश, भाषा, क्षेत्र, धर्म आदि के आधार पर सार्वजनिक स्थलों, कार्यालयों, होटलों, सरकारी सेवाओं आदि में कोई भेदभाव नहीं किया जाना है। इसके अलावा अभिव्यक्ति, संघ बनाने, धर्म मानने एवं प्रचार करने, भारत में कहीं भी आने-जाने एवं व्यवसाय करने, कहीं भी बसने, कहीं भी रोजगार करने आदि छह मूल स्वतंत्रताएं सभी नागरिकों को प्राप्त हैं। यह पुलिस हिरासत और कारागृहों में संरक्षण और मानवीय व्यवहार का भी हिमायती है। किसी अभियुक्त को दंडित करने के पूर्व उसे 'प्राकृतिक न्याय' के सिद्धांत के तहत सुनने का मौका मिलना चाहिए। दूसरी ओर एक व्यक्ति को एक अपराध के लिए दो बार दंडित नहीं किया जा सकता। पुलिस द्वारा किसी को गिरफ्तार करने पर उसके परिवार—रिश्तेदार, मित्र को सूचित करना, उसको गिरफ्तारी का कारण बताना, सामान्यतः हथकड़ी नहीं

लगाना (जिसके भागने का डर हो या आदत से अपराधी हो, उसे हथकड़ी पुलिस लगा सकती है), उसके जबर्दस्ती स्वीकारोक्ति कराने पर रोक, पुलिस के समक्ष स्वीकारोक्ति को न्यायिक साक्ष्य न मानना आदि इस बावत मुख्य मानवाधिकार हैं। यह किसी अभियुक्त के उत्पीड़न (थर्ड डिग्री) का विरोधी है और उसके स्थान पर साक्ष्य के लिए न्यायिक प्रक्रिया के तहत रक्त जांच, शुक्राणु परीक्षण, डीएनए टेस्ट, अंगुलियों के निशान की जांच, आदि विशिष्ट विधियों का समर्थक है। भारत के सर्वोच्च न्यायालय ने महाराष्ट्र राज्य *बनाम* रविकांत एस. पाटिल (1991) में किसी अभियुक्त को हथकड़ी लगाने और खुले आम ले जाने पर पाबंदी लगा दी है और पुलिस अधिकारियों को निर्देश दिया है कि संविधान की धारा 22 के तहत वे अभियुक्त को तत्काल बतलाएं कि उसे किस आधार पर नजरबंद/गिरफ्तार किया गया है और उसके परिवार के सदस्यों, रिश्तेदारों या मित्रों को भी पूरी जानकारी दें। उसे अपनी मर्जी के वकील से बचाव कराने से वंचित नहीं करें। इसके बावजूद भारत में 2001-2002 में हिरासत में 1305 अभियुक्त मौत के शिकार हुए। जाकिर हुसैन कॉलेज, दिल्ली के शिक्षक गिलानी को 'पोटा' (POTA) के तहत पुलिस द्वारा अकारण गिरफ्तार करना मानवाधिकार का उल्लंघन था। उन्हें उच्च न्यायालय, दिल्ली ने बाद में बरी कर दिया और उच्चतम न्यायालय ने भी उन्हें बरी कर दिया। इसके अलावा नकली मुठभेड़ प्रायः होती रहती है। अमेरिकी विधिशास्त्र एवं अधिकार विधेयक (1791) एक ऐसा ही उदारवादी लोकतांत्रिक कदम था। रवींद्रनाथ ठाकुर ने अपनी "गीतांजलि" में संभवतः इसी भावना को इस प्रकार अभिव्यक्त किया है :

> "जहां मन भयमुक्त हो और मस्तक ऊंचा रहे,
> जहां ज्ञान सर्व-सुलभ हो,
> जहां विश्व संकीर्ण देशी दीवारों से खंडों में विभक्त नहीं हो,
> जहां शब्द सत्य के अंतस्तल से निकलते हों..."

उल्लेखनीय है कि राजनीतिशास्त्री जॉन लॉक निरंकुश राजतंत्र का विरोधी और सरकार के सीमित अधिकारों का पक्षधर था। उसने विधायिका को कार्यपालिका से पृथक् रखने की भी बात की थी। लॉक के अनुसार वैधानिक-राजनैतिक शक्ति लोगों की सहमति से उत्पन्न होती है और यदि व्यक्ति की स्वतंत्रताओं का हनन हो, तो यह सहमति वापस ली जा सकती है। वह अपने 'Two Treatises' में स्वतंत्रता, सहमति तथा संपत्ति को वैधानिक-राजनैतिक शक्ति का आधारभूत सिद्धांत मानता है। मृत्यु-दंड तथा कमतर दंडों, संपत्ति का संरक्षण, समुदाय की शक्ति का नियोजन करने, राष्ट्रमंडल आदि अधिकार राज्य को हैं मगर ये सारे अधिकार सार्वजनिक हित के लिए हों। लेकिन उसके विचारों में संगति नहीं थी क्योंकि वह मानता था कि यदि जनता के अधिकारों

का हनन किया जाता है, तो उसे ऊपर वाले (ईश्वर) से फरियाद करनी चाहिए। इसके विपरीत मांटेस्क्यू ने विधायिका, कार्यपालिका और न्यायपालिका के पृथक्करण की वकालत कर उनके बीच संतुलन बनाए रखने पर बल दिया। लेकिन क्या व्यवहार में ऐसा परिलक्षित हो रहा है? कम-से-कम भारत में तो हम इसका अभाव कभी-कभी पाते हैं। यहां सरकार का एक अंग अन्य अंगों के अधिकार-क्षेत्र में दखलंदाजी कर रहा है। विधायिका के पास विशेषाधिकार है और न्यायपालिका के पास न्यायालय की अवमानना का हथियार। ये दोनों विशिष्ट और परिभाषित नहीं हैं, इसके कारण इनका क्षेत्र कहीं भी, कुछ भी हो जाता है—एक जज द्वारा रेलवे स्टेशन पर तथाकथित कोर्ट लगाना तथा अपराधी विधायक या सांसद के गिरफ्तार होने पर विशेषाधिकार हनन का नोटिस प्रायः दिया जाता है। झारखंड में मार्च 2005 में राष्ट्रीय जनतांत्रिक गठबंधन (भाजपा व जेडीयू) की बजाय संयुक्त प्रगतिशील गठबंधन (जेएमएम व कांग्रस तथा राजद) के शिबू सोरेन को राज्यपाल के द्वारा मुख्यमंत्री की शपथ दिलाने के विरुद्ध भाजपा ने सर्वोच्च न्यायालय में मुकदमा दायर किया था। सर्वोच्च न्यायालय ने राज्यपाल द्वारा दी गई समय-सीमा घटा दी तथा विधान सभा के विशेष सत्र में विश्वास मत प्राप्त करने तथा वीडियो रिकॉर्डिंग कराने का आदेश दिया। मगर प्रोटेम स्पीकर ने राष्ट्रीय जनतांत्रिक गठबंधन के एक विधायक को निलंबित कर दिया—एक या दो मत का अंतर दोनों गठबंधनों में था तथा हंगामा नियंत्रित नहीं हो सका और विश्वासमत प्राप्त करने की कार्रवाई नहीं हुई अर्थात सर्वोच्च न्यायालय के आदेश का समय पर पालन नहीं किया गया। लोक सभा अध्यक्ष ने कोर्ट के आदेश को विधायिका के क्षेत्र में हस्तक्षेप माना किंतु प्रधानमंत्री ने न्यायादेश का पालन सुनिश्चित कराया।

रूसो ने ठीक ही कहा था कि प्रातिनिधिक प्रणाली (इंग्लैंड की भांति भारत में अप्रत्यक्ष प्रजातंत्र की प्रणाली) वाले राष्ट्र में वास्तविक स्वतंत्रता नहीं होती। ऐसा राष्ट्र सिर्फ आम चुनावों के समय ही, जब आम जनता को चुनने का अधिकार होता है, स्वतंत्र होता है, किंतु चुनाव समाप्त होते ही ऐसा राष्ट्र एक प्रकार की दासता का शिकार हो जाता है। इसीलिए रूसो ने कहा था, ‘‘मनुष्य स्वतंत्र पैदा होता है किंतु सर्वत्र बेड़ियों में जकड़ा रहता है।’’ उदारवादी लोकतांत्रिक दृष्टिकोण की तुलना एक ऐसे अमेरिकी व्यक्ति से की जा सकती है जो चाहे पूरी तरह भूखा हो अथवा अर्धभूखा हो, उसे किसी भी समय और स्थान पर अपनी बात कहने का अधिकार होता है। राज्य की उत्पत्ति के दैवी सिद्धांत (राजा ईश्वर का रूप या प्रतिनिधि है) को नकारते हुए ‘सामाजिक समझौता’ का सिद्धांत हॉब्स, लॉक और रूसो ने प्रतिपादित किया था। हॉब्स ने मनुष्य को स्वभावतः ‘बुरा, जंगली और संकीर्ण’ मानते हुए नियंत्रण हेतु सर्वशक्तिशाली राजा ‘Leviathan’ की बात कही थी। रूसो ने ‘व्यक्तिगत इच्छा’ (स्वार्थ) पर रोक लगाने हेतु ‘सामान्य इच्छा’ की बात कही थी और राज्य द्वारा बनाए गए कानूनों को ‘सामान्य इच्छा’ की अभिव्यक्ति माना

था। बेटिकट यात्रा करना व्यक्तिगत इच्छा हो सकती है मगर बेटिकट यात्रियों को पकड़कर जुर्माना वसूलना सामान्य इच्छा का प्रतीक है। रूसो ने नैतिक मूल्यों का उद्‌गम प्राकृतिक समता एवं दया में पाया। उसने प्राकृतिक पाप की धारणा को नकारते हुए कहा कि मनुष्य जन्म के समय शुद्ध एवं अच्छा होता है किंतु समाज में विभिन्न प्रक्रियाओं के तहत वह भ्रष्ट बनता है, अपमानित होता है तथा असमान हो जाता है। जानवरों से भिन्न मनुष्य में चुनने की क्षमता होती है, जबकि जानवरों में सिर्फ आवेग होते हैं। दूसरे, मनुष्य में पूर्णता प्राप्त करने की क्षमता होती है जिससे वह प्राकृतिक दशा के बाहर आता है किंतु इस प्रक्रिया में वह अपनी आवश्यकताओं तथा उसे पूरा करने की क्षमता में असंतुलन पैदा करता है, मनुष्य की आवश्यकताएं विभिन्न सभ्यताओं में बढ़ती जाती हैं किंतु उन्हें पूरा करने की क्षमता नहीं होती जिसके कारण अप्रसन्नता पैदा होती है। वह सामाजिक विषमता को प्राकृतिक विषमता का प्रतिफल नहीं मानते। उसने पूंजीवादी देश में लाभ प्राप्त करने के लिए धन का उपयोग करने तथा साम्यवादी समाज में शक्ति एवं प्रतिष्ठा से विशेषाधिकार प्राप्त करने की आलोचना की। अतः उसके अनुसार लोक-समाज कुछ लोगों की निजी संपत्ति की रक्षा के लिए पैदा हुआ जबकि हॉब्स के लिए लोक-समाज की जरूरत सार्वभौमिक थी–आत्मसंरक्षण के अधिकार, जीने के अधिकार के लिए। रूसो के भावी समाज में श्रम-विभाजन नहीं होगा–प्रत्येक व्यक्ति अपने प्रयासों से अपनी जरूरतों को पूरा कर लेगा। अमीर लोग गरीबों की सेवाएं चाहते हैं और गरीब अमीरों की मदद चाहते हैं, दोनों का भेद बढ़ते जाने से संघर्ष होता है। इस प्रकार रूसो उदारवादी लोकतांत्रिक दृष्टिकोण का दायरा व्यापक बनाते हैं।

मार्क्सवादी दृष्टिकोण मानवाधिकारों को अधिक व्यापक संदर्भ में देखता है। इसके अनुसार कोई व्यक्ति नागरिक और राजनीतिक अधिकारों का उपभोग तभी कर सकता है जब उसे आर्थिक, सामाजिक एवं सांस्कृतिक अधिकार प्राप्त हों। इनके बगैर नागरिक और राजनैतिक अधिकार बिल्कुल बेमानी हैं। इस मत के समर्थकों के अनुसार मानवाधिकारों में आर्थिक और सामाजिक प्रगति जैसे समुचित शिक्षा, रोजगार, स्वास्थ्य, सांस्कृतिक मुक्ति आदि अंतर्निहित हैं। इस मत की तुलना उस व्यक्ति से की जा सकती है जिसे भोजन पर्याप्त मात्रा में उपलब्ध है और सिर्फ उसे ही सही अर्थ में बोलने की आजादी है। भूखा व्यक्ति अपनी बात ठीक से नहीं कह पाता। स्वयं कार्ल मार्क्स एकपक्षीय मत का कायल नहीं था, बल्कि वह 'सार्वभौम तरीके से सार्वभौम प्रकृति' की ओर मनुष्य की वापसी का अर्थात 'मानव को उसकी संपूर्णता' में मुक्ति दिलाने का हामी था ('पवित्र परिवार')। मार्क्स का मानना है कि मानव आजादी (मानवाधिकार उसका एक हिस्सा मात्र है) का हनन पूंजीवादी व्यवस्था की जड़ में है जिसका खात्मा मजदूरों की एकता एवं संघर्ष से ही संभव है और तब साम्यवादी व्यवस्था में समान आर्थिक, सामाजिक, राजनैतिक और सांस्कृतिक आजादी होगी। 'साम्यवादी घोषणा-पत्र' में उसने विधिशास्त्र

को एक वर्ग की इच्छा एवं प्रमुख विचारधारा को कानून का रूप लेने और उस वर्ग की आर्थिक दशाओं द्वारा निर्धारित होने की बात कही है।

दरअसल मानव प्राणी अपने उन्नयन के लिए नाना प्रकार के अधिकारों की अपेक्षा रखता है। मानव-जीवन खंडों में विभाजित न होकर एक ऐसी समेकित इकाई है जो अपने अवयवों (शरीर के अंग, मन और आत्मा) के कुलयोग से कुछ अधिक ही है। मानव सारी प्रगति का केंद्रीय तत्व है जैसा कि बांग्ला के साहित्यकार चंडीदास ने बहुत पहले कहा था, "सबके ऊपर मनुष्य सत्य है। उसके ऊपर कुछ भी नहीं है।" दूसरे विश्वयुद्ध के बाद तत्कालीन अमेरिकी राष्ट्रपति रूजवेल्ट ने नागरिक और आर्थिक अधिकारों को समेकित रूप से प्रस्तुत करते हुए चार तरह की स्वतंत्रताओं की बात की थी–भय से मुक्ति, भूख से मुक्ति, अभिव्यक्ति की आजादी और पूजा करने की आजादी। मगर असलियत यह है कि अमेरिका ने तब से आज तक दर्जनों देशों (इराक ताजा उदाहरण है) पर आक्रमण करके उसकी संप्रभुता पर प्रहार किया–यानी विकृत अर्थ में वह भयमुक्त हो गया। दूसरे, गरीब देशों की मदद करने की बजाय उनके उत्पादों को सस्ती दर पर खरीदना, अनुदान खत्म करने और कल्याणकारी योजनाओं को खत्म करने के लिए विकासशील देशों पर विश्व बैंक/अंतर्राष्ट्रीय मुद्राकोष/विश्व व्यापार संगठन के जरिए दबाव डालना, उनके पारंपरिक ज्ञान एवं वनस्पतियों पर खुले आम डकैती करके पेटेंट कराना, यूनिसेफ आदि संस्थाओं में मदद कम करना अमेरिका (बुश प्रशासन) की नीति बन गई।

अतः हम मानवीय प्रगति और सामाजिक विकास से संबद्ध कुछ ऐसे उत्कृष्ट अधिकारों पर विचार करेंगे जो मनुष्य को न सिर्फ व्यक्ति के रूप में अपितु वृहत्तर समाज के सदस्य के रूप में भी सांस्कृतिक, नैतिक और भौतिक उन्नति के अवसर प्रदान करते हैं :

(क) सूचना का अधिकार

प्रत्येक व्यक्ति को सूचना प्राप्त करने, उसका प्रचार-प्रसार करने के साथ-साथ मिथ्या और भ्रामक सूचनाओं की रोकथाम करने का भी अधिकार होना चाहिए। माननीय सर्वोच्च न्यायालय ने कई बार नियमन दिया है कि भारतीय संविधान के अनुच्छेद-21 में सूचना का अधिकार जीवन के अधिकार में अंतर्निहित है। *एस.पी. गुप्ता बनाम भारत संघ (1983)* के मामले में माननीय सर्वोच्च न्यायालय ने स्पष्ट व्यवस्था दी थी कि जिस समाज ने लोकतंत्र को एक सैद्धांतिक आस्था के रूप में अंगीकार कर लिया है उसमें जनता को यह जानने का अधिकार है कि उसकी सरकार क्या कर रही है अथवा क्या करने जा रही है। दूसरे, अगर सरकार के क्रियाकलाप में गोपनीयता बढ़ती है और उसकी रोकथाम के लिए जनता को अवसर उपलब्ध नहीं हैं, तो इससे उत्पीड़न, भ्रष्टाचार और शक्ति

के दुरुपयोग में बढ़ोतरी ही होगी। तीसरे, भारत की जनता को यह जानने का पूरा अधिकार है कि लोकसेवक सार्वजनिक तौर पर क्या करते हैं। अंततः सरकार द्वारा अपनी दैनिक गतिविधियों को छिपाकर रखना लोकहित में नहीं है, अतः सरकारी कर्मियों को चाहिए कि वे अपने क्रियाकलाप के निष्पादन और उसके औचित्य से जनता को भलीभांति अवगत कराएं ताकि उसे किसी उत्पीड़न का शिकार नहीं होना पड़े। 'सूचना की स्वतंत्रता' संबंधी एक विधेयक 2004 में पारित किया गया, बाद में *सूचना का अधिकार अधिनियम 2005* लागू किया गया। जनता को प्रशासन में सक्रिय रूप से भागीदार बनाना आवश्यक है और यह तभी संभव है जबकि वह सही समय पर न्यायोचित शुल्क अदा कर सूचना प्राप्त कर सके। यह भी आवश्यक है कि प्रत्येक कार्यालय में एक सूचना अधिकारी घोषित रूप से हो। यदि सरकारी पदाधिकारी किसी योजना के संबंध में इसके क्रियान्वयन के एक माह के अंदर संबंधित सूचना उपलब्ध नहीं कराता है, तो उच्चतर अधिकारियों के पास इसकी शिकायत दर्ज कराई जानी चाहिए। हां, राष्ट्रीय सुरक्षा और संप्रभुता के संबंध में अथवा बजट को विधायिका के समक्ष प्रस्तुत करने से पूर्व, मंत्रिमंडल की टिप्पणी, जांच, इत्यादि की सूचना को सार्वजनिक नहीं बनाया जा सकता जैसा कि सर्वोच्च न्यायालय ने कहा है। कहने की आवश्यकता नहीं कि 'सरकारी गोपनीयता अधिनियम' (Official Secrets Act, 1923) को अविलंब समाप्त करना जरूरी है, क्योंकि यह एक ओर जहां पारदर्शिता में बाधा डालता है, वहीं दूसरी ओर इस राष्ट्र के नागरिक के रूप में सरकारी पदाधिकारियों को अपनी भूमिका निभाने से भी रोकता है। सूचना के अधिकार से पारदर्शिता तथा जवाबदेही पैदा होगी अन्यथा 'शक्ति भ्रष्ट बनाती है एवं पूर्ण शक्ति पूर्ण रूप से भ्रष्ट बनाती है' (Power corrupts and absolute power tends to corrupt absolutely) की उक्ति चरितार्थ होगी।

(ख) शांति का अधिकार

आज के अंतर्राष्ट्रीय संघर्षों, सीमापार से चलाई जा रही आतंकवादी कार्रवाइयों, धर्म और जाति के नाम पर होने वाले दंगों, रंगभेदी हिंसा, नक्सलवाद और चरमपंथ के युग में शांति के अधिकार का महत्व बहुत बढ़ गया है। यह खेदजनक है कि कुछ राजनीतिक दल और व्यक्ति सांप्रदायिक और नस्लवादी हिंसा की तो धर्मनिरपेक्षता के नाम पर निंदा करते हैं, किंतु सामाजिक परिवर्तन अथवा न्याय के नाम पर जातिगत हिंसा को नजरअंदाज कर देते हैं जबकि दोनों एक ही सिक्के के दो पहलू हैं। वास्तव में, हिंसा चाहे जिस रूप में हो (चाहे वह व्यक्तिगत स्तर पर हो, अथवा सामूहिक स्तर पर अथवा राज्य संचालित), उसका परित्याग आवश्यक है क्योंकि हिंसा में घृणा और आतंक के तत्व निहित होते हैं जिनके फलस्वरूप उसके द्वारा लाए गए परिवर्तन अंततः अस्थायी एवं जन-विरोधी ही सिद्ध होते हैं। यह दुर्भाग्यपूर्ण है कि बुद्ध, महावीर और महात्मा गांधी जैसे अहिंसा

के महान पुजारियों के इस देश में हिंसा जंगल की आग की तरह फैल रही है। किसी प्रकार के सामूहिक संघर्ष से मानसिक शांति और सामाजिक सौहार्द्र भंग होने के साथ-साथ सामाजिक-आर्थिक विकास भी विकृत और बाधित होता है।

(ग) लैंगिक न्याय का अधिकार

महिलाओं की, जीवन के सभी क्षेत्रों में, समुचित भागीदारी के लिए नारी मुक्ति आंदोलन का सूत्रपात विश्व-स्तर पर उन्नीसवीं सदी में ही हो गया था। वर्ष 1975 को 'अंतर्राष्ट्रीय महिला वर्ष' और 1976 से 1985 के दशक को 'अंतर्राष्ट्रीय महिला दशक' संयुक्त राष्ट्र द्वारा घोषित किया गया। भारत सरकार ने 2001 को 'महिला सशक्तीकरण वर्ष' घोषित किया था और प्रतिवर्ष 8 मार्च को हम 'अंतर्राष्ट्रीय महिला दिवस' मनाते हैं। इन सबके बावजूद भारत में महिलाएं पुरुषों की तुलना में जीवन के सभी क्षेत्रों में बहुत पीछे हैं, विशेषकर विधायिकाओं में प्रतिनिधित्व, नियोजन, साक्षरता, स्वास्थ्य, भोजन और पोषण के मामलों में उनकी स्थिति दयनीय बनी हुई है। लोक सभा में महिलाओं का प्रतिनिधित्व कुल सदस्य संख्या के दस प्रतिशत से कम रहा है। 2005 में लोक सभा में 8.3 प्रतिशत और राज्य सभा में 11.6 प्रतिशत महिलाएं सदस्य थीं। बिहार विधान सभा के 2005 के चुनाव में 243 सदस्यों में से मात्र 24 महिलाएं चुनी गईं जो पहले से थोड़ा अधिक हैं। किंतु कोई मुस्लिम महिला नहीं चुनी गई। मुस्लिम महिलाएं तलाक से परेशान हैं मगर आल इंडिया मुस्लिम पर्सनल लॉ बोर्ड के मॉडल निकाहनामे में महिलाओं के हितों की अनदेखी की गई। मुस्लिम वीमेन फोरम तथा मौलना वहीमुद्दीन ने उसकी आलोचना की है। एक ओर जहां घर-परिवार में बालिकाओं के साथ भेदभावपूर्ण व्यवहार किया जाता है, वहीं दूसरी ओर महिलाएं रोजगार और राजनीति में सरकार और समाज की उपेक्षा की शिकार बनी हुई हैं। पिछले कुछ सालों से (1996 से) महिला आरक्षण विधेयक संसद में लंबित है जबकि अधिकांश राजनीतिक दल महिला सशक्तीकरण की राजनीतिक घोषणा करते नहीं थकते। उनकी कथनी और करनी का विरोधाभास कितना विडंबनापूर्ण है। यह प्रश्न उठना स्वाभाविक है कि क्या हम आधी आबादी को हर प्रकार से वंचित रखकर मानवाधिकारों की चर्चा करने के हकदार हैं? प्रसव के समय रक्ताल्पता (60 प्रतिशत महिलाएं शिकार हैं), रक्त-विषाक्तता, गर्भपात, समय पर चिकित्सा का अभाव और अज्ञानता के कारण अधिक मातृ-मृत्यु दर (एक लाख जीवित जन्म में 450 महिलाएं) भी चिंता का विषय है। प्रतिवर्ष भारत में एक लाख महिलाएं और पूरे विश्व में पांच लाख महिलाएं प्रसव के दौरान मरती हैं। महिलाओं के प्रति भेदभाव होने के कारण उनकी संख्या घट रही है। 2001 में प्रत्येक 1000 पुरुषों पर मात्र 933 महिलाएं थीं। सामाजिक रूप से महिलाओं को कतिपय कार्यों यथा छप्पर छाना, हल जोतना, पिता/पति को मुखाग्नि देना, आदि करने की मनाही है। फिर विभिन्न कार्यों में महिलाओं को 25 से 30 प्रतिशत

कम मजदूरी दी जाती है, कार्यस्थल पर उनका शोषण होता है और उनको जरूरी सुविधाएं यथा–अलग शौचालय, कैंटीन आदि की सुविधा नहीं मिलती। दहेज प्रथा के सुरसा की तरह बढ़ने के कारण काफी देर से शादी या कम उम्र में शादी, बेमेल विवाह तथा वैधव्य आदि की समस्याएं महिलाओं को झेलनी पड़ती हैं। बिहार और झारखंड में गरीब विधवाओं या निस्संतान स्त्रियों को डायन करार देकर मार देने की घटनाएं घटती हैं। कुछ राज्यों को छोड़कर महिलाओं को रोजगार में आरक्षण प्राप्त नहीं है। विद्यालयों में शिक्षिकाओं की संख्या नगण्य होने या शौचालय न होने या विद्यालय दूर होने से लड़कियों को अधिकांश ग्रामीण परिवार पढ़ने के लिए विद्यालय नहीं भेजते हैं। फिर जल्दी पढ़ाई छुड़ा दी जाती है। घर में भी खान-पान, पहनावा, शिक्षा, स्वास्थ्य आदि में लड़कियों के साथ भेदभाव बरता जाता है। इस प्रकार परिवार, सरकार और समाज से महिलाओं को वे सारी मानव आजादियां प्राप्त नहीं हैं जो पुरुषों की तरह उन्हें मिलनी चाहिए। यद्यपि भारतीय संविधान और कई कानूनों में महिलाओं को अधिकार प्राप्त हैं, मगर वास्तविकता भिन्न है। यद्यपि कानूनों से कुछ परिवर्तन हुआ है, मगर वे पर्याप्त नहीं हैं। जैसे भारत में कुल भू जोतों का स्वामित्व 91 प्रतिशत पुरुषों के पास है और मात्र 9 प्रतिशत महिलाओं के पास है। प्रतिवर्ष हम लोग 24 फरवरी को 'बालिका दिवस' मनाने की रस्म अदायगी करते हैं।

(घ) बाल अधिकार

मानवाधिकारों की सार्वभौमिक घोषणा (1948) के अनुसार प्रत्येक बच्चे को चार प्रकार के अधिकार प्रदान किए गए हैं : जीवित रहने का अधिकार, प्रतिभागी बनने का अधिकार, सुरक्षा का अधिकार और विकसित होने का अधिकार। बच्चों का नाम रखने, विद्यालय जाने, अपनी राय रखने, जोखिमों से सुरक्षा पाने, अपने जीवन को प्रभावित करने वाले निर्णयों में भाग लेने, लैंगिक समानता जैसे करीब पचास अधिकार बाल अधिकार सम्मेलन (1989) में शामिल हैं और भारत ने इन्हें कार्यान्वित करने के लिए 1992 में हस्ताक्षर किया था। मगर बाल मजदूर अपने सही नाम से भी वंचित हैं। उन्हें प्रायः 'छोटू' कहा जाता है। यह बहुत दुर्भाग्यपूर्ण है कि अनेक विकासशील देशों में शिशु (एक साल के वय तक) और बाल (एक से पांच साल के वय तक) की मृत्यु-दर बहुत ऊंची है। भारत में शिशु मृत्यु दर 72 प्रति हजार है। प्रतिरक्षण की कमी के कारण लाखों बच्चे मौत के शिकार होते हैं। इसके अतिरिक्त भारतीय बच्चों में पचास प्रतिशत कुपोषण के शिकार हैं और 30 प्रतिशत नवजात शिशुओं का वजन सामान्य से कम होता है। यह कुछ संतोष का विषय है कि बीसवीं सदी के अंतिम दशक में सरकार और आम जनता और प्रतिबद्ध गैर-सरकारी संगठनों की संलग्नता एवं तत्परता के कारण पल्स पोलियो अभियान काफी हद तक सफल रहा है, तथापि बिहार और उत्तर प्रदेश जैसे कुछ राज्यों में अभी भी पोलियो-पीड़ित बच्चे हैं और भारत में पोलियो उन्मूलन के लिए अनवरत प्रयास की

आवश्यकता बनी हुई है। यह दुर्भाग्यपूर्ण है कि 14 वर्ष से कम आयु के बच्चे बीड़ी बनाने, सीमेंट तैयार करने, पीतल के बर्तन बनाने, अगरबत्ती बनाने, विस्फोटक पदार्थों का निर्माण करने, शीशा बनाने, दरी बुनने, चूड़ियां बनाने, होटलों में बर्तन मांजने और चीथड़े चुनने जैसे अस्वास्थ्यकर और जोखिम भरे व्यवसायों और प्रक्रियाओं में कार्यरत हैं। सस्ती मजदूरी और श्रम के अपेक्षाकृत असंगठित होने के कारण समाज के ठेकेदारों के द्वारा बच्चों का शारीरिक, यौन, सामाजिक और आर्थिक शोषण जारी है, उनसे अधिक घंटों तक और गंदे माहौल में काम लिया जा रहा है। किंतु कामकाजी बालिकाएं शिक्षा से बिल्कुल वंचित रहती हैं। तीसरे, बालिकाओं को कम मजदूरी वाले कार्यों में ज्यादा लगाया जाता है। जैसे तमिलनाडु के शिवकाशी जिले में माचिस बनाने में 90 प्रतिशत मजदूर बालिकाएं ही हैं। योजना आयोग के अनुसार (2000) भारत में लगभग 2 करोड़ बाल श्रमिक हैं, जबकि ओआरजी इनकी संख्या 4.4 करोड़ मानता है। ऐसे गैर-सरकारी संगठनों की संख्या बहुत कम है जो सही मायने में बाल मजदूरों की मुक्ति के लिए क्रियाशील हैं। इनमें से अधिकांश का अस्तित्व महज कागजी है और उनका मुख्य उद्देश्य आर्थिक अनुदान प्राप्त करना भर है। फिर भी बचपन बचाओ आंदोलन जागरूकता पैदा कर रहा है। अपने पास-पड़ोस में बाल-श्रमिक को दयनीय दशाओं में काम करते देखकर भी हमारी संवेदना नहीं जग पाती बल्कि शिक्षित एवं अमीर लोग उनका शोषण ज्यादा करते हैं। भारतीय संविधान के नीति निर्देशक सिद्धांतों में धारा 45 में 14 वर्ष तक के बच्चों को अनिवार्य एवं मुफ्त शिक्षा का प्रावधान रहा है मगर यह बाध्यकारी नहीं है। 1996 में भारत सरकार ने बाल-श्रमिकों के लिए 2528 विशेष विद्यालयों की स्थापना की। जिनमें डेढ़ लाख बच्चों की पढ़ाई की व्यवस्था की। कुछ विद्यालय बिहार में भी क्रियाशील हैं (जैसे नालंदा, सहरसा, जमुई में) जहां उन्हें वजीफा, वस्त्र, भोजन इत्यादि मिलते हैं किंतु समस्या की गंभीरता और भयावहता के मद्देनजर ऐसे प्रयास *ऊंट के मुंह में जीरा* के समान हैं। शिक्षा, खेलकूद, चिकित्सा स्वास्थ्य जैसी सर्वांगीण विकास की सुविधाओं से बाल-श्रमिक आज भी वंचित हैं। इस प्रकार हर साल 30 अप्रैल को अंतर्राष्ट्रीय बाल-श्रम विरोधी दिवस मनाने की हम औपचारिकता पूरी करते हैं। भारत में 14 नवंबर को हम 'बाल दिवस' भी खानापूरी के तौर पर मनाते हैं।

(च) स्वच्छ पर्यावरण का अधिकार

1972 में स्टॉकहोम में संयुक्त राष्ट्र पर्यावरण कार्यक्रम का प्रथम अधिवेशन हुआ था। तब से राष्ट्रीय एवं अंतर्राष्ट्रीय दोनों स्तरों पर पर्यावरण के प्रति जागरूकता में खासी प्रगति हुई है। तथापि 1992 में रियो में 'पृथ्वी शिखर सम्मेलन' और उसके बाद क्योटो सम्मेलन में पारिस्थितिकी के प्रति सही मायने में समेकित चेतना जगाने में हम सफल नहीं हो पाए। अमेरिका ने रियो सम्मेलन में लिए गए निर्णयों का कार्यान्वयन नहीं किया है।

वास्तविकता यह है कि पर्यावरण संबंधी समस्याओं पर स्वैच्छिक संगठनों और सरकार के बीच, उत्तर और दक्षिण के बीच, स्वार्थों का संघर्ष जारी है और हम हर साल 22 अप्रैल को 'विश्व पृथ्वी दिवस' मनाने की रस्म अदायगी कर रहे हैं। भारतीय संविधान के अनुच्छेद-51ए में अगली पीढ़ी के लिए पर्यावरण को परिरक्षित एवं संरक्षित रखने का स्पष्ट प्रावधान किया गया है। माननीय सर्वोच्च न्यायालय ने अनेक लोकहित मामलों में पारिस्थितिकी के परिरक्षण और प्रदूषण के निवारण के लिए आदेश पारित किए हैं। ऐसे महत्वपूर्ण मामले हैं : देहरादून घाटी में खदान पर रोक, सीसा रहित पेट्रोल और सीएनजी का ईंधन के रूप में उपयोग, ताजमहल का संरक्षण, दिल्ली (जो विश्व का तीसरा सर्वाधिक प्रदूषित नगर है) के रिहाइशी इलाकों में औद्योगिक इकाइयों की बंदी, गंगा और यमुना की सफाई, इत्यादि। मुंबई महानगर का आधे से अधिक हिस्सा गंदगी और कूड़े-कचरे से भरी झुग्गी झोपड़ियों का है। तथापि मध्य प्रदेश में सरदार सरोवर बांध की ऊंचाई बढ़ाने संबंधी सर्वोच्च न्यायालय के एक फैसले की अरुंधती राय ने कड़ी आलोचना की जिसके लिए उन्हें अवमानना के नाम पर एक दिन के कारावास का दंड भी भुगतना पड़ा। इस पर बहस छिड़ गई कि जनता को न्यायालय के फैसले की आलोचना का अधिकार है या नहीं। बुद्धिजीवी और विधिवेत्ता इस पर एकमत नहीं हैं। लेकिन बाद में सर्वोच्च न्यायालय ने निर्णय दिया कि जो इसके निर्णय से असंतुष्ट है, वह मामले के पुनर्विचार के लिए अनुरोध कर सकता है। कुछ सेवारत और सेवानिवृत्त नयायाधीशों (वी.आर. कृष्ण अय्यर) ने अरुंधती राय का समर्थन किया है। अनेक लोगों ने न्यायपालिका के अत्यधिक हस्तक्षेप पर प्रश्न उठाते हुए इसे न्यायिक सक्रियता से 'न्यायिक अराजकता' की ओर गमन माना है, यद्यपि सरकार के तीनों अंगों—विधायिका, कार्यपालिका और न्यायपालिका—के बीच शक्ति और अधिकार का बंटवारा है। लेकिन दूसरी ओर बुद्धिजीवी वर्ग में विशेष रूप से और सामान्यजनों में आम तौर पर ऐसी धारणा है कि कुछ राज्यों में सही मायने में विशेषकर पंचायती राज संस्थाओं के चुनाव कराने, सार्वजनिक भूमि पर से अतिक्रमण हटाने, शिक्षा, समुचित जलापूर्ति, स्वास्थ्य और सफाई कराने के न्यायिक निर्णय उचित हैं। लेकिन नामी-गिरामी विधिवेत्ता ऐसा मानते हैं कि न्यायपालिका को प्रत्येक कार्यकारी आदेश के विरुद्ध अपीली प्राधिकार बनने से बचना चाहिए। इसके बदले इसे मात्र यह देखना चाहिए कि आदेश विधिसम्मत है अथवा नहीं। इस संबंध में मैं न्यायमूर्ति वी.आर. कृष्ण अय्यर के इस मत से सहमत हूं : 'न्यायपालिका की स्वतंत्रता का अर्थ घुटने टेकने की क्रिया नहीं है, न यह हर सरकारी प्रस्ताव का विरोध है। न्यायपालिका न तो सरकार का विरोध करने के लिए बनी है, न उसकी कृपा पाने के लिए।' खैर, हम अभी पर्यावरण के प्रति पर्याप्त जागरूक नहीं हुए हैं इसके कारण विदेशी पेय पदार्थ के कारखाने हमें बोतलों में महंगा जहर भरकर पिला रहे हैं। विज्ञान एवं पर्यावरण केन्द्र, नई दिल्ली ने जांच में पाया कि अधिकतर शीतल पेयों

और बन्द बोतल वाले पानी में कीटनाशकों और अपशिष्टों की मात्रा अनुमान्य मानकों से अधिक है।

(छ) काम का अधिकार

यह एक मुख्य मानवाधिकार है और इसमें काम करने की उपर्युक्त स्थितियों और मानवीय प्रतिष्ठा की भावना भी जुड़ी हुई है। इन दोनों बातों को ध्यान में रखते हुए सभी सक्षम व्यक्तियों को उनकी योग्यता के अनुरूप रोजगार उपलब्ध कराया जाना चाहिए ताकि वे अपने परिवार के लिए भोजन, वस्त्र, आवास, स्वास्थ्य, शिक्षा आदि की व्यवस्था कर सकें। यह अधिकार मानवाधिकारों की सार्वभौमिक घोषणा (1948) में शामिल किया गया है, लेकिन हमारे संविधान में अनुच्छेद-21 में इसे जीवन के अधिकार में अंतर्निहित मानने के सिवाय अलग से इसका स्पष्ट प्रावधान नहीं किया गया है। यद्यपि नीति निर्देशक सिद्धांतों में इसका प्रावधान है। भारत की आबादी एक सौ करोड़ से अधिक है और कम-से-कम एक-तिहाई आबादी गरीबी रेखा के नीचे रहती है। विश्व बैंक ने 2000 में भारत में 43 करोड़ लोगों को गरीबी रेखा से नीचे पाया था। उन्हें रोजगार मिल जाए, तो उनकी गरीबी दूर हो जाए। महाराष्ट्र में रोजगार गारंटी योजना काफी सफल हुई है। अतः राष्ट्रीय ग्रामीण नियोजन गारंटी योजना को भारत सरकार ने लागू किया है। कार्यान्वयन संबंधी कुछ दोषों के बावजूद यह योजना भुखमरी और गरीबी दूर करने में काफी हद तक सफल रही है। दूसरी ओर शिक्षित बेरोजगारों की तादाद भी तेजी से बढ़ रही है। हमारी शिक्षा प्रणाली का भी दोष है कि उच्च शिक्षा प्राप्त व्यक्ति को कोई रोजगार न सरकार से मिलता है, न निजी उद्योगों/प्रतिष्ठानों से और न वे इस योग्य होते हैं कि स्वरोजगार शुरू कर सकें। इसलिए व्यावसायिक शिक्षा एवं काम का अधिकार सभी नागरिकों को मिलना चाहिए।

नाजुक मुद्दे

मानवाधिकारों के विवेचन के सिलसिले में अनेक नाजुक मुद्दे पैदा होते हैं, जो नीचे दिए गए हैं :

(क) अधिकार *बनाम* कर्तव्य अथवा अधिकार और कर्तव्य

जीवन के विभिन्न क्षेत्रों में अधिकांश लोग चाहते हैं कि वे सभी प्रकार के अधिकारों का सदा और सर्वत्र निर्बाध रूप से उपयोग करें। उनकी दृष्टि में कर्तव्य औरों के लिए और अधिकार सिर्फ उनके लिए हैं। यह पूर्णतः सामंती दृष्टिकोण है और इसे स्वीकार नहीं किया जा सकता, क्योंकि अधिकार और कर्तव्य दोनों एक-दूसरे के पूरक हैं। यदि मैं सड़क से गुजरता हूं तो मेरा कर्तव्य है कि बाईं ओर चलूं तथा दूसरों को सड़क पर चलने

में बाधा न डालूं। एक व्यक्ति छड़ी घुमाते हुए चल सकता है पर उसकी आजादी वहां खत्म हो जाती है जहां दूसरे की नाक शुरू होती है। भारतीय संविधान के अनुच्छेद-14 से 35 में मौलिक अधिकारों का प्रावधान है, लेकिन लोकहित में इन अधिकारों को राज्य द्वारा सीमित किया जा सकता है। फिर यह प्रश्न उठता है कि किसके अधिकार और किस कीमत पर? भारतीय संविधान के भाग-4 में सामान्य जनों और विशेषकर वंचित लोगों के लिए अनेक नीति-निर्देशक सिद्धांत समाविष्ट किए गए हैं। उदाहरणार्थ, अनुच्छेद-38 कहता है कि राज्य एक ओर जहां सामाजिक, आर्थिक और राजनीतिक न्याय के आधार पर जनहित को प्रोत्साहन देगा, वहीं दूसरी ओर व्यक्तियों के बीच और समुदायों के बीच आय की विषमता को न्यूनतम करने का प्रयास करेगा। इसी प्रकार अनुच्छेद-39, 41, 43 और 45 में भी ऐसे ही जन-कल्याण संबंधी प्रावधान किए गए हैं, जबकि अनुच्छेद-51 ए में पर्यावरण की सुरक्षा, महिलाओं के प्रति सम्मान भाव, राष्ट्रीय गान एवं राष्ट्रीय गीत के प्रति सम्मान जैसे मौलिक कर्तव्यों का समावेश 42वें संशोधन द्वारा किया गया है। इसलिए अधिकार के साथ-साथ कर्तव्यज्ञान भी जरूरी है।

(ख) सभ्य समाज *बनाम* राज्य अथवा सभ्य समाज और राज्य

सामान्यतः ऐसा माना जाता है कि सभ्य समाज 'लोकतांत्रिक आधार-भूमि' प्रदान करता है और राज्य उसे नियंत्रित करता है। किसी समाज के मुख्य तीन संरचनात्मक हिस्से होते हैं : राज्य, बाजार तथा सभ्य या लोक समाज (सिविल सोसायटी)। लोक समाज परिवार से ऊपर, राज्य तथा बाजार से भिन्न, आम लोगों का समूह या समूहों का समूह होता है। यथार्थतः राज्य का कर्तव्य है कि वह जनता को सामाजिक, आर्थिक और राजनैतिक अधिकार प्रदान करने में विशेष रुचि तो ले ही, अपराधियों के विरुद्ध कानूनी कार्रवाई भी करे। उदाहरणार्थ, शांति और व्यवस्था भंग करने वाले आतंकवादियों और शातिर अपराधियों को राष्ट्रीय सुरक्षा अधिनियम या अन्य कानूनों यथा बिहार अपराध नियंत्रण अधिनियम के तहत नजरबंद किया जा सकता है, लेकिन एक निश्चित समय-सीमा के भीतर उन्हें किसी न्यायाधिकरण के समक्ष प्रस्तुत किया जाना चाहिए। सभ्य (लोक) समाज में परिवार से इतर संगठन, जो मुनाफा कमाने की बजाय सहयोगात्मक भावना से काम करते हैं, अपने भाइयों और बहनों की विभिन्न प्रकार से मदद कर सकते हैं। राज्य को चाहिए कि सभ्य समाज की आधार भूमि में दखल देने के बदले सुविधादाता के रूप में उसका दायरा बढ़ाए और उसे अधिक लोकतांत्रिक बनाने का प्रयास करे। इसके लिए आवश्यक है कि दलित-पीड़ित वर्ग के लिए विशेष कल्याणकारी नीतियां बनाई जाएं और उन्हें ईमानदारी से क्रियान्वित किया जाए। राज्य मुक्त बाजार के भरोसे शिक्षा, स्वास्थ्य, रोजगार आदि को न छोड़ दे। इसी प्रकार समाचारपत्रों को बड़े व्यापारिक घरानों (मीडिया मुगल रूपर्ट मर्डोक जैसे लोगों) का मुख-पत्र बनने से बचना चाहिए।

समाचारपत्रों का नैतिक दायित्व है कि अगर किसी व्यक्ति अथवा समुदाय के विरुद्ध निराधार और गलत खबर प्रकाशित होती है, तो वे उसका खंडन प्रकाशित करें। किंतु दुर्भाग्यवश या तो खंडन छपता ही नहीं, अथवा छोटे अक्षरों में कोने में छापा जाता है जिससे उस पर पाठकों की निगाह न जाए। किसी भी लोकतंत्र का सबसे बड़ा तत्व है–'असहमति का अधिकार' (right to dissent)। यदि जनप्रतिनिधि कानून बनाते हैं और उनके विरोधियों को उसकी आलोचना का अधिकार नहीं है, तो वह अंधा लोकतंत्र है। लोकतंत्र सिर्फ जनता के प्रतिनिधयों का ही शासन नहीं है, गैर-प्रतिनिधियों और विरोधियों का भी है। किंतु यह जमीनी सचाई है कि जो राजनैतिक दल सत्ता में आता है, वह सबसे पहले अपने विरोधियों के विरुद्ध सख्त कार्रवाई करता है। उसे जहां से मत प्राप्त नहीं होते, उस क्षेत्र का विकास नहीं करता। जो समुदाय, वर्ग, भाषा, जाति, धर्म वाले उसे मत नहीं देते, वह उनके जीवन में खलल डालता है। अनेक कानूनों के जरिए बलात्कार की पीड़ित महिलाओं की व्यक्तिगत पहचान को मीडिया द्वारा प्रकट करने पर रोक लगाई गई है, लेकिन दुर्भाग्यवश इसका पूर्णरूपेण पालन नहीं हो रहा है। इस दिशा में पत्रकारों को आचार संहिता का पालन करना चाहिए। मगर प्रायः वे निजता के क्षेत्र में दखल देते हैं।

(ग) कानून बनाम नैतिकता

मानवाधिकार में कानून और नैतिकता दोनों के तत्व समाविष्ट हैं। इस संबंध में दो प्रश्न प्रायः उठाए जाते रहे हैं, प्रथम, मृत्युदंड वांछनीय है या नहीं? और दूसरा, व्यक्ति को आत्महत्या का अधिकार है या नहीं? जहां तक मृत्युदंड का प्रश्न है, इस पर लंबी बहसें चली हैं और भारत में इसे बरकरार रखा गया है, ताकि हत्या, सामूहिक नरसंहार जैसे जघन्यतम अपराधों में लिप्त व्यक्तियों को कठोरतम दंड दिया जा सके। फिर भी, यह उचित जान पड़ता है कि हर दोषी व्यक्ति को अपील करने अथवा राष्ट्रपति से क्षमायाचना का अवसर दिया जाए। साथ ही, मौत की सजा देते समय यंत्रणा नहीं दी जानी चाहिए। फिर भी, जिस प्रकार प्रत्येक संत का खराब अतीत होता है वैसे ही किसी अपराधी का भी अच्छा भविष्य हो सकता है। इसलिए मेरी राय में विरलतम मामले में ही प्राणदंड दिया जाना चाहिए। इससे अपराधी को भविष्य में अपने को सुधारने का अवसर शेष रह जाता है। किंतु अमनेस्टी इंटरनेशल के अनुसार 2004 में विश्व में 3779 लोगों को मृत्युदंड दिया गया जिनमें से 3400 चीन में और 159 ईरान में थे। ईरान में 16 वर्ष की एक बालिका को इसलिए सरेआम फांसी दे दी गई क्योंकि वह अपनी पवित्रता सिद्ध नहीं कर सकी। जहां तक आत्महत्या के अधिकार का प्रश्न है, सांघातिक और अत्यंत पीड़ादायक रोगों (कैंसर, एड्स, कोमा इत्यादि) से लंबे अर्से से पीड़ित व्यक्तियों को यह अधिकार दिया जाना चाहिए कि वे दारुण कष्ट से त्राण पाने के लिए दवा लेकर अपनी

जीवन-लीला समाप्त कर लें। मगर इस बाबत चिकित्सकों का समुचित प्रमाण पत्र भी हो। अमेरिका, फ्लोरिडा में टेरी शियावो (Terri Shiavo) 14 वर्षों से कोमा में थी और उसे नली से द्रव खाद्य खिलाया जा रहा था मगर मार्च 2005 में नली निकल जाने के बाद दुबारा नहीं लगाई गई जिससे वह 13 दिनों बाद मर गई। 2000 में प्रसव के दौरान चिकित्सक की लापरवाही से कंचन नामक महिला (पटना में) कोमा में चली गई। चिकित्सकों ने उसे लाइलाज बताया और उसके पति ने पटना हाई कोर्ट में इच्छा-मृत्यु की अनुमति मांगी मगर उसे अस्वीकृत कर दिया गया। अप्रैल 2005 में उसके पति ने राज्यपाल से इस बाबत एक अध्यादेश जारी करने का अनुरोध किया मगर कोई हल नहीं निकला। 2006 में उसकी स्वाभाविक मृत्यु हो गई।

(घ) प्रतिरक्षा बनाम विकास पर खर्च

प्रायः ऐसा देखा जाता है कि अनेक विकसित राष्ट्र तथा विकासशील राष्ट्र विकास की अपेक्षा सेना पर अधिक खर्च करते हैं। यद्यपि शीतयुद्ध का युग समाप्त हो चुका है, लेकिन नाभिकीय युद्ध के बादल कभी-कभी मंडराते हैं। ऐसे युद्ध निश्चय ही परस्पर-संहारक युद्ध सिद्ध होंगे। सशस्त्रीकरण की अंधी दौड़ के कारण 'शक्ति संतुलन' का स्थान 'आतंक संतुलन' ने ले लिया है। सैन्यीकरण अब एक नया औद्योगिक व्यवसाय है जो पूरे विश्व के स्तर पर अमेरिका की अगुआई में फल-फूल रहा है। सबसे ज्यादा शस्त्र निर्यात करने वाले देश अमेरिका, ब्रिटेन, रूस, जर्मनी तथा फ्रांस हैं। पर जितनी मात्रा में हथियारों पर व्यय किया जा रहा है उतने में संपूर्ण विश्व के बच्चों का टीकाकरण हो सकता है, उन्हें स्वच्छ जल, दवा और शिक्षा दी जा सकती है। क्या यह एक वैश्विक मानवाधिकार नहीं है कि शस्त्रीकरण की उन्माद भरी दौड़ को रोका जाए और उसके स्थान पर असंख्य भाइयों और बहनों की बुरी दशा सुधारने पर ध्यान दिया जाए। एतद् विषयक मानवाधिकार संबंधी आचारशास्त्र वरीय नागरिकों, विधवाओं, बंधुआ मजदूरों, बाल-श्रमिकों, एड्स/कैंसर के मरीजों और अपाहिजों की सामाजिक सुरक्षा के लिए विशेष और समुचित प्रावधान की अपेक्षा रखता है।

(ङ) व्यक्तिगत अधिकार बनाम सामुदायिक आजादी

मानवाधिकारों की सार्वभौमिक घोषणा की धारा-6 में स्पष्ट रूप से कहा गया है कि ये अधिकार 'प्रत्येक व्यक्ति की अंतर्भूत प्रतिष्ठा' के लिए हैं अर्थात ये व्यक्तिगत अधिकार हैं। किंतु समाज को खोखला बनाकर अथवा सिर्फ व्यक्तियों को निजी अधिकारों से संपन्न कर समग्र समाज की प्रगति संभव नहीं है क्योंकि समाज सभी व्यक्तियों के योग से अधिक होता है। भारत के इतिहास में वैशाली के लिच्छवी गणतंत्र से लेकर अंग्रेजी शासन के पूर्व तक ग्राम सभा की व्यवस्था औपचारिक या अनौपचारिक रूप में कार्यरत रही है जो

जल, जंगल और जमीन की सुरक्षा करती थी (भले व्यक्तिगत खेतिहर रहे हैं, सामूहिक संपत्तियों पर उसका अधिकार था)। इसका उदाहरण सामुदायिक खेल मैदान, चारागाह, जंगल—झाड़, कुआं, तालाब-नदी-झरने, आहर-पइन, आदि आज अपनी बदहाली की कहानी कहते हैं क्योंकि समाज के दबंग व्यक्तियों, समूहों और परिवारों द्वारा इन पर अवैध कब्जा करके इनका सामुदायिक स्वरूप बदल दिया गया है। इसलिए आज की जरूरत है कि इस समाज की सामुदायिकता को पुनः समृद्ध करें और सहयोग-साझीदारी की भावना को पल्लवित-पुष्पित करें। इसके लिए व्यक्तिवादी सोच, कथन और कर्म का विरोध करना होगा। अपराध के राजनीतीकरण, राजनीति के अपराधीकरण, समाज के अपराधीकरण और अपराध के समाजीकरण जैसी विकराल प्रवृत्तियों का प्रतिरोध एकजुट होकर करना होगा। कुछ इलाकों में कई तरह से नकारात्मक प्रवृत्तियों का विरोध शुरू हो चुका है—यथा मतदान का बहिष्कार हो या कच्चा बांध (राजस्थान) बनाना हो, बंद नदी (मुहाने नदी, बिहार) को खुलवाना हो, 'हमारा गांव, हमारी सरकार', 'जनसुनवाई' (मजदूर किसान शक्ति संगठन) वगैरह।

लेकिन यह दुर्भाग्यपूर्ण है कि हम इतिहास से समय पर कोई सबक नहीं सीख रहे हैं और प्रतिवर्ष 10 दिसंबर को 'मानवाधिकार दिवस' मनाने की रस्म अदायगी करते जा रहे हैं। फरवरी 2002 में गुजरात में बहुसंख्यक और अल्पसंख्यक समुदायों के बीच सांप्रदायिकता का जैसा तांडव नृत्य हुआ जिसमें 2000 लोगों का कत्लेआम हुआ, वह लोमहर्षक ही नहीं, बेहद शर्मनाक एवं अमानवीय भी था। महान अशोक को कलिंग विजय के बाद ही युद्ध और नरसंहार की व्यर्थता का बोध हुआ था। क्या हमें भी इस सरल सत्य का अहसास तभी होगा जब हम व्यापक नरसंहार में लिप्त होंगे अथवा हम इस पर गंभीरता से विचार करेंगे और इसे साकार करने के लिए प्रयत्नशील होंगे? आज का युग हमारे लिए चुनौती भरा युग है, हम संकटों के दौर से गुजर रहे हैं और यह बहुत खेदजनक है कि हम शपथ सिर्फ भंग करने के लिए ले रहे हैं और वादे सिर्फ तोड़ने के लिए कर रहे हैं। हम चाहते कुछ हैं, कहते कुछ हैं और करते कुछ और हैं। हमारी सोच, वाणी और कर्म सभी ने एक-दूसरे को तलाक दे रखा है। जॉर्ज ऑर्वेल ने 1950 में ठीक ही कहा था : 'राजनीतिक भाषा—और किंचित उलटफेर के साथ यह बात सभी राजनीतिक दलों, रूढ़िवादियों से लेकर अराजकतावादियों तक पर लागू होती है—झूठ को सच का रूप देने, हत्या को सम्मानजनक बनाने और निखालिस हवा को स्थूल आकार प्रदान करने के लिए अभिप्रेरित होती है।'' लेकिन यदि हम एक ओर अपने मानवाधिकारों की सुरक्षा द्वारा आम जनता के हित में पूरी तत्परता के साथ सही योजना बनाकर खड़े नहीं हो जाते और दूसरों के प्रति अपने कर्तव्यों का पालन शुरू नहीं करते, तो इतिहास हमें माफ नहीं करेगा और यह लड़ाई व्यवस्था परिवर्तन की होगी। यहां मैं हर्बर्ट स्पेंसर के साथ पूरी सहमति व्यक्त करते हुए उसकी निम्नांकित पंक्तियों को उद्धृत

करना चाहूंगा :

"कोई व्यक्ति पूर्णतः स्वतंत्र नहीं हो सकता जब तक सभी स्वतंत्र नहीं हो जाते/कोई व्यक्ति पूर्णतः सदाचारी नहीं हो सकता जब तक सभी सदाचारी नहीं हो जाते/कोई व्यक्ति पूर्णतः सुखी नहीं हो सकता जब तक सभी सुखी नहीं हो जाते।"

और इस भाव को हमारे पूर्वजों ने बेहतर ढंग से कहा है :

सर्वे भवन्तु सुखिनः सर्वे संतु निरामयः।
सर्वे भद्राणि पश्यन्तु मा कश्चित् दुःख भाग्भवेत् ॥

ऐसा तभी हो सकता है जब हम दूसरों का सम्मान करें, दूसरों के विचारों को सुनें-समझें और अभिव्यक्ति का अवसर दें, सांस्कृतिक-सामाजिक विविधता तथा सामाजिक-आर्थिक विकास के बीच संतुलन बनाएं, संवादधर्मिता तथा असहमति को पल्लवित-पुष्पित होने दें। जैसा कि 1995 में यूनेस्को के प्रतिवेदन 'पावर ऑफ कल्चर' में ठीक ही कहा गया है कि 'वैश्विक सदाचार' के लिए मानवाधिकारों, लोकतंत्र, अल्पसंख्यकों का संरक्षण, शांति एवं समता के बीच संतुलन आवश्यक है।

3

बच्चों के मानवाधिकार

बाल अधिकार संबंधी अभिसमय को 20 नवंबर, 1989 को संयुक्त राष्ट्र संघ ने मान्यता दी। इसके प्रमुख उद्देश्य निम्नलिखित हैं :

(1) कि संयुक्त राष्ट्र संघ अधिकार-पत्र में घोषित सिद्धांतों के अनुसार मानव परिवार के सभी सदस्यों की सहज गरिमा, तथा समान एवं अहरणीय अधिकारों की स्वीकृति विश्व में स्वतंत्रता, न्याय एवं शांति का आधार-स्तंभ है;

(2) कि संयुक्त राष्ट्र संघ के जन-समाजों ने संयुक्त राष्ट्र अधिकार-पत्र में मूल अधिकारों तथा व्यक्ति की गरिमा एवं महत्ता के प्रति अपने विश्वास की पुनर्पुष्टि की है तथा व्यापक स्वतंत्रता के वातावरण में सामाजिक प्रगति एवं बेहतर जीवन-स्तर को बढ़ावा देने का संकल्प लिया है;

(3) कि मानवाधिकारों की सार्वभौमिक घोषणा, तथा मानवाधिकारों संबंधी अंतर्राष्ट्रीय प्रसंविदाओं में संयुक्त राष्ट्र सहमत हुआ है कि प्रत्येक व्यक्ति किसी भी प्रकार के विभेद के बिना घोषित सभी अधिकारों एवं स्वतंत्रताओं का हकदार है;

(4) कि मानवाधिकारों की सार्वजनिक घोषणा के अनुसार बचपन विशेष देखभाल तथा सहायता का पात्र है;

(5) कि समाज के बुनियादी समूह और अपने सभी सदस्यों तथा खास तौर से बच्चों के अभिवर्धन तथा कल्याण के स्वाभाविक परिवेश के रूप में परिवार को आवश्यक संरक्षण तथा सहायता देनी चाहिए ताकि वह समाज के अंदर अपने दायित्वों को पूर्णरूपेण ग्रहण कर सके;

(6) कि बच्चों को अपने व्यक्तित्व के पूर्ण और सुसंगत विकास के लिए पारिवारिक परिवेश में आनंद, स्नेह और सौहार्द के वातावरण में बढ़ाना है;

(7) कि बच्चे को समाज में एक व्यक्तिगत जीवन जीने के लिए पूर्ण रूप से तैयार करना चाहिए और उसका लालन-पालन संयुक्त राष्ट्र अधिकार-पत्र में घोषित

आदर्शों के अनुरूप, विशेष रूप से शांति, गरिमा, सहिष्णुता, स्वतंत्रता, समानता और एकता की भावना के साथ किया जाना चाहिए;

(8) जैसा कि बच्चों के अधिकार संबंधी जेनेवा घोषणा (1924) में निर्दिष्ट किया गया है : 'अपनी शारीरिक और मानसिक अपरिपक्वता के कारण बच्चे को जन्म लेने से पूर्व तथा उसके बाद भी विशेष संरक्षण तथा देखभाल की आवश्यकता है, जिसमें उपयुक्त कानूनी संरक्षण का भी समावेश है';

(9) कि राष्ट्रीय तथा अंतर्राष्ट्रीय स्तर पर लालन-पालन तथा गोद लेने की व्यवस्था के विशेष संदर्भ में बच्चों के संरक्षण एवं कल्याण के बारे में सामाजिक तथा कानूनी सिद्धांतों से संबंधित घोषणा, बाल-न्याय प्रशासन संबंधी संयुक्त राष्ट्र के मानक नियमों (बीजिंग नियमों), तथा आपात एवं सशस्त्र संघर्ष की स्थितियों में महिलाओं और बच्चों के संरक्षण संबंधी घोषणा की व्यवस्थाओं को याद करते हुए;

(10) कि विश्व के सभी देशों में नितांत कठिन परिस्थितियों में जीने वाले बच्चों का खास ध्यान रखने की जरूरत है;

(11) कि बच्चे के संरक्षण एवं सुसंगत विकास के लिए प्रत्येक जनमानस की परंपराओं और सांस्कृतिक मूल्यों के महत्व को ध्यान में रखते हुए;

(12) कि प्रत्येक देश में, विशेषकर विकासशील देशों में बच्चों के जीवन की अवस्थाओं को सुधारने के लिए अंतर्राष्ट्रीय सहयोग के महत्व को स्वीकार करते हुए।

बच्चों के अधिकारों को चार श्रेणियों में बांटा जा सकता है :

1. जीने का अधिकार

(1) प्रत्येक बच्चे को जीवन का सहज अधिकार है। राज्य यथासंभव अधिकतम सीमा तक सुनिश्चित करेंगे कि बच्चा जीवित रहे और विकास करे। (अनुच्छेद-6)

(2) जन्म के बाद प्रत्येक बच्चे को पंजीकृत किया जाएगा और जन्म से ही उसे एक नाम और राष्ट्रीयता प्राप्त करने, तथा यथासंभव अपने मां-बाप को जानने का और यह अधिकार होगा कि वे उसकी देखभाल करें। (अनुच्छेद-7)

(3) बच्चे को उसके माता-पिता की इच्छा के विरुद्ध उनसे अलग नहीं किया जाएगा, सिर्फ सक्षम प्राधिकार इससे अलग निर्णय ले सकता है। (अनुच्छेद-9)

(4) बच्चे को अधिकार है कि उसका स्वास्थ्य उच्चतम मापदंड के अनुरूप हो और उसे रोग के इलाज तथा पुनः स्वस्थ हो जाने की सुविधाएं प्राप्त हों। राज्य निम्नलिखित व्यवस्था करेंगे :

(क) शिशु तथा बाल-मृत्यु दर कम करने के लिए
(ख) सभी बच्चों के लिए चिकित्सा संबंधी आवश्यक सहायता तथा स्वास्थ्य की देखभाल
(ग) पौष्टिक खाद्य पदार्थ तथा पेयजल के जरिए रोगों और कुपोषण का मुकाबला करने तथा प्राथमिक स्वास्थ्य सेवा ढांचे के अंतर्गत भी इनका मुकाबला करने के लिए
(घ) प्रसूति के पूर्व तथा पश्चात मां के स्वास्थ्य की उपयुक्त देखभाल
(ङ) समाज के सभी हिस्सों को बाल-स्वास्थ्य और पोषाहार, स्तनपान के लाभों, सफाई तथा पर्यावरणीय स्वच्छता और दुर्घटनाओं की रोकथाम का बुनियादी ज्ञान सुलभ हो और उन्हें इस ज्ञान के उपयोग के संबंध में उपयुक्त सहायता और समर्थन मिले।
(च) निवारक स्वास्थ्य सेवा, माता-पिता के लिए मार्गदर्शन तथा परिवार नियोजन शिक्षा और सेवाओं का विकास करने के लिए।

इसके अलावा राज्य बच्चों के स्वास्थ्य के लिए हानिकर पारंपरिक प्रथाओं को समाप्त करने के लिए सभी प्रभावकारी और उपयुक्त उपाय करेंगे। (अनुच्छेद-24)

(5) प्रत्येक बच्चे को ऐसा जीवन जीने का अधिकार है जो उसके शारीरिक, मानसिक, आत्मिक, नैतिक और सामाजिक विकास के लिए उपयुक्त हो। माता-पिता, अन्य अभिभावक अपनी योग्यताओं और आर्थिक क्षमताओं से बच्चे को ऐसा जीवन-स्तर उपलब्ध कराएं जो उसके विकास के लिए आवश्यक है। पक्षकार राज्य अपनी परिस्थितियों के अनुसार तथा अपने साधनों की मर्यादा के अधीन इस अधिकार के कार्यान्वयन के लिए बच्चे के माता-पिता या अन्य अभिभावक को सहायता देने का उपाय करेंगे, खास तौर से पोषाहार, वस्त्र और आवास के मामले में। (अनुच्छेद-27)

2. विकास का अधिकार

(1) पक्षकार राज्य बच्चे या उसके मां-बाप या अभिभावक की नस्ल, रंग, लिंग, भाषा, धर्म, राजनैतिक या अन्य मत, राष्ट्रीय, नृजातीय या सामाजिक मूल, संपत्ति, निर्योग्यता, जन्म आदि के आधार पर कोई विभेद किए बिना प्रत्येक बच्चे को सम्मान देंगे। (अनुच्छेद-2)

(2) पक्षकार राज्य जनसंचार माध्यमों को बच्चे के लिए सामाजिक तथा सांस्कृतिक दृष्टि से लाभदायक तथा अनुच्छेद-29 से संगत सामग्री के प्रचार-प्रसार के लिए प्रोत्साहित करेंगे तथा बालोपयोगी पुस्तकों के प्रकाशन व प्रचार-प्रसार को प्रोत्साहन देंगे। जनसंचार माध्यमों को अल्पसंख्यक या मूलवासी समूह

के बच्चे की भाषागत आवश्यकताओं का विशेष ध्यान रखने के लिए प्रोत्साहित करेंगे, तथा हानिप्रद सामग्री/जानकारी से बच्चों को बचाने के सिद्धांतों को प्रोत्साहन देंगे। (अनुच्छेद-17)

(3) राज्य सुनिश्चित करेंगे कि बच्चे के लालन-पालन एवं विकास में माता-पिता दोनों की संयुक्त जिम्मेदारियां हों तथा कामकाजी मां-बाप के बच्चों की देखभाल के लिए उचित सेवाओं की व्यवस्था करेंगे। (अनुच्छेद-18)

(4) बच्चे की शिक्षा के अधिकार के लिए राज्य प्राथमिक शिक्षा को अनिवार्य एवं निःशुल्क बनाएंगे, सामान्य व व्यावसायिक शिक्षा सहित माध्यमिक शिक्षा के विकास को प्रोत्साहन देंगे व वित्तीय सहायता आदि देकर सुलभ एवं प्राप्य बनाएंगे, क्षमता के आधार पर उच्चतर शिक्षा को सबके लिए सुलभ बनाएंगे, स्कूलों में नियमित उपस्थिति को प्रोत्साहन देने तथा पढ़ाई अधूरी छोड़ने वालों का अनुपात कम करने के लिए उपाय करेंगे। स्कूल का अनुशासन मानवीय गरिमा से संगत हो, दुनियाभर में अज्ञान और निरक्षरता समाप्त हो, तथा वैज्ञानिक व तकनीकी ज्ञान एवं आधुनिक अध्यापन पद्धतियों की सुलभता का मार्ग प्रशस्त हो। इस मामले में विकासशील देशों की आवश्यकताओं का विशेष ध्यान रखा जाएगा। (अनुच्छेद-28)

(5) बच्चे की शिक्षा की दिशा ऐसी होगी जिससे उसके व्यक्तित्व, प्रतिभा, और मानसिक एवं शारीरिक क्षमता का पूर्णतम विकास हो सके, मानवाधिकारों व मूल स्वतंत्रताओं तथा संयुक्त राष्ट्र अधिकार-पत्र में निहित सिद्धांतों के प्रति सम्मान की भावना विकसित हो सके, मां-बाप के प्रति, सांस्कृतिक पहचान, भाषा एवं मूल्यों के प्रति, मूल तथा वर्तमान निवास वाले देश के प्रति, अन्य सभ्यताओं के प्रति सम्मान की भावना का विकास बच्चे में हो सके, पारस्परिक सद्भावना, शांति, सहिष्णुता, लैंगिक समानता, विभिन्न समूहों के बीच मित्रता की भावना से दायित्वपूर्ण जीवन जीने के लिए बच्चा तैयार हो सके, और प्राकृतिक परिवेश के प्रति सम्मान की भावना का उसमें विकास हो सके। (अनुच्छेद-29)

3. सहभागिता का अधिकार

(1) बच्चों को अपने विचार स्वतंत्र रूप से व्यक्त करने का अधिकार होगा और उनके विचारों को उनकी उम्र एवं परिपक्वता के अनुसार उचित महत्व दिया जाएगा। अभिव्यक्ति की स्वतंत्रता में सभी प्रकार की जानकारी और विचार प्राप्त करने व संप्रेषित करने का प्रयत्न करना आदि शामिल होगा। (अनुच्छेद-12, 13)

(2) बच्चे को विचार, अंतःकरण और धर्म की स्वतंत्रता का अधिकार होगा। (अनुच्छेद-14)

(3) बच्चे को संघ में शामिल होने और शांतिपूर्ण सभा में एकत्र होने की स्वतंत्रता होगी। (अनुच्छेद-15)

(4) अल्पसंख्यक या मूलवासी समूह के बच्चे को अपनी संस्कृति, धर्म और भाषा का उपभोग करने के अधिकार से वंचित नहीं किया जाएगा। (अनुच्छेद-30)

(5) राज्य बच्चे के विश्राम, अवकाश, मनोरंजन, क्रीड़ा, संस्कृति, कला आदि में भाग लेने के अधिकार को स्वीकार करते हैं। (अनुच्छेद-31)

(4) सुरक्षा का अधिकार

(1) मां-बाप या अभिभावक की देखरेख में रहते हुए बच्चे को सभी प्रकार की शारीरिक या मानसिक हिंसा से, चोट या दुरुपयोग से, उपेक्षा या उदासीन व्यवहार से, दुर्व्यवहार या शोषण से बचाने के लिए राज्य सभी उपयुक्त वैधानिक, प्रशासनिक, सामाजिक और शैक्षिक उपाय करेंगे। (अनुच्छेद-19)

(2) जो बच्चा अपने पारिवारिक परिवेश से वंचित हो गया हो, वह सामाजिक संरक्षण और राज्य से सहायता प्राप्त करने का हकदार होगा। (अनुच्छेद-20)

(3) गोद लेने में बच्चे के वास्तविक हित का ध्यान सर्वोपरि हो। (अनुच्छेद-21)

(4) मानसिक या शारीरिक दृष्टि से विकलांग बच्चों को सर्वांगीण व श्रेष्ठ जीवन जीने के लिए राज्य व्यवस्था करेंगे जिसमें मानवीय गरिमा, स्वावलंबन एवं सक्रिय भागीदारी शामिल होगी। (अनुच्छेद-23)

(5) किसी बच्चे की निजता, परिवार या घर या पत्र-व्यवहार में मनमाना या गैर-कानूनी हस्तक्षेप नहीं किया जाएगा। (अनुच्छेद-16)

(6) राज्य बच्चों के अवैध रूप से विदेश भेजे जाने और उन्हें स्वदेश वापस न आने देने की गैर-कानूनी कार्रवाई रोकने के लिए उपाय करेंगे। (अनुच्छेद-11)

(7) राज्य बच्चे के आर्थिक शोषण या खतरनाक कार्य से बचाए जाने के अधिकार को स्वीकार करते हैं जो उसकी शिक्षा में बाधा डाले या उसके स्वास्थ्य या शारीरिक, मानसिक, आत्मिक, नैतिक या सामाजिक विकास के लिए हानिप्रद हो। राज्य रोजगार में प्रवेश के लिए न्यूनतम उम्र निर्धारित करेंगे, काम के घंटों और परिस्थितियों के उपयुक्त नियमन की व्यवस्था करें, तथा उनके क्रियान्वयन के लिए उपयुक्त दंड की व्यवस्था करेंगे।

(8) राज्य किसी भी अवैध यौन-कार्य में शामिल होने के लिए बच्चे को फुसलाने या बाध्य करने की कार्रवाई, वेश्यावृत्ति या अन्य गैर-कानूनी आचरणों में बच्चों को शोषणपूर्ण उपयोग तथा अश्लील कृत्यों या सामग्री में बच्चों के शोषणपूर्ण

उपयोग को रोकने के लिए सभी उपयुक्त राष्ट्रीय, उभयपक्षीय तथा बहुपक्षीय उपाय करेंगे। (अनुच्छेद-34)

(9) राज्य बच्चों के अपहरण, बिक्री या व्यापार को रोकने के लिए सभी उपयुक्त राष्ट्रीय, उभयपक्षीय या बहुपक्षीय उपाय करेंगे। (अनुच्छेद-35)

(10) राज्य बच्चे के कल्याण के किसी भी पहलू के लिए हानिप्रद शोषण से उसकी रक्षा करेंगे। (अनुच्छेद-36)

(11) राज्य सुनिश्चित करेंगे कि किसी बच्चे को यातना नहीं दी जाएगी, न उसके साथ कोई क्रूरतापूर्ण, अमानवीय या अपमानजनक व्यवहार किया जाएगा और न उसे इस प्रकार की कोई सजा दी जाएगी। 18 वर्ष से कम उम्र के बच्चे को न तो मृत्युदंड दिया जाएगा और न रिहाई की संभावना के बिना आजीवन कारावास। किसी बच्चे को कानून के तहत ही गिरफ्तार, नजरबंद या कैद किया जाएगा तथा ऐसी कार्रवाई केवल अंतिम उपाय के तौर पर एवं न्यूनतम अवधि के लिए की जाएगी। स्वतंत्रता से वंचित बच्चे को वयस्कों से अलग रखा जाएगा और पत्र-व्यवहार एवं मुलाकात के जरिए अपने परिवार से संपर्क बनाए रखने का अधिकार होगा, तथा उसे कानूनी सहायता पाने और त्वरित निर्णय प्राप्त करने का अधिकार होगा। (अनुच्छेद-37)

(12) राज्य सशस्त्र संघर्ष के दौरान बच्चों के लिए प्रासंगिक मानवीय कानूनों का सम्मान करेंगे, यह उपाय करेंगे कि 15 वर्ष से कम उम्र के बच्चे संघर्ष में सीधे भाग न लें, राज्य 15 वर्ष से कम उम्र के बच्चों को सशस्त्र सेनाओं में भर्ती नहीं करेंगे, तथा राज्य सशस्त्र संघर्ष से प्रभावित बच्चों की रक्षा व देखभाल के लिए सभी व्यावहारिक उपाय करेंगे। (अनुच्छेद-38)

(13) राज्य उपेक्षित, शोषित, दुरुपयोग या यातना, अपमानजनक व्यवहार या दंड या सशस्त्र संघर्ष के शिकार बच्चे के शारीरिक एवं मनोवैज्ञानिक स्वास्थ्य-लाभ तथा समाज के साथ पुनः समेकन के लिए सभी उपयुक्त उपाय करेंगे। (अनुच्छेद-39)

उपर्युक्त से स्पष्ट है कि संयुक्त राष्ट्र संघ ने बच्चों के जीने, विकास, सुरक्षा एवं सहभागिता संबंधी विभिन्न अधिकारों को बाल अधिकार समझौते में शामिल किया है, जिससे एक ओर बच्चों को आगे बढ़ने के लिए पर्याप्त सुअवसर मिले और दूसरी ओर उन्हें क्रूरता, अपमान, भय, दंड, अपराध, यातना, जोखिम, वंचना, सशस्त्र संघर्ष, भेदभाव, उत्पीड़न आदि का शिकार न होना पड़े। ये अधिकार बच्चों के मूलभूत अधिकार हैं, जिनसे उन्हें वंचित नहीं किया जाना है अन्यथा वे अमानवीय जीवन जीने को विवश हो जाएंगे। ये अधिकार मूलतः 'बच्चे पहले' (children first) के सिद्धांत पर आधारित है जो उनके

वर्तमान तथा भविष्य दोनों का बखूबी ख्याल रखते हैं। भारत ने 11 दिसंबर, 1992 को इसका अनुमोदन कर दिया। मगर इस शर्त के साथ कि इनका अनुपालन उपलब्ध संसाधनों तथा अंतर्राष्ट्रीय सहयोग के दायरे में होगा। अब तक 192 देशों ने इसका अनुमोदन किया है।

जमीनी सचाई : पूरी दुनिया में (यूनिसेफ के अनुसार) कुल 2.2 अरब बच्चे हैं जिनमें से 1.9 अरब बच्चे विकासशील देशों में रहते हैं। मगर यह चिंता का विषय है कि इनमें से कुल 1 अरब बच्चे गरीबी में गुजारा करते हैं अर्थात हर दूसरा बच्चा गरीबी में रहता है। विभिन्न क्षेत्रों में बच्चों (18 वर्ष से कम आयु) की संख्या इस प्रकार है :

(क)	उपसहारा अफ्रीका	34 करोड़
(ख)	मध्यपूर्व और उत्तर अफ्रीका	15.3 करोड़
(ग)	दक्षिण एशिया	58.5 करोड़
(घ)	पूर्व एशिया एवं प्रशांत	59.4 करोड़
(ङ)	लैटिन अमेरिका एवं कैरेबियन	19.7 करोड़
(च)	मध्य एवं पूर्वी यूरोप एवं स्वतंत्र देशों का राष्ट्रकुल	10.8 करोड़

इतनी बड़ी बाल आबादी का असर आवास, पानी, शिक्षा, स्वास्थ्य, पोषाहार, टीकाकरण आदि पर पड़ना स्वाभाविक है। यह दुखद किंतु सच है कि विकासशील देशों में 64 करोड़ बच्चे समुचित आवास सुविधा के बिना जीते हैं। अर्थात हर तीन में से एक बच्चा समुचित आवास सुविधा से वंचित है। इसी प्रकार 40 करोड़ बच्चों के लिए सुरक्षित पेय जल का कोई स्रोत उपलब्ध नहीं है अर्थात हर पांच में से एक बच्चा सुरक्षित पेयजल से वंचित है। इतना ही नहीं, 27 करोड़ बच्चों को स्वास्थ्य सेवा उपलबध नहीं है यानी हर सात में से एक बच्चा स्वास्थ्य सेवा से वंचित है। इसी प्रकार दुनिया में प्राथमिक विद्यालय जाने की आयु के 12.1 करोड़ से अधिक बच्चे और 7-18 वर्ष की आयु के कुल 14 करोड़ से अधिक बच्चे विद्यालय नहीं जाते जिनमें से अधिकतर लड़कियां हैं। विभिन्न स्वास्थ्य, पेयजल आदि की सुविधाओं के न होने के कारण (2003 में) दुनिया में पांच वर्ष के पहले 1.06 करोड़ बच्चे मौत के मुंह में चले जाते हैं। किंतु इन मौतों को रोका जा सकता है। इस मामले में घटते क्रम में निम्नलिखित दस देशों की स्थिति सबसे ज्यादा खराब है : सिएरा लियोन, निजर, अंगोला, अफगानिस्तान, लाइबेरिया, सोमालिया, माली, बुर्कीना फासो, कांगो और गिनी बिसाऊ। दुनिया में 25 प्रतिशत बच्चे डीपीटी टीकाकरण से वंचित हैं। सामान्य टीकाकरण से हर वर्ष मरने से बचाए जाने वाले बच्चों की संख्या 22 लाख है। कुपोषण के कारण कम जन्मभार वाले शिशुओं की संख्या काफी है जिनमें से यमन में 32 प्रतिशत, सूडान में 31 प्रतिशत, बांग्लादेश में 30 प्रतिशत, भारत में 30 प्रतिशत उल्लेखनीय है। दुनिया के बच्चों की जीवन आशा (लाइफ एक्सपेक्टेंसी) पिछले 30 वर्षों

में 56 वर्ष से बढ़कर 63 वर्ष हुई है मगर विकसित और विकासशील देशों के बीच काफी अंतर है—जहां जापान में जन्मे बच्चों की जीवन आशा 82 वर्ष है वहीं दूसरी ओर जाम्बिया में जन्मे बच्चों की जीवन आशा मात्र 33 वर्ष है। सबसे दुखद परिणाम एड्स/एचआईवी के कारण हो रहा है क्योंकि इसके कारण दुनिया में 1.5 करोड़ बच्चे अनाथ हो चुके हैं। इतना ही नहीं, 1990-2003 के दौरान प्रमुख सशस्त्र संघर्षों में 16 लाख बच्चे मारे गए। संघर्ष या मानवाधिकारों के उल्लंघन के कारण दो करोड़ बच्चे घर छोड़कर भाग जाने के लिए मजबूर हुए। उदाहरणार्थ, रवांडा में 1994 में 90 दिनों में 3 लाख बच्चे मारे गए। हर वर्ष पूरी दुनिया में तस्करी के शिकार बच्चों की संख्या 12 लाख है। इसी प्रकार यौन-शोषण के शिकार कुल बच्चों की संख्या 20 लाख है। यहां विशेष रूप से उल्लेखनीय है कि सहस्राब्दी विकास लक्ष्यों (मिलेनियम डेवलपमेंट गोल्स) की संख्या 8 है जो सभी प्रत्यक्ष-परोक्ष रूप से बच्चों से संबंधित हैं और 2015 तक उन्हें हासिल करने के लिए वार्षिक लागत 40 से 70 अरब डॉलर आंकी गई है जबकि 2003 में दुनियाभर में सैन्य खर्च 956 अरब डॉलर हुए थे। बाल अधिकार समझौते का अनुमोदन करने वाले 192 देश (2005 तक) है और अनुमोदन न करने वाले देश मात्र दो हैं। सशस्त्र संघर्षों में बच्चों की भागीदारी के बारे में बाल अधिकार समझौते के वैकल्पिक प्रोटोकॉल का अनुमोदन करने वाले कुल देश 82 हैं, और बच्चों के व्यापार बाल वेश्यावृत्ति और अश्लील प्रदर्शनों में बच्चों की भागीदारी के बारे में बाल अधिकार समझौते के वैकल्पिक प्रोटोकॉल का अनुमोदन करने वाले देशों की संख्या 83 है।

ज्ञातव्य है कि युनिसेफ (2005) के अनुसार 5 वर्ष से कम आयु के बच्चों की मृत्युदर भारत में 87 प्रति हजार है जो सबसे खराब स्थिति वाले देश सियेरा लियोन (284 प्रति हजार) से काफी ठीक है मगर सबसे अच्छी स्थिति वाले देश सिंगापुर और स्वीडन (3 प्रति हजार) से काफी खराब है। जाहिर है कि जब सिंगापुर में यह दर इतनी कम की जा सकती है, तो भारत में क्यों नहीं? कुछ चुने हुए देशों में 5 वर्ष तक के बच्चों की मृत्यु दर तालिका 1 में नीचे दी गई है :

तालिका-1 : पांच वर्ष तक के बच्चों की मृत्यु दर (प्रति हजार) (2003)

देश	*मृत्यु*	*पदक्रम (रैंक)*	*देश*	*मृत्यु*	*पदक्रम (रैंक)*
सियेरा लियोन	284	1	रूस	21	115
निजर	262	2	फिजी	20	120
अंगोला	260	3	त्रिनिदाद-टोबैगो	20	120
पाकिस्तान	103	46	उक्रेन	20	120
भारत	87	54	मॉरिशस	18	127

देश	*मृत्यु*	*पदक्रम (रैंक)*	*देश*	*मृत्यु*	*पदक्रम (रैंक)*
भूटान	85	55	श्रीलंका	15	133
नेपाल	82	58	क्यूबा	8	153
मालदीव	72	61	अमेरिका	8	157
बांग्लादेश	69	62	मलेशिया	7	158
दक्षिण अफ्रीका	66	65	इजरायल	6	162
इंडोनेशिया	41	76	फ्रांस	5	170
चीन	37	87	जर्मनी	5	170
फिलिपींस	36	88	स्विटजरलैंड	5	170
ब्राजील	35	90	इटली	4	183
जोर्डन	28	99	जापान	4	183
मेक्सिको	28	99	नार्वे	4	183
सऊदी अरब	26	104	स्पेन	4	183
थाईलैंड	26	104	सिंगापुर	3	192
फलस्तीन	24	106	स्वीडन	3	192
वियतनाम	23	110			

स्रोत *: युनिसेफ, "दुनिया के बच्चों की स्थिति 2005"*

उपरोक्त तालिका से यह बात सिद्ध होती है कि सिर्फ आर्थिक रूप से संपन्न देश होने मात्र से बच्चों की मृत्युदर कम नहीं हो जाती बल्कि संसाधनों का सामाजिक क्षेत्र में जितना बेहतर उपयोग होता है, उतना ही बेहतर कार्य बाल मृत्युदर घटाने में होता है। तभी तो भूटान, बांग्लादेश, नेपाल, मालदीव, फलस्तीन, फिजी, श्रीलंका जैसे छोटे और कम विकसित देशों ने भारत से बेहतर उपलब्धि हासिल की है। क्यूबा में बाल मृत्युदर मात्र 8 प्रति हजार है जो सर्वशक्तिशाली महाशक्ति अमेरिका की उपलब्धि के समकक्ष है—कहां क्यूबा, कहां अमेरिका! इतना ही नहीं, इजरायल और मलेशिया जैसे देशों की स्थिति इस बावत अमेरिका से बेहतर है। सबसे अच्छी स्थिति सिंगापुर और स्वीडन की है—मात्र 3 बच्चों की मृत्यु एक हजार बाल आबादी पर। युनिसेफ (2009) की रिपोर्ट के अनुसार भारत में प्रतिवर्ष दस लाख बच्चे 29 दिन पूरा होने के पहले मरते हैं। जन्म के 28 दिनों के भीतर भारत में जन्मे बच्चे की मौत की संभावना अमेरिका या ब्रिटेन में जन्मे बच्चे की अपेक्षा चौदह गुनी ज्यादा होती है। इस बावत उड़ीसा, म.प्र., उ.प्र., राजस्थान और छत्तीसगढ़ की स्थिति सबसे ज्यादा खराब है।

इसी प्रकार बच्चों की सकल विद्यालय भर्ती की स्थिति भिन्न-भिन्न देशों में भिन्न है जिसे अगली तालिका-2 में देखा जा सकता है :

तालिका-2 : विभिन्न देशों में सकल प्राथमिक विद्यालय भर्ती (1996-2003)

देश	*सकल विद्यालय भर्ती प्रतिशत*	देश	*सकल विद्यालय भर्ती प्रतिशत*
बारबाडोस	100	केप बर्डे	99
बेल्जियम	100	डेनमार्क	99
कनाडा	100	भारत	77
फिजी	100	तुबालू	98
फ्रांस	100	मालदीव	96
फिनलैंड	100	रूस	93
आइसलैंड	100	मॉरिशस	93
इजरायल	100	अमेरिका	93
इटली	100	मलेशिया	95
जापान	100	जर्मनी	83
कोरिया	100	क्यूबा	96
नार्वे	100	चीन	93
पुर्तगाल	100	ब्राजील	97
सेचेल्स	100	भूटान	53
स्पेन	100	बंगलादेश	83
स्वीडन	100	अफगानिस्तान	54
टोंगा	100	इथियोपिया	30
ब्रिटेन	100	माली	39
श्रीलंका	100	गिनी बिसाऊ	41
स्विटजरलैंड	99	निजर	30
सेंट लूसिया	99	सिएरा लियोन	41
पनामा	99	सोमालिया	11
नीदरलैंड्स	99	पाकिस्तान	56
मेक्सिको	99	नेपाल	73
जॉर्जिया	99	म्यांमार	84

स्रोत : *युनिसेफ 2005*

उपरोक्त तालिका से स्पष्ट है कि पूरी दुनिया में सकल विद्यालय भर्ती का प्रतिशत सबसे खराब सोमालिया (11 प्रतिशत) का है, उसके बाद निजर एवं इथियोपिया (दोनों

30 प्रतिशत) का है, नीचे से तीसरे स्थान पर माली और चौथे स्थान पर गिनी बिसाऊ तथा सियेरा लियोन (दोनों 41 प्रतिशत) है। दूसरी ओर बेल्जियम, कनाडा, फ्रांस, फिनलैंड, आइसलैंड, इटली, इजरायल, जापान, नार्वे, पुर्तगाल, स्पेन, स्वीडन और ब्रिटेन जैसे विकसित देशों के साथ बारबाडोस, फिजी, कोरिया, सेचेल्स, टोंगा और श्रीलंका जैसे विकासशील देशों ने भी 100 प्रतिशत सकल विद्यालय भर्ती हासिल किया है जबकि दोनों की सकल राष्ट्रीय आय में काफी अंतर है। इतना ही नहीं, अमेरिका जैसे सर्वशक्तिशाली और विकसित राष्ट्र में यह दर मात्र 93 प्रतिशत है जो रूस, चीन और मलेशिया के बराबर है किंतु कई विकासशील देशों यथा मलेशिया, तुवालू, मालदीव, क्यूबा, ब्राजील, जॉर्जिया, मेक्सिको, सेंट लूसिया आदि से कम है। इसी प्रकार भारत में यह दर मात्र 77 प्रतिशत है जो अपने पड़ोसी देशों बांग्लादेश (83 प्रतिशत), म्यांमार (84 प्रतिशत) और चीन (93 प्रतिशत) से काफी कम है।

इसके बाद विभिन्न देशों में बच्चों के पोषाहार की स्थिति अगली तालिका 3 में देख सकते हैं :

तालिका-3 : विभिन्न देशों में 5 वर्ष तक के बच्चों के पोषाहार की स्थिति (प्रतिशत)

देश	*कम जन्मभार वाले शिशु (1998-2003)*	*वजन में कमी (1995-2003)*	*बौनापन (1995-2003)*	*क्षीणता (1995-2003)*	*विटामिन ए पूरक खुराक दर (2002)*
फिनलैंड	4	–	–	–	–
अल्बानिया	3	14	32	11	–
चीन	6	10	14	2	–
क्यूबा	6	4	5	2	–
फ्रांस	7	–	–	–	–
इजरायल	8	–	–	–	–
इटली	6	–	–	–	–
जापान	8	–	–	–	–
कोरिया गणराज्य	4	–	–	–	–
नेपाल	21	48	51	10	83
पाकिस्तान	19	38	37	12	95
सिंगापुर	8	14	11	4	–
त्रिनिदाद–टोबैगो	23	7	5	4	–
श्रीलंका	22	29	14	14	–
स्वीडन	4	–	–	–	–

ब्रिटेन	8	—	—	—	—
अमेरिका	8	1	2	1	—
यमन	32	46	53	12	49
भारत	30	47	46	16	27
भूटान	15	19	40	3	—
ब्राजील	10	6	11	2	—
इथियोपिया	15	47	52	11	16
फिजी	10	8	3	8	—
मॉरिशस	13	15	10	14	—

स्रोत *: यूनिसेफ 2005*

उपरोक्त तालिका से स्पष्ट होता है कि कम जन्मभार वाले शिशुओं (जिनका वजन जन्म के समय 2.5 किलोग्राम से कम है) का प्रतिशत यमन (32 प्रतिशत) में सबसे अधिक है और दुर्भाग्यवश भारत (30 प्रतिशत) दूसरे स्थान पर है, त्रिनिदाद और टोबैगो (23 प्रतिशत) तीसरे स्थान पर हैं, श्रीलंका (22 प्रतिशत) चौथे स्थान पर और नेपाल (21 प्रतिशत) पांचवें स्थान पर है। दूसरे, 5 वर्ष तक के बच्चों के वजन में कमी के मामले में नेपाल (48 प्रतिशत), भारत (47 प्रतिशत), इथियोपिया (47 प्रतिशत) और यमन (46 प्रतिशत) की स्थिति बदतर है। तीसरे, बौनापन (आबादी की आयु के अनुसार औसत लंबाई से ऋण दो मानक भिन्नताएं कम) में सबसे खराब स्थिति क्रमशः यमन (53 प्रतिशत), इथियोपिया (52 प्रतिशत), नेपाल (51 प्रतिशत) और भारत (46 प्रतिशत) की है। चौथे, क्षीणता (आबादी की ऊंचाई के अनुसार औसत वजन से ऋण दो मानक भिन्नताएं कम) में सबसे खराब स्थिति भारत (16 प्रतिशत), श्रीलंका (14 प्रतिशत), मॉरिशस (14 प्रतिशत), यमन (12 प्रतिशत) और पाकिस्तान (12 प्रतिशत) की है। पांचवे, विटामिन 'ए' की पूरक खुराक दर के मामले में सबसे खराब स्थिति इथियोपिया (16 प्रतिशत), भारत (27 प्रतिशत) और यमन (49 प्रतिशत) की है जबकि पाकिस्तान में 95 प्रतिशत बच्चों और नेपाल में 83 प्रतिशत बच्चों को यह पूरक खुराक मिलती है। दूसरी ओर हम पाते हैं कि कम जन्मभार वाले शिशुओं का प्रतिशत अल्बानिया में मात्र 3, फिनलैंड, कोरिया गणराज्य और स्वीडन में मात्र 4, चीन, क्यूबा और इटली में मात्र 6, फ्रांस में 7, इजरायल, जापान, सिंगापुर, ब्रिटेन और अमेरिका में मात्र 8 है। इस बावत भारत से बेहतर स्थिति वाले कई विकासशील देश यथा क्यूबा, कोरिया, नेपाल, पाकिस्तान, सिंगापुर, त्रिनिदाद-टोबैगो, श्रीलंका, भूटान, ब्राजील, इथियोपिया, फिजी और मॉरिशस है। इस प्रकार स्पष्ट है कि प्रति व्यक्ति आय और सकल राष्ट्रीय आय की अपेक्षा स्वास्थ्य और शिक्षा जैसे सामाजिक क्षेत्र को

प्राथमिकता देने से बच्चों के पोषाहार, पूरक खुराक, वजन, लंबाई आदि पर अनुकूल प्रभाव पड़ता है। यूनिसेफ (2006) के अनुसार पूरी दुनिया में 146 मिलियन (14.6 करोड़) बच्चे कुपोषण के शिकार हैं जिनमें से भारत के 5.7 करोड़ बच्चे शामिल हैं। 1990-2005 के दौरान विकासशील देशों में कम वजन वाले बच्चों की संख्या में मात्र 5 प्रतिशत बिंदु की कमी हुई जो उदारीकरण की पोल खोलती है।

बच्चों का आर्थिक, मनोवैज्ञानिक और यौन-शोषण तब होता है जब वे मजदूरी करने को अभिशप्त होते हैं। इसी प्रकार बाल-विवाह जैसी कुप्रथा के कारण बच्चे वयस्क होने पर भी बहुत सारी सामाजिक, आर्थिक, तकनीकी और राजनैतिक उपलब्धियों से वंचित हो जाते हैं, विशेषकर लड़कियां कम और कच्ची उम्र में गर्भधारण करती हैं, जिससे प्रायः गर्भपात होता है अथवा कमजोर बच्चे पैदा होते हैं, अथवा जच्चा-बच्चा की मृत्यु हो जाती है, अथवा कई बच्चे लगातार (हर वर्ष) पैदा होते हैं जिससे मां-बच्चे के स्वास्थ्य, देखभाल शिक्षा, कमाई आदि पर कुप्रभाव पड़ता है। हम अगली तालिका-4 में बाल-विवाह और बाल मजदूरी की स्थिति देख सकते हैं :

तालिका-4 : विभिन्न देशों में बाल-मजदूरी एवं बाल-विवाह (1999-2003)

देश	*बाल मजदूर 5-14 वर्ष प्रतिशत*			*बाल विवाह (18 वर्ष के पूर्व)*		
	कुल	*पु.*	*स्त्री*	*कुल*	*शहरी*	*ग्रामीण*
बांग्लादेश	8	10	5	65	48	70
ब्राजील	7	9	4	24	22	30
बुर्किना फासो	57	—	—	62	32	70
चाड	57	60	55	71	65	74
मध्य अफ्रीकी गणराज्य	56	54	57	57	54	59
घाना	57	57	58	36	25	42
गिनी बिसाऊ	54	54	54	—	—	—
भारत	14	14	15	46	26	54
इंडोनेशिया	4	5	4	24	14	35
त्रिनिदाद-टोबैगो	2	3	2	34	37	32
रोमानिया	1	—	—	—	—	—
निजर	65	68	62	77	46	86
कोस्टारिका	50	71	29	—	—	—
कैमरून	51	52	50	43	30	51
नेपाल	—	—	—	56	38	59
सियेरा लियोन	57	57	57	—	—	—

स्रोत : *युनिसेफ 2005*

उपरोक्त तालिका से स्पष्ट है कि बाल मजदूरी का प्रतिशत (5-14 वर्ष की आयु के बच्चों का) निजर, सियेरा लियोन, घाना, चाड, बुर्किना फासो, मध्य अफ्रीका गणराज्य, गिनी बिसाऊ, कैमरून और कोस्टारिका में 50 प्रतिशत या उससे अधिक है। दूसरी ओर रोमानिया में मात्र 1 प्रतिशत तथा त्रिनिदाद-टोबैगो में मात्र 2 प्रतिशत बाल मजदूर हैं जबकि भारत में 14 प्रतिशत, बांग्लादेश में 8 प्रतिशत, ब्राजील में 7 प्रतिशत, और इंडीनेशिया में 4 प्रतिशत बाल मजदूर हैं। 1997 में सर्वोच्च न्यायालय ने एक मामले में केंद्र सरकार तथा सभी राज्य सरकारों को निदेश दिया था कि जोखिमपूर्ण कार्यों में लगे बाल मजदूरों को वहां से हटाकर पुनर्वासित किया जाए। इसके आलोक में उत्तर प्रदेश में 28862, मध्य प्रदेश में 8739, बिहार में 21281, राजस्थान में 3026, महाराष्ट्र में 8558 तथा उड़ीसा में 23761 बाल मजदूरों को हटाया गया। दूसरे, सर्वोच्च न्यायालय के आदेशानुसार प्रत्येक बाल मजदूर को 20,000/- रुपये का मुआवजा नियोजक से वसूल कर दिया जाना था। इसके विरुद्ध उत्तर प्रदेश में एक करोड़ रुपये का भुगतान हुआ, महाराष्ट्र में मात्र 7.64 लाख रु. का, मध्य प्रदेश में 1.45 लाख रु. का, उड़ीसा में 1.20 लाख रु. का, बिहार में 80 हजार रु. का तथा राजस्थान में मात्र 60 हजार रु. का भुगतान हुआ। इस प्रकार अधिकतर राज्यों में मुआवजा भुगतान की स्थिति संतोषजनक नहीं थी। तीसरे, जहां तक बाल मजदूरों के परिवारों के समेकित पुनर्वास का सवाल है, वह भी संतोषजनक नहीं था—मात्र 10 से 20 प्रतिशत पुनर्वास लक्ष्य की प्राप्ति हुई। चौथे, इन बच्चों को विद्यालयों में भर्ती भी कराना था। इस मामले में मध्य प्रदेश का कार्य सबसे अच्छा (100 प्रतिशत) रहा, उत्तर प्रदेश में 86 प्रतिशत, राजस्थान, महाराष्ट्र और उड़ीसा में 80 प्रतिशत तथा बिहार में 50 प्रतिशत लक्ष्य प्राप्त हुआ। मगर एक अनुमान के मुताबिक, बहुत कम बच्चों ने प्राथमिक शिक्षा पूरी की। पांचवें, जहां तक दोषी नियोजकों के विरुद्ध बाल श्रमिक अधिनियम 1986 के तहत अभियोजन की कार्रवाई करने का सवाल है, यह भी अत्यंत असंतोषजनक रहा। मात्र उत्तर प्रदेश राज्य में 1729 मामलों का निष्पादन हुआ जिनमें से मात्र 304 मामलों में दोषी अभियुक्तों को सजा मिली। इसे तालिका-5 में दिखाया जा रहा है :

इसके अलावा बाल विवाह (20-24 वर्ष की उन महिलाओं का प्रतिशत जो 18 वर्ष से पहले विवाहित थीं) के मामले में 50 प्रतिशत से अधिक वाले देशों में निजर, नेपाल, बांग्लादेश, बुर्किना फासो, चाड और मध्य अफ्रीकी गणराज्य प्रमुख हैं। भारत में यह 46 प्रतिशत है मगर ग्रामीण क्षेत्र में ज्यादा (54 प्रतिशत) है और शहरी क्षेत्र में कमतर (26 प्रतिशत) है। इस प्रकार स्पष्ट है कि आज के आधुनिक युग में भी बाल-विवाह जैसी कुप्रथा कई विकासशील देशों में जड़ जमाए है। और यह बच्चों के मानवाधिकार का उल्लंघन है क्योंकि वे परिपक्व होने पर स्वेच्छा से विवाह करने की स्वतंत्रता से वंचित हो जाते हैं।

तालिका-5 : सर्वोच्च न्यायालय के आदेश पर जोखिमपूर्ण कार्यों से हटाए गए बाल मजदूरों का ब्यौरा

राज्य	*हटाए गए बाल मजदूरों की संख्या*	*स्कूलों में भर्ती बच्चों का %*	*मुआवजा की राशि (रु.)*	*पुनर्वास लक्ष्य की प्राप्ति (%)*	*निपटाए गए अभियोजनों की संख्या*	*सजा की सं.*
1. उत्तर प्रदेश	28862	86	100 लाख	20	1729	304
2. मध्य प्रदेश	8739	100	1.45 लाख	10	असंतोषप्रद	अनुपलब्ध
3. बिहार	21281	50	0.80 लाख	10	असंतोषप्रद	अनुपलब्ध
4. राजस्थान	3026	80	0.60 लाख	10	असंतोषप्रद	अनुपलब्ध
5. महाराष्ट्र	8558	80	7.64 लाख	10	असंतोषप्रद	अनुपलब्ध
6. उड़ीसा	23761	80	1.20 लाख	10	असंतोषप्रद	अनुपलब्ध

***स्रोत** : चमन लाल, "बाल श्रम", 'मानवाधिकार : नई दिशाएं' (2004)*

भारत सरकार ने दिनांक 1 अगस्त, 2006 को यह निर्णय लिया कि 10 अक्तूबर, 2006 से 14 वर्ष से कम उम्र का कोई बच्चा किसी के घर में घरेलू नौकर के रूप में या होटल/रेस्तरां/ढाबा/चाय की दुकान में नियोजित नहीं किया जा सकेगा। कुछ वर्ष पहले यह भी नियम बनाया गया था कि कोई सरकारी सेवक किसी बच्चे को घरेलू नौकर के रूप में नहीं रखेगा। यद्यपि यह अच्छा कदम है, किंतु इसका प्रभावकारी कार्यान्वयन जरूरी है। प. बंगाल में 'सेव द चिल्ड्रेन' (यू.के.) 'तुलीर' तथा 'सेंटर फॉर द प्रिवेंशन एंड हीलिंग ऑफ चाइल्ड सेक्सुअल एब्यूज' द्वारा बाल घरेलू नौकरों पर अगस्त 2006 में किए गए अध्ययन में निम्नलिखित बातें पाई गईं :

(क) उनमें अधिकतर लड़कियां थीं जो 11 वर्ष या उसके ऊपर की हैं।

(ख) वे अशिक्षित या मात्र साक्षर हैं।

(ग) उन्हें 200 रु. प्रतिमाह वेतन मिलता है। इसके अलावा खाना-कपड़ा मिलता है जिससे 2/3 लड़कियां संतुष्ट नहीं हैं।

(घ) एक दिन में उन्हें 15 घंटे काम करने पड़ते हैं।

(ङ) 41 प्रतिशत लड़कियों ने अपने कार्यस्थल को असुरक्षित बताया।

(च) 68 प्रतिशत बाल घरेलू नौकरों ने शारीरिक शोषण 86 प्रतिशत ने भावनात्मक शोषण एवं 20 प्रतिशत ने यौन शोषण की बात कही।

(छ) 46.6 प्रतिशत बाल घरेलू नौकरों को मारपीट से चोट लगी है। यौन शोषण बार-बार किया जाता है।

इस प्रकार घरेलू बाल नौकरों का शोषण उनकी सामाजिक एवं आर्थिक शक्तिहीनता के कारण होता है। उन्हें पारिवारिक या सामुदायिक समर्थन नहीं मिलता और न सुविधाजनक शोषण के विरुद्ध आवाज उठाने का अवसर। मलय चौधरी का कहना है कि एक बच्चे की प्राथमिक शिक्षा पर सरकार 3000/- रु. खर्च करती है, इसलिए सभी बाल मजदूरों, (जिनकी सं. जनगणना 2001 के अनुसार 12.66 करोड़ है) की प्राथमिक शिक्षा या व्यावसायिक प्रशिक्षण के लिए 36,000 करोड़ रु. की जरूरत होगी। प्रत्येक परिवार को 250/- रु. पारिवारिक भत्ता दिया जाना चाहिए। इसलिए सरकार को 400/- रु. प्रति बच्चा प्रतिमाह अतिरिक्त खर्च करने होंगे—यानी साल भर में करीब 5000/- रु. प्रति बच्चा। इस प्रकार इसमें 60,000 करोड़ रुपये लगेंगे। प्राथमिक शिक्षा के 36000 करोड़ और भोजन के भत्ते का 60,000 करोड़ रुपये जोड़कर कुल 96000 करोड़ रुपये की जरूरत होगी। उनका यह भी कहना है कि बाल मजदूरी खत्म करने के लिए सभी वयस्कों को पूरा रोजगार देना होगा। सो एक लाख करोड़ रु. ग्रामीण क्षेत्रों में 15 करोड़ लोगों को रोजगार देने के लिए खर्च करने पड़ेंगे तथा शहरी क्षेत्र में 2.5 करोड़ रोजगार पैदा करने के लिए 1.20 लाख करोड़ रु. लगेंगे। उनका सुझाव है कि भारत सरकार अगले 10 वर्षों तक रोजगार सृजन पर ही विशेष ध्यान दे जिससे मां-बाप अपने बच्चों को काम पर भेजने के लिए मजबूर न हों अन्यथा 10 अक्तूबर, 2006 से घरेलू नौकर और चाय दुकान/होटल/ढाबा/रेस्तरां में बच्चों के नियोजन पर लगाई गई वैधानिक रोक एक ढकोसला मात्र सिद्ध होगी।

मध्य 2006 में विदेशी न्यूज एजेंसी 'रायटर्स फाउंडेशन' के 120 मानवतावादी विशेषज्ञों ने एक सर्वेक्षण के आधार पर भारत को विश्व में बच्चों के लिए छठवां सबसे खतरनाक जगह पाया है [दरफर (सूडान), उत्तरी उगांडा, कांगो, इराक और सोमालिया के बाद] क्योंकि प्रारंभिक बचपन के दौरान आधे बच्चे कुपोषण के कारण मर जाते हैं। विश्व के कुल कुपोषित बच्चों की संख्या के एक-तिहाई बच्चे भारत में हैं, और बच्चों की मृत्युदर अधिक है, उनका वजन कम है, प्राथमिक विद्यालयों में उनका नामांकन बहुत कम है, उन्हें अधिक काम करना पड़ता है आदि। सर्वोच्च न्यायालय द्वारा नियुक्त दो आयुक्तों श्री एन.सी. सक्सेना एवं हर्ष मंदर ने विभिन्न क्षेत्रों का दौरा करके यह निष्कर्ष निकाला कि अभी तक समेकित बाल विकास परियोजना (जो गर्भवती महिलाओं, दूध पिलाने वाली महिलाओं, किशोरियों और 6 वर्ष के नीचे के बच्चों को पोषाहार आदि के लिए शुरू की गई है) का सार्वभौमीकरण (सर्वव्यापीकरण) नहीं हुआ है। अभी देश में कुल सात लाख आंगनबाड़ी केंद्र स्थापित हैं जिन्हें सर्वोच्च न्यायालय के आदेशानुसार 14 लाख करना है जिसे भारत सरकार ने स्वीकार कर लिया है मगर समय-सीमा निर्धारित नहीं की है। इन आयुक्तों के अनुसार 2001 की जनगणना के आधार पर 40 लाख आंगनबाड़ी केंद्र होने चाहिए क्योंकि 14 लाख का आंकड़ा पुरानी जनसंख्या और पुराने मापदंड

(1000 आबादी पर एक केंद्र) पर आधारित है। वास्तविकता यह है कि 1000 की आबादी में सामान्यतया 150-160 बच्चे (6 वर्ष से कम) होते हैं, 35-40 गर्भवती और दूध पिलाने वाली महिलाएं होती हैं और 75-80 किशोरियां होती हैं। इस प्रकार लगभग 260-70 लोगों के लिए एक आंगनबाड़ी सेविका कारगर नहीं हो सकती। इन आयुक्तों के अनुसार अनुसूचित जाति (जिसके 53.5 प्रतिशत बच्चे कुपोषित हैं) और अनुसूचित जनजाति (जिसके 55.9 प्रतिशत बच्चे कुपोषित हैं) के सभी टोलों के बच्चों के लिए एक वर्ष में नए आंगनबाड़ी केंद्र खोले जाएं तथा सभी समुदायों के सभी बच्चों के लिए 3 साल में ये केंद्र खोले जाएं। इसके अलावा शहरों की झुग्गी झोपड़ियों के बच्चों के लिए और प्रवासी मजदूरों के बच्चों के लिए 3 लाख आंगनबाड़ी केंद्र खोलने की जरूरत है। 'फोकस' नामक एक संस्था ने पाया है कि तमिलनाडु में आंगनबाड़ी केंद्र अन्य पांच राज्यों (उत्तर प्रदेश, छत्तीसगढ़, महाराष्ट्र, राजस्थान, हिमाचल प्रदेश) से बेहतर हैं—ज्यादा देर तक खुलना, नियमित रूप से हाजिर होने वाले बच्चों की संख्या अधिक होना, आधारभूत संरचना की सुविधाएं, नियमित रूप से सेविका को वेतन भुगतान, विद्यालय-पूर्व शिक्षा, पोषाहार, स्वास्थ्य एवं टीकाकरण। तमिलनाडु में एक ओर प्रारंभ से राज्य सरकार ने इस पर जोर दिया और दूसरी तरफ नागरिकों—विशेषकर महिलाओं की जागृति ने उसको जिम्मेदार/पारदर्शी बनाया। दूसरे अध्ययनों ने बिहार और झारखंड में इस परियोजना का कार्यान्वयन असंतोषजनक पाया है। एम.एस. स्वामीनाथन शोध प्रतिष्ठान ने पाया कि राजस्थान में आदिवासियों और बिखरे हुए वंचित बच्चे इस परियोजना से अछूते हैं। इस प्रकार बच्चों के मानवाधिकार का हनन हो रहा है।

इसलिए जरूरी है कि परिवार, सरकार और समाज मिलकर बच्चों के मानवाधिकारों की रक्षा करें अन्यथा उनका भविष्य अंधकारमय होगा और वे जागरूक भावी कर्णधार नहीं बन सकेंगे।

4

महिलाओं के मानवाधिकार

जब महिलाओं के अधिकारों की बात उठती है, तो हम इस विषय को निम्नलिखित प्रकार से विश्लेषित कर सकते हैं :

(क) संयुक्त राष्ट्र द्वारा घोषित महिलाओं के मानवाधिकार
(ख) भारतीय संविधान द्वारा घोषित महिलाओं के मानवाधिकार
(ग) भारत के विभिन्न कानूनों द्वारा घोषित महिलाओं के मानवाधिकार
(घ) भारत के उच्च/उच्चतम न्यायालयों द्वारा घोषित महिलाओं के मानवाधिकार

संयुक्त राष्ट्र द्वारा घोषित महिलाओं के मानवाधिकार

यूं तो 'मानवाधिकारों की सार्वभौमिक घोषणा' (Universal Declaration of Human Rights) संयुक्त राष्ट्र के द्वारा द्वितीय विश्वयुद्ध से उत्पन्न तमाम मानव क्षतियों के आलोक में 1948 में ही कर दी गई थी, मगर वे सामान्य प्रकार के अधिकार थे। वास्तव में, 1979 में, संयुक्त राष्ट्र ने विशिष्ट रूप में 'महिलाओं के विरुद्ध सभी प्रकार के भेदभावों की समाप्ति का अभिसमय' (Convention on the elimination of all forms of descrimination against women) अपनाया। इसे 'सेडा' के नाम से जाना जाता है। इसमें 30 अनुच्छेद हैं जो सर्वत्र महिलाओं के लिए समान अधिकारों की प्राप्ति के लिए अंतर्राष्ट्रीय स्तर पर स्वीकृत सिद्धांतों तथा उपायों को बाध्यकारी बनाते हैं। इसे वर्तमान स्वरूप में लाने के लिए विभिन्न कार्यसमूहों, संयुक्त राष्ट्र की महासभा तथा 'महिलाओं की स्थिति पर आयोग' के बीच करीब पांच वर्षों तक विचार-विमर्श होता रहा, तब जाकर न्यूनतम बिंदुओं पर आम सहमति बनी। तीन सितंबर 1981 को बीस राष्ट्र-सदस्यों की सहमति से यह अभिसमय लागू हुआ और 15 जनवरी, 1998 तक 161 सदस्य राष्ट्रों ने इस पर स्वीकृति दी जिनमें भारत भी शामिल है।

इसमें मनुष्य की गरिमा, स्त्री-पुरुषों के समान अधिकार, भेदभावों की अमान्यता, गरीबी में महिलाओं को भोजन, स्वास्थ्य, शिक्षा, प्रशिक्षण, रोजगार आदि से वंचना को मिटाने, रंगभेद, प्रजातिवाद, उपनिवेशवाद, नव-उपनिवेशवाद, बाह्य आक्रमण, दूसरे देशों

के आंतरिक मामलों में हस्तक्षेप आदि का खात्मा आदि पर जोर दिया गया है। इसके अलावा अंतर्राष्ट्रीय शांति, सुरक्षा, पारस्परिक सहयोग, निःशस्त्रीकरण, न्याय, समता, राष्ट्र संप्रभुता के सम्मान, भौगोलिक अखंडता के सम्मान आदि को सदस्य देशों ने दुहराया। इसके प्रमुख उद्देश्य निम्नलिखित हैं :

(क) कि संयुक्त राष्ट्र संघ अधिकार-पत्र में व्यक्ति की गरिमा तथा पुरुषों और स्त्रियों के समान अधिकारों में आस्था व्यक्त की गई है;

(ख) कि मानवाधिकारों की सार्वभौमिक घोषणा में लिंग सहित सभी प्रकार के भेदभावों के बिना सभी मनुष्य जन्म से स्वतंत्र एवं समान अधिकारों के हकदार हैं;

(ग) कि महिलाओं के विरुद्ध किया जाने वाला भेदभाव अधिकारों की समानता और मानवीय गरिमा के प्रति सम्मान का हनन करता है, और महिलाओं की राजनीतिक-सामाजिक-आर्थिक-सांस्कृतिक जीवन में भागीदारी में बाधक है;

(घ) कि गरीबी की परिस्थितियों में भोजन, स्वास्थ्य, शिक्षा, प्रशिक्षण, तथा रोजगार के अवसर आदि की सुविधा महिलाओं को सबसे कम प्राप्य है;

(ङ) कि समानता और न्याय पर आधारित एक नई अंतर्राष्ट्रीय अर्थव्यवस्था की स्थापना से महिलाओं और पुरुषों के बीच समानता को बढ़ावा देने में महत्वपूर्ण सहायता मिलेगी;

(च) कि रंगभेद, नस्लवाद, उपनिवेशवाद, नव-उपनिवेशवाद, अतिक्रमण, विदेशी कब्जे और प्रभुत्व तथा दूसरे देशों के मामलों में हस्तक्षेप का खात्मा पुरुषों और महिलाओं द्वारा अपने अधिकारों के पूर्ण उपभोग के लिए आवश्यक है;

(छ) कि अंतर्राष्ट्रीय शांति एवं सुरक्षा, निःशस्त्रीकरण, जनसमाजों के आत्मनिर्णय एवं स्वतंत्रता को कार्यरूप देने, और राष्ट्रीय प्रभुसत्ता व प्रांतीय अखंडता के प्रति सम्मान की भावना आने से सामाजिक प्रगति को बढ़ावा मिलेगा, और उसके फलस्वरूप महिलाओं एवं पुरुषों के बीच पूर्ण समता स्थापित करने में मदद मिलेगी;

(ज) कि बच्चों के लालन-पालन में माता-पिता दोनों की भूमिका हो, तथा समाज एवं परिवार में पुरुषों और महिलाओं की पारंपरिक भूमिका में परिवर्तन की आवश्यकता है। इसके कुल तीस अनुच्छेदों में महिलाओं के विरुद्ध भेदभाव खत्म करने के लिए निम्नलिखित प्रमुख अधिकार दिए गए हैं :

(1) महिलाओं के विरुद्ध भेदभाव का अर्थ है किसी प्रकार का भेद, बहिराव (Exclusion) या प्रतिबंध जो लिंग के आधार पर किया जाता है और जिसका प्रभाव या उद्देश्य महिलाओं (विवाहित या अविवाहित) को राजनैतिक, आर्थिक, सामाजिक, सांस्कृतिक, नागरिक या अन्य क्षेत्र में मानवाधिकारों और

मौलिक स्वतंत्रताओं का उपयोग करने में बाधक हो। (अनुच्छेद-1)

(2) पक्षकार राज्य महिलाओं के विरुद्ध सभी प्रकार के भेदभावों की निंदा करते हैं तथा बिना विलंब किए सभी उचित उपाय करने को सहमत हैं जो इन भेदभावों को खत्म करें। वे संकल्प करते हैं :

(अ) कि अपने संविधान तथा अन्य विधानों में स्त्री-पुरुष की समानता का सिद्धांत शामिल करेंगे, यदि पहले से न हों, तथा कानून एवं अन्य तरीकों से इस सिद्धांत की व्यावहारिक प्राप्ति को सुनिश्चित करेंगे।

(ब) कि उचित वैधानिक एवं अन्य उपाय-प्रतिबंध सहित-अपनाएंगे जो ऐसे भेदभावों का निषेध करेंगे।

(स) कि पुरुषों के समान महिलाओं के अधिकारों की वैधानिक सुरक्षा की व्यवस्था सक्षम राष्ट्रीय न्यायाधिकरणों एवं अन्य सार्वजनिक सुरक्षा से करेंगे।

(द) कि महिलाओं के विरुद्ध किसी प्रकार का भेदभाव करने वाले कार्य या व्यवहार से अपने को अलग रखेंगे।

(य) कि किसी व्यक्ति, संगठन या उद्यम द्वारा महिलाओं के विरुद्ध किए जाने वाले किसी भेदभाव का खात्मा करने के लिए उचित उपाय अपनाएंगे।

(र) कि मौजूदा भेदभावकारी कानूनों, विनियमों, प्रथाओं और व्यवहारों को खत्म करने या सुधार करने के लिए कानून बनाने सहित सभी उचित उपाय अपनाएंगे।

(ल) कि वैसे सभी राष्ट्रीय दंडात्मक प्रावधानों को खत्म करेंगे जो महिलाओं के विरुद्ध भेदभावपूर्ण हों।

(3) पुरुषों एवं महिलाओं के बीच वास्तविक समानता बढ़ाने के लिए तथा मातृत्व संरक्षण के लिए उठाए गए विशिष्ट उपाय भेदभावपूर्ण नहीं माने जाएंगे। (अनुच्छेद-4)

(4) किसी लिंग की हीनता या श्रेष्ठता या रूढ़िबद्ध भूमिकाओं पर आधारित पूर्वाग्रहों एवं परंपराओं तथा व्यवहारों की समाप्ति के लिए सामाजिक-सांस्कृतिक पद्धतियों में सुधार किया जाएगा और बच्चों के पालन-पोषण तथा विकास को पुरुष और स्त्री की साझी जिम्मेदारी मानी जाएगी। (अनुच्छेद-5)

(5) राज्य महिलाओं के व्यापार तथा वेश्यावृत्ति जैसे शोषण को रोकने हेतु कानून बनाने सहित सभी समुचित उपाय करेंगे। (अनुच्छेद-6)

(6) सभी राज्य अपने देश के राजनैतिक तथा सार्वजनिक जीवन में महिलाओं के विरुद्ध भेदभाव को खत्म करने के लिए सभी उपाय करेंगे, विशेषकर :

(अ) सभी निर्वाचनों तथा सार्वजनिक जनमत संग्रहों में महिलाओं को मतदान का अधिकार तथा सभी सार्वजनिक निर्वाचित निकायों में चुनाव के लिए उन्हें पात्र मानना;

(ब) सरकारी नीतियों के निर्धारण व कार्यान्वयन में भाग लेना एवं सरकार के सभी स्तरों पर सार्वजनिक कार्यों का संपादन करने तथा सार्वजनिक पद हासिल करने का अधिकार;

(स) देश के सार्वजनिक एवं राजनैतिक जीवन से संबंधित गैर-सरकारी संगठनों एवं संघों में भाग लेने का अधिकार। (अनुच्छेद-7)

(7) राज्य सभी उपयुक्त उपाय करेंगे कि पुरुषों के समान महिलाएं भी बिना किसी भेदभाव के अंतर्राष्ट्रीय स्तर पर अपनी सरकारों का प्रतिनिधित्व करने का अवसर पाएं तथा अंतर्राष्ट्रीय संगठनों के काम में भाग ले सकें। (अनुच्छेद-8)

(8) राज्य महिलाओं का, पुरुषों के समान, अपनी राष्ट्रीयता प्राप्त करने, बदलने या बरकरार रखने की स्वीकृति देंगे। वे विशेष रूप से यह सुनिश्चित करेंगे कि न तो किसी विदेशी पुरुष से विवाह करने पर और न विवाह के दौरान पति द्वारा राष्ट्रीयता बदलने पर पत्नी की राष्ट्रीयता स्वतः बदल जाएगी, या वह राष्ट्रहीन हो जाएगी या उसके पति की राष्ट्रीयता उस पर थोप दी जाएगी और महिलाओं को भी अपने बच्चों की राष्ट्रीयता के बारे में अधिकार मिले। (अनुच्छेद-9)

(9) राज्य शिक्षा के क्षेत्र में पुरुषों के बराबर महिलाओं को अधिकार सुनिश्चित करने हेतु भेदभावों को खत्म करने के सभी उपाय करेंगे, विशेषरूप से :

(अ) जीवन वृत्ति (करियर) तथा व्यावसायिक निर्देशन के लिए, अध्ययन तथा ग्रामीण एवं शहरी क्षेत्र में सभी तरह की शैक्षिक संस्थाओं में डिप्लोमा की प्राप्ति हेतु समान दशाएं; यह समानता विद्यालय-पूर्व, सामान्य, तकनीकी, व्यावहारिक एवं उच्चतर तकनीकी शिक्षा तथा सभी प्रकार के व्यावसायिक प्रशिक्षण में सुनिश्चित की जाएगी।

(ब) समान पाठ्यक्रमों, समान परीक्षाओं, समान योग्यता वाले शिक्षकगण, तथा समान गुणवत्ता के विद्यालय परिसर व उपकरण की व्यवस्था।

(स) सहशिक्षा तथा ऐसे अन्य आवश्यक प्रकारों के जरिए शिक्षा के सभी स्तरों पर तथा सभी रूपों में पुरुषों और महिलाओं की भूमिकाओं की रूढ़िबद्ध अवधारणा को समाप्त करना।

(द) छात्रवृत्ति तथा अन्य वृत्तियों से लाभ के लिए समान अवसर देना।

(य) वयस्क एवं कार्यात्मक साक्षरता कार्यक्रमों सहित सतत शिक्षा की

सुलभता के लिए समान अवसर देना—विशेषकर यथाशीघ्र पुरुषों एवं महिलाओं के बीच शिक्षा में दूरी को पाटने वाले कार्यक्रमों में समान अवसर देना।

(र) छात्राओं की छीजन दर (Drop out rate) को घटाना तथा अपरिपक्व तरीके से विद्यालय छोड़ने वाली लड़कियों और महिलाओं के लिए कार्यक्रम बनाना।

(ल) खेलकूद तथा शारीरिक शिक्षा में सक्रिय रूप से भागीदारी हेतु समान अवसर देना।

(व) परिवारों का स्वास्थ्य एवं कल्याण (Well being), परिवार नियोजन के बावत सूचना/सलाह सहित, सुनिश्चित करने हेतु विशिष्ट शैक्षिक सूचना उपलब्ध कराना। (अनुच्छेद-10)

(10) राज्य रोजगार के क्षेत्र में महिलाओं के विरुद्ध भेदभावों को खत्म करने के लिए सभी उचित उपाय करेंगे, विशेषकर :

(अ) सभी मानवों के अहरणीय अधिकार के रूप में काम करने का अधिकार।

(ब) रोजगार के मामले में चयन की समान प्रक्रिया लागू होने सहित रोजगार के समान अवसरों का अधिकार।

(स) व्यवसाय एवं रोजगार के स्वतंत्र चयन का अधिकार, प्रोन्नति, काम की सुरक्षा एवं सेवा की शर्तों तथा लाभों का अधिकार : अप्रेंटिसशिप उच्चतर व्यावसायिक प्रशिक्षण एवं सतत प्रशिक्षण सहित व्यावसायिक प्रशिक्षण एवं पुनर्प्रशिक्षण का अधिकार।

(द) समान कार्य के लिए समान पारिश्रमिक का अधिकार।

(य) सामाजिक सुरक्षा का अधिकार विशेषकर सेवा निवृत्ति, बेरोजगारी, बीमारी, अपंगता, वृद्धावस्था एवं काम करने में अन्य अक्षमता तथा सवैतनिक छुट्टी का अधिकार।

(र) स्वास्थ्य की सुरक्षा का अधिकार—प्रजनन कार्य की सुरक्षा सहित कार्य दशाओं में सुरक्षा का अधिकार। [अनुच्छेद-11(1)]

(11) विवाह या मातृत्व के आधार पर महिलाओं के विरुद्ध भेदभाव को रोकने के लिए तथा उनको काम का प्रभावकारी अधिकार सुनिश्चित करने के लिए राज्य निम्नलिखित उपयुक्त उपाय करेंगे :

(अ) कुछ प्रतिबंधों के साथ, गर्भावस्था या मातृत्व अवकाश के आधार पर सेवामुक्ति रोकना, तथा वैवाहिक स्थिति के आधार पर सेवामुक्ति में भेदभाव रोकना।

(ब) नौकरी छूटने, वरीयता या सामाजिक भत्ता का नुकसान उठाए बिना,

वेतन के साथ तुलनीय सामाजिक लाभों के साथ मातृत्व अवकाश की व्यवस्था करना।

(स) मां-बाप द्वारा अपने पारिवारिक दायित्वों का तालमेल कार्य के दायित्वों के साथ बैठाने एवं सार्वजनिक जीवन में भागीदारी हेतु आवश्यक सहायक सामाजिक सेवाओं को प्रोत्साहित करना।

(द) महिलाओं के लिए उनकी गर्भावस्था के दौरान हानिकारक कार्यों में विशेष सुरक्षा उपलब्ध कराना। [अनुच्छेद-11(2)]

(12) राज्य स्वास्थ्य की देखरेख संबंधी विभिन्न सेवाओं (परिवार नियोजन सहित) की सुलभता सुनिश्चित करने के लिए सभी उपाय (आवश्यक होने पर निःशुल्क सेवाएं एवं पोषाहार सहित) करेंगे। (अनुच्छेद-12)

(13) राज्य समान अधिकार सुनिश्चित करने हेतु आर्थिक एवं सामाजिक जीवन के अन्य क्षेत्रों में महिलाओं के विरुद्ध भेदभाव को मिटाने के लिए सभी उपाय करेंगे, विशेषकर :

(अ) पारिवारिक लाभों का अधिकार

(ब) बैंक ऋण, बंधक तथा वित्तीय साख के अन्य रूपों का अधिकार

(स) मनोरंजन की गतिविधियों, खेलों तथा सांस्कृतिक जीवन के अन्य क्षेत्रों में भागीदारी का अधिकार। (अनुच्छेद-13)

(14) वस्तु विनिमय वाली अर्थव्यवस्था में ग्रामीण महिलाओं के कार्यों सहित, अपने परिवार के आर्थिक अस्तित्व हेतु ग्रामीण महिलाओं की भूमिका तथा उनकी कठिनाइयों का ध्यान रखेंगे। इसके अलावा ग्रामीण विकास में भागीदारी तथा उससे लाभ सुनिश्चित करने के लिए ग्रामीण महिलाओं के विरुद्ध भेदभाव मिटाने के सभी उपाय करेंगे, विशेषकर :

(अ) सभी स्तरों पर विकास योजना बनाने तथा कार्यान्वित करने में भागीदारी

(ब) स्वास्थ्य रक्षा सुविधाओं (परिवार कल्याण संबंधी सूचना, निर्देश तथा सेवाओं सहित) की सुलभता

(स) सामाजिक सुरक्षा कार्यक्रमों से सीधे लाभ उठाना

(द) सभी प्रकार का प्रशिक्षण एवं शिक्षा, औपचारिक एवं अनौपचारिक– कार्यात्मक साक्षरता सहित–तथा उनकी तकनीकी क्षमता बढ़ाने हेतु सभी सामुदायिक एवं विस्तार सेवाओं का लाभ मिलना

(य) रोजगार या स्वरोजगार के जरिए आर्थिक अवसरों की समान सुलभता हेतु स्वसहायता समूहों तथा सहयोग समितियों का गठन करना

(र) सामुदायिक कार्यकलापों में भागीदारी

(ल) सभी साख, ऋण, बाजार की सुविधाओं, समुचित तकनीक आदि तक

सुलभता और कृषि एवं भूमिसुधार एवं भू-बंदोबस्ती योजनाओं में समान व्यवहार

(व) समुचित रहन-सहन की सुविधाओं का उपयोग-विशेषकर आवास, स्वच्छता, विद्युत, जलापूर्ति, परिवहन एवं संचार के मामलों में। (अनुच्छेद-14)

(15) राज्य कानून के समक्ष महिलाओं को पुरुषों के अनुरूप समानता प्रदान करेंगे। इसके अलावा राज्य असैनिक मामलों में पुरुषों के बराबर महिलाओं को वैधिक क्षमता एवं उसके उपयोग के लिए समान अवसर प्रदान करेंगे, विशेषकर वे महिलाओं को ठेका संपन्न करने एवं संपत्ति संबंधी कार्रवाई करने का समान अधिकार देंगे तथा वे न्यायालय तथा न्यायाधिकरणों में कानूनी प्रक्रिया के सभी चरणों में महिलाओं से समान व्यवहार करेंगे। इसके अतिरिक्त आवागमन, आवास-निवास आदि चुनने में महिलाओं को पुरुषों के समान अधिकार होंगे। (अनुच्छेद-15)

(16) राज्य विवाह और पारिवारिक संबंधों से संबंधित सभी मामलों में महिलाओं के विरुद्ध भेदभाव मिटाने हेतु सभी समुचित उपाय अपनाएंगे, विशेषत :

(क) विवाह करने के बारे में समान अधिकार

(ख) जीवनसाथी चुनने और दोनों की स्वतंत्र एवं पूर्ण सहमति से विवाह करने का समान अधिकार

(ग) विवाह के दौरान और भंग होने पर समान अधिकार व दायित्व

(घ) बच्चों के बारे में मां-बाप के रूप में समान अधिकार

(ङ) बच्चों की संख्या व अंतराल के बारे में सहायक सूचना, शिक्षा एवं उपायों की सुलभता का समान अधिकार

(च) बच्चों के अभिभावकत्व, आश्रित्व, (wardship) न्यासत्व (trusteeship) और गोद लेने के संबंध में समान अधिकार

(छ) पति-पत्नी के रूप में समान व्यक्तिगत अधिकार (पारिवारिक नाम, पेशा, धंधा चुनने के अधिकार सहित)

(ज) संपत्ति के स्वामित्व, अर्जन, प्रबंधन, प्रशासन, उपभोग और मुफ्त या मूल्य के एवज में उसके हस्तांतरण के बारे में समान अधिकार

(झ) बाल-विवाह वैधिक रूप से मान्य नहीं होगा, राज्य विवाह के लिए न्यूनतम उम्र निर्धारित करने तथा विवाह-पंजीकरण के बावत कानून बनाने की कार्रवाई करेगा। (अनुच्छेद-16)

उपरोक्त से यह बात बिल्कुल साफ हो जाती है कि इस 'सेडा' में महिलाओं को जीवन के सभी क्षेत्रों यथा सामाजिक, राजनैतिक, आर्थिक, सांस्कृतिक आदि में पुरुषों

के समान सारे अधिकार दिए गए हैं। उनमें से कई सकारात्मक अधिकार आर्थिक-सामाजिक-राजनैतिक-सांस्कृतिक विकास से संबंधित हैं तथा कई नकारात्मक अधिकार शोषणमूलक परंपराओं और कुप्रथाओं के विरुद्ध सुरक्षा संबंधी हैं। ये अधिकार वैधानिक तथा तात्विक दोनों हैं, अर्थात संयुक्त राष्ट्र की मंशा है कि सिर्फ कानूनी तौर पर ही महिलाओं को बराबरी का अधिकार नहीं दिया जाए बल्कि जीवन के सभी भौतिक क्षेत्रों में उन्हें वास्तविक-व्यावहारिक अधिकार भी दिए जाएं जिससे महिलाएं आर्थिक रूप से आत्मनिर्भर बन सकें, सार्वजनिक कार्यकलापों में सक्रियता से भाग ले सकें तथा सामाजिक रूढ़ियों के बंधन से उन्हें मुक्ति मिल सके। इस प्रकार ये अधिकार मात्र नागरिक-राजनैतिक अधिकारों तक सीमित नहीं होकर आर्थिक-सांस्कृतिक अधिकारों को भी समाहित करते हैं जिससे उनके व्यक्तित्व का पूर्ण विकास हो सके। इस प्रकार पूरी दुनिया की 'आधी आबादी' के लिए 'सेडा' सर्वाधिक क्रांतिकारी अभिसमय है जो महिलाओं को घर से बाहर तक, सड़क से संसद तक, खेत से दफ्तर तक, विद्यालय से विश्वविद्यालय तक, गांव से महानगर तक 'समानता का पासपोर्ट' देता है।

भारतीय संविधान में महिलाओं के मानवाधिकार

भारतीय संविधान में वर्णित मानवाधिकार दो श्रेणियों में विभक्त हैं। पहली श्रेणी में मूलाधिकार या मौलिक अधिकार आते हैं जो संविधान के खंड तीन में धारा 12-35 में वर्णित हैं। दूसरी श्रेणी में राज्य के नीति निर्देशक सिद्धांत (Directive Principles of State Policy) है। जहां मूलाधिकारों को लागू करने के लिए सरकार कानूनी तौर पर बाध्य है, वहीं नीति निर्देशक सिद्धांतों को लागू करने के लिए सरकार बाध्य नहीं है अर्थात ये दिशा-निर्देशक राज्य की इच्छा पर निर्भर करते हैं। मूलाधिकारों के उल्लंघन होने पर कोई भी नागरिक उच्च या उच्चतम न्यायालय में समादेश याचिका दायर कर सकता है, मगर नीति-निर्देशक सिद्धांतों के उल्लंघन होने पर ऐसी याचिका दायर नहीं की जा सकती। इसलिए संकुचित अर्थ में नीति निर्देशक सिद्धांतों को मानवाधिकार नहीं माना जा सकता।

सबसे पहले हम मूलाधिकारों की चर्चा करेंगे। भारतीय संविधान की धारा 14 में यह स्पष्ट प्रावधान है कि कानून के सामने सभी बराबर हैं तथा उन्हें कानून की समान रूप से सुरक्षा मिलनी है। ब्रिटिश संविधान से हमने 'विधि के समक्ष समानता' (Equality before law) का सिद्धांत ग्रहण किया है जहां इसे 'विधि का शासन' (Rule of law) कहा जाता है। इसका तात्पर्य यह है कि सभी लोगों पर राष्ट्र-राज्य का कानून समान रूप से लागू होगा—इसमें किसी को विशेषाधिकार प्राप्त नहीं है जबकि पहले प्राचीन व मध्यकालीन सामंती व्यवस्था में वर्ण, जाति, रंग, धन, लिंग, स्थान, भाषा आदि के आधार पर या तो विशेषाधिकार प्राप्त थे या कुछ लोग उससे पूर्णतः वंचित थे। दूसरी महत्वपूर्ण बात यह है कि 'कानूनों की समान सुरक्षा' अमेरिकी संविधान से ली गई सकारात्मक

अवधारणा है जिसके अनुसार समान परिस्थितियों में सभी व्यक्तियों को कानून की समान सुरक्षा मिलेगी। तीसरे, यह मूलाधिकार सभी भारतीय नागरिकों के अलावा भारत में रह रहे विदेशियों को भी मिला है अर्थात एक समान मामले में भारतीय नागरिकों और विदेशियों के बीच फर्क नहीं किया जाएगा। चौथे, यह सिद्धांत न सिर्फ दो व्यक्तियों के बीच बल्कि व्यक्ति और राज्य या निगम के बीच भी लागू होगा। पांचवें, इसी समता के अधिकार के तहत ही 'प्राकृतिक न्याय' भी आता है जिसके अनुसार कोई भी व्यक्ति बिना सुनवाई के दंडित नहीं किया जाएगा अर्थात किसी आरोप के संबंध में उसे जवाब देने का मौका दिया जाएगा और तब दंड के बारे में निर्णय लिया जाएगा। छठवें, मगर यह भी प्रावधान किया गया है कि यदि स्वयं संविधान में कोई विभेद प्रावधानित हो, तो उसे समता के अधिकार का उल्लंघन नहीं माना जाएगा। इस प्रकार स्पष्ट है कि महिलाओं को पुरुषों के समान देखा गया है। दूसरा महत्वपूर्ण मूलाधिकार है स्वतंत्रता का अधिकार जो संविधान की धारा 15 में वर्णित है। इसमें सबसे अहम बात यह है कि राज्य किसी नागरिक के साथ धर्म, लिंग, प्रजाति, जाति, जन्मस्थान, भाषा आदि के आधार पर भेदभाव नहीं करेगा। दुकान, होटल, सार्वजनिक मनोरंजन स्थल, कुआं, तालाब, स्नान-घाट, सड़क, जनता के ठहरने के स्थान, जो पूर्णतः या अंशतः सरकारी राशि से संधारित हों या आम जनता के उपयोग के लिए घोषित हों, के बावत किसी नागरिक को धर्म, जाति, नस्ल, लिंग, जन्मस्थान, भाषा आदि के आधार पर वंचित नहीं किया जाएगा। किसी नागरिक को, स्त्री या पुरुष, भारत में कहीं भी बसने, आने-जाने, काम या व्यवसाय करने, अपनी राय अभिव्यक्त करने आदि की स्वतंत्रता है। तीसरे, राज्य को अधिकार है कि महिलाओं, बच्चों, अनुसूचित जाति/जनजाति तथा सामाजिक व शैक्षिक रूप से पिछड़े वर्गों की प्रगति के लिए विशेष प्रावधान कर सकता है। चौथे, यह सुस्पष्ट है कि संविधान की धारा 14 (समता का अधिकार) तथा धारा 15 (स्वतंत्रता का अधिकार) एक दूसरे की पूरक हैं, विरोधी नहीं। पांचवें, निजी संस्थाओं में धारा 15 लागू नहीं है। धारा 16 में वर्णित तीसरा महत्वपूर्ण अधिकार है—राज्य के अधीन किसी रोजगार या नियुक्ति के बावत सभी नागरिकों को अवसर की समानता मिलेगी। दूसरे, यह स्पष्टतः प्रावधानित है कि राज्य के अधीन किसी रोजगार या कार्यालय के बावत किसी नागरिक के साथ लिंग, जाति, नस्ल, वंश, जन्मस्थान, निवास आदि के आधार पर भेदभाव नहीं किया जाएगा। तीसरे, संविधान में यह विशेष रूप से वर्णित है कि राज्य किसी पिछड़े वर्ग के लिए नियुक्तियों या पदों का आरक्षण कर सकता है यदि उस वर्ग का प्रतिनिधित्व राज्य की सेवाओं में समुचित रूप से न हो। धारा 14 और धारा 16 परस्पर पूरक हैं—जहां एक ओर धारा 14 सामान्य प्रकृति की है, वहीं दूसरी ओर धारा 16 विशिष्ट प्रकृति की है। यहां यह उल्लेखनीय है कि उच्चतम न्यायालय द्वारा मेडिकल कॉलेजों में भर्ती हेतु राज्य के भूभागीय विभाजन को धारा 16 का उल्लंघन नहीं माना गया है। धारा 23 में चौथा महत्वपूर्ण

मूलाधिकार है—मानव व्यापार, बेगार या अन्य प्रकार की बंधुआ मजदूरी का निषेध किया गया है अर्थात इसका उल्लंघन करने वाले के विरुद्ध कानूनी कार्रवाई राज्य द्वारा की जाएगी। यहां उल्लेखनीय है कि मानव-व्यापार में महिलाओं का अनैतिक देह-व्यापार भी शामिल है। इस प्रकार स्पष्ट है कि भारतीय संविधान महिलाओं को यह मानवाधिकार प्रदान करता है कि कोई पुरुष उनका दैहिक शोषण नहीं करे और न किसी स्त्री के लिए देह-व्यापार करने की स्थिति पैदा हो।

पुरुषों की तरह महिलाओं को भी धार्मिक स्वतंत्रता प्राप्त है अर्थात वे किसी धर्म का प्रचार-प्रसार स्वेच्छा से कर सकती हैं। अल्पसंख्यक पुरुषों और महिलाओं को अपनी शैक्षणिक संस्थाएं खोलने का अधिकार भी भारतीय संविधान में वर्णित है।

नीति निर्देशक सिद्धांतों के तहत धारा 39 महत्वपूर्ण है जिसके अनुसार राज्य इस प्रकार की नीति बनाएगा कि सभी नागरिक (स्त्रियां और पुरुष दोनों) जीविका के समुचित माध्यम का अधिकार प्राप्त कर सकें। इसके अलावा यह भी प्रावधान किया गया है कि राज्य द्वारा समुदाय के भौतिक संसाधनों का स्वामित्व एवं नियंत्रण इस प्रकार वितरित किया जाए कि उससे साझा हित सर्वोत्तम तरीके से सध सके। अर्थात अर्थ-व्यवस्था के संचालन से साझे हित के विरुद्ध धन एवं उत्पादन के साधनों का केंद्रीकरण न हो। इतना ही नहीं, यहां यह भी प्रावधान किया गया है कि सभी महिला और पुरुष कामगारों को 'समान काम के लिए समान वेतन' मिले—इस प्रकार महिलाओं के साथ काम और पारिश्रमिक में भेदभाव नहीं किया जाए। इसके अलावा धारा 39 (इ) में यह भी प्रावधान किया गया है कि सभी कामगारों (पुरुषों एवं महिलाओं) के स्वास्थ्य एवं ताकत तथा बच्चों की नाजुक उम्र का दुरुपयोग न हो और आर्थिक जरूरत के कारण कोई नागरिक ऐसा व्यवसाय करने के लिए मजबूर न हो जो उसकी उम्र या ताकत के प्रतिकूल हो।

इसके अतिरिक्त धारा 42 में स्पष्ट प्रावधान है कि राज्य काम करने की न्यायपरक एवं मानवीय परिस्थितियां पैदा करेगा तथा मातृत्व लाभ देना सुनिश्चित करेगा। इस प्रकार गर्भवती एवं दूध पिलाने वाली महिलाओं के हितों की रक्षा करने का प्रावधान है। इतना ही नहीं, संविधान में संशोधन करके नागरिकों के मूल कर्तव्य संविधान की धारा 51 ए के रूप में जोड़े गए हैं। यहां विशेष रूप से यह उल्लेखनीय है कि धारा 51ए (इ) के अनुसार प्रत्येक नागरिक महिलाओं के सम्मान को ठेस पहुंचाने वाली रीतियों को त्याग दे।

इसके अलावा संविधान में 73वें संशोधन (1992) के द्वारा यह प्रावधान किया गया है कि पंचायतों में एक-तिहाई सीटें महिलाओं के लिए आरक्षित हैं—बारी-बारी से पंचायत के विभिन्न वार्डों में महिलाओं के लिए आरक्षण की व्यवस्था की गई है। इसी प्रकार अनुसूचित जातियों/जनजातियों के लिए आरक्षित सीटों में से एक-तिहाई उसी श्रेणी की महिला के लिए आरक्षित की गई हैं। इसी प्रकार पंचायत के अध्यक्षों की कुल

संख्या की एक-तिहाई सीटें महिलाओं के लिए आरक्षित रहेंगी। इसी प्रकार 74वें संशोधन (1992) के द्वारा नगर निकायों में भी एक-तिहाई आरक्षण की व्यवस्था महिलाओं के लिए की गई है।

इस प्रकार स्पष्ट है कि भारतीय संविधान में महिलाओं के मानवाधिकारों का बड़े पैमाने पर उल्लेख है।

कानूनों द्वारा घोषित महिलाओं के मानवाधिकार

दंड प्रक्रिया संहिता (क्रिमिनल प्रोसीजर कोड) 1973 में महिलाओं को कई प्रकार के मानवाधिकार दिए गए हैं जिनमें से प्रमुख निम्नलिखित हैं :

1. धारा 47(2) के अनुसार यदि पुलिस किसी घर की तलाशी किसी वारंट के आधार पर ले रही हो किंतु उस घर में कोई महिला रह रही हो जो पर्दानशीन हो और अभियुक्त नहीं हो, तो पुलिस ऐसे घर में प्रवेश करने के पूर्व उस महिला को समुचित सूचना देगी कि वह कहीं अन्यत्र हट जाए।
2. धारा 51(2) के तहत किसी महिला अभियुक्त की तलाशी किसी महिला द्वारा ही ली जा सकती है। वह शिष्टता का पूरा ख्याल रखेगी। इस प्रकार ऐसी तलाशी के दौरान पुरुष मौजूद न हो।
3. धारा 53(2) के अनुसार यदि किसी महिला अभियुक्त के शरीर की मेडिकल जांच की जरूरत हो, तो ऐसी जांच कोई महिला चिकित्सक ही करेगी अथवा महिला चिकित्सक के पर्यवेक्षण में जांच की जाएगी।
4. धारा 98 के अनुसार यदि अवैध उद्देश्य हेतु किसी महिला या 18 वर्ष से कम उम्र की लड़की के अपहरण या अवैध नजरबंदी की शिकायत शपथपत्र के साथ प्राप्त हो, तो जिला मजिस्ट्रेट, या उप-क्षेत्रीय मजिस्ट्रेट या प्रथम श्रेणी का मजिस्ट्रेट उस महिला को तत्काल छोड़ने या उस लड़की के वैध प्रभारी को सौंपने का आदेश दे सकता है और इसके अनुपालन हेतु आवश्यक बल का प्रयोग कर सकता है।
5. धारा 125 के तहत पति के द्वारा पत्नी का भरण-पोषण किया जाना है अर्थात यदि कोई पति अपनी पत्नी को तलाक देता या छोड़ देता है, तो उसे प्रथम श्रेणी के मजिस्ट्रेट द्वारा निर्धारित गुजारा भत्ता उसे देना होगा।
6. धारा 160 (1) के तहत किसी भी उम्र की महिला को उसके निवास के सिवाय थाना या अन्य स्थान पर कोई पुलिस अधिकारी साक्ष्य/बयान आदि के लिए नहीं बुला सकता।
7. धारा 416 के तहत यदि मृत्युदंड की सजायाफ्ता महिला गर्भवती हो, तो उच्च न्यायालय उस सजा को स्थगित कर सकता है अथवा उसे आजीवन कारावास की सजा में बदल सकता है।

8. धारा 327(2) के तहत बलात्कार आदि के मामले में मुकदमे का विचारण (ट्रायल) खुले कोर्ट में न होकर एकांत में न्यायाधीश के कक्ष में होगा जिससे पीड़ित महिला पर अनावश्यक दबाव न पड़े तथा उसे लोक लज्जा का शिकार न बनना पड़े।
9. धारा 437(1) के अनुसार न्यायालय गैर-जमानतीय अपराध के मामले में भी महिला (तथा 16 वर्ष से कम का नाबालिग या मरीज या अशक्त) को जमानत पर छोड़ने का आदेश दे सकता है।

इसके अलावा दूसरे महत्वपूर्ण कानून भारतीय दंड संहिता (इंडियन पीनल कोड) 1860 के तहत भी महिलाओं को कई प्रकार के मानवाधिकार प्राप्त हैं जिनमें प्रमुख निम्नलिखित हैं :

1. धारा 100 के तहत यदि कोई पुरुष किसी स्त्री का बलात्कार करने के इरादे से उस पर हमला करे तो उस स्त्री को अपने बचाव में हमलावर को जान से मारने का अधिकार है।
2. धारा 294 के अनुसार यदि कोई पुरुष किसी स्त्री को तंग करने के लिए किसी सार्वजनिक स्थल पर कोई अश्लील हरकत करे, अश्लील गाना गाए, या अश्लील शब्द कहे, तो वह दंडनीय अपराध है–उसे तीन माह की कैद या जुर्माना या दोनों हो सकता है।
3. धारा 313 के तहत यदि कोई व्यक्ति किसी स्त्री की सहमति के बिना उसका गर्भपात करे, तो वह दंडनीय है। बच्चे के साथ मां के मरने पर आजीवन कारावास या दस वर्ष की कैद और जुर्माना की सजा दी जाएगी।
4. धारा 327 के तहत यदि कोई व्यक्ति किसी स्त्री या उसके संबंधी से धन वसूलने के लिए चोट पहुंचाए, अथवा उससे या उसके संबंधी से अवैध काम करवाए तो यह दंडनीय है–उसे दस वर्ष तक की सजा और जुर्माने की सजा दी जाएगी।
5. धारा 366 के तहत यदि कोई व्यक्ति किसी स्त्री का अपहरण उससे विवाह करने के लिए मजबूर करने हेतु करता है अथवा उसके साथ जबरन संभोग हेतु अपहरण करता है तो यह दंडनीय है–दस वर्ष की कैद और जुर्माने की सजा दी जाएगी।
6. धारा 372 के तहत यदि कोई व्यक्ति 18 वर्ष से कम उम्र की किसी लड़की को किसी वेश्यालय के हाथ बेचता है या किराए पर देता है, तो यह दंडनीय है–दस वर्ष की कैद और जुर्माने की सजा मिलेगी।
7. धारा 376(1) के तहत यदि कोई व्यक्ति किसी स्त्री के साथ बलात्कार करता है, तो उसे कम-से-कम 7 वर्ष की कैद और जुर्माना दोनों हो सकता है।
8. धारा 494 के तहत यदि किसी पुरुष की पत्नी जीवित हो (अथवा किसी स्त्री का

पति जीवित हो) और वह दूसरा विवाह करे, तो उसे सात वर्ष की कैद और जुर्माना की सजा दी जाएगी।

9. धारा 495 के तहत यदि कोई पुरुष (या स्त्री भी) पहली शादी की बात छिपाकर दूसरी शादी करे, तो उसे दस वर्ष की कैद और जुर्माना की सजा दी जाएगी।
10. धारा 509 के तहत यदि कोई पुरुष किसी महिला के शील का अपमान करने के इरादे से कोई शब्द बोले या हाव-भाव करे अथवा उसे कोई चीज दिखाए अथवा स्त्री की गोपनीयता में हस्तक्षेप करे, तो उसे एक वर्ष की कैद या जुर्माना या दोनों की सजा दी जाएगी।

इसके अलावा अन्य कई कानूनों के तहत महिलाओं को निम्नलिखित मानवाधिकार प्राप्त हैं :

1. समान पारिश्रमिक अधिनियम 1976 के तहत एक ही कार्य या समान प्रकृति के कार्य के लिए महिला कामगारों को पुरुष कामगारों के बराबर मजदूरी मिलेगी।
2. कारखाना अधिनियम, 1948 के तहत महिला कामगारों के लिए अलग से शौचालय बनाया जाएगा। जहां 30 महिलाएं कार्यरत हों, वहां उनके 6 वर्ष से कम उम्र के बच्चों के लिए पालनाघर (क्रेच) की सुविधा दी जानी है। इसके अलावा महिला कामगारों को सुरक्षा की दृष्टि से रात के सात बजे से सुबह छह बजे के पहले काम पर नहीं बुलाया जाना है।
3. कर्मचारी राज्य बीमा अधिनियम, 1948 के तहत बीमित महिला कामगारों को मातृत्व लाभ देय है। उसे मातृत्व के लिए 12 सप्ताहों का पारिश्रमिक मिलेगा जिनमें छह सप्ताह प्रसूति के पूर्व का समय शामिल है।
4. मातृत्व लाभ अधिनियम, 1961 के तहत नियोजक महिला कामगार को उसके द्वारा बच्चा जन्मने या गर्भपात होने की तिथि से छह हफ्ते तक नियोजित नहीं करेगा। फिर पैदाइश के बाद छह सप्ताह तक महिला कर्मचारी काम पर आए बिना औसत दैनिक पारिश्रमिक की दर से मातृत्व लाभ पाने की हकदार है।
5. खान अधिनियम, 1952 के तहत कोई महिला जमीन के नीचे स्थित किसी खान में नियोजित नहीं की जाएगी क्योंकि इससे उसे असुरक्षा हो सकती है। इसके अलावा जमीन के ऊपर स्थित खनन कार्य में उसे सुबह छह बजे से लेकर रात सात बजे तक ही नियोजित किया जा सकता है।
6. दहेज प्रतिषेध अधिनियम, 1961 के तहत दहेज मांगना या देना दंडनीय है, इसमें कम-से-कम पांच वर्ष की कैद और कम-से-कम 15,000 रु. का जुर्माना या उक्त दहेज के मूल्य की राशि में जो अधिक हो, उसकी सजा दी जाएगी। दहेज प्रतिषेध (संशोधन) अधिनियम, 1986 की धारा 10 के तहत भारतीय दंड विधान 1860 में

संशोधन करके धारा 304 बी जोड़ दी गई है जिसके अनुसार यदि किसी महिला की मृत्यु उसकी शादी होने के सात वर्ष के भीतर जलने या शारीरिक चोट या असामान्य परिस्थिति में हो जाती है और उसकी मृत्यु के पूर्व उसके पति या ससुराल वालों की ओर से दहेज के लिए क्रूरता बरती गई हो, तो उसे दहेज-हत्या माना जाएगा। इस प्रकार महिलाओं के हितों की रक्षा के लिए ऐसा कानून बनाया गया है। मगर एक ओर दहेज की मांग बढ़ती जा रही है और कानून का असर नहीं पड़ रहा है, वहीं दूसरी ओर कई लोग दहेज संबंधी झूठे मुकदमे भी दायर कर रहे हैं जबकि ससुराल में बहू से छोटे-मोटे झगड़े को तूल दे दिया जाता है और पति, सास-ससुर, ननद, देवर आदि को फंसा दिया जाता है।

7. महिलाओं की अशिष्ट प्रस्तुति (प्रतिषेध) अधिनियम, 1986 के तहत यह प्रावधान किया गया है कि कोई भी व्यक्ति ऐसा कोई विज्ञापन न प्रकाशित करेगा, न करवाएगा, न उसकी नुमाइश में भाग लेगा और न उसकी व्यवस्था करेगा जो किसी भी रूप में महिलाओं की अशिष्ट प्रस्तुति करता हो।
8. सती कार्य (प्रतिषेध) अधिनियम, 1987 के तहत सती होने की कोशिश करने वाली स्त्री को एक साल की कैद या जुर्माना या दोनों की सजा दी जाएगी किंतु उसके लिए प्रत्यक्ष या अप्रत्यक्ष रूप से शह देने वाले को मृत्युदंड या आजीवन कारावास तथा जुर्माना की सजा दी जाएगी।
9. जन्मपूर्व परीक्षण तकनीक (दुरुपयोग का विनियमन तथा प्रतिषेध) अधिनियम, 1994 के तहत कुछ मान्य असामान्यताओं की जांच (जैसे आनुवंशिक बीमारी, जन्मजात असंगति, असामान्य गुणसूत्र आदि) को छोड़कर गर्भस्थ भ्रूण के लिंग की जांच को दंडनीय बनाया गया है क्योंकि प्रायः ऐसा देखा गया है कि मादा भ्रूण की हत्या कराने की प्रवृत्ति भारत के अधिकतर हिस्सों में बढ़ती रही है जिसके कारण महिला-पुरुष जनसंख्या अनुपात कम होता जा रहा है। इसलिए तकनीकी जांच करने वाली प्रयोगशालाओं और क्लीनिकों आदि को निर्देश दिया गया है कि वे स्पष्ट रूप से होर्डिंग लगाएं कि उनके यहां जन्मपूर्व भ्रूण के लिंग की जांच नहीं की जाती और ऐसा करना दंडनीय अपराध है।
10. हिंदू उत्तराधिकार अधिनियम, 1956 के अनुसार हिंदू परिवारों में पुत्रों और पुत्रियों को पैतृक संपत्ति में बराबर-बराबर हिस्सा मिलेगा।
11. गर्भ की चिकित्सीय समाप्ति अधिनियम, 1971 के तहत किसी स्त्री को किसी निबंधित चिकित्सक से अपना गर्भपात कराने का अधिकार है। यदि वह गर्भ 12 सप्ताह से अधिक का नहीं है और एक चिकित्सक का मत पक्ष में हो अथवा 12 सप्ताह से अधिक मगर 20 सप्ताह से कम का है और दो चिकित्सकों का मत है कि उक्त गर्भ से गर्भवती स्त्री की जिंदगी को खतरा हो या उसके शारीरिक या मानसिक

स्वास्थ्य को गंभीर खतरा हो अथवा ऐसी संभावना हो कि जन्म लेने पर बच्चे को शारीरिक या मानसिक विकलांगता का शिकार होना पड़ेगा। मगर 18 वर्ष से कम उम्र की महिला या पागल महिला का गर्भ उसके संरक्षक की लिखित सहमति के बिना नहीं गिराया जाएगा। पश्चिमी देशों में लंबे संघर्ष के बाद गर्भपात का अधिकार महिलाओं को मिला था जबकि रोमन कैथोलिक चर्च इसका विरोध इस आधार पर करता रहा है कि किसी को किसी जीव (भ्रूण) की हत्या का अधिकार नहीं है।

न्यायालयों द्वारा घोषित महिलाओं के मानवाधिकार

समय-समय पर सर्वोच्च न्यायालय तथा विभिन्न उच्च न्यायालयों ने महिलाओं को शोषण से बचाने के लिए महत्वपूर्ण निर्णय दिए हैं जिनमें से प्रमुख निम्नलिखित हैं :

1. 'महाराष्ट्र सरकार *बनाम* चंद्र प्रकाश जैन' के मामले में 1990 में सर्वोच्च न्यायालय ने महत्वपूर्ण निर्णय दिया। यहां मामला यह था कि एक पुलिस अधिकारी ने एक किशोरी के साथ बलात्कार किया था। उसके पहले उस पुलिस अधिकारी ने उसके पति को एक झूठे केस में फंसा दिया था और इसके फलस्वरूप दोनों को अलग कर दिया था। अब सवाल यह उठा कि पीड़ित महिला के बयान को कितनी महत्ता दी जाए। अतः इस मामले को आधार बनाकर सर्वोच्च न्यायालय ने बलात्कार से संबंधित कानूनी प्रावधानों की समीक्षा करके महिलाओं के हितों की रक्षा के लिए चार प्रमुख सिद्धांत प्रतिपादित किए :
   - (क) बलात्कार के मामले में अभियुक्त को सजा देने के लिए पीड़ित महिला का प्रमाणित कथनमात्र पर्याप्त है।
   - (ख) इसमें सजा पीड़ित महिला के प्रमाणित कथन मात्र पर हो सकती है जब तक कि परिस्थितियां विचलित नहीं करें और न्यायालय उसके साक्ष्य पर अविश्वास न करे क्योंकि वह महिला उस अपराध की भुक्तभोगी है तथा उसे सह-अभियुक्त के बराबर नहीं माना जा सकता।
   - (ग) बलात्कार की भुक्तभोगी महिला का साक्ष्य विशिष्ट तथ्यों एवं परिस्थितियों की पृष्ठभूमि में, यथा समाज में अभियुक्त की सामाजिक स्थिति, तय की जानी चाहिए।
   - (घ) पीड़ित महिला द्वारा बलात्कार का किसी रूप में विरोध करने के अभाव को सहमति का सूचक मानने को भी विशिष्ट तथ्यों एवं परिस्थितियों के आलोक में देखा जाना चाहिए।

यहां उल्लेखनीय है कि कुछ व्यक्तियों, संगठनों, गिरोहों द्वारा कभी-कभी कुछ सिरफिरी महिलाओं से बलात्कार के झूठे मामले भी दर्ज कराए जाते हैं। बिहार के वैशाली जिले में (2006 में) एक ऐसा मामला प्रकाश में आया है जहां एक महिला कुछ वर्षों के दौरान

लगभग एक दर्जन लोगों पर बलात्कार के झूठे मुकदमे न्यायालय में दायर कर चुकी है।

2. कार्यस्थल पर कामकाजी महिलाओं का यौन-शोषण न हो, इसके लिए 'विशाखा एवं अन्य *बनाम* राजस्थान सरकार एवं अन्य (1997)' में सर्वोच्च न्यायालय की खंडपीठ ने माना कि लैंगिक समानता के लिए महिलाओं के कार्यस्थल पर सुरक्षित माहौल हो क्योंकि संविधान में वर्णित जीने के अधिकार में 'सम्मान से जीना' शामिल हैं। सर्वोच्च न्यायालय ने अंतर्राष्ट्रीय समझौतों यथा 'सेडा', चतुर्थ विश्व महिला सम्मेलन बीजिंग (1995) में भारत सरकार द्वारा महिलाओं की सुरक्षा का वादा तथा संविधान की धारा 32, 51ए (इ) आदि का हवाला देते हुए यह निर्णय दिया कि चूंकि इस मामले पर संसद ने कोई स्पष्ट कानून नहीं बनाया है, इसलिए इसने बारह दिशा-निर्देश जारी किए जो कानूनन बाध्यकारी हैं। उसके अनुसार नियोजक का यह उत्तरदायित्व होगा कि वह यौन-उत्पीड़न की हरकतें रोकने का उपाय करे तथा उसे सुलझाने या अभियोजन चलाने की समुचित कार्रवाई करे। उसे निम्नलिखित उपाय करने हैं :

(क) यौन-उत्पीड़न की परिभाषा को कार्यस्थल पर अधिसूचित, प्रकाशित और प्रचारित किया जाना चाहिए।

(ख) सरकारी एवं अर्द्ध-सरकारी लोक उपक्रमों के कर्मचारियों के आचरण तथा अनुशासन से संबंधित नियमों/परिनियमों में यौम-उत्पीड़न रोकने के नियम/परिनियम तथा उचित दंड जोड़ दिया जाना चाहिए।

(ग) निजी क्षेत्र के आयोजकों द्वारा उपरोक्त रोक औद्योगिक रोजगार (स्थायी आदेश) अधिनियम, 1946 के तहत स्थायी आदेशों में शामिल किया जाना चाहिए।

(घ) काम, अवकाश, स्वास्थ्य एवं सफाई के बावत उचित कार्यदशाएं उपलब्ध हों जिससे कार्यस्थल पर महिलाओं के लिए प्रतिकूल माहौल न हो।

इसके अलावा सर्वोच्च न्यायालय ने यह भी आदेश दिया कि हर संगठन में एक शिकायत समिति हो जिसकी प्रधान एक महिला हो और उसमें कम-से-कम आधे सदस्य महिलाएं हों। कोई अनुचित प्रभाव या दबाव रोकने के लिए उसे समिति में किसी स्वयंसेवी संस्था को भी शामिल किया जाना चाहिए। नियोजक द्वारा महिला कर्मचारियों की कार्यस्थल पर सुरक्षा संबंधी व्यवस्था का प्रचार-प्रसार किया जाना चाहिए। इस हेतु केंद्र सरकार तथा राज्य सरकारें उपयुक्त कानून भी बनाएं।

3. राम प्रसाद सेठ *बनाम* उत्तर प्रदेश शासन (1961) में इलाहाबाद उच्च न्यायालय ने निर्णय दिया कि पुत्र-लाभ के लिए दूसरा विवाह करना जरूरी नहीं क्योंकि हिंदू धर्म में किसी लड़के को कोई व्यक्ति दत्तक पुत्र बना सकता है जो उसे उतना ही धार्मिक लाभ देगा जितना कोख से जन्मा पुत्र। इसके अलावा 'एक पति-पत्नी विवाह' समाज-सुधार के हित में है और सरकार संविधान में प्रदत्त मूलाधिकार पर

समाज-सुधार के लिए प्रतिबंध लगा सकती है।

4. सर्वोच्च न्यायालय ने 'सिराज *बनाम* हफीजुन्निसा (1981)' के मामले में निर्णय दिया कि शारीरिक नुकसान या पति की नामर्दगी के आधार पर कोई स्त्री पति के साथ रहने से इंकार कर सकती है। इसी प्रकार 'सुबानू *बनाम* अब्दुल (1987)' तथा अन्य कई मामलों में सर्वोच्च न्यायालय ने निर्णय दिया है कि कोई स्त्री निम्नलिखित आधारों में से किसी एक आधार पर अपने पति के साथ रहने से इंकार कर सकती है :
   (क) दुर्व्यवहार/प्रताड़ना–परिवार द्वारा;
   (ख) क्रूरता–पत्नी पर अनैतिकता का झूठा दोषारोपण या घर में रखैल रखना या पत्नी के बच्चों को अभिभावकत्व देने से इंकार करना, मानसिक क्रूरता, पति की नपुंसकता, सास द्वारा बरती गई क्रूरता आदि;
   (ग) पति द्वारा दूसरी औरत से विवाह करने पर;
   (घ) परित्याग;
   (ङ) पति द्वारा साथ रहने पर तलाक देने की धमकी देना;
   (च) पति की नामर्दगी;
   (छ) पति के परिवार द्वारा लगातार दहेज मांगने के कारण शारीरिक नुकसान का डर।
5. 'गीता हरिहरन एवं एक अन्य *बनाम* रिजर्व बैंक ऑफ इंडिया' तथा 'डॉ. वंदना शिवा *बनाम* जयंत बंद्योपाध्याय' एवं एक अन्य में अभिभावकीय संरक्षण के बारे में सर्वोच्च न्यायालय ने फैसला दिया कि अभिभावक के रूप में हिंदू अवयस्कता एवं अभिभावकत्व अधिनियम, 1956 में प्रयुक्त शब्द-समूह 'पिता और इसके बाद मां' का आशय 'पिता के जीवनकाल के बाद मां' नहीं है बल्कि पिता की किसी कारण अनुपस्थिति (बीमारी, यात्रा, नौकरी, शारीरिक या मानसिक अक्षमता आदि) के समय मां अभिभावक की हैसियत रखती है।

(2)

जमीनी सचाई

भारतवर्ष में इतने मानवाधिकारों के बावजूद महिलाओं की दशा संतोषजनक नहीं है। मनुस्मृति में कहा गया है :

पिता रक्षति कौमारे भर्त्ता रक्षति यौवने।
रक्षन्ति स्थविरे पुत्राः न स्त्री स्वातन्त्र्यमर्हति ॥

(बचपन में पिता के अधीन, युवावस्था में पति के अधीन और बुढ़ापे में पुत्रों के अधीन स्त्री होती है। वह स्वतंत्र होने योग्य नहीं है।)

महिलाओं की जनसंख्या का अनुपात घटता जा रहा है जिसे निम्नलिखित तालिका-1 में देखा जा सकता है :

तालिका-1 : भारत में जनगणना में प्रति हजार पुरुषों पर महिलाओं की संख्या (लिंग अनुपात)

वर्ष	*महिलाओं की संख्या*	*पुरुषों की संख्या से अंतर*
1901	972	28
1911	964	36
1921	955	45
1931	950	50
1941	945	55
1951	946	54
1961	941	59
1971	930	70
1981	934	66
1991	927	73
2001	933	67

उपरोक्त तालिका से स्पष्ट है कि महिलाओं की संख्या प्रति हजार पुरुषों के अनुपात में कम होती जा रही हैं। पिछले 100 वर्षों (1901-2001) में यह 972 से घटकर 933 हो गई है। इसके अलावा हम धर्म के अनुसार, क्षेत्र के अनुसार और विश्व पटल के अनुसार पुरुष-महिला अनुपात देखें, तो ज्यादा साफ तस्वीर दिखाई पड़ेगी। अस्तु, तालिका-2 में धर्म के अनुसार भारत में पुरुष स्त्री अनुपात दिखाया जा रहा है :

तालिका-2 : धर्म के अनुसार लिंग अनुपात (2001)

क्र.सं.	*धर्म*	*महिलाओं की संख्या (प्रति हजार पुरुष पर)*
1.	हिंदू	931
2.	मुसलमान	936
3.	ईसाई	1009
4.	बौद्ध	953
5.	जैन	940
6.	सिक्ख	893
7.	अन्य	992

तालिका-2 से स्पष्ट है कि सिक्खों में यह लिंग अनुपात सबसे ज्यादा प्रतिकूल

है—प्रति हजार पुरुषों पर मात्र 893 महिलाएं। इस प्रतिकूलता में हिंदू महिलाएं दूसरे स्थान पर हैं—प्रति हजार पुरुषों पर 931 महिलाएं। प्रतिकूलता में तीसरे स्थान पर हैं मुस्लिम महिलाएं—प्रति हजार पुरुषों पर मात्र 936 महिलाएं। प्रतिकूलता में चौथे स्थान पर हैं जैन महिलाएं— प्रति हजार पुरुषों पर 940 महिलाएं। प्रतिकूलता में पांचवें स्थान पर हैं बौद्ध महिलाएं— प्रति हजार पुरुषों पर 953 महिलाएं। मगर दूसरी ओर ईसाई महिलाओं की स्थिति सबसे अच्छी है—सकारात्मक लिंग अनुपात—प्रति हजार पुरुषों पर 1009 महिलाएं। अन्य धर्मों को मानने वालों में महिलाओं का अनुपात पुरुषों के बिल्कुल नजदीक है—प्रति हजार पुरुषों पर 992 महिलाएं। इस प्रकार स्पष्ट है कि विभिन्न धर्मों को मानने वालों में महिलाओं के प्रति भिन्न-भिन्न दृष्टिकोण हैं। विशेषकर ईसाइयों नें महिलाओं के प्रति अपेक्षाकृत सकारात्मक दृष्टिकोण है। अब अगली तालिका-3 में हम विभिन्न राज्यों में लिंग अनुपात देखेंगे :

तालिका-3 : राज्य में लिंग अनुपात

राज्य	*1991*	*2001*	*राज्य*	*1991*	*2001*
आंध्र प्रदेश	972	978	मिजोरम	921	938
अरुणाचल प्रदेश	859	901	नागालैंड	886	909
असम	923	932	उड़ीसा	971	972
बिहार	907	921	पंजाब	882	874
छत्तीसगढ़	985	990	राजस्थान	910	922
दिल्ली	827	821	सिक्किम	878	875
गोवा	967	960	तमिलनाडु	974	986
गुजरात	934	921	त्रिपुरा	945	950
हरियाणा	865	861	उत्तर प्रदेश	876	898
हिमाचल प्रदेश	976	970	उत्तराखंड	936	964
जम्मू-कश्मीर	896	900	पश्चिम बंगाल	917	934
झारखंड	922	941	चंडीगढ़	790	773
कर्नाटक	960	964	दादर-नागर हवेली	952	811
केरल	1036	1058	लक्षद्वीप	943	947
मध्य प्रदेश	912	920	पांडिचेरी	979	1001
महाराष्ट्र	934	922	अंडमान-निकोबार		
मणिपुर	958	978	द्वीप समूह	818	846
मेघालय	955	975	भारत	927	933

तालिका-3 से निम्नलिखित तथ्य उभरते हैं :

(क) केरल में लिंग अनुपात सबसे अच्छा है—वहां (2001 में) प्रति हजार पुरुषों पर 1058 महिलाएं हैं। 1991 में भी वहां लिंग अनुपात बेहतर (1036) था। इसके अलावा 2001 में पांडिचेरी में भी महिला पुरुष अनुपात सकारात्मक हुआ—प्रति हजार पुरुषों पर 1001 महिलाएं।

(ख) 2001 में पूरे भारत में प्रति हजार पुरुषों पर 933 महिलाएं थीं जो 1991 के लिंग अनुपात से बेहतर हुआ है—यद्यपि बहुत छोटे पैमाने पर।

(ग) 2001 में राष्ट्रीय औसत से कम लिंग अनुपात वाले राज्य हैं—अंडमान-निकोबार द्वीप समूह (846), दादर-नागर हवेली (811), चंडीगढ़ (773), उत्तर प्रदेश (898), सिक्किम (875), राजस्थान (922), पंजाब (874), नागालैंड (909), महाराष्ट्र (922), मध्य प्रदेश (920), जम्मू-कश्मीर (900), हरियाणा (861), गुजरात (921), दिल्ली (821), बिहार (921), असम (932), और अरुणाचल प्रदेश (901)। इस प्रकार सबसे खराब स्थिति चंडीगढ़, दादर-नगर हवेली, दिल्ली, अंडमान-निकोबार, हरियाणा, पंजाब, सिक्किम, और उत्तर प्रदेश की है जहां प्रति हजार पुरुषों की तुलना में 900 से कम महिलाएं हैं।

(घ) 2001 में राष्ट्रीय औसत से बेहतर लिंग अनुपात (किंतु बराबर नहीं) वाले राज्य/संघशासित क्षेत्र हैं : आंध्र प्रदेश, छत्तीसगढ़, गोवा, हिमाचल प्रदेश, झारखंड, कर्नाटक, मणिपुर, मेघालय, मिजोरम, उड़ीसा, तमिलनाडु, त्रिपुरा, उत्तराखंड, पश्चिम बंगाल, और लक्षद्वीप समूह।

विश्व पटल पर लिंग अनुपात की स्थिति कुछ प्रमुख देशों में निम्न है :

तालिका-4 : कुछ देशों में प्रति हजार पुरुषों पर महिलाओं की संख्या (लिंग अनुपात)

	देश	*महिलाओं की सं. (प्रति हजार पुरुषों पर)*
1.	जापान	1041
2.	रूस	1040
3.	चीन	1029
4.	इंडोनेशिया	1025
5.	नाइजीरिया	1016
6.	अमेरिका	1004
7.	बांग्लादेश	953
8.	ब्राजील	938

उपरोक्त तालिका के अवलोकन से स्पष्ट है कि विश्व में सबसे अच्छा लिंग अनुपात

जापान (1041) और रूस (1040) में है। वैसे केरल में लिंग अनुपात इससे भी बेहतर है (1058)। दूसरे, चीन, इंडोनेशिया, नाइजीरिया जैसे विकासशील देशों में लिंग अनुपात विकसित देश यथा अमेरिका में लिंग अनुपात से काफी बेहतर है। तीसरे, पड़ोसी बांग्लादेश (953) तथा लातीनी अमेरिका के देश ब्राजील (938) में लिंग अनुपात भारत के राष्ट्रीय औसत (933) से बेहतर है।

इसके बाद अगला सवाल उठता है कि मादा भ्रूण हत्या कहां और कितनी हो रही है? 'द हिंदू' (1 फरवरी, 2003) के अनुसार 1990-2000 के दौरान-यानी उदारीकरण के प्रथम दशक में—भारत में एक करोड़ चालीस लाख मादा भ्रूण की हत्या की गई। 2001 की जनगणना में एक नई प्रवृत्ति यह पाई गई कि बच्चियों (छह वर्ष से कम) का लिंग अनुपात घटा है जबकि पूरी जनसंख्या में लिंग अनुपात 1991-2001 के दौरान 927 से बढ़कर 933 हो गया। इसे अगली तालिका-5 में देखा जा सकता है :

तालिका-5 : भारत में 6 वर्ष तक की लड़कियों की संख्या (प्रति हजार लड़कों पर)

वर्ष	*बालिका लिंग अनुपात*
1961	976
1971	964
1981	962
1991	945
2001	927

उपरोक्त तालिका से स्पष्ट है कि 1961-2001 के दौरान बालिकाओं का लिंग अनुपात 976 से घटकर 927 हो गया। इस प्रकार स्पष्ट है कि पी.एन.डी.टी. एक्ट 1994 में बनने के बावजूद मादा भ्रूणों की हत्या तेजी से हो रही है। अतः सिक्किम, मिजोरम, त्रिपुरा, लक्षद्वीप समूह और केरल को छोड़कर अन्य राज्यों/संघशासित क्षेत्रों में शिशु लिंग अनुपात में गिरावट आना चिंता का विषय है। इंडियन मेडिकल एसोसिएशन के अनुसार भारत गें हर साल 30 लाख मादा भ्रूणों की हत्या होती है। कुछ विदेशी स्रोतों के अनुसार पिछले बीस वर्षों में भारत में एक करोड़ गर्भपात कराए गए किंतु भारतीय स्रोतों के अनुसार यह संख्या पचास लाख थी। फिर भी यह काफी है—इसमें मादा भ्रूणों की हत्या के अलावा अवांछित गर्भों (परिवार नियोजन की दृष्टि से) को गिराना भी निश्चित रूप से शामिल है, इसलिए इसे अलग करके देखा जाना चाहिए। 2001 में छह वर्ष से कम उम्र की बच्चियों की संख्या (प्रति 1000 बच्चों पर) भारत में विभिन्न जिलों में भिन्न-भिन्न रही है जिसे तालिका-6 में दिखाया गया है :

तालिका-6 : भारत के जिलों में 6 वर्ष तक की बच्चियों का लिंग अनुपात (2001)

क्र.सं.	*बच्चियों की संख्या (प्रति हजार बच्चों पर)*	*जिलों की संख्या*	
		2001	*1991*
1.	800 से कम	16	–
2.	800-849	32	1
3.	850-899	71	68
4.	900-949	208	181
5.	950-999	242	306
6.	1000-1049	8	21

उपरोक्त तालिका से स्पष्ट है कि 2001 में एक हजार बच्चों पर 800 से कम बच्चियों वाले जिलों की संख्या 16 थी जबकि 1991 की जनगणना में इस श्रेणी में कोई जिला नहीं था, अर्थात 16 जिलों की स्थिति बच्चियों के लिंग अनुपात के मामले में पहले से नकारात्मक हुई। दूसरे प्रति हजार बच्चों पर 800 से 849 बच्चियों की संख्या वाले जिलों की संख्या 2001 में बढ़कर 32 हो गई जबकि 1991 में यह संख्या मात्र एक थी। तीसरे, प्रति हजार बच्चों पर 850 से 899 बच्चियों की संख्या वाले जिलों की संख्या 1991 में 68 थी जो 2001 में बढ़कर 71 हो गई। चौथे, प्रति हजार बच्चों पर 900-949 बच्चियों की संख्या वाले जिलों की संख्या 1991 में 181 थी जो 2001 में बढ़कर 208 हो गई। पांचवें, प्रति हजार बच्चों पर 950-999 बच्चियों की संख्या वाले जिलों की संख्या 1991 में 306 थी जो 2001 में घटकर 242 हो गई। अंत में, प्रति हजार बच्चों पर 1000-1049 बच्चियों की संख्या 1991 में 21 थी जो 2001 में घटकर 8 हो गई। इस प्रकार स्पष्ट है कि 1991-2001 में नकारात्मक बालिका लिंग अनुपात वाले जिलों की संख्या बढ़ी है जबकि सकारात्मक बालिका लिंग अनुपात वाले जिलों की संख्या घटी है।

इसके अलावा यदि हम महिला साक्षरता दर की स्थिति देखें, तो पाते हैं कि भारत में (2001 में) कुल साक्षरता दर 65.38 प्रतिशत है जिसमें पुरुषों की साक्षरता दर 75.85 प्रतिशत है जबकि महिलाओं की साक्षरता दर मात्र 54.16 प्रतिशत है, लेकिन कई राज्यों में (विशेषकर हिंदी क्षेत्र में) महिलाओं की स्थिति इससे भी बदतर है। उदाहरणार्थ, बिहार में कुल साक्षरता दर 47.5 प्रतिशत है जिसमें महिलाओं की साक्षरता मात्र 33.5 प्रतिशत है जबकि पुरुषों की साक्षरता दर 60.3 प्रतिशत है। केरल में साक्षरता दर सबसे अधिक (90.3 प्रतिशत) है जिसमें 87.8 प्रतिशत महिलाएं तथा 94.2 प्रतिशत पुरुष साक्षर हैं। इस प्रकार एक ओर अधिकतर राज्यों में महिलाओं की साक्षरता दर कम है और दूसरी ओर पुरुष साक्षरता दर तथा स्त्री साक्षरता दर में काफी

अंतर है। विश्व स्तर पर (2000 में) साक्षरता दर भारत के राष्ट्रीय औसत से काफी अधिक (79.4 प्रतिशत) है जिसमें 73.6 प्रतिशत महिलाएं तथा 85.3 प्रतिशत पुरुष साक्षर हैं। इतना ही नहीं, भारत में कई जिलों की स्थिति बदतर है। उदाहरणार्थ, बिहार के किशनगंज जिले में (2001 में) महिला साक्षरता दर मात्र 18.5 प्रतिशत है। अनुसूचित जातियों/जनजातियों की महिलाओं में साक्षरता दर काफी कम है। 1991 में भारत में अनुसूचित जाति की महिलाओं की साक्षरता दर मात्र 23.76 प्रतिशत थी जबकि अनुसूचित जाति के पुरुषों की साक्षरता दर 49.91 प्रतिशत थी। इसी प्रकार उस समय अनुसूचित जनजातियों की महिलाओं की साक्षरता दर मात्र 18.91 प्रतिशत थी जबकि अनुसूचित जनजातियों के पुरुषों की साक्षरता दर 40.65 प्रतिशत थी। तब तीन राज्यों में अनुसूचित जातियों की महिलाओं की साक्षरता दर सबसे खराब थी—बिहार में मात्र 7.07 प्रतिशत (जबकि वहां पुरुषों की साक्षरता दर 30.64 प्रतिशत), राजस्थान में 8.31 प्रतिशत (जबकि वहां पुरुषों की साक्षरता दर 42.38 प्रतिशत), उत्तर प्रदेश में मात्र 10.69 प्रतिशत (जबकि वहां पुरुषों की साक्षरता दर 40.80 प्रतिशत) थी। इसी प्रकार 1991 में अनुसूचित जनजाति की महिलाओं में साक्षरता दर 5 राज्यों में सबसे खराब थी—राजस्थान में 4.42 प्रतिशत (पुरुषों की 33.39 प्रतिशत), आंध्र प्रदेश में 8.68 प्रतिशत (पुरुषों की 25.25 प्रतिशत), अरुणाचल प्रदेश में 8.68 प्रतिशत (पुरुषों की 25.25 प्रतिशत), उड़ीसा में 10.21 प्रतिशत (पुरुषों की 34.44 प्रतिशत) तथा मध्य प्रदेश में 10.73 प्रतिशत (पुरुषों की 32.16 प्रतिशत) थी। राजस्थान के जालोर जिले में अनुसूचित जनजाति की महिलाओं की साक्षरता दर मात्र 0.55 प्रतिशत है। इसी प्रकार बिहार में मुसहर नामक सबसे ज्यादा वंचित अनुसूचित जाति में साक्षरता दर मात्र 2 प्रतिशत पुरुषों में तथा 0.5 प्रतिशत महिलाओं में है। भारत के ग्रामीण क्षेत्र में मुस्लिम महिलाओं की साक्षरता दर मात्र 42.1 प्रतिशत (1999-2000 एनएसएस) है जबकि पुरुषों की साक्षरता दर 61.4 प्रतिशत है। इस संबंध में सबसे खराब स्थिति हरियाणा की है जहां मुस्लिम महिलाओं की साक्षरता दर मात्र 15.1 प्रतिशत है। निरक्षरता और गरीबी के कारण भारत में 57 प्रतिशत लड़कियों का विवाह अल्पायु (18 वर्ष के पहले) में हो जाता है (टाइम्स ऑफ इंडिया 12.02.2006) और वे जल्दी ही मां भी बन जाती हैं जो स्वास्थ्य के लिए उचित नहीं होता।

प्रसिद्ध विद्वान प्रो. आशीष बोस ने एक अध्ययन में पाया है कि परंपरा (महिलाओं को दोयम दर्जे का मानना, पराया धन मानना आदि) और तकनीक (भ्रूण के लिंग की जांच कर मादा भ्रूण की हत्या कराना) के अपवित्र गठबंधन से भारतीय समाज का काफी अहित हो रहा है जबकि सामान्यतः तकनीकी विकास से लोगों को ज्यादा आय, सुविधा, सुरक्षा तथा स्वतंत्रता मिलने की आशा की जाती है। लड़कियों की घटती संख्या तथा लड़कों की बढ़ती संख्या से अपराध और अव्यवस्था का बढ़ना स्वाभाविक है। यह अत्यंत चिंताजनक है कि लड़कियों की शादी में दहेज की मांग काफी तेजी से बढ़ रही है और

विवाह के बाद भी दहेज की मांग जारी रहती है जिसे न देने पर प्रायः बहुओं की हत्या कर दी जाती है और प्रचारित किया जाता है कि बहू ने आत्महत्या कर ली है। भारत में हर साल लगभग 6000 से 7000 दहेज-हत्याएं प्रतिवेदित नहीं होती हैं।

यद्यपि महिलाएं पुरुषों से अधिक घंटे तक काम करती हैं, किंतु उनके कार्य घरेलू तथा निकृष्ट प्रकृति के ज्यादा होते हैं तथा प्रायः उनके लिए भुगतान नहीं किया जाता। एक अनुमान के मुताबिक महिलाएं मात्र 35 प्रतिशत समय बाजारोन्मुखी कार्यों में और 65 प्रतिशत गैर-बाजारोन्मुखी कार्यों में लगाती हैं। विश्व स्तर पर भी महिलाओं की आर्थिक स्थिति दयनीय है। 'संयुक्त राष्ट्र महिलाओं की स्थिति पर आयोग' ने पाया है कि जन्म से विश्व की आधी आबादी महिलाएं हैं किंतु वे विश्व के सभी कार्यों का 2/3 भाग करती हैं, जबकि विश्व की आय का मात्र दसवां भाग पाती हैं तथा विश्व की संपत्ति का मात्र सौवां हिस्सा स्वामित्व में रखती हैं। भारत में महिलाएं सभी उपभोग की जाने वाली सामग्रियों का 30 प्रतिशत उत्पादन करती हैं किंतु कुल आय में से मात्र 10 प्रतिशत ही प्राप्त करती हैं तथा देश की कुल संपत्ति का मात्र 10 प्रतिशत की स्वामिनी हैं।

यदि हम भारत के सरकारी और निजी क्षेत्रों में महिलाओं के रोजगार की स्थिति देखें, तो पाते हैं कि 2002 में (श्रम मंत्रालय, भारत सरकार के अनुसार) सरकारी क्षेत्र में कुल नियोजित 187.23 लाख व्यक्तियों में से पुरुष 158.86 लाख थे जबकि महिलाएं मात्र 28.87 लाख थीं। इसी प्रकार निजी क्षेत्र में कुल 84.32 लाख नियोजित व्यक्तियों में से महिलाएं मात्र 20.49 लाख थीं जबकि पुरुष 63.83 लाख थे। इस प्रकार दोनों क्षेत्रों में नियोजित कुल 272.06 लाख व्यक्तियों में से मात्र 49.35 लाख महिलाएं थीं और शेष 222.71 लाख पुरुष थे। ये आंकड़े सिद्ध करते हैं कि महिलाओं की आर्थिक स्थिति पुरुषों की अपेक्षा काफी बदतर है।

जहां तक महिलाओं के राजनैतिक प्रतिनिधित्व का सवाल है, भारत की लोकसभा में 10 प्रतिशत से अधिक महिलाएं सदस्य नहीं रही हैं। 1999 में 543 निर्वाचित सदस्यों में से मात्र 48 सदस्य महिलाएं थीं। यहां उल्लेखनीय है कि उस साल कुल 277 महिला उम्मीदवारों में से 48 विजयी हुई थीं अर्थात उनके विजयी होने का प्रतिशत 17 था जबकि दूसरी ओर पुरुषों में जीतने वालों का प्रतिशत मात्र 12.7 था। 1991 में राज्यसभा में 245 सदस्यों में से 38 सदस्य महिलाएं (15.5 प्रतिशत थीं)। सन् 2005 में लोकसभा में मात्र 8.3 प्रतिशत (45) महिलाएं थीं जबकि राज्यसभा में 11 प्रतिशत महिलाएं थीं। अधिकतर राज्यों की विधान सभाओं तथा विधान परिषदों में महिलाओं के प्रतिनिधित्व की स्थिति लगभग ऐसी ही है। लोकसभा तथा विधान सभाओं में महिलाओं के आरक्षण का विधेयक लंबे अरसे से लंबित है। इसका विरोध मुख्य रूप से डॉ. राममनोहर लोहिया की तथाकथित अनुयायी राजनैतिक पार्टियां कर रही हैं जो महिला के लिए होने वाले आरक्षण में पुनः पिछड़े वर्ग की महिलाओं (कोटा के अंदर कोटा) का आरक्षण चाहती

हैं। वास्तविकता यह है कि डॉ. राममनोहर लोहिया ने वंचना के आधार पर सभी जातियों की महिलाओं को दलित-शोषित माना था। मगर राजनीति के कुचक्र ने महिलाओं को समुचित राजनैतिक प्रतिनिधित्व के मानवाधिकार से वंचित कर रखा है। राजीव गांधी ने 1992 में संविधान में 73वां एवं 74वां संशोधन करके क्रमशः ग्राम पंचायती संस्थाओं तथा शहरी निकायों में महिलाओं के लिए एक-तिहाई आरक्षण का प्रावधान किया। इसके फलस्वरूप गांव, प्रखंड (ब्लॉक) तथा जिला स्तरीय पंचायती संस्थाओं में भारी संख्या में महिलाएं (सदस्य एवं संस्था की मुखिया) चुनी गईं हैं। उदाहरणार्थ, भारत सरकार के महिला एवं बाल विकास विभाग के अनुसार 1995 में पूरे देश में करीब दस लाख महिलाएं पंचायती राज संस्थाओं की प्रतिनिधि चुनी गई थीं जिनमें से करीब 75,000 महिलाएं अध्यक्ष के रूप में चुनी गई थीं। यहां यह उल्लेखनीय है कि पर्दा प्रथा, निरक्षरता, आर्थिक निर्भरता, कानूनी अज्ञानता तथा अनुभव की कमी के कारण शुरू में कई महिला प्रतिनिधियों को उनके पतियों/पुत्रों/ससुरों आदि ने मर्दवादी सामंती मानसिकता और ठसक के कारण 'रबर की मुहर' के रूप में इस्तेमाल किया मगर दूसरी बार चुने जाने के बाद उनमें काफी साहस, अनुभव, आत्मसम्मान/विश्वास का भाव तथा निर्णय लेने की क्षमता का विकास हुआ जिसके फलस्वरूप अधिकतर महिला प्रतिनिधिगण अपने मानवाधिकारों तथा कर्तव्यों का ज्ञान प्राप्त कर अपना स्वतंत्र अस्तित्व बनाने में सफल हुई हैं।

यह अत्यंत चिंताजनक है कि विश्व के प्राचीनतम व्यवसाय के रूप में मान्य वेश्यावृति विश्व के विभिन्न देशों में बढ़ रही है। दक्षिण एशिया तथा दक्षिण-पूर्व एशिया में 16 वर्ष से कम उम्र की करीब दस लाख लड़कियां वेश्यावृत्ति करती हैं। 'इंडिया टुडे' (1990) के अनुसार भारत में करीब पांच लाख लड़कियां (18 वर्ष से कम उम्र की) भगाकर देह व्यापार में लगाई गई हैं। भारत के राष्ट्रीय महिला आयोग के अनुमान के अनुसार (1997 में) मुंबई में 40,000 लड़कियां (10 से 16 वर्ष की) अपने घरों पर देह-व्यापार कर रही हैं। भारत में कुल वेश्याओं की संख्या में काफी मतभेद है। एक दम सख्त (न्यूनतम) पैमाने के मुताबिक भारत में करीब बीस लाख वेश्याएं हैं जबकि लचीले (अधिकतम) अनुमान (द पॉयनियर, 14 दिसंबर, 1999) के अनुसार भारत में नौ करोड़ वेश्याएं हैं जिनमें से 25 प्रतिशत 18 वर्ष से कम उम्र की हैं। उनमें से 90 प्रतिशत भारत की मूल निवासी हैं, 5 प्रतिशत बांग्लादेश से और शेष 5 प्रतिशत नेपाल से भगाकर लाई गई हैं। इनमें से करीब 61 प्रतिशत वेश्याएं अनुसूचित जातियों, जनजातियों तथा अन्य पिछड़े वर्गों से आती हैं। संयुक्त राष्ट्र की एक रिपोर्ट के अनुसार (चेतांशी, जनवरी-मार्च 2006) भारत में हर साल बीस हजार महिलाएं वेश्यावृत्ति में झोंक दी जाती हैं। इनमें 61 प्रतिशत की उम्र 18 वर्ष से कम है। कुल डेढ़ करोड़ रुपये की वार्षिक आय वाला यह धंधा नशाखोरी और हथियारों के बाद सबसे ज्यादा संगठित है। बहुत सारी वेश्याएं एड्स/एचआईवी से ग्रस्त हैं—मुंबई में 52 प्रतिशत तथा मैसूर में 26 प्रतिशत वेश्याएं एचआईवी से ग्रस्त

हैं। पूरे भारत में 50 लाख से अधिक लोग एड्स से पीड़ित हैं और 0.92 प्रतिशत वयस्क आबादी इससे संक्रमित है।

जहां तक महिलाओं की कार्यकारी जनसंख्या में सहभागिता दर का सवाल है, ग्रामीण भारत में 1993-94 में महिलाओं की काम में सहभागिता दर मात्र 32.8 प्रतिशत थी जबकि पुरुषों की 55.3 प्रतिशत थी (एन.एस.एस., 50 वां चक्र)। इसी प्रकार शहरी भारत में महिलाओं की काम में सहभागिता दर मात्र 15.5 प्रतिशत थी जबकि पुरुषों की 52.1 प्रतिशत थी। विभिन्न राज्यों में महिलाओं की काम में सहभागिता दर ग्रामीण क्षेत्र में देखें तो ग्रामीण क्षेत्र में सबसे खराब स्थिति दिल्ली (9.8 प्रतिशत), चंडीगढ़ (11.4 प्रतिशत), लक्षद्वीप (12 प्रतिशत), त्रिपुरा (12.8 प्रतिशत), असम (15.9 प्रतिशत), बिहार (17.2 प्रतिशत), प. बंगाल (18.5 प्रतिशत) और सिक्किम (19 प्रतिशत) है जबकि शहरी क्षेत्र में सबसे खराब स्थिति बिहार (6.9 प्रतिशत), असम (9.02 प्रतिशत), पंजाब (9.3 प्रतिशत), दिल्ली (9.6 प्रतिशत), लक्षद्वीप (9.9 प्रतिशत), और नागालैंड (9.9 प्रतिशत) की है। 2001 की जनगणना के अनुसार महिलाओं की काम में भागीदारी दर 25.6 प्रतिशत थी जबकि पुरुषों की दर 51.7 प्रतिशत थी। बिहार में यह प्रतिशत क्रमशः 18.8 तथा 47.4 था। इस प्रकार लैंगिक भेदभाव बरकरार है। इसके अलावा यह महत्वपूर्ण तथ्य लगभग सभी क्षेत्रों में है कि महिला मजदूरों को पुरुषों की तुलना में 1/4 से लेकर 1/2 तक कम मजदूरी मिलती है। यद्यपि समान काम के लिए समान पारिश्रमिक का कानून भारत में 1976 से लागू है। राष्ट्रीय नमूना सर्वेक्षण के 60वें दौर के अनुसार भारत में विभिन्न गतिविधियों में लगे आकस्मिक रूप से कार्यरत पुरुषों और महिलाओं की मजदूरी में काफी अंतर है जिसे अगली तालिका-7 में दिखाया गया है :

तालिका-7 : आकस्मिक मजदूरों (15 वर्ष से अधिक) की दैनिक मजदूरी दरों में लैंगिक भेदभाव

क्र.सं.	*कार्यक्षेत्र*	*ग्रामीण क्षेत्र में मजदूरी (रु. में)*		*शहरी क्षेत्र में मजदूरी रु. में*	
		पुरुष	*स्त्री*	*पुरुष*	*स्त्री*
1.	लोक निर्माण	59.74	44.73	68.28	60.49
2.	कृषि	49.64	34.65	88.70	36.50
3.	खनिज उत्पादन	86.15	42.94	176.91	113.48
4.	उत्पादन	81.58	43.49	95.82	75.11
5.	निर्माण	73.03	46.41	95.82	66.03
6.	व्यापार	64.42	54.16	89.89	61.22
7.	सेवा क्षेत्र	196.75	95.97	275.08	229.01
8.	समस्त गैर कृषि	104.58	66.88	168.95	135.36

स्रोत : एन.एस.एस.ओ. की रिपोर्ट सं. 506

उपरोक्त तालिका से स्पष्ट है कि ग्रामीण क्षेत्र में पुरुषों की अपेक्षा महिलाओं को सबसे कम मजदूरी (दोनों का अंतर) सेवा क्षेत्र (196.75-95.97) (100.78) में मिलती है जबकि शहरी क्षेत्र में सबसे अधिक लैंगिक अंतर खनिज उत्पादन में है। इस प्रकार मजदूरी के मामले में लैंगिक भेदभाव बरकरार है जिसको खत्म करने के लिए सामाजिक, राजनैतिक और सांस्कृतिक स्तरों पर पहल करने की आवश्यकता है।

उच्चतर सेवाओं में महिलाओं के नियोजन की स्थिति और खराब है। उदाहरणार्थ, 1996 में भारतीय प्रशासनिक सेवा में कुल 5047 व्यक्तियों में से 4546 पुरुष थे और मात्र 501 महिलाएं थीं। उनमें 34 अनुसूचित जाति की और 23 अनुसूचित जनजाति की महिलाएं थीं। भारतीय पुलिस सेवा में 1993 में कुल 2947 व्यक्तियों में मात्र 64 महिलाएं तथा 2883 पुरुष थे। इसी प्रकार भारतीय राजस्व सेवा में 1995 में कुल 2256 व्यक्तियों में से मात्र 276 महिलाएं तथा 1980 पुरुष थे। इसी प्रकार 1996 में कुल 526 जजों (उच्च न्यायालयों/उच्चतम न्यायालय) में मात्र 16 महिलाएं थीं और 510 पुरुष थे। 1998 में केंद्रीय मंत्रिमंडल में 21 कैबिनेट मंत्री तथा 21 राज्य मंत्री थे जबकि इनमें मात्र एक महिला कैबिनेट मंत्री तथा 3 महिलाएं राज्य मंत्री थीं। मार्च 2000 में केंद्र में 28 कैबिनेट मंत्रियों तथा 44 राज्य मंत्रियों में से मात्र एक कैबिनेट मंत्री तथा 5 राज्य मंत्री महिलाएं थीं। यू.एन.एफ.पी. की रिपोर्ट (2005) के अनुसार पूरी दुनिया में महिलाओं की संसदीय सीटों पर भागीदारी मात्र 16 प्रतिशत है। वैसे संयुक्त राष्ट्र ने 1995 में ही महिलाओं के लिए 30 प्रतिशत सीटें हासिल करने का लक्ष्य रखा था मगर इस लक्ष्य को मात्र 19 देशों ने पूरा किया है। दुर्भाग्यवश भारत उनमें से नहीं है।

युनिसेफ (2009) की रिपोर्ट के अनुसार स्वास्थ्य सुविधाओं के अभाव में प्रतिवर्ष भारत में 78,000 महिलाएं प्रसव के दौरान मर जाती हैं। यहां मातृ मृत्युदर 450 (प्रति लाख) प्रतिवर्ष है जबकि सहस्त्राब्दी विकास लक्ष्य के अनुसार इसे 2015 तक 109 तक घटाना है। उत्तर प्रदेश में मातृ मृत्युदर 517 है (सूडान में 550) तथा केरल में मात्र 110 है। उत्तर प्रदेश, उत्तराखंड, बिहार, झारखंड, उड़ीसा, म.प्र., छत्तीसगढ़, राजस्थान और असम में पूरे भारत में होने वाली मातृ-मृत्यु की दो-तिहाई से अधिक मातृ-मृत्यु होती है। फिर पूरे विश्व में होने वाली मातृ-मृत्यु की एक-तिहाई मृत्यु सिर्फ भारत और नाइजीरिया में होती है। भारत में करीब 65 प्रतिशत महिलाओं का प्रसव घर पर ही संपन्न होता है जिन्हें समुचित सुविधाएं एवं प्रशिक्षित चिकित्सक की सेवा प्राप्त नहीं होती। इस प्रकार एक भारतीय महिला की मृत्यु, अमेरिकी या ब्रिटिश महिला की अपेक्षा प्रसव के दौरान 300 गुना ज्यादा होती है। मातृ-मृत्यु का सबसे बड़ा कारण प्रसव के दौरान रक्तस्राव (38 प्रतिशत) है। इस प्रकार स्पष्ट है कि अधिकतर महिलाएं (गांवों में, गरीब और वंचित समुदाय) मानवाधिकारों से वंचित हैं।

5

काम का अधिकार

मानवाधिकारों की सार्वभौमिक घोषणा (1948) के अनुच्छेद-23(1) के अनुसार 'प्रत्येक व्यक्ति को काम करने, अपनी इच्छा से अपना रोजगार चुनने, काम करने की उचित और अनुकूल परिस्थितियां पाने और बेरोजगारी के खिलाफ सुरक्षा का अधिकार है'। इसके अनुच्छेद-23(2) के अनुसार 'प्रत्येक व्यक्ति को बिना किसी भेदभाव के समान कार्य करने के लिए समान वेतन पाने का अधिकार है।' इसके अनुच्छेद-23(3) के अनुसार काम के लिए 'न्यायसम्मत एवं लाभदायक पारिश्रमिक' पाने का अधिकार है जिससे वह 'मानवीय गरिमा के अनुरूप'अपना एवं अपने परिवार का जीवन-स्तर सुनिश्चित कर सके। फिर अनुच्छेद-23(4) के अनुसार उसे अपने हितों की रक्षा हेतु श्रमिक संघ बनाने और संघ में शामिल होने का अधिकार है। इसके अलावा अनुच्छेद-24 के अनुसार प्रत्येक व्यक्ति को विश्राम और अवकाश का अधिकार है जिसमें उचित काम के घंटे तथा सवेतन अवकाश शामिल है। इसके साथ ही अनुच्छेद-25(1) में प्रावधान है कि प्रत्येक व्यक्ति को ऐसे जीवन-स्तर का अधिकार है जो स्वयं उसके तथा उसके परिवार के स्वास्थ्य एवं कल्याण के लिए उपयुक्त हो जिसमें भोजन, वस्त्र, आवास और चिकित्सीय देखरेख की सुविधा तथा आवश्यक सामाजिक सुविधाओं का, तथा बेरोजगारी, बीमारी शारीरिक अशक्तता, विधवापन, बुढ़ापा आदि में सामाजिक सुरक्षा का समावेश है। इस प्रकार स्पष्ट है कि 1948 की उक्त घोषणा में काम के अधिकार को विस्तृत अर्थ में शामिल किया गया है।

भारतीय संविधान में काम (रोजगार) का अधिकार मूलाधिकारों के रूप में शामिल नहीं है। किंतु संविधान के खंड चार में राज्य के नीति निर्देशक सिद्धांतों के तहत धारा 39(ए) में यह प्रावधान है कि राज्य अपनी ऐसी नीति बनाएगा जिससे प्रत्येक नागरिक (पुरुष व स्त्री समान रूप से) आजीविका के समुचित माध्यम का अधिकार पा सकेगा। इस प्रकार यहां यद्यपि राज्य की यह बाध्यता नहीं है कि वह प्रत्येक नागरिक को निश्चित रूप से काम (रोजगार) उपलब्ध कराए मगर उसकी नीतियां ऐसा करने का हर संभव प्रयास करें। इसके अलावा राज्य के नीति निर्देशक सिद्धांतों के तहत ही धारा 42 में यह भी प्रावधान है कि राज्य काम करने की न्यायपरक एवं मानवीय परिस्थितियां तथा मातृत्व

सहायता सुनिश्चित करने की व्यवस्था करेगा। इसके अलावा धारा 39(ई) के तहत राज्य को ऐसी नीति बनानी है जिससे कामगारों के स्वास्थ्य एवं ताकत तथा बच्चों की नाजुक उम्र का दुरुपयोग न हो और आर्थिक जरूरत की वजह से नागरिक ऐसा व्यवसाय करने को मजबूर न हो जो उनकी उम्र या ताकत के प्रतिकूल हो।

मगर सर्वोच्च न्यायालय ने विभिन्न निर्णयों में स्पष्ट किया है कि संविधान में दिए गए जीने के अधिकार (धारा 21) में काम का अधिकार अंतर्निहित है क्योंकि यदि किसी व्यक्ति को रोजगार नहीं मिलेगा, तो वह अपनी आवश्यकता की चीजें खरीदने में सक्षम नहीं होगा और अंततः उसका अस्तित्व खतरे में पड़ जाएगा। धारा 21 में जीने का अधिकार तथा व्यक्तिगत स्वतंत्रता शामिल होने का आशय है कि नागरिकों को मानवीय सम्मान के साथ जीना, न कि जानवरों की तरह किसी तरह गुजर-बसर करना। इस प्रकार मानवीय गरिमा के साथ जीने में भोजन, वस्त्र, मकान, शिक्षा, स्वास्थ्य, स्वच्छता, पेय जलापूर्ति, कार्य की मानवीय दशाएं, शोषण न होना आदि सम्मिलित हैं। उदाहरणार्थ, 'मानेका गांधी *बनाम* भारत संघ' (आल इंडिया रिपोर्टर, 1978, सर्वोच्च न्यायालय, 597) में माननीय सर्वोच्च न्यायालय ने यह निर्णय दिया कि मानवीय गरिमा के साथ जीने का तात्पर्य मात्र पशुवत जीना नहीं, बल्कि इसमें वे सभी आयाम शामिल हैं जो जीवन को अर्थपूर्ण, पूर्ण तथा जीवंत बनाते हैं। सर्वोच्च न्यायालय के शब्दों में, "Right to life enshrined in Article 21 (of Indian Constitution) means something more than animal instinct and includes the right to live with human dignity, it would include all those aspects which would make life meaningful, complete and living". (Maneka Gandhi Vs Union of India, AIR, 1978, SC,597)

इसी प्रकार राष्ट्रीय मानवाधिकार आयोग ने भी 17 जनवरी, 2003 को एक मामले की सुनवाई के दौरान स्पष्ट किया कि जीने के अधिकार में काम का अधिकार शामिल है। पुनः पी.यू.सी.एल. द्वारा दायर किए गए (अप्रैल 2001) मामले में सर्वोच्च न्यायालय ने 28 नवंबर, 2001, 8 मई, 2002, 2 मई, 2003 तथा 20 अप्रैल, 2004 को निम्नलिखित आदेश भारत सरकार द्वारा अगस्त 2001 से शुरू की गई संपूर्ण ग्रामीण रोजगार योजना के संदर्भ में दिए :

(1) इसका त्वरित कार्यान्वयन हो, विशेषकर केंद्र/राज्य सरकारों द्वारा समय पर निधि का वितरण किया जाए तथा इसका पूर्ण उपयोग हो एवं किसी भी परिस्थिति में दूसरे उद्देश्यों के लिए इस निधि का विचलन न हो।

(2) सरकार द्वारा कृषि मजदूरों, गैर-कृषि के अकुशल मजदूरों, सीमांत किसानों और विशेषकर अनुसूचित जाति/जनजाति के मजदूरों को नियोजन में प्राथमिकता दी जाए और उनमें महिलाओं को विशेष महत्व दिया जाए।

(3) केंद्र सरकार इस योजना की राशि दुगुनी करे (2 मई 2003 का आदेश) क्योंकि भारत के अधिकतर हिस्सों में सूखा की स्थिति कायम है—यह निधि तथा अनाज दोनों मामले में दुगुनी की जाए। पुनः 20 अप्रैल, 2004 को उक्त आदेश 2004-05 के लिए भी विस्तारित किया गया।

(4) मजदूरी का भुगतान साप्ताहिक आधार पर नियमित रूप से हो।

(5) इस योजना में ठेकेदारों से काम कराने पर रोक रहेगी।

(6) सभी राज्य सरकारें/संघ शासित क्षेत्र न्यूनतम मजदूरी का भुगतान करेंगे।

(7) इस योजना में राज्य सरकारें श्रम हटाऊ मशीनों का इस्तेमाल नहीं करेंगी।

(8) ग्राम पंचायतें इस योजना के दिशा निर्देशों के आलोक में ऐसे रोजगार सृजन की योजनाएं तैयार करेंगी जिनसे उपयोगी सामुदायिक परिसंपत्तियां भी निर्मित हो सकें। उनका अनुमोदन ग्राम पंचायत स्वयं करके शीघ्र कार्यान्वयन भी करेंगी।

(9) ग्राम सभा इस योजना की सामाजिक लेखा परीक्षा (अंकेक्षण) करेगी। ग्राम सभा की शिकायत पर सक्षम अधिकारियों द्वारा कानूनन कार्रवाई की जाएगी।

(10) इस योजना में पारदर्शिता बरती जाएगी और कोई भी सार्वजनिक दस्तावेज (मस्टर रोल सहित) की प्रति कोई भी व्यक्ति निर्धारित शुल्क देकर प्राप्त कर सकेगा।

भारत सरकार द्वारा राष्ट्रीय ग्रामीण रोजगार गारंटी अधिनियम, 2005 को 2 जनवरी, 2006 से भारत के विभिन्न राज्यों के उन दो सौ जिलों में लागू किया गया जिन्हें सर्वेक्षण में अपेक्षाकृत ज्यादा गरीब एवं अविकसित पाया गया। वर्ष 2007-08 में 130 नए जिलों को इसके तहत चुना गया। मगर 2008-09 में संपूर्ण भारत के सभी जिलों में यह योजना लागू कर दी गई। इस अधिनियम के लागू होने से काम या रोजगार पाने का अधिकार मूलाधिकार भले न हो, मगर वैधिक अधिकार अवश्य हो गया अर्थात कानून की दृष्टि में हर किसी वयस्क को शारीरिक कार्य पाने का अधिकार मिल गया। इस कानून की प्रमुख विशेषताएं निम्नलिखित हैं :

(1) ग्रामीण क्षेत्र में प्रत्येक परिवार के सभी वयस्क सदस्यों को साल भर में कम-से-कम 100 दिनों का काम मिलेगा। परिवार की परिभाषा में मां-बाप तथा उन पर निर्भर बच्चे शामिल हैं किंतु एक सदस्यीय परिवार (यथा विधवा, विधुर, अविवाहित आदि) भी हो सकता है।

(2) इसमें न्यूनतम मजदूरी अधिनियम, 1948 के तहत कृषि मजदूरों के लिए राज्यों द्वारा निर्धारित न्यूनतम मजदूरी मान्य है मगर साठ रुपये प्रतिदिन से कम मजदूरी नहीं होगी।

(3) ग्रामीण क्षेत्र में रहने वाले परिवार को, जो इस योजना के तहत काम की गारंटी चाहता है, अपने परिवार के वयस्क सदस्यों का नाम, उम्र, लिंग, तथा पता स्थानीय

ग्राम पंचायत को पंजीकरण के लिए उपलब्ध कराना होगा। फिर सर्वेक्षण कर ग्राम सभा में उसका सत्यापन किया जाएगा।

(4) पंजीकरण के बाद ग्राम पंचायत द्वारा एक जॉब कार्ड (रोजगार पत्रक) प्रत्येक परिवार को दिया जाएगा और इस पर सभी वयस्क सदस्यों का फोटो चिपकाया जाएगा। यह पांच वर्षों तक के लिए वैध होगा तथा इस पर परिवार की पंजीकरण संख्या दर्ज होगी। यह कार्ड उसे काम पाने का अधिकार सुनिश्चित करेगा।

(5) काम पाने के लिए पंजीकृत वयस्क अपना आवेदन सादे कागज पर लिखकर ग्राम पंचायत अथवा ब्लॉक के कार्यक्रम अधिकारी (प्रोग्राम ऑफिसर) को देगा तथा उसकी तारीख के साथ रसीद प्राप्त करेगा। यह आवेदन कम-से-कम 14 दिनों तक निरंतर काम करने के लिए होना चाहिए।

(6) ग्राम पंचायत पत्र के जरिए इसे 15 दिनों में सूचित करेगी कि उसे कहां पर और कब काम करना है। महिलाओं को काम में प्राथमिकता मिलेगी—कुल नियोजितों की एक-तिहाई महिलाएं होंगी। इस योजना में ठेकेदार से काम नहीं कराया जाएगा।

(7) यदि काम मांगने वाले वयस्क को 15 दिनों के अंदर काम नहीं दिया गया, तो उसे बेरोजगारी भत्ता दिया जाएगा जो राज्य सरकार द्वारा देय होगा। मगर यदि उस वयस्क को उसके निवास से 5 कि.मी. के अंदर काम दे दिया जाए और वह काम करने के लिए उपस्थित न हो, तो उसे बेरोजगारी भत्ता नहीं मिलेगा।

(8) मजदूरी का भुगतान 15 दिनों के अंदर किया जाना है।

(9) यदि किसी वयस्क को 5 कि.मी. से दूर कहीं काम उपलब्ध कराया जाता है तो उसे 10 प्रतिशत अतिरिक्त मजदूरी यातायात तथा रहने के खर्च के लिए दी जाएगी।

(10) कार्यस्थल पर पीने का पानी, बच्चों के लिए पालना घर (क्रेच), छाया, विश्राम का समय, प्राथमिक उपचार का डिब्बा आदि सुविधाएं कार्य कराने वाले अभिकर्त्ता द्वारा उपलब्ध कराई जाएंगी।

(11) यदि कार्यस्थल पर पांच से अधिक शिशु मजदूरों द्वारा लाए जाएंगे, तो एक मजदूर को उनकी देखभाल के लिए रखा जाएगा। उसे अन्य मजदूरों की तरह पूरी मजदूरी मिलेगी।

(12) यदि कार्यस्थल पर किसी मजदूर को चोट लग जाती है, तो राज्य सरकार द्वारा उसे मुफ्त में चिकित्सा सुविधा उपलब्ध कराई जाएगी।

(13) नया काम तभी शुरू किया जाएगा जब काम करने के लिए कम-से-कम 50 मजदूर उपलब्ध हों।

(14) ग्राम सभा आवश्यक कार्यों की अनुशंसा करेगी। कार्य योजना बनाने तथा कार्यान्वित करने में पंचायती राज संस्थाओं की मुख्य भूमिका होगी। ग्राम पंचायतें कम-से-कम 50 प्रतिशत कार्य निष्पादित करेंगी।

(15) ग्राम पंचायत नियोजन का पंजीकरण, जॉब कार्ड बांटने, रोजगार देने और कार्यों की निगरानी के लिए जिम्मेदार है। प्रखंड (ब्लॉक) स्तर पर बीडीओ (जो कार्यक्रम अधिकारी होंगे)—कार्यान्वयन में पूरा सहयोग देगा। वह ग्राम योजनाओं की जांच करने, कार्यों और रोजगार की मांग के बीच तालमेल सुनिश्चित करने, समय सीमा के भीतर रोजगार की मांग को पूरा करने, कामगारों को उनका हक दिलाने के लिए जिम्मेदार होगा। इसके अलावा वह ग्राम सभा द्वारा सामाजिक लेखा-परीक्षा (Social Audit) कराने का दायित्व निभाएगा।

(16) रोजगार आबंटित करने की शक्ति ग्राम पंचायत तथा कार्यक्रम अधिकारी दोनों के पास है। राज्य सरकारें अन्य आवश्यक समन्वय तंत्र तैयार कर सकती हैं। ऐसे कार्यों का चयन प्रशासनिक तथा तकनीकी स्वीकृति के पश्चात तैयार परियोजनाओं की सूची से किया जाएगा। इसमें ग्राम पंचायतों की प्राथमिकता का पूरा ख्याल रखा जाएगा।

(17) सामान्यतः अधिक उम्र के मजदूरों तथा महिला मजदूरों को सबसे नजदीक के कार्यस्थलों पर काम दिया जाएगा।

(18) प्रत्येक योजना के मस्टर रोल की एक प्रति ग्राम पंचायत और एक प्रति ब्लॉक कार्यक्रम अधिकारी के कार्यालय में उपलब्ध कराई जाएगी और यदि कोई व्यक्ति उसकी जांच करना चाहे तो निर्धारित शुल्क का भुगतान करके उसकी एक प्रति उसे उपलब्ध कराई जाएगी।

(19) प्रत्येक राज्य को इस अधिनियम की धारा 4 के तहत राष्ट्रीय ग्रामीण रोजगार गारंटी के प्रावधानों को लागू करने के लिए राज्य रोजगार गारंटी योजना बनानी होगी क्योंकि रोजगार देने की कानूनी जवाबदेही राज्यों की है।

(20) सभी स्तरों पर सांस्थानिक तंत्र के माध्यम से पारदर्शिता, लोगों की जवाबदेही और सामाजिक लेखा परीक्षा सुनिश्चित की जाएगी।

(21) उत्तरदायित्वपूर्ण कार्यान्वयन प्रक्रिया सुनिश्चित करने के लिए शिकायत निवारण तंत्र बनाया जाएगा।

(22) कार्य के दौरान चोट लगने पर राज्य सरकार द्वारा निःशुल्क इलाज कराने के अलावा उसे मजदूरी दर का कम-से-कम 50 प्रतिशत दैनिक भत्ता दिया जाएगा।

(23) यदि किसी मजदूर की कार्य के दौरान मृत्यु हो जाती है अथवा वह स्थायी रूप से अपंग हो जाता है, तो 25,000 रु. या केंद्र सरकार द्वारा अधिसूचित राशि का भुगतान उसके वैधिक उत्तराधिकारी (या अपंग व्यक्ति) को किया जाएगा।

(24) बेरोजगारी भत्ता दैनिक मजदूरी का 25 प्रतिशत शुरू के 30 दिनों के लिए होगा तथा उसके बाद यह उस वित्तीय वर्ष के लिए 50 प्रतिशत हो जाएगा।

(25) राष्ट्रीय रोजगार गारंटी योजना के तहत निम्नलिखित कार्य लिए जाने हैं :

(क) जल संरक्षण एवं संग्रहण संबंधी कार्य

(ख) सूखा रोकने वाले कार्य (वनीकरण/वृक्षारोपण सहित)

(ग) सिंचाई की नहरें

(घ) पारंपरिक जल निकायों का उन्नयन/जीर्णोद्धार

(ङ) भूमि विकास के कार्य

(च) बाढ़ नियंत्रण कार्य

(छ) बारहमासी संपर्क पथ निर्माण कार्य

(ज) अनुसूचित जाति/जनजाति के लाभार्थियों की भूमि, भूमि सुधार के लाभार्थियों की भूमि अथवा इंदिरा आवास योजना के लाभार्थियों की भूमि के लिए सिंचाई सुविधा का प्रावधान

(झ) ऐसे अन्य कार्य जिन्हें राज्य सरकार के परामर्श से केंद्र सरकार द्वारा अधिसूचित किया जाए।

(26) यह भी प्रावधान किया गया है कि कुशल और अर्द्धकुशल मजदूरों की मजदूरी सहित परियोजनाओं की सामग्री घटक की लागत कुल परियोजना लागत के 50 प्रतिशत से अधिक नहीं होगी। कार्यान्वयन के प्रत्येक स्तर पर इसका ख्याल रखा जाएगा।

(27) ग्राम पंचायतों तथा सभी कार्यान्वयन अभिकर्ताओं को ब्लॉक कार्यक्रम अधिकारी द्वारा क्रमांकित मस्टर रोल उपलब्ध कराए जाएंगे। राज्य सरकारें जिला तथा ब्लॉक स्तर पर प्राक्कलन बनाने, नापी करने आदि कार्यों हेतु इंजीनियरों का एक पैनल बनाएंगी।

(28) यदि मजदूर इच्छुक हों, तो राज्य सरकार उनके मजदूरी भुगतान के साथ सामाजिक सुरक्षा योजनाओं को समन्वित कर सकती है। मजदूरों की सहमति से रोजगार गारंटी योजना के तहत रोजगार प्राप्त मजदूरों के कल्याण के लिए स्वास्थ्य बीमा, दुर्घटना बीमा, उत्तरजीवी लाभ, प्रसव लाभ, आदि को संबद्ध किया जा सकता है।

(29) केंद्र सरकार निम्नलिखित मदों से संबंधित लागत को वहन करेगी–

(क) अकुशल शारीरिक श्रम करने वाले मजदूरों की मजदूरी की संपूर्ण लागत

(ख) सामग्री लागत तथा कुशल व अर्द्धकुशल मजदूरों की मजदूरी 75 प्रतिशत

(ग) केंद्र सरकार द्वारा निर्धारित प्रशासनिक व्यय, जिसमें अन्य चीजों के अलावा ब्लॉक कार्यक्रम अधिकारी और उसके सहयोगी स्टाफ के वेतन-भत्ते, कार्यस्थल पर उपलब्ध कराई गई सुविधाएं शामिल होंगी।

(30) राज्य सरकार निम्नलिखित मदों का व्यय वहन करेगी–

(क) सामग्री लागत और कुशल व अकुशल मजदूरों की मजदूरी का 25 प्रतिशत।

(ख) यदि राज्य सरकार समय पर रोजगार उपलब्ध नहीं कराती, तो बेरोजगारों को देय बेरोजगारी भत्ता।

(ग) राज्य रोजगार गारंटी परिषद के प्रशासनिक व्यय।

(31) केंद्र तथा राज्य सरकारों द्वारा अलग-अलग राष्ट्रीय या राज्य रोजगार गारंटी कोष की स्थापना की जाएगी। केंद्र सरकार राज्यों को सरल प्रक्रिया के तहत निधि उपलब्ध कराएगी।

(32) ग्राम पंचायतों या कार्यान्वयन एजेंसी आवंटित राशि का 60 प्रतिशत खर्च करने के बाद ही अगली किश्त के लिए पात्र होगी। अगली किश्त मुक्त करने के पूर्व उपयोगिता प्रमाण पत्र देना होगा। अंकेक्षण प्रतिवेदन अगले वर्ष एक बार प्रस्तुत करना होगा।

(33) वर्ष 2006-07 के लिए राष्ट्रीय ग्रामीण रोजगार योजना का वार्षिक योजना परिव्यय 13,500 करोड़ था जो 2007-08 में 19,305 करोड़ हो गया और 2008-09 में 26,307 करोड़ हो गया।

(34) राज्य सरकारों द्वारा इस योजना की विधिवत् जानकारी स्थानीय भाषा में दी जाएगी तथा वे विभिन्न तरीकों से इसका प्रचार-प्रसार करेंगी। इसके अलावा पंचायती राज संस्थाओं और उनके कर्मियों को प्रशिक्षण देकर जागरूक बनाया जाएगा। राज्य सरकारों का दायित्व है कि वे डिजाइन, प्रौद्योगिकी, तकनीकी, वित्तीय प्राक्कलन, रोजगार/परिसंपत्तियों के रूप में व्यवहार्य आदर्श कार्य वाली राज्य निर्माण कार्य नियमावली बनाएं। विशेषकर विभिन्न सामग्री दरों को अद्यतन किया जाए।

राज्य सरकारों को इस अधिनियम के लागू होने के छह माह के भीतर अपनी रोजगार गारंटी योजना (जिसमें बेरोजगारी भत्ता के भुगतान संबंधी नियम भी शामिल होंगे) बनाने का निर्देश है।

राष्ट्रीय ग्रामीण रोजगार योजना से यह अपेक्षा की गई है कि इसमें ग्रामीण क्षेत्र के गरीबों का शहरी क्षेत्रों की तरफ हो रहा पलायन रुकेगा तथा उससे ग्रामीणों की क्रय-शक्ति भी बढ़ेगी। यह आकार-प्रकार में भी अब तक की सबसे बड़ी रोजगार योजना है। एक ओर उसे मजदूर संघ एवं वामपंथी दल अपने लंबे संघर्ष का परिणाम बता रहे हैं, वहीं दूसरी ओर कई समाजशास्त्रियों/अर्थशास्त्रियों एवं अन्य लोगों का मानना है कि यह योजना शासक वर्ग की जरूरत एवं चिंता का परिणाम है। उदाहरणार्थ, जिस गति से गांवों में बेरोजगारी बढ़ रही है, उससे ग्रामीण क्षेत्रों में अशांति पैदा हो गई है और उग्रवाद तेजी से फैल रहा है। इसलिए यह योजना ग्रामीण बेरोजगारों में फैले असंतोष एवं आक्रोश को कम करेगी। दूसरे, इससे शहरी क्षेत्रों में ग्रामीण क्षेत्रों से पलायन कम होगा जिससे शहरी क्षेत्रों की आधारभूत संरचनाओं और सुविधाओं (यथा सड़क/रेल

यातायात, पेय जलापूर्ति, शिक्षा, स्वास्थ्य, सफाई, खाद्यान्न/सब्जी/दूध आदि) पर बढ़ता बोझ कम होगा। तीसरे, ग्रामीण क्षेत्र के गरीबों की क्रय-शक्ति बढ़ने से बाजार का विस्तार काफी आसान हो जाएगा अर्थात आय का स्रोत बढ़ने से उपभोक्ता द्वारा ज्यादा चीजें खरीदी जा सकेंगी।

मगर अब इस योजना की विशेषताओं को लेकर भी आलोचना शुरू हो गई है। सबसे बड़ी आलोचना यह है कि मात्र 100 दिनों का रोजगार साल भर के कुल दिनों के एक-तिहाई से भी कम है। बढ़ते परिवारों की संख्या और उनकी बढ़ती आवश्यकताओं के आलोक में कम-से-कम 300 दिनों का रोजगार मिलना चाहिए। जब 300 दिनों का रोजगार मिलेगा, तभी पूरे परिवार का भोजन, वस्त्र, मकान, स्वास्थ्य, शिक्षा, स्वच्छता, पेयजल आदि की व्यवस्था हो सकेगी। इसी दृष्टि से सीपीआईएमएल (लिबरेशन) से संबद्ध अखिल भारतीय कृषि मजदूर संघ ने राजामुंद्र (आंध्र प्रदेश) में एक फरवरी, 2006 को तीन संकल्प पारित किए :

(क) प्रत्येक परिवार को हर वर्ष कम-से-कम 200 दिनों का रोजगार उपलब्ध कराया जाए।

(ख) पूरे देश में न्यूनतम मजदूरी 100 रु. निर्धारित की जाए।

(ग) विभिन्न योजनाओं के कार्यान्वयन में कृषि मजदूरों की भागीदारी का प्रावधान भारतीय संविधान में शामिल हो।

इस संघ का कहना है कि ग्रामीण आधारभूत संरचना, सूखा-बाढ़ नियंत्रण सिंचाई की जरूरत आदि को राष्ट्रीय ग्रामीण रोजगार योजना से जोड़ा जाना चाहिए। वैसे केंद्र सरकार पहले से इसके साथ संपूर्ण ग्रामीण रोजगार योजना आदि को जोड़ने पर विचार कर रही है। इसके अलावा इस संघ की यह भी मांग है कि गरीबों और मजदूरों के बैंक ऋण माफ कर दिए जाएं और उन्हें आसान शर्तों पर ब्याज रहित ऋण दिए जाएं तथा छोटे एवं सीमांत किसानों को रियायती ऋण दिए जाएं। जिससे वे आवश्यक कृषि उपकरण आदि खरीद सकें तथा उन्हें नए रोजगार मिल सकें। इसके अतिरिक्त सभी गरीब परिवारों को जॉब कार्ड मिलना चाहिए—प्रत्येक परिवार से कम-से-कम एक स्त्री और एक पुरुष को रोजगार मिले तथा उसके काम के घंटे मात्र छह हों। विभिन्न योजनाओं में मची लूट की निंदा करते हुए उसके विरुद्ध जन-आंदोलन चलाने की भी घोषणा उक्त संघ ने की। सबसे महत्वपूर्ण बात यह रही कि संघ ने मजदूरों द्वारा एक वैकल्पिक कृषि नीति बनाने एवं विकसित करने की मांग की जो भूमि सुधार पर निर्भर होगी तथा विश्व व्यापार संगठन के प्रभुत्व से मुक्त कृषि क्षेत्र बनाने में कारगर होगी।

कतिपय संगठनों और विद्वानों ने छह माह तक इस योजना के कार्यान्वयन का अध्ययन किया है और कई प्रकार की खामियां पाई हैं (प्रभात खबर, 28.07.2006) जो इस प्रकार हैं :

(क) अधिकतर राज्यों यथा राजस्थान, उत्तराखंड, हरियाणा आदि ने राज्य रोजगार गारंटी योजना का कानून नहीं बनाया।

(ख) कई राज्यों ने संचालन/कार्यान्वयन संबंधी निर्देशिका तैयार करके जारी नहीं की।

(ग) कई राज्यों यथा उत्तर प्रदेश, झारखंड, हरियाणा, हिमाचल प्रदेश आदि ने राज्य रोजगार गारंटी परिषद का गठन तक नहीं किया।

(घ) कई राज्यों यथा उत्तर प्रदेश, हरियाणा के कई जिलों में पंचायत समितियों के सदस्यों को इस योजना में पंचायत की भूमिका की जानकारी नहीं दी गई है।

(ङ) 'प्रिया' नामक संस्था ने 11 राज्यों (उत्तर प्रदेश, आंध्र प्रदेश, बिहार, हरियाणा, हिमाचल प्रदेश, गुजरात, झारखंड, केरल, मध्य प्रदेश, राजस्थान एवं उत्तराखंड) में सर्वेक्षण किया और पाया कि जाति, समुदाय, लिंग, विकलांगता और मुखिया/सरपंच/प्रधान या पंचायत सचिव के साथ निकटता के आधार पर नियोजन हेतु पंजीकरण कराने तथा जॉब कार्ड बांटने में भेदभाव इन राज्यों में बरता जा रहा है। प्रिया ने यह भी पाया कि 2006-07 में पंजीकृत मजदूरों में से मात्र 6 प्रतिशत को ही एक सौ दिन का काम मिला; सभी पारित योजनाओं में से मात्र 50 प्रतिशत का क्रियान्वयन पंचायतों को सौंपा गया; पंचायतों को दी गई जिम्मेदारी के अनुरूप उन्हें कार्य का अधिकार, निधि और कर्मचारी नहीं दिए गए।

(च) कई राज्यों में पंजीकरण कराने वालों की संख्या तथा जॉब कार्ड पाने वालों की संख्या में काफी अंतर है। उदाहरणार्थ, झारखंड के गढ़वा जिले में पंजीकृत परिवारों की संख्या 98,239 थी मगर जॉब कार्ड मात्र 30,131 परिवारों को ही जारी किए गए।

(छ) कई राज्यों में न्यूनतम मजदूरी से कम मजदूरी दी जा रही है। अभी तक अधिकतर जिलों में मजदूरी की दर की नई सूची नहीं बनी है जिससे मजदूरों के उचित मजदूरी पाने के मानवाधिकार का हनन हो रहा है।

(ज) यद्यपि कानून में कोई काम न उपलब्ध कराने पर बेरोजगारी भत्ता दिया जाना है, मगर छत्तीसगढ़ में ऐसा प्रावधान बरसात के मौसम के लिए लागू नहीं है।

(झ) यद्यपि इस योजना को लागू करने के लिए ग्राम रोजगार सेवक नियुक्त/प्रतिनियुक्त करने का कानूनी प्रावधान है, मगर कई राज्यों यथा मध्य प्रदेश, राजस्थान, हरियाणा, उत्तर प्रदेश आदि में ग्राम रोजगार सेवक की नियुक्ति/प्रतिनियुक्ति नहीं की गई है।

इस प्रकार स्पष्ट है कि इस योजना में जो प्रावधान किए गए हैं, उनका भी अनुपालन कार्यान्वयन के विभिन्न चरणों में नहीं हो रहा है। इसका सीधा अर्थ है कि रोजगार पाने

की गारंटी कानून में रहते हुए भी या तो बहुत सारे योग्य मजदूर इसकी परिधि से पूर्णतः बाहर हैं (जिन्हें जॉब कार्ड नहीं मिला और अंततः कोई काम नहीं मिला) अथवा इसकी परिधि के हाशिए पर हैं जिन्हें न्यूनतम मजदूरी, कार्यस्थल पर चिकित्सा, पालनाघर, छाया, विश्राम आदि की सुविधा, समय पर भुगतान जैसे जरूरी अधिकार नहीं प्राप्त हो सके हैं। इसके प्रमुख कारणों में शासन-प्रशासन की इच्छाशक्ति में कमी, लोगों में जागरूकता का अभाव, सरकारी तंत्र का पारदर्शी न होना, दबाव-समूह का न होना, योजना के कार्यान्वयन में आवश्यक व्यवस्था का अभाव, सरकारी कर्मियों में प्रतिबद्धता का अभाव, सतर्कता एवं अनुश्रवण का अभाव आदि शामिल हैं। इन कारणों को शीघ्र दूर करना आवश्यक है जिससे फलते-फूलते लोकतंत्र में आम लोग अपनी वास्तविक सहभागिता महसूस कर सकें कि वे याचक नहीं बल्कि हकदार हैं। वे अनुभव करें कि वे ही शासन की आदि शक्ति हैं, कार्यक्रम/योजनाएं/परियोजनाएं आदि जन केंद्रित हैं और समूचा समाज गरीबों-वंचितों को अधिकार दिलाने के लिए कटिबद्ध है। तभी महात्मा गांधी का यह सपना पूरा होगा जहां वह कहते हैं : "मैं ऐसे भारत के लिए कार्य करूंगा जहां अत्यंत गरीब व्यक्ति यह अनुभव करे कि यह उसका अपना देश है जिसके निर्माण में उसकी भी प्रभावी भूमिका हो। ऐसा भारत जहां न कोई बड़ा होगा, न कोई छोटा, ऐसा भारत जहां सभी समुदाय पूर्ण मैत्री भाव से रह सकें।"

भारत सरकार के आंकड़ों के अनुसार भारत में 26 करोड़ (19.6 करोड़ गांवों में तथा 6.7 करोड़ शहरों में) लोग गरीबी रेखा के नीचे रह रहे हैं जबकि गैर-सरकारी आंकड़ों के अनुसार यह संख्या 50 करोड़ के करीब है। अद्यतन सरकारी आंकड़ों के अनुसार (1999-2000 में) पंजाब (6.16 प्रतिशत), हरियाणा (8.74 प्रतिशत), तथा केरल (12.72 प्रतिशत) में गरीबों का प्रतिशत क्रमशः न्यूनतम है जबकि दूसरी ओर उड़ीसा में गरीबों का प्रतिशत सबसे अधिक है—47.15 प्रतिशत, बिहार (42.6 प्रतिशत) तथा असम (36 प्रतिशत) दूसरे व तीसरे स्थान पर है। यदि हम समुदायों/जातियों में गरीबी का प्रतिशत देखें तो सबसे खराब स्थिति आदिवासियों (43.8 प्रतिशत) की है, उसके बाद अनुसूचित जातियों (36.2 प्रतिशत) की है और उसके बाद अन्य पिछड़े वर्गों की (21 प्रतिशत) है। भारत की प्रथम 'सामाजिक विकास रिपोर्ट' (2006) के अनुसार प्रमुख सामाजिक संकेतकों (शिक्षा, जनसांख्यिकी, स्वास्थ्य, बेरोजगारी, गरीबी एवं सामाजिक वंचना) के आधार पर ग्रामीण क्षेत्रों में सबसे अच्छी स्थिति क्रमशः केरल, हिमाचल प्रदेश, पंजाब, जम्मू-कश्मीर और हरियाणा की है जबकि सबसे खराब स्थिति वाले राज्य बिहार, झारखंड, उत्तर प्रदेश, मध्य प्रदेश तथा उड़ीसा हैं। दूसरी ओर शहरी क्षेत्रों में बेहतर स्थिति वाले राज्य क्रमशः हिमाचल प्रदेश, पंजाब, केरल, कर्नाटक तथा असम हैं जबकि सबसे खराब स्थिति वाले राज्य बिहार, उत्तर प्रदेश, झारखंड, छत्तीसगढ़ तथा उड़ीसा हैं। इस प्रकार स्पष्ट है कि बिहार, झारखंड, उत्तर प्रदेश, छत्तीसगढ़, असम, मध्य प्रदेश, उड़ीसा

जैसे अविकसित राज्यों के ग्रामीण इलाकों से लाखों की संख्या में मजदूर वर्ग के लोग मुख्यतया पंजाब, हरियाणा, दिल्ली, गुजरात, महाराष्ट्र, प. बंगाल जैसे अपेक्षाकृत विकसित राज्यों में रोजगार पाने के लिए झुंड में पलायन करते हैं। यह अंतरराज्यीय मजदूरों का प्रवासन पिछले कई दशकों से चल रहा है और दुर्भाग्यवश उसकी गति, संख्या एवं दर बढ़ती ही जा रही है। इसलिए आवश्यक है कि इन राज्यों में आंतरिक रोजगार-सृजन कृषि, उद्योग तथा आधारभूत संरचनाओं के विकास के जरिए बड़े पैमाने पर किया जाए, जिससे लोगों को काम का अधिकार फलीभूत हो सके। यदि निकट भविष्य में ऐसा नहीं किया गया तो भूमंडलीकरण, निजीकरण और उदारीकरण के नारों के बावजूद बेरोजगारी सुरसा के मुंह की तरह बढ़ती ही जाएगी तथा बड़े पैमाने पर असंतोष विभिन्न क्षेत्रों में विभिन्न रूपों में फूटेगा जिसे दबाने में सशस्त्र पुलिस बल शायद सफल नहीं होगा। कहा गया है, ''खाली दिमाग शैतान का घर''।

ज्ञातव्य है कि महाराष्ट्र के मुंबई और पुणे में तथा कई पूर्वोत्तर राज्यों में बिहार और उत्तर प्रदेश से गए प्रवासी मजदूरों के साथ मार-पीट की कई घटनाएं लगातार घट रही हैं और नियोजन में 'बाहरी' तथा 'भीतरी' का सवाल उछाला जा रहा है जबकि भारतीय संविधान के अनुसार किसी भी भारतीय नागरिक को भारत के किसी कोने में रोजगार पाने या अपना व्यवसाय करने का अधिकार है।

6

भोजन का अधिकार

भारतीय संविधान में अलग से भोजन का अधिकार प्रत्यक्षतः शामिल नहीं है मगर सर्वोच्च न्यायालय ने विभिन्न निर्णयों (यथा 'मानेका गांधी *बनाम* भारत संघ', 1978) में स्पष्ट किया है कि संविधान की धारा 21 में जीने का अधिकार वर्णित है जिसके तहत भोजन का अधिकार, सम्मान, नियोजन आदि के अधिकार अंतर्निहित हैं। इसे संविधान में वर्णित राज्य के नीति निर्देशक तत्वों, विशेषकर धारा 39(ए) तथा 47 के साथ पढ़ना चाहिए जिनमें राज्य को ऐसी नीतियां बनाने को कहा गया है कि प्रत्येक 'नागरिक को समान रूप से जीविका के समुचित साधन' प्राप्त करने का अधिकार हो तथा राज्य अपने नागरिकों के 'पोषाहार तथा जीवन-स्तर को उठाने और जन-स्वास्थ्य में सुधार करने' का प्रयास करे—यह उसका प्राथमिक दायित्व होगा। इसी के आलोक में राष्ट्रीय मानवाधिकार आयोग की व्याख्या है कि भोजन का अधिकार भारतीयों का मौलिक अधिकार है तथा 17 जनवरी, 2003 को उसने स्पष्ट किया कि 'भूख से मुक्त होने का मौलिक अधिकार है'। ज्ञातव्य है कि 'मानवाधिकारों की सार्वभौमिक घोषणा' (1948) के अनुच्छेद-3 के अनुसार ''प्रत्येक व्यक्ति को जीवन, स्वतंत्रता और अपने शरीर की सुरक्षा का अधिकार है।'' इसके अलावा 'विकास के अधिकार संबंधी घोषणा' (1986) के अनुच्छेद-8 में यह स्पष्ट प्रावधान किया गया है कि विकास के अधिकार को साकार करने के लिए राज्य सुनिश्चित करेंगे कि 'बुनियादी संसाधनों, शिक्षा, स्वास्थ्य-सेवाओं, भोजन, आवास, रोजगार और आय के न्यायसंगत वितरण के मामले में सभी को अवसर सुलभ हों।' इस प्रकार स्पष्ट है कि अंतर्राष्ट्रीय घोषणाओं, जिन्हें भारत ने अनुमोदित किया है, तथा भारतीय संविधान (भाग 3 एवं 4) में भोजन के अधिकार को मानवाधिकार के रूप में शामिल किया गया है।

यहां यह विशेष रूप से उल्लेखनीय है कि पीयूसीएल (People's Union for Civil Liberties) ने अप्रैल 2001 में एक जनहित याचिका सर्वोच्च न्यायालय में दायर की। उस समय भारत के भंडार में अनाज भरा पड़ा था मगर सूखा-प्रभावित क्षेत्रों में भूख से मृत्यु की घटनाएं घट रही थीं। सो उसमें भारत सरकार, भारतीय खाद्य निगम, एवं सभी राज्य सरकारों को पार्टी बनाया गया। उसका कहना था कि चूंकि अस्तित्व के लिए भोजन

आवश्यक है, इसलिए भोजन का अधिकार संविधान की धारा 21 में अंतर्निहित है। मगर केंद्र और राज्य सरकारें उसका उल्लंघन कर रही हैं क्योंकि वे समुचित तरीके से सूखा-प्रभावित व्यक्तियों को भोजन नहीं दे रही हैं जबकि गोदामों में खाद्यान्न सड़ रहे हैं। इसके दो आयाम हैं—एक तो जन वितरण प्रणाली (राशन दुकान) ध्वस्त हो चुकी हैं और दूसरे सुखाड़ राहत कार्य नगण्य हैं। इसलिए इस याचिका में चार तरह की कार्रवाई करने का निवेदन किया गया :

(क) सूखा-प्रभावित गांवों में सभी लोगों को रोजगार कार्य उपलब्ध कराए जाएं।

(ख) काम करने में असमर्थ लोगों को राहत प्रदान की जाए।

(ग) जन-वितरण प्रणाली के तहत खाद्यान्न की हकदारी को बढ़ाया जाए।

(घ) सभी परिवारों को अनुदानित खाद्यान्न दिया जाए तथा इन सभी कार्यक्रमों के लिए केंद्र सरकार मुफ्त में खाद्यान्न उपलब्ध कराए।

बाद में इस याचिका के विषय क्षेत्र को विस्तारित किया गया तथा इसमें भोजन के अधिकार के अलावा खाद्य-संबंधी योजनाओं का कार्यान्वयन, शहरी वंचना, काम का अधिकार, भूख से मौत तथा पारदर्शिता एवं दायित्व जैसे मुद्दे भी शामिल कर लिए गए। यहां उल्लेखनीय है कि इस याचिका में दोनों पक्षों की ओर से करीब चार सौ शपथ-पत्र (हलफनामा) दायर किए गए और 44 अंतरिम आदेश पारित किए गए (जो याचिका के अंतिम निष्पादन तक लागू होते हैं)। ये आदेश केंद्र और राज्य सरकारों द्वारा कमोबेश अनुपालित किए गए। राज्य सरकारों के मुख्य सचिव तथा केंद्र सरकार के संबंधित विभागों के सचिव इनके अनुपालन के लिए जिम्मेदार बनाए गए हैं। इसके अलावा ग्राम सभा को सभी खाद्य संबंधी योजनाओं का सामाजिक अंकेक्षण करना है, जिले में जिला पदाधिकारी/मुख्य कार्यपालक पदाधिकारी को इनका अनुपालन करना है। डॉ. एन.सी. सक्सेना तथा श्री एस.आर. शंकरन जैसे प्रतिनियुक्त आयुक्तों को कोर्ट के आदेशों के अनुपालन हेतु विस्तृत शक्तियां दी गईं तथा सभी अधिकारियों को निदेश दिया गया कि वे प्रतिनियुक्त आयुक्तों को पूरा सहयोग दें। सर्वोच्च न्यायालय ने 29 अक्तूबर, 2002 को स्पष्ट किया कि राज्य सरकारें कुपोषण या भूख से मौत रोकने के लिए जिम्मेदार हैं, "भूख से मौतें या कुपोषण से मौतें रोकने की जिम्मेदारी प्रत्येक राज्य/संघ शासित क्षेत्र की है। यदि आयुक्त प्रतिवेदित करते हैं और यह विश्वास करने को कोर्ट संतुष्ट हो जाता है कि भूख से मौत हुई है, तो कोर्ट यह मानना उचित समझेगा कि उसके आदेशों का कार्यान्वयन नहीं किया गया है और मुख्य सचिवों को इसके लिए जिम्मेदार माना जाएगा।"

इन दोनों आयुक्तों की प्रतिनियुक्ति से केंद्र सरकार और राज्य सरकारों ने कोर्ट के आदेशों को लागू करने में गंभीरता दिखाई। मगर दूसरी तरफ यह भी सच है कि इन आयुक्तों के पास अनुपालन कराने तथा सरकार को जिम्मेदार ठहराने के लिए पर्याप्त साधन नहीं रहे। यहां तक कि कुछ राज्य सरकारों ने आयुक्तों के पत्रों का जवाब समय

पर नहीं दिया। हालांकि सर्वोच्च न्यायालय ने यह भी आदेश दिया था कि केंद्र सरकार द्वारा पर्याप्त निधि इन आयुक्तों को उपलब्ध करा दी जाएगी जिससे वे अपने अनुश्रवण आदि कार्य समुचित तरीके से करें। इन आयुक्तों ने विभिन्न राज्यों में अपने-अपने परामर्शी नियुक्त किए हैं जो राज्य सरकार, आयुक्त तथा विभिन्न नागरिक संगठनों के बीच पुल का काम करते हैं। उदाहरण के तौर पर, आंध्र प्रदेश में एम. कोदंदाराम, असम में सुनील कौल, हिमाचल प्रदेश में डॉ. सी.पी. सुजया, गुजरात में प्रसाद चाको, झारखंड में प्रो. रमेश शरण, कर्नाटक में हीरामठ, मध्य प्रदेश में डॉ. मिहिर शाह, महाराष्ट्र में डॉ. अभय शुक्ल और रोजस एंथनी जोसेफ, दिल्ली में डॉ. वंदना प्रसाद, उड़ीसा में विकास दास, राजस्थान में प्रदीप भार्गव, तमिलनाडु में डॉ. वी. सुरेश, उत्तर प्रदेश में डॉ. अरुंधती धुरु तथा आई.सी. चतुर्वेदी, प. बंगाल में सुश्री अनुराधा तलवार तथा राष्ट्रीय स्तर पर एन. सुंदर राजन को परामर्शी नियुक्त किया गया।

सर्वोच्च न्यायालय के प्रथम अंतरिम आदेश (28 नवंबर, 2001) में 8 योजनाओं पर ध्यान दिया गया :

(क) जन वितरण प्रणाली

(ख) अंत्योदय अन्न योजना

(ग) राष्ट्रीय प्राथमिक शिक्षा हेतु पोषाहार सहायता कार्यक्रम (National Programme for Nutritional Support to Primary Education)– दोपहर का भोजन योजना।

(घ) समेकित बाल विकास योजना।

(ङ) अन्नपूर्णा योजना।

(च) राष्ट्रीय मातृत्व लाभ योजना।

(छ) राष्ट्रीय परिवार लाभ योजना।

(ज) राष्ट्रीय वृद्धावस्था पेंशन योजना

सर्वोच्च न्यायालय ने अपने अंतरिम आदेश में इन आठों योजनाओं के लाभों को अनिवार्यतः वैधानिक हकदारी में परिवर्तित कर दिया। उदाहरण के तौर पर, यदि किसी गरीब महिला के पास अंत्योदय कार्ड है मगर उसे उसका पूरा कोटा (35 किलो प्रतिमाह) सरकारी दर (3 रु. किलो चावल या दो रु. किलो गेहूं) पर नहीं मिल रहा हो तो वह अपने उस अधिकार के लिए कोर्ट में दावा कर सकती है। इसके अलावा दोपहर के भोजन के लिए सर्वोच्च न्यायालय ने सूखा राशन एक माह के लिए देने के बजाय पकाया हुआ भोजन रोजाना दोपहर को देने के लिए आदेश दिया। कोर्ट का मानना था कि सरकार को उस दायित्व के लिए वास्तव में जिम्मेदार माना जाए जिसको करने का वह दावा करती है। यहां यह भी उल्लेखनीय है कि कोर्ट ने कुछ सामान्य निर्देश भी जारी किए जो अन्य योजनाओं पर भी लागू होते हैं जो इस प्रकार हैं :

(क) मुख्य सचिव इन आदेशों के अनुपालन में किसी कमी के लिए दोषी होंगे;

(ख) ग्राम सभा सामाजिक अंकेक्षण करेगी तथा किसी भी निधि के दुरुपयोग की जानकारी संबंधित कार्यान्वयन प्राधिकारी को देगी जो इसकी जांचकर उचित कार्रवाई करेगा;

(ग) ग्राम सभा को विभिन्न योजनाओं के कार्यान्वयन की शक्ति प्राप्त है तथा लाभान्वितों के चयन और लाभ देने की सूचनाएं उसे मिलेंगी;

(घ) मुख्य सचिव कोर्ट के आदेश को सभी ग्राम पंचायतों, विद्यालय भवनों और जन वितरण प्रणाली की दुकानों पर होर्डिंग में प्रदर्शित कराएंगे। इसके अलावा केंद्र सरकार आकाशवाणी तथा दूरदर्शन से इसका प्रचार-प्रसार करेगी;

(ङ) इस आदेश से आच्छादित कोई भी योजना सर्वोच्च न्यायालय के आदेश के बिना बंद नहीं की जाएगी।

(च) राज्य सरकारें विभिन्न योजनाओं में आवंटित खाद्यान्न का पूरा कोटा उठाएंगी तथा संबंधित योजनाओं में नियमानुसार बांटेंगी।

जहां तक जन-वितरण प्रणाली का सवाल है, 1997 से दो श्रेणियां की गई—'गरीबी रेखा के नीचे' (बिलो द पावर्टी लाइन) तथा 'गरीबी रेखा के ऊपर; (एबव द पावर्टी लाइन) यद्यपि दोनों श्रेणियों के परिवारों को प्रतिमाह 35 किलो अनाज मिलना है मगर गरीबी रेखा के नीचे रहने वालों को अनुदानित दर पर यह मिलता है जबकि दूसरी श्रेणी को बिना अनुदान के। 2001 में अंत्योदय कार्ड वितरित किए गए—गरीबी रेखा के नीचे रहने वालों में से बदतर स्थिति वालों को। मगर सर्वोच्च न्यायालय ने आदेश दिया कि अंत्योदय कार्यक्रम सिर्फ गरीबी रेखा के नीचे रहने वालों के लिए ही सीमित नहीं होना चाहिए। 28 नवंबर, 2001 को सर्वोच्च न्यायालय ने राज्य सरकारों को निर्देश दिया कि गरीबी रेखा के नीचे रहने वालों की पहचान, राशन कार्ड निर्गत करना, तथा प्रतिमाह प्रति परिवार 25 किलो खाद्यान्न वितरित करने का काम पहली जनवरी, 2002 तक पूरा कर लिया जाना चाहिए। बाद में 25 कि.ग्रा. को बढ़ाकर 35 किलोग्राम कर दिया गया। 23 जुलाई, 2001 को सर्वोच्च न्यायालय ने राज्य सरकारों को निर्देश दिया : "हम राज्यों को निर्देश देते हैं कि सभी जन-वितरण प्रणाली की दुकानें, यदि बंद हों, पुनः खोली जाएं और आज से एक सप्ताह के भीतर कार्यरत हो जाएं तथा नियमित रूप से आपूर्ति करें।" इसके अलावा 2 मई, 2003 को सर्वोच्च न्यायालय ने आदेश दिया कि जन-वितरण प्रणाली की दुकानों के लाइसेंस बिना किसी सहानुभूति के रद्द कर दिए जाएं, यदि :

(क) दुकानदार निर्धारित अवधि तक पूरे माह में अपनी दुकान नहीं खोलते;

(ख) वे गरीबी रेखा के नीचे रहने वाले परिवारों को निर्धारित दर पर खाद्यान्न आपूर्ति करने में विफल होते हैं;

(ग) वे गरीबी रेखा के नीचे रहने वाले परिवारों का कार्ड अपने पास रखते हैं;
(घ) वे गरीबी रेखा के नीचे रहने वालों के कार्ड में गलत प्रविष्टि करते हैं;
(ङ) वे चोर बाजारी करते हैं–खाद्यान्न को बाजार में बेच देते हैं।

सर्वोच्च न्यायालय ने यह भी स्पष्ट किया कि यदि गरीबी रेखा के नीचे रहने वाले परिवार कुछ किश्तों में खाद्यान्न लेना चाहते हों, तो उन्हें यह सुविधा दी जानी है। इसके अलावा गरीबों को उनकी हकदारी की जानकारी के लिए प्रचार-प्रसार किया जाना चाहिए। केंद्र/राज्य सरकारें गरीबी रेखा के नीचे रहने वाले परिवारों को पहचान के लिए स्पष्ट दिशा-निर्देश तैयार करें। इसके अलावा जब तक कोर्ट इस मामले पर अंतिम निर्णय न दे दे, तब तक किसी को गरीबी रेखा के नीचे रहने वाली सूची से नहीं हटाया जाए।

सन् 2000 में शुरू की गई अंत्योदय योजना भारत के एक करोड़ निर्धनतम परिवारों के लिए लागू थी जिसे बाद में 2 करोड़ परिवारों के लिए विस्तारित कर दिया गया। चूंकि अंत्योदय अन्न योजना जन-वितरण प्रणाली का अंग है, इसलिए इस पर भी कोर्ट का उक्त आदेश लागू है। सर्वोच्च न्यायालय ने राज्य सरकारों को सुझाव (निर्देश नहीं) दिया कि कुछ निर्धनतम परिवार अत्यधिक अनुदानित दर (2 रु. किलो गेहूं और 3 रु. किलो चावल अंत्योदय योजना के तहत) पर भी खाद्यान्न खरीदने में समर्थ नहीं होते, उन्हें मुफ्त में खाद्यान्न देने पर विचार किया जाए। सर्वोच्च न्यायालय ने स्पष्ट निर्देश दिया (2 मई, 2003) कि निम्नलिखित छह श्रेणियों को अंत्योदय योजना के तहत लाभ दिए जाएं :

(क) वृद्ध, अशक्त, विकलांग, टुअर, गर्भवती एवं दूध पिलाने वाली महिलाएं;
(ख) विधवाएं तथा बिना नियमित साधन वाली एकल महिलाएं;
(ग) वृद्ध लोग (60 वर्ष या अधिक) जिनके पास नियमित सहायता और जीविका के सुनिश्चित साधन नहीं हों;
(घ) एक विकलांग वयस्क वाला परिवार जिसके पास जीविका का सुनिश्चित साधन न हो;
(ङ) ऐसा परिवार जिसमें वृद्धावस्था, शारीरिक या मानसिक सक्षमता का अभाव, सामाजिक प्रथाओं, किसी विकलांग की देखभाल करने की जरूरत आदि के कारण घर के बाहर किसी वयस्क द्वारा लाभप्रद नियोजन प्राप्त करना संभव नहीं हो;
(च) आदिम जनजातियां।

सर्वोच्च न्यायालय ने यह स्पष्ट किया कि अंत्योदय के तहत शामिल होने के लिए गरीबी रेखा के नीचे वाला कार्ड (बी.पी.एल. काड) होना जरूरी नहीं है। अप्रैल 2004 में सर्वोच्च न्यायालय ने यह भी स्पष्ट किया कि केंद्र सरकार राज्य सरकारों को निर्देश दे कि वे अंत्योदय कार्ड का वितरण कार्य, विशेषकर आदिम जनजातियों को, शीघ्रता से करें। बाद में (अक्तूबर 2004) राज्य सरकारों को कोर्ट ने निर्देश दिया कि दिसंबर,

2004 तक अंत्योदय योजना के परिवारों की पहचान करने तथा उन्हें कार्ड देने का काम पूरा कर लिया जाए और उसके तुरंत बाद से उन्हें खाद्यान्न बांटना सुनिश्चित किया जाए। कार्डधारियों को निर्धारित दाम के अलावा कुछ भी राशि प्रत्यक्ष या परोक्ष रूप से भुगतान न करना पड़े, यह सुनिश्चित किया जाए। मगर वास्तविकता यह है कि कई राज्यों ने अभी तक उपरोक्त छह श्रेणियों के सभी योग्य व्यक्तियों को अंत्योदय कार्ड नहीं दिया है और न देय खाद्यान्न। इसके फलस्वरूप इन गरीबों को भोजन का अधिकार व्यवहार में नहीं मिल सका है।

इसके बाद दोपहर के भोजन का सवाल आता है। सर्वोच्च न्यायालय ने 28 नवंबर, 2001 को ही यह निर्देश सभी राज्य सरकारों को दिया कि प्राथमिक विद्यालयों (कक्षा 5 तक) के बच्चों को दोपहर को पकाया हुआ भोजन दिया जाए। इस प्रकार सभी सरकारी एवं सरकार से सहायता प्राप्त प्राथमिक विद्यालयों में पढ़ने वाले सभी बच्चे दोपहर को पकाए हुए तथा संपोषित भोजन पाने के हकदार हैं। यह कहने में जरा भी हिचक नहीं कि कई गरीब परिवारों के बच्चे दोनों वक्त पर्याप्त भोजन नहीं पाते। इसलिए वे भूखे पेट रहकर पढ़ाई में ध्यान नहीं दे सकते और शीघ्र ही उससे ऊबकर पढ़ाई छोड़ देते हैं। दोपहर को भोजन मिलने से बच्चों को दो अधिकारों की प्राप्ति एक साथ हो जाती है—भोजन का अधिकार तथा शिक्षा का अधिकार और दोनों एक दूसरे के पूरक हैं। तीसरा लाभ यह होता है कि विद्यालय में एक साथ भोजन करने पर वर्णभेद, जातिभेद, धर्मभेद, समुदाय भेद जैसी कुरीतियां स्वतः समाप्त हो जाती हैं। चौथे, ऐसा करने से बालक-बालिका में जो लैंगिक भेद नामांकन में प्रायः होता है, वह भी दूर हो जाता है। पांचवें, यह गरीब परिवारों के लिए आर्थिक सहाय्रा-पूरक के रूप में—सिद्ध होता है। अंत में, ऐसा होने से कामकाजी महिलाओं को एक लाभ यह होता है कि उन्हें दोपहर को इन बच्चों के लिए भोजन नहीं बनाना पड़ता जिससे उन्हें आराम मिल जाता है। सर्वोच्च न्यायालय ने अपने 28 नवंबर, 2001 के आदेश में यह भी आदेश दिया था कि प्रत्येक बच्चे को दोपहर के भोजन में विद्यालय में कम-से-कम 300 कैलोरी तथा 8-12 ग्राम प्रोटीन साल में न्यूनतम 200 दिनों तक दिए जाएं। निश्चित रूप से इसका असर कुपोषण पर पड़ रहा है। अप्रैल 2004 को सर्वोच्च न्यायालय ने पुनः राज्य सरकारों को निर्देश दिया कि दोपहर के भोजन की गुणवत्ता सुधारी जाए तथा किसी भी अभिभावक या विद्यार्थी से भोजन के लिए कोई राशि कदापि न ली जाए। सर्वोच्च न्यायालय ने सामाजिक परिवर्तन को ध्यान में रखते हुए यह भी निर्देश दिया : "रसोइयों तथा सहायकों की नियुक्ति में दलितों, अनुसूचित जातियों/जनजातियों को प्राथमिकता दी जाएगी।" मगर जब गर्मी की छुट्टी होती है तो ये बच्चे दोपहर का भोजन कैसे पाएंगे? इस सवाल पर सर्वोच्च न्यायालय ने स्पष्ट निर्देश दिया—"सूखा प्रभावित क्षेत्रों में गर्मी की छुट्टियों में भी दोपहर का भोजन दिया जाएगा।" उसने केंद्र सरकार को यह भी निर्देश दिया कि अस्थायी रसोईघर बनाने और भोजन बनाने

का खर्चा केंद्र सरकार वहन करे। सर्वोच्च न्यायालय ने जोर दिया कि बेहतर आधारभूत संरचना बनाने, बेहतर स्वच्छ जलापूर्ति की व्यवस्था करने, गहन अनुश्रवण करने, भोजन की गुणवत्ता (पोषाहार की मात्रा सहित) सुनिश्चित करने के हरसंभव प्रयास किए जाएं। भारतीय खाद्य निगम को भी निर्देश दिया गया कि औसत गुणवत्ता का खाद्यान्न उपलब्ध कराए। इसकी गुणवत्ता की जांच भारतीय खाद्य निगम तथा राज्य सरकार के अधिकारियों की संयुक्त टीम द्वारा की जाए। विभिन्न स्रोतों से मिले फीडबैक के आधार पर सर्वोच्च न्यायालय ने 17 अक्तूबर, 2004 को आदेश दिया कि केंद्र सरकार खाना बनाने के खर्च के लिए प्रति छात्र प्रतिदिन एक रुपये का आवंटन दे। उसने इसमें अंतिम जिम्मेदारी केंद्र सरकार की ही बताई। एक अनुमान के अनुसार भारत में रोजाना दस करोड़ बच्चों को दोपहर का भोजन मिल रहा है। मगर यह भी जानकारी मिली है कि भोजन की गुणवत्ता कई राज्यों में खराब रहती है, स्वास्थ्य-स्वच्छता पर ध्यान नहीं दिया जाता और कई जगहों पर सामाजिक भेदभाव तथा उससे उत्पन्न सामाजिक समस्याएं सामने आई हैं।

इसके बाद समेकित बाल विकास परियोजना का सवाल आता है जहां 6 वर्ष तक की उम्र के बच्चों की देखभाल की जाती है। वहां बच्चों के स्वास्थ्य, पूरक पोषाहार तथा विद्यालय-पूर्व शिक्षा पर ध्यान दिया जाना है। ये आंगनबाड़ी केंद्र भारत में 7 लाख हैं जिनमें करीब 4 करोड़ बच्चे जाते हैं। मगर यह संख्या 0-6 वर्ष की उम्र के सभी बच्चों की संख्या का बहुत छोटा हिस्सा है। इसका अर्थ यह है कि अभी करोड़ों बच्चे आंगनबाड़ी जैसी उपयोगी संस्था के लाभ से वंचित हैं। इसलिए सर्वोच्च न्यायालय ने 28 नवंबर, 2001 को इसकी सर्वव्यापकता तथा गुणवत्ता पर जोर दिया :

(क) प्रत्येक आंगनबाड़ी केंद्र में प्रत्येक 0 से 6 वर्ष के बच्चे को 300 केलोरी तथा 8-10 ग्राम प्रोटीन प्रतिदिन मिले;

(ख) प्रत्येक किशोरी को 500 केलोरी तथा 20-25 ग्राम प्रोटीन प्रतिदिन मिले;

(ग) प्रत्येक गर्भवती तथा दूध पिलाने वाली महिला को 500 केलोरी तथा 20-25 ग्राम प्रोटीन प्रतिदिन मिले;

(घ) प्रत्येक कुपोषित बच्चे को 600 केलोरी तथा 16-20 ग्राम प्रोटीन प्रतिदिन मिले;

(ङ) समेकित बाल विकास परियोजना का प्रत्येक बसावट या टोले (settlement) में एक वितरण केंद्र हो।

मगर इन निर्देशों का पालन अधिकतर राज्यों में नहीं किया गया। अतः 7 अक्तूबर, 2004 को सर्वोच्च न्यायालय ने कई निर्देश केंद्र/राज्य सरकारों को दिए जिनमें से प्रमुख निम्नलिखित हैं :

1. भारत सरकार आंगनबाड़ी की संख्या 6 लाख से बढ़ाकर 14 लाख करे।
2. प्रति बच्चा प्रतिदिन एक रुपये के हिसाब से पूरक पोषाहार के लिए केंद्र सरकार आबंटित करे। इसी प्रकार राज्य सरकार इसी दर से निधि दे जिससे प्रत्येक केंद्र

के 100 लाभुक बच्चों को साल में न्यूनतम 200 दिनों तक पोषाहार मिले।

3. सभी स्वीकृत आंगनबाड़ी केंद्रों को तत्काल प्रभाव से पूर्णतः कार्यरत बनाया जाए।
4. जितनी जल्दी हो सके, सभी अनुसूचित जाति/जनजाति के टोलों में आंगनबाड़ी केंद्र हो। जब तक इन टोलों को आच्छादित नहीं किया जाता, नए केंद्र उन गांवों में खोले जाएं जहां अनुसूचित जाति/जनजाति की संख्या अधिक हो।
5. सभी राज्यों/संघ शासित क्षेत्रों के द्वारा प्रयास किया जाएगा कि झुग्गी-झोपड़ियों को आंगनबाड़ी से आच्छादित करें।
6. गरीबी रेखा के नीचे रहने वालों तक ही आंगनबाड़ी सीमित नहीं हो।
7. आंगनबाड़ी के पोषाहार की ढुलाई के लिए ठेकेदारों की सेवा नहीं ली जाएगी। खाद्यान्न की खरीद, भोजन तैयार करने आदि के लिए ग्राम समुदाय, स्व-सहायता समूह, महिला मंडल आदि की सेवा ली जाएगी।
8. केंद्र सरकार द्वारा समेकित बाल विकास परियोजना के लिए प्रधानमंत्री ग्रामोदय योजना के तहत दी गई निधि का पूरा उपयोग राज्य सरकारें करें। मगर यह निधि राज्य सरकारों द्वारा उपलब्ध कराई गई निधि की पूरक होगी, न कि विकल्प।
9. केंद्र सरकार तथा राज्य सरकारें/संघ शासित क्षेत्र यह सुनिश्चित करेंगे कि सभी प्रावधानित राशि का आवंटन समय पर हो जिससे बच्चों के भोजन में कोई बाधा न पहुंचे।
10. सभी राज्य सरकारें तथा संघ शासित क्षेत्र अपनी वेबसाइट पर आंगनबाड़ी केंद्रों के स्थल, श्रेणीवार लाभुकों की संख्या, आबंटित निधि, खर्च की गई निधि आदि प्रदर्शित करेंगे।
11. स्थानीय महिलाओं के स्व-सहायता समूहों, महिला मंडलों आदि को आंगनबाड़ी केंद्रों में पूरक पोषाहार की आपूर्ति करने हेतु प्रोत्साहित किया जाए। वे खरीद कर सकती हैं, भोजन की स्थानीय स्तर पर आपूर्ति कर सकती हैं तथा वितरण कार्य का पर्यवेक्षण कर सकती हैं।

मई 2004 में एकीकृत प्रगतिशील गठबंधन की सरकार के न्यूनतम साझा कार्यक्रम में समेकित बाल विकास परियोजना के सर्वव्यापीकरण का एजेंडा शामिल किया गया था। वर्ष 2005-06 के बजट में केंद्र सरकार द्वारा समेकित बाल विकास परियोजना पर उद्व्यय दुगुना कर दिया गया—1500 करोड़ रुपये से 3000 करोड़ रुपये। मगर जमीनी सचाई यह है कि बाल विकास परियोजना में गुणात्मक परिवर्तन नहीं हुआ, प्रायः समय पर और रोजाना आंगनबाड़ी केंद्र नहीं खुलते, पोषाहार नियमित, पूरी मात्रा में एवं गुणवत्ता वाला नहीं मिलता। यह भी देखने को मिला है कि कई जगह आंगनबाड़ी सेविका/सहायिका का गलत चयन होने के कारण शारीरिक रूप से हाजिर होने के बावजूद उनमें बच्चों के प्रति भावनात्मक लगाव नहीं होता।

इसके बाद राष्ट्रीय वृद्धावस्था पेंशन योजना का सवाल आता है जो 1995 में वरीय नागरिकों के लिए लागू की गई थी। इसमें केंद्र सरकार 75 रु. प्रति व्यक्ति प्रतिमाह के हिसाब से आवंटन देती थी जिसे केंद्र सरकार ने जुलाई 2006 में बढ़ाकर 200 रु. प्रति व्यक्ति प्रतिमाह कर दिया। बिहार और राजस्थान में यह राशि उसके पहले से 200 रु. प्रतिमाह कर दी गई । विभिन्न राज्यों में इसकी अर्हता की शर्तें अलग-अलग हैं। सर्वोच्च न्यायालय ने 28 नवंबर, 2001 को निम्नलिखित आदेश दिए :

(क) राज्य सरकारें इसके लाभुकों की पहचान तथा समय पर नियमित रूप से पेंशन वितरण सुनिश्चित करेगी।

(ख) प्रत्येक महीने की 7 तारीख तक पेंशन का भुगतान हो जाएगा।

(ग) सर्वोच्च न्यायालय की अनुमति के बिना इस योजना को न तो बंद किया जाएगा और न सीमित किया जाएगा।

(घ) केंद्र सरकार द्वारा दी गई 'अतिरिक्त केंद्रीय सहायता' (Additional Central Assistance) को राज्य सरकारें दूसरे मद में खर्च नहीं करेंगी।

इसके बाद राष्ट्रीय पारिवारिक लाभ योजना का सवाल आता है जिसके तहत गरीबी रेखा के नीचे रहने वाले परिवारों को मुख्य कमाऊ कर्त्ता के मर जाने पर दस हजार रु. एकमुश्त मिलता है यदि उसकी आयु 18 से 65 वर्ष के बीच हो। इसमें सर्वोच्च न्यायालय ने निर्देश दिया कि उसका कार्यान्वयन तेजी से हो तथा मुख्य कमाऊ कर्त्ता के मरने के चार हफ्ते के भीतर ग्राम पंचायत के मुखिया/सरपंच/प्रधान के माध्यम से 10,000 रु. का भुगतान उक्त परिवार को हो। दूसरे, सर्वोच्च न्यायालय की अनुमति के बिना यह योजना बंद या सीमित नहीं की जाएगी। इस योजना का कोई लाभ केंद्र सरकार या राज्य सरकार द्वारा वापस नहीं लिया जाए।

इसके बाद अन्नपूर्णा योजना का सवाल आता है। इसे 1 अप्रैल, 2000 से शुरू किया गया था। इसमें वरीय नागरिकों को लाभुक के रूप में रखा गया जो वृद्धावस्था पेंशन पाने के योग्य हों मगर उन्हें पेशन नहीं मिल रही हो। लाभुक को प्रतिमाह 10 किलो खाद्यान्न मुफ्त में मिलता है और इसका वितरण जन-वितरण प्रणाली की दुकान से विशेष कार्ड पर होता है। एक तरह से वृद्धों को आपातकालिक खाद्य सुरक्षा दी जाती है जो वृद्धावस्था पेंशन की स्वीकृति की प्रतीक्षा करते हैं। 2002-03 में उसे राज्यों को स्थानांतरित कर दिया गया। सर्वोच्च न्यायालय ने 28 नवंबर, 2001 को यह निर्देश सभी राज्यों/संघ शासित क्षेत्रों को दिया कि अन्नपूर्णा योजना का त्वरित कार्यान्वयन हो—पहचान और खाद्यान्न वितरण 1 जनवरी, 2002 तक सुनिश्चित करने का निर्देश दिया गया। यह भी निर्देश था कि न्यायालय की अनुमति के बिना इसे बंद या सीमित नहीं किया जाए। मगर सचाई यह है कि इसका लाभ बहुत कम लोगों को मिल रहा है। कुछ राज्यों ने सर्वोच्च न्यायालय के निर्देशों की परवाह न करते हुए इसे बंद कर दिया है।

बेहतर होगा कि इस योजना में योग्य सभी लोगों को वृद्धावस्था पेंशन दी जाए।

इसके पश्चात राष्ट्रीय मातृत्व लाभ योजना का सवाल आता है। इसे 1995 में लागू किया गया जिसके तहत गरीबी रेखा के नीचे रहने वाले परिवारों की गर्भवती महिलाओं को पहले दो जीवित जन्मों के लिए 500/—रु. प्रत्येक की दर से एकमुश्त सहायता दी जाती है। यह भुगतान प्रसव के 8 से 12 सप्ताह पूर्व किया जाना है। मगर वस्तुस्थिति यह है कि जटिल प्रक्रिया के कारण अधिकतर मामलों में भुगतान में काफी विलंब किया जाता है जिसके कारण प्रसव के बाद भुगतान होने से गर्भावस्था के दौरान की जाने वाली विशेष देखभाल/पोषाहार से वंचित होना पड़ता है जिसका कुप्रभाव मां और शिशु दोनों पर पड़ता है। वर्ष 2003-04 में पूरे भारत वर्ष में मात्र 4.3 लाख गर्भवती महिलाओं को इसका लाभ मिला जबकि उस वर्ष के कुल जन्मों की संख्या का यह मात्र 2 प्रतिशत था। सर्वोच्च न्यायालय ने 28 नवंबर, 2001 को निर्देश दिया कि इस योजना का त्वरित कार्यान्वयन हो और इसको बिना न्यायालय की अनुमति के बंद या सीमित नहीं किया जाए। 9 मई, 2005 को भारत सरकार के उस प्रस्ताव को सर्वोच्च न्यायालय ने मानने से इंकार कर दिया जिसमें राष्ट्रीय मातृत्व लाभ योजना के विकल्प 'जननी सुरक्षा योजना' का प्रस्ताव था। यह स्पष्ट नहीं था कि नई योजना में पुरानी योजना की सारी विशेषताएं शामिल रहेंगी या नहीं। न्यायालय ने विस्तृत सूचना मांगी तथा प्रतिनियुक्त आयुक्तों को इसकी छानबीन करने को कहा। सचाई यह है कि जटिल प्रक्रिया के कारण इसका लाभ बहुत कम महिलाओं को मिल रहा है। ऐसी जानकारी मिली है कि जननी सुरक्षा योजना में मातृत्व लाभ देने के बजाय संस्थाओं (अस्पताल/नर्सिंग होम) के माध्यम से सुरक्षित प्रसव/मातृत्व की सुविधा देना है।

माननीय सर्वोच्च न्यायालय के उपरोक्त आदेशों के आलोक में ग्राम समुदाय के द्वारा निम्नलिखित कार्रवाइयां की जा सकती हैं :

(क) ग्राम शिक्षा समिति या अभिभावक-शिक्षक संघ के द्वारा दोपहर के भोजन की योजना का पर्यवेक्षण स्थानीय विद्यालयों में किया जा सकता है। इससे योजना की गुणवत्ता में सुधार होगा।

(ख) ग्राम सभा के द्वारा खाद्यान्न संबंधी योजनाओं का सामाजिक अंकेक्षण करने से निधि बचेगी तथा काम की गुणवत्ता बेहतर होगी।

(ग) जन-वितरण प्रणाली की दुकानों का पर्यवेक्षण ग्राम निगरानी समिति कर सकती है जिससे समय पर पूरा एवं सही राशन वितरित होगा।

(घ) स्थानीय महिला मंडल या महिलाओं के स्व-सहायता समूहों की ओर से पर्यवेक्षण किए जाने पर आंगनबाड़ी केंद्र नियमित हो सकते हैं और वहां सही मात्रा में बेहतर भोजन/पोषाहार का वितरण सुनिश्चित हो सकेगा।

(ङ) स्थानीय युवाओं के द्वारा इन आदेशें का प्रचार-प्रसार करके जन-जागृति पैदा

की जा सकती है, विशेषकर ग्रामीणों, शिक्षकों, आंगनबाड़ी सेविकाओं/सहायिकाओं, पंचायत सदस्यों, कर्मचारियों तथा अन्य जन प्रतिनिधियों के बीच।

जैसा कि राजस्थान में मजदूर किसान शक्ति संगठन (अरुणा रॉय) ने 'जन सुनवाई' के जरिए सरकारी योजनाओं में भ्रष्टाचार का पर्दाफाश किया है, अथवा दिल्ली में 'परिवर्तन' नामक संस्था (अरविंद केजरीवाल) ने जन वितरण प्रणाली की खामियों को मीडिया के माध्यम से उजागर किया है। इसी प्रकार खाद्यान्न से संबंधित विभिन्न योजनाओं तथा गर्भवती माताओं/वृद्धों/अनाथों के लिए सामाजिक सुरक्षा योजनाओं की खामियों को उजागर करके उनके लिए दोषी व्यक्तियों को दंडित कराया जा सकता है और दूसरी ओर पारदर्शिता के कारण उनकी गुणवत्ता में सुधार लाया जा सकता है।

अब भारत देश में भोजन, कुपोषण और भूख की समस्या पर थोड़ा अलग से प्रकाश डालना बेहतर होगा। यह अत्यंत दुखद है कि भारत में प्रतिवर्ष 25 लाख बच्चे मौत के मुंह में चले जाते हैं अर्थात पूरे विश्व में होने वाली बाल-मृत्यु में पांचवां हिस्सा भारत का है। सेंटर फॉर चाइल्ड राइट्स के द्वारा प्रकाशित 'स्टेटस ऑफ चिल्ड्रेन इन इंडिया इंक' के अनुसार प्रत्येक सौ में से 87 बच्चों की जन्म के 5 वर्षों के दौरान मृत्यु की संभावना होती है। सन् 2000 में प्रत्येक 1000 जीवित जन्मों में से भारत में 44 की मौत एक वर्ष में हो गई जो पहले से बेहतर है (1995 में 48) मगर इसमें बहुत कम कमी हो रही है। दूसरी महत्वपूर्ण बात यह है कि विश्व के प्रत्येक 3 कुपोषित बच्चों में से एक भारत में रहता है। इस कुपोषण के कारण अपर्याप्त अथवा अनुचित भोजन लेना, गैसट्रोइन्टेस्टाइन परजीवी का होना (स्वच्छ जल के अभाव में), जानकारी का अभाव आदि हैं।

यह सर्वविदित है कि भारत में कम-से-कम 26 प्रतिशत (लगभग 26 करोड़) लोग गरीबी रेखा के नीचे रहते हैं जिन्हें दोनों जून का भोजन नहीं मिलता। कई राज्यों (यथा बिहार में 42 प्रतिशत) में गरीबी का प्रतिशत इससे काफी अधिक है। वैसे राष्ट्रीय नमूना सर्वेक्षण संगठन (भारत सरकार) की ताजा रिपोर्ट के अनुसार 1993-94 और 2004-05 के बीच गरीब लोगों की कुल संख्या में 2.3 करोड़ की कमी आई है किंतु कुछ अर्थशास्त्री इससे सहमत नहीं हैं। बिहार, उड़ीसा, झारखंड, मध्य प्रदेश, छत्तीसगढ़, राजस्थान, असम आदि में छिटपुट भुखमरी की घटनाएं होती रहती हैं मगर शासन-प्रशासन उन्हें बीमारी से हुई मौत करार देता है। प्रायः डायरिया/मलेरिया से पीड़ित होने वाले इन गरीबों के पास दवा खाने के साथ या पहले भोजन खाने को नहीं रहता। जबकि भारत में 60 करोड़ क्विंटल अनाज गोदामों में भरा है मगर गरीबों को दोनों जून का भोजन मात्र 9 करोड़ क्विंटल से पूरा किया जा सकता है। फिर ऐसा क्यों नहीं? बिहार में हर वर्ष बाढ़ से करीब दो-तिहाई आबादी प्रभावित होती है। 2008 के अगस्त में कोसी की बाढ़ से बिहार के तीस लाख से ज्यादा लोग प्रभावित हुए। कुछ हिस्सों में सुखाड़ (प्रायः दक्षिणी हिस्से में) भी पड़ता है मगर केंद्र

सरकार से उतनी सहायता नहीं मिलती जितनी क्षति के आलोक में राज्य सरकार द्वारा मांग की जाती है। उदाहरणार्थ, 2004 में बिहार में बाढ़ से 522 करोड़ रु. की क्षति प्रतिवेदित हुई मगर केंद्र सरकार ने मात्र 132 करोड़ रु. दिए। किंतु यह भी सच है कि बिहार में उस बाढ़ में दी गई राशि का शासन-प्रशासन ने दुरुपयोग किया और तत्कालीन जिलाधिकारी, पटना डॉ. गौतम गोस्वामी तथा उनके सहकर्मियों को गबन के कारण जेल जाना पड़ा।

संयुक्त राष्ट्र विकास कार्यक्रम के मानव विकास प्रतिवेदन 2005 के अनुसार भारत में प्रतिदिन एक डॉलर तक की आय वाले (गरीबों) का प्रतिशत 34.7 है और प्रतिदिन दो डॉलर तक की आय वालों का प्रतिशत 79.9 है। दूसरे, भारत में राष्ट्रीय गरीबी रेखा से नीचे की आबादी 28.6 प्रतिशत है। तीसरे, यहां कुपोषण की शिकार जनसंख्या 68 प्रतिशत 1990-92 में थी जो 2000-2002 में बढ़कर 86 प्रतिशत हो गई। चौथे, इस कुपोषण की वजह से कम वजन वाले बच्चों (5 वर्ष से कम) का प्रतिशत (1995-03) 47 था जबकि कम ऊंचाई वाले बच्चों (5 वर्ष से कम) का प्रतिशत उस वर्ष 46 था। वर्ष 2006 के मध्य में भारत में खाद्यान्नों के दाम बाजार में तेजी से बढ़े (अप्रैल 2006 में 1100 रु. क्विंटल गेहूं बिका जबकि उस समय नया गेहूं पैदा हो जाता है) जिसका कारण व्यापारियों द्वारा थोक में खरीद करके अवैध भंडारण करना था क्योंकि आवश्यक वस्तु अधिनियम के संगत आदेश के तहत खाद्यान्नों के भंडारण की सीमा हटा दी गई थी। इसके फलस्वरूप सरकार को पचास लाख टन गेहूं आस्ट्रेलिया से महंगी दर पर आयात करना पड़ा और 50 लाख टन का दूसरा टेंडर निकालना पड़ा। 2007 में भारत सरकार ने पुनः 50 लाख टन गेहूं के आयात का आदेश दिया। दूसरी ओर भारत के किसानों की खेती घाटे में चल रही है—1950-51 में भारत के किसान-गैर-किसान की आय का अनुपात 1:2 था जो 2005-06 में 1:6 हो गया (प्रभात खबर, 14.3.2006) तथा महाराष्ट्र, पंजाब, कर्नाटक, आंध्र प्रदेश, केरल, तमिलनाडु, गुजरात आदि के किसान अत्यधिक कर्ज के कारण आत्महत्या कर रहे हैं (भारत सरकार के अनुसार 2003-07 के दौरान इन सात राज्यों में 8263 किसानों ने आत्महत्या की जबकि गैर-सरकार आंकड़ों के अनुसार यह संख्या कई गुना अधिक है—'द हिंदू', 9 मई 2007)। प्रो. अमित भादुरी के अनुसार 1998-2008 के दौरान भारत के एक लाख किसानों ने आत्महत्या की। वहीं विश्व व्यापार संगठन और उसके अगुआ अमेरिका जैसे विकसित देश स्वयं अपने किसानों को काफी अनुदान देकर भारत के किसानों का बचा-खुचा अनुदान भी खत्म करने के लिए दबाव दे रहे हैं। उल्लेखनीय है कि जापान में कृषि अनुदान 11,772 डॉलर, यूरोपीय संघ के देशों में 831 डॉलर और अमेरिका में 129 डॉलर प्रति हेक्टेयर दिया जाता है जबकि भारत में यह मात्र 53 डॉलर प्रति हेक्टेयर है। प्रति किसान अनुदान जापान में 26 हजार डॉलर, अमेरिका में 21 हजार डॉलर, यूरोपीय संघ में 17 हजार डॉलर, कनाडा में नौ हजार डॉलर है जबकि भारत में मात्र 66 डॉलर प्रति किसान है। 2001-2002 में भारत में कृषि क्षेत्र को 8.5 अरब डॉलर अनुदान

दिया गया, जबकि अमेरिका में 49.08 अरब डॉलर, जापान में 47.20 अरब डॉलर, यूरोपीय संघ में 115.33 अरब डॉलर का अनुदान दिया गया। भारतीय संसद की कृषि पर स्थायी समिति ने पाया है कि एक ओर भारत में कृषि अनुदान विकसित देशों से बहुत कम है और दूसरी ओर कृषि के नाम पर विभिन्न उर्वरक कंपनियों, विद्युत बोर्डों और सरकारी गैर-सरकारी संगठन अनुदान का लाभ उठाते हैं और उसका लाभ 90 प्रतिशत किसानों तक नहीं पहुंचता (राष्ट्रीय सहारा, 8 मई, 2007)। ऐसे में इतनी तेजी से बढ़ती आबादी की खाद्य समस्या और जटिल होती जा रही है जिसके फलस्वरूप भुखमरी की तीव्रता एवं व्यापकता बढ़ने के आसार दुर्भाग्यवश नजर आ रहे हैं। अब भारत में भी बहुराष्ट्रीय कंपनियां ठेके पर खेती ले रही हैं तथा खेती की लागत बढ़ रही है। इसे उदारीकरण, निजीकरण और भूमंडलीकरण का कुपरिणाम कहना असंगत नहीं होगा। यह विशेष रूप से उल्लेखनीय है कि संयुक्त राष्ट्र खाद्य एवं कृषि संगठन (एफएओ) की 2007 में जारी रिपोर्ट के अनुसार समूचे विश्व में 4.3 प्रतिशत वृद्धि के साथ दो सौ आठ करोड़ टन खाद्यान्न उत्पादन हुआ किंतु इसके बावजूद विश्व के 33 देश खराब मौसम तथा आपसी संघर्ष के कारण अपने नागरिकों को भरपेट भोजन मुहैया नहीं करा पाए। संयुक्त राष्ट्र विश्व खाद्य कार्यक्रम की ताजा रिपोर्ट के अनुसार विश्व में प्रतिदिन 18,000 बच्चे भूख तथा कुपोषण से मर जाते हैं। उल्लेखनीय है कि वर्ष 2000 में घोषित संयुक्त राष्ट्र सहस्राब्दी विकास लक्ष्यों (UN Millenium Development Goals) में एक महत्वपूर्ण लक्ष्य गरीबी और भुखमरी को खत्म करना है, विशेष रूप से भुखमरी के शिकार लोगों तथा प्रतिदिन एक डॉलर से कम पर जीवन-निर्वाह करने वाले लोगों के अनुपात को 2015 तक आधा करना है मगर यह लक्ष्य प्राप्त करना संभव प्रतीत नहीं होता। संयुक्त राष्ट्र खाद्य एवं कृषि संगठन ने 1999 में प्रतिवेदित किया था कि भारत में 20.8 करोड़ कुपोषित व्यक्ति रहते हैं, अर्थात वे समुचित भोजन से वंचित हैं। इस प्रकार कहा जा सकता है कि उन्हें जीने का अधिकार सही अर्थ में नहीं मिला है क्योंकि उन्हें समुचित खाद्य सुरक्षा नहीं मिली है। यह चिंताजनक है कि देश में दालों की कमी के बावजूद तथा 22 जून, 2006 से निर्यात पर प्रतिबंध लगाने के बावजूद 5654.85 करोड़ टन दालों का अवैध निर्यात भारत से किया गया।

इसके अलावा यह भी उल्लेखनीय है कि भारत में बहुत सारी खाने-पीने की चीजों में मिलावट होती है जो स्वास्थ्य के लिए घातक है। उदाहरणार्थ, विज्ञान एवं पर्यावरण केंद्र, नई दिल्ली (जनसत्ता, 3 फरवरी, 2009) ने जांच में पाया कि यद्यपि विश्व स्वास्थ्य संगठन के अनुसार तेल या वनस्पति में 1 प्रतिशत से ज्यादा बनावटी वसा हानिकारक है मगर डालडा में 9.4 प्रतिशत, जेमिन में 12.7 प्रतिशत, रथ में 15.9 प्रतिशत, राग में 23.3 प्रतिशत, जिन्दल में 13.8 प्रतिशत, गगन में 14.8 प्रतिशत और पनघट में 23.7 प्रतिशत बनावटी वसा पाई गई। ज्ञातव्य है कि डालडा, रथ और राग ब्रांड अमेरिकी कंपनियां बनाती हैं। फिर भी इस बावत कोई कानूनी कार्रवाई नहीं की गई।

7

सूचना का अधिकार

किसी भी लोकतंत्र के लिए आवश्यक है कि वह अपनी कार्यपद्धति एवं कार्यशैली इस प्रकार विकसित करे कि आमं नागरिकों को वांछित तथ्यों की जानकारी समय पर बिना किसी विशेष कठिनाई के प्राप्त हो सके। यदि ऐसा नहीं होगा तो लोकतंत्र सच्चे अर्थों में "जनता का, जनता के लिए और जनता के द्वारा शासन" नहीं बन सकेगा। इसके परिणामस्वरूप लोकतंत्र के मुखौटे के अंदर जनविरोधी सत्ता का अस्तित्व होगा और उसकी कथनी और करनी में जमीन-आसमान का फर्क होगा। मानवाधिकारों की सार्वभौमिक घोषणा के अनुच्छेद-19 में प्रत्येक व्यक्ति को किसी भी माध्यम से तथा राज्यों की सीमा के किसी बंधन के बिना सूचना एवं विचार प्राप्त करने की कोशिश, प्राप्त करने तथा दूसरों तक संप्रेषित करने का अधिकार है। इसे अभिव्यक्ति की स्वतंत्रता का अंग माना गया है। इसके अलावा नागरिक एवं राजनैतिक अधिकार संबंधी अंतर्राष्ट्रीय प्रसंविदा (1966) के अनुच्छेद-19 में दुहराया गया है। अभिव्यक्ति की स्वतंत्रता में सीमाओं की किसी बाधा के बिना मौखिक रूप से, लिखित रूप से, मुद्रित रूप से, कलाकृति के रूप में या अपनी पसंद के किसी माध्यम से सभी प्रकार की सूचना तथा सभी प्रकार के विचार प्राप्त करने की कोशिश करने, प्राप्त करने और संप्रेषित करने की स्वतंत्रता का समावेश किया गया है।

भारतीय संविधान की प्रस्तावना में यह स्पष्ट किया गया है कि भारत एक पंथ निरपेक्ष समाजवादी लोकतांत्रिक गणराज्य है और नागरिकों के सर्वांगीण हितों की रक्षा करने के लिए मौलिक अधिकार दिए गए हैं जिनमें समता, स्वतंत्रता, शिक्षा एवं संस्कृति, शोषण के विरुद्ध, अल्पसंख्यकों को धर्म/शिक्षा संस्था खोलने आदि के अधिकार प्राप्त हैं और यदि किसी नागरिक के इन अधिकारों का हनन होता है तो वह उच्च/उच्चतम न्यायालयों में याचिकाओं के माध्यम से इन अधिकारों की रक्षा की गुहार कर सकता है।

यद्यपि संविधान में सूचना का अधिकार किसी धारा के तहत जाहिरा तौर पर शामिल नहीं है किंतु संविधान की धारा 19(1)(ए) के तहत स्वतंत्र अभिव्यक्ति एवं वक्तव्य के

अधिकार में यह परोक्षतः अंतर्निहित है जिसे उच्चतम न्यायालय ने सी.पी. गुप्ता बनाम भारत संघ के मुकदमे में (आल इंडिया रिपोर्टर 1988 सुप्रीम कोर्ट, पृष्ठ 149) में सुस्पष्ट किया है। उस निर्णय के महत्वपूर्ण बिंदु निम्नलिखित हैं—

(क) जिस समाज ने लोकतंत्र को एक सैद्धांतिक आस्था के रूप में स्वीकार किया है, उस समाज के नागरिकों को यह जानने का अधिकार है कि उनकी सरकार क्या कर रही है?

(ख) यह भूमिका जनता तभी निभा सकती है जब एक खुली सरकार अस्तित्व में हो जहां सरकार के कार्यकलापों के संबंध में जानकारी हासिल करने के लिए जनता की पहुंच हो।

(ग) यदि सरकार के कार्य-संचालन में गोपनीयता बरती जाएगी तथा जनता को छानबीन करने की गुंजाइश नहीं होगी तो उस स्थिति में उत्पीड़न, भ्रष्टाचार तथा सत्ता के दुरुपयोग को बढ़ावा मिलेगा। निस्संदेह आम जनता की निगरानी और छानबीन की सुविधा रहने पर एक स्वच्छ एवं स्वस्थ प्रशासन हासिल हो सकेगा।

(घ) गोपनीयता के पर्दे से आम दैनिक कार्यों को ढंकना जनहित में नहीं होगा। सरकारी कर्मियों द्वारा अपने कार्यों को स्पष्ट करना तथा उनका औचित्य ठहराना उत्पीड़न एवं भ्रष्टाचार के विरुद्ध मुख्य बचाव है।

(ङ) कैबिनेट के कागजात, विभागाध्यक्षों की बैठकों की कार्यवाही, सरकारी तंत्र के आंतरिक कार्यकलाप से संबंधित उच्चस्तरीय कागजात अथवा सरकारी नीतियों के निर्धारण से संबंधित कागजात का खुलासा जनहित में नहीं किया जाना है।

इसके अलावा उच्चतम न्यायालय के अन्य विभिन्न निर्णयों में भी सूचना के अधिकार की संपुष्टि हुई है। इन निर्णयों में 'उत्तर प्रदेश शासन *बनाम* राजनारायण' (1975, आल इंडिया रिपोर्टर, सुप्रीम कोर्ट, पृष्ठ 865), 'मानेका गांधी *बनाम* भारत संघ' (आल इंडिया रिपोर्टर, 1978, सुप्रीम कोर्ट, पृष्ठ 597), 'सूचना एवं प्रसारण मंत्रालय *बनाम* बंगाल क्रिकेट संघ एवं अन्य' (1995-2 एस.सी.सी., पृष्ठ 161) आदि उल्लेखनीय हैं।

निस्संदेह, सूचना का अधिकार होने से सत्ता के दुरुपयोग में कमी आएगी और कम राशि में अधिक कार्य हो सकेगा। इतना ही नहीं, शोधकर्त्ताओं को भी सही तथ्य एवं आंकड़े मिल सकेंगे और उनके आधार पर बनाए गए सिद्धांत ज्यादा लाभकारी होंगे। इसी प्रकार सूचना का अधिकार होने से किसी विशेष विषय से संबंधित नीति-निर्धारण में बुद्धिजीवियों, विशेषज्ञों एवं आम नागरिकों द्वारा बहस की जा सकेगी। इसके फलस्वरूप गुण-दोषों पर सम्यक् विचार किया जा सकेगा और भविष्य में होने वाली कठिनाइयों को सुलझाया जा सकेगा।

इस दिशा में सूचना के अधिकार का विधेयक लंबे अर्से से भारतीय संसद के समक्ष विचाराधीन है। यह कहने की आवश्यकता नहीं है कि ऑफिशियल सेक्रेट्स एक्ट, 1923 अंग्रेजों द्वारा तत्कालीन उपनिवेशवादी सत्ता को अक्षुण्ण बनाए रखने के लिए बनाया गया था जो ब्रिटेन के ऑफिशियल सेक्रेट्स एक्ट (1911) पर आधारित था जो प्रथम विश्वयुद्ध के पूर्व की प्रतिकूल परिस्थितियों की पृष्ठभूमि में एक सुदृढ़ केंद्रीय सत्ता को बनाए रखने में एक आवश्यक कारक था। आजादी के बाद 1967 में इस कानून को और सख्त बना दिया गया और 1975-77 के आपातकाल के दौरान इसका खूब दुरुपयोग किया गया किंतु अफसोस की बात है कि आपातकाल खत्म होने के बाद जनता पार्टी की सरकार ने भी इसमें आवश्यक संशोधन नहीं किया। इस प्रकार स्पष्ट है कि ऑफिशियल सेक्रेट्स एक्ट, 1923 भारत देश की पराधीनता के समय ब्रिटिश हुकूमत के हितों की दूर-दूर तक रक्षा करने और सरकारी कर्मचारियों में भय व्याप्त करने के दृष्टिकोण से बनाया गया था न कि भारतीय जनता की शासन एवं प्रशासन में भागीदारी के उद्देश्य से। यह मानी हुई बात है कि जिस चीज को हम अपने घर में अपने बच्चों से छिपाते हैं उस चीज को बच्चे येन-केन प्रकारेण प्राप्त करने के लिए लालायित रहते हैं और दूसरी ओर तथाकथित गोपनीय चीजों को लीक करने के एवज में सरकारी कर्मचारी प्रत्यक्ष या परोक्ष लाभ उठा लेते हैं यानी भ्रष्टाचार, ब्लैकमेलिंग, अपराध और अन्य प्रकार के दुष्कर्म इस गोपनीयता के पर्दे की आड़ में किए जाते हैं। यहां तक कि इस कानून की आड़ में संसद को भी कतिपय सूचनाएं सही-सही प्राप्त नहीं हो पाती हैं। इसी प्रकार उद्योगपतियों एवं व्यापारियों को "लाइसेंस-परमिट राज" के चलते उचित काम कराने के लिए भी रिश्वत देनी पड़ती है अन्यथा उनका कार्य लंबे अर्से तक लटका रहता है। इस गोपनीयता का रहस्य अपने आप में एक मिथक-सा बन गया है।

सूचना का अधिकार क्यों?

सबसे पहली बात तो यह है कि सूचना का अधिकार इसलिए आवश्यक है कि यह जीने के अधिकार का एक अंग है क्योंकि जीने के अधिकार का तात्पर्य सिर्फ भौतिक रूप से अस्तित्व में बने रहना नहीं है बल्कि एक भले नागरिक के रूप में उन सारे क्रियाकलापों में भाग लेना है जो नागरिक समाज अथवा राज्य के दायरे में आते हैं तथा उनके जीवन को प्रत्यक्ष या परोक्ष रूप से प्रभावित करते हैं।

दूसरे, सूचना का अधिकार गलत योजनाओं के निर्माण को रोकेगा क्योंकि जिन लोगों के लिए कोई योजना बनाई जा रही है, यदि वे प्रथम द्रष्टया उसे दोषपूर्ण एवं एकांगी पाते हैं तो शासन-प्रशासन के कर्मियों के साथ सामुदायिक संगठनों, गैर-सरकारी संगठनों और स्वयं नागरिकों के बीच संवाद कायम कर प्रारंभिक दौर में ही उसे ठीक किया जा सकता है। सूचना का अधिकार न रहने तथा योजनाओं का सूत्रीकरण ऊपर से होने के

कारण बहुत सारी बड़ी-बड़ी सिंचाई, विद्युत, बाढ़ नियंत्रण आदि की योजनाएं विफल रही हैं तथा स्थानीय जनता ने उन योजनाओं से होने वाली जानमाल की क्षति के आलोक में बड़े-बड़े आंदोलन चलाए हैं। ज्ञातव्य है कि स्थानीय जनता की भागीदारी से स्थानीय संसाधनों/कच्चे मालों का बेहतर उपयोग सस्ती दर पर हो सकेगा, योजनाओं का स्थल-चयन ज्यादा समुचित एवं अनुभव-आधारित होगा तथा जनता की भागीदारी होने से उक्त योजनाओं का संधारण स्थानीय स्तर पर कम खर्च में हो जाएगा। इस प्रकार योजनाएं सस्ती, सुदृढ़, स्थायी एवं सामयिक होंगी।

तीसरे, सूचना का अधिकार होने से योजनाओं एवं परियोजनाओं में राजनीतिज्ञों, ठेकेदारों, इंजीनियरों, प्रशासकों और बिचौलियों के द्वारा अनावश्यक रूप से बढ़-चढ़ाकर प्राक्कलन बनाने, कमीशनखोरी करने तथा ईमानदार सरकारी कर्मियों को प्रताड़ित करने की प्रवृत्ति एवं चंडाल चौकड़ी पर ब्रेक लगेगी।

चौथे, सूचना का अधिकार होने से पर्यावरणीय आपदाओं को रोका जा सकेगा क्योंकि बहुत से विशेषज्ञ इन योजनाओं के बारे में वाद-विवाद-संवाद कायम करेंगे जिससे अंततः नीर-क्षीर निर्णय हो सकेगा।

पांचवें, आम जनता की भागीदारी होने से लोगों में आत्म-निर्भरता, कर्तव्य परायणता एवं आत्मसम्मान की भावना विकसित होगी जिसके फलस्वरूप वंचित वर्गों का समुचित सशक्तीकरण संभव हो सकेगा और वे ग्राम-निर्माण से लेकर राष्ट्र-निर्माण की मुख्यधारा से अपने को जोड़ सकेंगे अन्यथा उनका अलग-थलग रहना समाज के हित में नहीं होगा।

छठवें, सूचना के अधिकार से न केवल आंतरिक विध्वंसात्मक, फासीवादी शक्तियों (सांप्रदायिक एवं सामाजिक) का पर्दाफाश होगा बल्कि बाह्य राष्ट्रविरोधी साम्राज्यवादी/नव-उपनिवेशवादी ताकतों की बदनीयता का धुंधलका भी साफ किया जा सकेगा। ज्ञातव्य है कि सूचना का अधिकार न होने से कतिपय विकसित औद्योगिक देश सफलतापूर्वक 'विकास सहायता' अथवा प्रौद्योगिकी हस्तांतरण के नाम पर अथवा सांस्कृतिक आदान-प्रदान के नाम पर महंगी दर पर मशीनें बेचते हैं अथवा पुरानी एवं अप्रासंगिक प्रौद्योगिकी हस्तांतरित करते हैं तथा असमान शर्तों पर विनिमय करते हैं।

सातवें, सूचना के अधिकार से सबसे बड़ा लाभ यह होगा कि आत्मविश्वास से परिपूर्ण एक संपूर्ण पीढ़ी तैयार नहीं होगी जो अपने गांव और समाज के प्रति ज्यादा प्रतिबद्ध एवं कर्तव्यनिष्ठ होगी, न कि परजीवी तथा परनिर्भर।

सूचनाओं के प्रकार

अब सवाल यह उठता है कि किस तरह की सूचना का अधिकार आम जनता को प्राप्त होना चाहिए? यह सवाल अत्यंत जटिल एवं व्यापक है। फिर भी निम्नलिखित प्रकार की सूचनाएं प्राप्त करने का अधिकार आम नागरिकों को होना चाहिए—

1. आम नागरिकों द्वारा दैनिक जीवन में विभिन्न प्रकार के प्रमाण-पत्रों यथा जन्म, मृत्यु, जाति, आय, निवास आदि की आवश्यकता होती है। इसे न्यूनतम शुल्क के आधार पर तत्काल उपलब्ध कराने की व्यवस्था होनी चाहिए। महाराष्ट्र और आंध्र प्रदेश में इस दिशा में सराहनीय कार्य कंप्यूटरीकरण से किया गया है।
2. किसी गांव, वार्ड या मुहल्ले में जो सरकारी योजनाएं/परियोजनाएं चलाई जाती हैं, उनकी प्राक्कलित राशि, अभिकर्ता का नाम और पता, काम की गुणवत्ता तथा पूरा करने की शर्तें, योजना का जीवनकाल आदि की जानकारी वहां के स्थानीय लोगों को होनी चाहिए। इस दिशा में राजस्थान में "मजदूर किसान शक्ति संगठन" द्वारा चलाया गया आंदोलन अत्यंत सफल रहा क्योंकि इस संगठन ने यह जानना चाहा कि उस क्षेत्र में कितने कुएं खोदे गए, कितनी सड़कें बनाई गईं, कितने नलकूप लगे, कितने विद्यालय भवन बने, कितने वृक्ष लगे, किन मजदूरों ने काम किया आदि। उक्त आंदोलन के फलस्वरूप पहले एक कार्यपालक आदेश के तहत विकास योजनाओं में लगे मजदूरों का नाम, पता एवं मजदूरी दर, विपत्र और वाउचर आदि की अभिप्रमाणित प्रतिलिपियां प्राप्त करने का अधिकार दिया गया जिससे सामाजिक अंकेक्षण हो सके। किंतु बाद में जनांदोलन के कारण सरकार को इस अधिकार को कानूनी रूप देना पड़ा। इस दिशा में कुछ वर्ष पूर्व शहरी मामले एवं रोजगार मंत्रालय, भारत सरकार ने भी यह व्यवस्था की कि कोई भी व्यक्ति 10 रु. का शुल्क जमाकर अवर सचिव की उपस्थिति में किसी फाइल का अवलोकन कर सकता है। उस मंत्रालय में अवर सचिव/डेस्क अधिकारी को इसका समन्वयक बनाया गया जो प्राप्त आवेदन के पांच दिनों के अंदर आवेदक को कोई फाइल अवलोकनार्थ प्रस्तुत करेगा। आवेदक मंत्रालय में काम कर रहा कोई सरकारी कर्मचारी या बाहरी व्यक्ति अथवा आम भारतीय नागरिक हो सकता है। इस मंत्रालय में सिर्फ चार प्रकार के कागजात नहीं देखे जाने का निर्णय तब लिया गया :
   (क) कैबिनेट नोट जो तैयार होने की प्रक्रिया में हो;
   (ख) जिस मामले में मंत्रिमंडल का निर्णय प्रतीक्षित हो;
   (ग) जिसमें बजट प्रस्ताव शामिल हो;
   (घ) जो निगरानी जांच से संबंधित हो।
3. विभिन्न राज्यों तथा केंद्र सरकारों के बहुत सारे कानून पुराने पड़ गए हैं तथा आज के संदर्भ में प्रासंगिक नहीं हैं। एक अनुमान के मुताबिक भारत सरकार के करीब दो हजार कानूनों में से 1500 कानून पुराने एवं अप्रासंगिक हो गए हैं। इन्हें विलोपित कर प्रासंगिक कानूनों को बनाए जाने की आवश्यकता है। विशेषकर श्रम, बिक्री कर, सीमा शुल्क, आयकर, केंद्रीय उत्पाद कर आदि से संबंधित कानूनों की समीक्षा अति आवश्यक है। इसी प्रकार विभिन्न जटिल प्रक्रियाओं का

सरलीकरण भी होना चाहिए तथा नया कानून बनाना चाहिए। आंध्र प्रदेश ने "म्युचुअली एडेड कोआपरेटिव सोसाइटीज एक्ट, 1995" (Mutually Aided Cooperative Societies Act, 1995) बनाकर एक अच्छा उदाहरण पेश किया है।

4. प्रत्येक विभाग द्वारा आवश्यक नियमों, कानूनों, प्रक्रियाओं, योजनाओं, कार्यक्रमों, लक्ष्यों एवं उपलब्धियों के बारे में प्रतिवर्ष एक "प्रगति पुस्तिका" प्रकाशित होनी चाहिए तथा प्रत्येक सचिव/विभागाध्यक्ष/जिला पदाधिकारी हर माह में एक प्रेस बैठक नियमित रूप से आहूत करें तथा उसमें सभी मान्यताप्राप्त राष्ट्रीय एवं राज्य स्तरीय राजनैतिक दलों के प्रतिनिधियों को भी विशेष रूप से आमंत्रित किया जाए जिससे तथ्यों एवं आंकड़ों के परस्पर स्वतंत्र एवं सही विनिमय से कतिपय संदेह दूर हो सकेंगे और सरकारी कार्यों में लोगों की विश्वसनीयता बढ़ेगी। इसमें स्वच्छ छवि वाले गैर-सरकारी संगठनों को भी बुलाया जाना चाहिए।

5. प्रत्येक कार्यालय में हर तरह के कार्यकलाप के लिए समय सीमा निर्धारित कर देनी चाहिए और यदि उस समय सीमा के अंदर कार्यों का निस्तारण न हो और कोई विशेष बाधा नहीं रही हो तो संबंधित अधिकारी/कर्मचारी पर दायित्व निर्धारण किया जाना चाहिए। इस दिशा में आंध्र प्रदेश में कुछ कार्य हुआ है।

6. कार्यों के त्वरित संपादन के लिए शक्तियों का उचित प्रत्यायोजन (डेलिगेशन) भी आवश्यक है। यह मुख्यतः दो प्रकार से किया जा सकता है : पहला राज्य सरकार अपने वित्तीय एवं प्रशासनिक शक्तियों का प्रत्यायोजन जिला परिषदों/नगर निगमों/नगरपालिकाओं/पंचायत समितियों/ग्राम एवं नगर पंचायतों को करे। संविधान के 73वें एवं 74वें संशोधनों के बावजूद अभी तक सही ढंग से पंचायतों को शक्तियों का प्रत्यायोजन नहीं हो सका है। बिहार, उत्तर प्रदेश जैसे कुछ राज्यों में पंचायतें सुदृढ़ नहीं हैं, जबकि कर्नाटक, महाराष्ट्र आदि राज्यों में पंचायती राज संस्थाएं ज्यादा सुदृढ़ हैं। ग्राम पंचायत का अर्थ मुखिया/प्रधान/सरपंच तक सीमित न होकर दूसरे प्रकार के प्रत्यायोजन सरकार द्वारा सरकारी अधिकारियों को शक्ति देने से संबंधित है अर्थात सरकार द्वारा विभागीय सचिव/विभागाध्यक्ष/ जिला अधिकारी, पुलिस अधीक्षक, मुख्य अभियंता, पुलिस उपमहानिरीक्षक आदि को शक्तियों का समुचित प्रत्यायोजन किया जाना चाहिए। हर पंचायत से "पंचायत सूचना पुस्तिका" प्रकाशित होनी चाहिए। आंध्र प्रदेश के गुंतुर जिले में 'ग्राम सूचना डायजेस्ट' प्रकाशित होती है। महत्वपूर्ण विभागों द्वारा जनसंख्या नियंत्रण, विद्युत उत्पादन, ग्राम विकास, राजस्व/संसाधन वृद्धि, जलापूर्ति, स्वास्थ्य, शिक्षा आदि के संबंध में कम-से-कम 10 वर्षीय "दृष्टिकोण योजना" बनाई जानी चाहिए। इस संबंध में आंध्र प्रदेश ने अच्छा काम किया है। बिहार में पंचायत स्तर पर 'वसुधा केन्द्र'

विभिन्न सूचनाओं और सुविधाओं के लिए कारगर सिद्ध हुआ है। मामलों के त्वरित निष्पादन के लिए आंध्र प्रदेश ने डेस्क अधिकारी और 'स्तर घट्टाव' (लेवल जंपिंग) की व्यवस्था लागू की है जहां डेस्क अधिकारी द्वारा निष्पादित संचिका सीधे उपसचिव को पेश की जाती है। सहायक सचिव और सचिव के बीच सिर्फ एक ही स्तर उपसचिव या संयुक्त सचिव या अपर सचिव का होता है। अर्थात इस विभाग में फाइलें दो से अधिक स्तर से नहीं गुजरती हैं। इस दिशा में यह भी आवश्यक है कि सरकारी कर्मचारियों का कार्यकाल सामान्यतः कम-से-कम तीन वर्षों का हो और उनका स्थानांतरण/ प्रोन्नति आदि ''असैनिक सेवा परिषद'' (सिविल सर्विसेज बोर्ड) द्वारा होना चाहिए।

7. ऐसा अनुभव रहा है कि पंचायत, ब्लॉक, जिला और राज्य स्तर पर कतिपय सेवानिवृत्त प्रशासक एवं तकनीकी विशेषज्ञ आसानी से उपलब्ध होते हैं जिनकी मदद से सरकार और जनता के बीच की दूरी कम की जा सकती है। अर्थात तकनीकी मामलों को ऐसे स्वैच्छिक विशेषज्ञ सरल तरीके से आम लोगों को समझा सकते हैं और दूसरी ओर औपचारिक प्रक्रियाओं से भी उन्हें अवगत करा सकते हैं जिससे जनता के अंदर यह भावना न पैदा हो कि उनके मामले में अनावश्यक विलंब किया जा रहा है।

8. प्रत्येक विभाग एवं कार्यालय में ''लोक भागीदारी कोषांग'' का गठन इस प्रकार किया जाए कि उसमें स्वच्छ छवि वाले स्वयंसेवी संस्थाओं के प्रतिनिधि शामिल हों और ''सरकार आपके द्वार'', लोक अदालत, लोक दरबार/जनता दरबार, जन सुनवाई, खुली सुनवाई आदि कार्यक्रम पंचायत/ब्लॉक स्तर पर किए जा सकते हैं। ऐसा प्रयास आंध्र प्रदेश, मध्य प्रदेश, बिहार, राजस्थान आदि में भिन्न-भिन्न रूपों में विभिन्न पैमाने पर किया गया है।

9. कतिपय कानूनों में अस्पष्ट प्रावधान होने से आम जनता में कोहराम पैदा हो जाता है क्योंकि जो अर्थ आम नागरिक लगाते हैं उससे सरकारी तात्पर्य भिन्न होता है। मिसाल के तौर पर, कार्यालय के भवन-निर्माण, लोक उपक्रम इकाई, निजी उद्योग/प्रतिष्ठान, सिंचाई योजना, बाँध, सड़क, विद्यालय आदि के लिए सरकार के स्तर से किसानों की जो भूमि अर्जित की जाती है, उसमें 'लोक उद्देश्य' दिखाया जाता है जबकि इन कार्यों का सरकारी एवं नागरिक उद्देश्य समान नहीं होता खासकर जब स्थानीय जनता प्रस्तावित योजना/परियोजना को बिल्कुल नहीं चाहती और इसलिए अपनी जमीन भी नहीं देना चाहती। जब अर्जित की जाने वाली जमीन के लिए दी जाने वाली कीमत बाजार दर की तुलना में बिल्कुल नगण्य होती है तो ऐसी स्थिति में ''लोक उद्देश्य'' से किया जाने वाला तथाकथित भू-अर्जन गलत एवं लोक-विरोधी होता है। इसलिए भू-अर्जन के पूर्व संबंधित भूधारकों की

पूर्व सहमति आवश्यक है। नन्दीग्राम, दादरी आदि के किसानों ने जबरन भूअर्जन के विरुद्ध आंदोलन किया जिसमें जान-माल की क्षति हुई।

10. लोगों को यह भी जानकारी होनी चाहिए कि निगरानी विभाग द्वारा कितने दोषी कर्मियों को दंडित किया गया और उनका दोष तथा दंड क्या-क्या था। इनकी भी आम सूचना प्रकाशित होनी चाहिए कि गलत शिकायत करने वाले व्यक्तियों के विरुद्ध दंडात्मक क्या कार्रवाई की गई जिससे ईमानदार कर्मियों का मनोबल न टूटे। अच्छी छवि वाले ईमानदार एवं पारदर्शी अधिकारियों को सरकार द्वारा पुरस्कृत भी किया जाना चाहिए। पंजाब में "महाराजा रणजीत सिंह पुरस्कार" (50,000, 30,000 एवं 20,000) ईमानदारी एवं सत्यनिष्ठा के लिए शुरू किया गया है जो सराहनीय है। भारत सरकार ने भी प्रधानमंत्री पुरस्कार लोक सेवा में उत्कृष्टता के लिए देना शुरू किया है।

11. सभी उच्चाधिकारियों द्वारा अपने अधीनस्थ कार्यालयों का नियमित निरीक्षण/पर्यवेक्षण किया जाना चाहिए एवं उनके द्वारा अपने अधिकारियों को दिशा-निर्देश दिया जाना चाहिए जिससे वे पथभ्रष्ट न हों और जनता के प्रति उत्तरदायित्व तथा संवेदनशीलता बरकरार रहे।

12. अंततः जनता को विभिन्न संचार माध्यमों यथा अखबारों, टेलीविजन, सिनेमा आदि के माध्यम से यह बताना चाहिए कि जनहित कार्यों के कार्यान्वयन में कहां कठिनाई हो रही है तथा किस स्तर पर जनसहयोग की आवश्यकता है। ऐसे में स्वेच्छा से अपना समय, श्रम और साधन देने वाले स्वच्छ छवि के व्यक्तियों की सहायता ली जानी चाहिए। इस दिशा में पल्स पोलियो अभियान काफी सफल रहा है। हिंदी पट्टी में निरक्षरता अधिक होने के कारण वहां जनजागरण अभियान तेजी से चलाया जाना चाहिए।

उपर्युक्त बिंदुओं पर ईमानदारी एवं लगन से कार्रवाई की जाए और सरलीकरण से बचा जाए तो जनतंत्रीकरण, लोक भागीदारी, आत्मनिर्भरता तथा सत्यनिष्ठा की प्रवृत्तियां बढ़ेंगी और यह भारत जैसे पूर्व-उपनिवेश के समग्र राष्ट्र-निर्माण तथा वंचितों के सशक्तीकरण की दिशा में मील का पत्थर साबित होगा।

अगले भाग में हम सूचना स्वातंत्र्य अधिनियम, 2002 तथा सूचना का अधिकार अधिनियम, 2005 की विधिवत् चर्चा करेंगे।

(2)

यहां उल्लेखनीय है कि सूचना के अधिकार का इतिहास विवादास्पद रहा है। भारत में जब सन् 2000 में भाजपा-नीत राष्ट्रीय लोकतांत्रिक गठबंधन की सरकार बनी, तो उसने

2002 में सूचना स्वातंत्र्य विधेयक संसद से पारित और राष्ट्रपति से अनुमोदित कराया। यह जम्मू-कश्मीर को छोड़कर संपूर्ण भारत में लागू हुआ। इस कानून में (धारा 2सी) सूचना की स्वतंत्रता का अर्थ था किसी लोक (सरकारी) प्राधिकारी से निम्न रूपों में सूचना पाने का अधिकार :

(1) निरीक्षण, उद्धरण या नोट लेना;
(2) लोक (सरकारी) प्राधिकारी के अभिलेखों की सच्ची प्रतिलिपियां;
(3) कंप्यूटर या अन्य तकनीकी उपकरणों में भंडारित सूचना की डिस्केट, फ्लॉपी, या अन्य इलेक्ट्रॉनिक रूप या छपी चीज;

उस कानून में सूचना का अर्थ लोक प्राधिकारी 'प्रशासन, संचालन या निर्णय' से संबंधित कोई सामग्री था। उस अभिलेख में निम्नलिखित चीजें शामिल थीं:

(1) कोई दस्तावेज, पांडुलिपि और फाइल (संचिका);
(2) कोई लघुफिल्म, माइक्रोफिचे, दस्तावेज का प्रतिरूप (फेसीमिली);
(3) किसी माइक्रोफिल्म में निहित छवि/छवियों (इमेज) का पुनरुत्पादन; एवं
(4) कंप्यूटर या अन्य तकनीकी उपकरणों से उत्पन्न अन्य कोई सामग्री।

सूचना स्वातंत्र्य अधिनियम, 2002 की धारा 8 में निम्नलिखित सात प्रकार की सूचनाएं न देने की छूट लोक प्राधिकारियों को दी गई थी :

(क) ऐसी सूचना जिसके प्रकटीकरण या उद्घाटन (खुलने) से भारत की संप्रभुता एवं अखंडता, भारत की सुरक्षा, भारत का रणनीतिक वैज्ञानिक या आर्थिक हित या अंतर्राष्ट्रीय संबंधों का संचालन प्रतिकूल रूप से प्रभावित होगा।
(ख) ऐसी सूचना जिसके प्रकटीकरण से लोक सुरक्षा एवं व्यवस्था, किसी अपराध का उद्भेदन और अनुसंधान प्रतिकूल रूप से प्रभावित होगा अथवा जिससे किसी अपराध को अंजाम देने में प्रोत्साहन मिलेगा, अथवा जिससे प्रतिकूल रूप से किसी लंबित मामले का स्वतंत्र विचारण एवं न्याय-निर्वाह प्रभावित होगा।
(ग) ऐसी सूचना जिसके प्रकटीकरण से केंद्र-राज्य संबंधों (केंद्र और राज्य सरकारें या उनके प्राधिकारियों/एजेंसियों के बीच गोपनीय सूचना के आदान-प्रदान सहित) का संचालन प्रतिकूल रूप से प्रभावित होगा।
(घ) कैबिनेट कागजात (मंत्रिपरिषद, सचिवों तथा अन्य अधिकारियों के विचार-विमर्श संबंधी अभिलेखों सहित)
(ङ) बैठक की कार्यवाही या परामर्श के अभिलेख (वैधिक परामर्श, राय या किसी अधिकारी की अनुशंसा जो निर्णय लेने की प्रक्रिया के दौरान किंतु कार्यपालक निर्णय या नीति सूत्रण के पूर्व दी गई हो, उसके सहित)
(च) किसी कानून द्वारा संरक्षित व्यापार या वाणिज्य संबंधी गोपनीय चीजें जिसके

प्रकटीकरण से किसी लोक प्राधिकारी के वैधिक आर्थिक एवं वाणिज्यिक हित या प्रतिस्पर्धात्मक स्थिति प्रभावित होगी; अथवा किसी व्यक्ति को उससे अनुचित लाभ या हानि होगी।

(छ) ऐसी सूचना जिसके प्रकटीकरण से संसद या राज्य के विधानमंडल के विशेषाधिकारों का उल्लंघन होगा।

मगर इस कानून के विधिवत लागू होने के पूर्व केंद्र की सरकार बदल गई तथा कांग्रेस नीत एकीकृत प्रगतिशील गठबंधन (यू.पी.ए.) ने 2004 में सत्ता संभाल ली। अतः कांग्रेस के घोषणा-पत्र के अनुसार दिसंबर 2004 में एक नया विधेयक 'सूचना का अधिकार' लोकसभा में पेश किया गया क्योंकि पूर्व से मौजूद सूचना स्वातंत्र्य अधिनियम को संकीर्ण एवं दोषपूर्ण पाया गया। नए विधेयक को संसद के दोनों सदनों ने मई 2005 में पारित कर दिया तथा महामहिम राष्ट्रपति ने 15 जून, 2005 को अपनी सहमति दे दी। तब 21 जून, 2005 को उसे भारत के गजट में अधिसूचित किया गया तथा उसे 12 अक्तूबर, 2005 से संपूर्ण भारत में (जम्मू-कश्मीर को छोड़कर) लागू कर दिया गया। जम्मू-कश्मीर ने अपना सूचना स्वातंत्र्य अधिनियम, 2004 पहले ही पारित कर दिया था। नया कानून वैसे सभी लोक प्राधिकारियों, जिसमें केंद्र सरकार या राज्य सरकारों या संघ शासित क्षेत्रों, पंचायतों, नगर निकायों आदि का स्वामित्व हो अथवा उन संस्थाओं ने पर्याप्त रूप से वित्तीय सहायता दी हो, पर लागू है। यह अधिकारियों के कर्तव्य के रूप में सूचना का प्रचार-प्रसार एवं आदान-प्रदान को देखता है जिससे कार्यकलाप में ज्यादा पारदर्शिता एवं दायित्व हो। यह कानून सरकारी गोपनीयता अधिनियम, 1923 तथा अन्य कानूनों के ऊपर होगा जो जनता तक सूचना प्रवाह में बाधक हैं। इसमें (धारा 2-ए) सूचना का ज्यादा विस्तृत अर्थ दिया गया है :

"कोई भी सामग्री किसी भी रूप में अभिलेख, दस्तावेज, ज्ञापन, ई-मेल, राय, परामर्श, प्रेस विज्ञप्ति, सर्कुलर, आदेश, लॉगबुक, ठेका, प्रतिवेदन, कागजात, नमूना (सैंपल), मॉडल, आंकड़े (इलेक्ट्रॉनिक रूप में रखे गए)"।

इसके अलावा सूचना के अधिकार (धारा 2-जे) को व्यापक बना दिया गया है। इसमें छह चीजें शामिल हैं :

(1) कार्यों, दस्तावेजों तथा/या अभिलेखों के निरीक्षण का अधिकार।

(2) नोट, अंश या सच्ची प्रतिलिपि लेने का अधिकार।

(3) सच्चा नमूना (सैंपल) लेने का अधिकार।

(4) इलेक्ट्रॉनिक रूपों (डिस्केट, फ्लॉपी, टेप, वीडियो कैसेट या अन्य रूपों में या प्रिंट आउट आदि) में उपलब्ध सूचनाएं पाने का अधिकार।

(5) ऐसी सूचनाएं पाने का अधिकार जिसका प्रकटीकरण (डिस्क्लोजर) जनहित में हो।

(6) जो सूचना भारतीय संसद या राज्य के विधानमंडल को देने से नहीं रोकी जा सकती, उसे किसी भी नागरिक को पाने का अधिकार है।

यह विशेष रूप से उल्लेखनीय है कि इस अधिनियम के लागू होने की तिथि से 120 दिनों के अंदर प्रत्येक लोक प्राधिकारी को अपने संगठन, उसके कार्य आदि का विवरण प्रकाशित करना है; इसके अधिकारियों/कर्मचारियों की शक्तियों और कर्तव्यों को प्रकाशित करना है; निर्णय लेने की प्रक्रिया में अपनाई जाने वाली विधि, पर्यवेक्षण चैनलें तथा दायित्व आदि का विवरण प्रकाशित करना है; इसके द्वारा निर्धारित नियम प्रकाशित किए जाने हैं; इसकी नियमावली, हस्तक, निर्देश तथा विनियमावली आदि प्रकाशित की जानी है; इसके नियंत्रण में रखे गए दस्तावेजों की श्रेणियां प्रकाशित की जानी हैं; इसके नीति निर्धारण में आम जनता के परामर्श/प्रतिनिधित्व आदि के बारे में की गई व्यवस्था प्रकाशित की जानी है; इस संगठन के बोर्ड, परिषद (काउंसिल), समिति तथा अन्य निकाय (जिसमें दो या अधिक व्यक्ति हों) की बैठकों में जनता शामिल हो सकती है या नहीं, क्या उसकी कार्रवाई तक जनता की पहुंच है? आदि को प्रकाशित करना है; इसके अधिकारियों और कर्मचारियों की निर्देशिका प्रकाशित की जानी है; प्रत्येक अधिकारी/कर्मचारी द्वारा प्रत्येक माह मिलने वाला वेतन आदि प्रकाशित किया जाना है; बजट (सभी प्लानों का विवरण, प्रस्तावित व्यय और आवंटित राशि का ब्योरा) आदि प्रकाशित किया जाना है; अनुदानित कार्यक्रमों और उनसे लाभान्वित व्यक्तियों का विवरण प्रकाशित किया जाना है; किसी प्रकार की सरकारी छूट, परमिट या ग्रांट का विवरण प्रकाशित किया जाना है; नागरिकों के लिए उपलब्ध सुविधाओं (यथा पुस्तकालय/वाचनालय की कार्यावधि) को प्रकाशित करना है; इलेक्ट्रॉनिक माध्यमों से रखी गई सूचनाएं प्रकाशित करना है; लोक सूचना अधिकारियों के नाम, पदनाम तथा अन्य विवरण प्रकाशित करने हैं; अन्य निर्धारित सूचनाएं प्रकाशित की जानी हैं। इसके अलावा प्रत्येक वर्ष इन प्रकाशित विवरणों को अद्यतन किया जाना है।

मगर इसके साथ-साथ यह भी जानना जरूरी है कि किन-किन चीजों का प्रकटीकरण नहीं किया जा सकता अर्थात उनके बारे में किसी नागरिक को सूचना देने के लिए लोक प्राधिकारी बाध्य नहीं है। ये मुख्यतया 12 प्रकार की सूचनाएं (धारा 8) हैं :

1. ऐसी सूचना जिसके प्रकटीकरण से भारत की संप्रभुता, अखंडता, सुरक्षा, वैज्ञानिक या आर्थिक हित प्रतिकूल रूप से प्रभावित हो सकता है अथवा किसी दूसरे देश से संबंध प्रभावित हो सकता है।
2. इससे किसी अपराध को प्रोत्साहन मिल सकता है।
3. ऐसी सूचना जिसको खोलने से कोर्ट की अवमानना हो सकती है अथवा जिसे किसी न्यायालय या न्यायाधिकरण ने प्रकाशित करने पर रोक लगा रखी हो।
4. ऐसी सूचना जिसके प्रकटीकरण से भारतीय संसद या राज्य के विधानमंडल के विशेषाधिकार का हनन हो सकता है।

5. किसी तीसरे पक्ष की प्रतिस्पर्धात्मक स्थिति को नुकसान पहुंचाने वाली वाणिज्यिक या व्यापारिक रहस्य या बौद्धिक संपदा आदि से संबंधित सूचनाएं।
6. ऐसी सूचना जो किसी व्यक्ति को विशिष्ट न्यासीय संबंध के कारण प्राप्त हुई हो—जैसे चिकित्सक और मरीज के बीच, वकील तथा मुवक्किल के बीच साझी सूचनाएं।
7. किसी विदेशी से प्राप्त गोपनीय सूचनाएं।
8. यदि किसी सूचना के प्रकटीकरण से किसी व्यक्ति के जीवन या भौतिक सुरक्षा पर खतरा हो जाए।
9. यदि यह कानून के प्रवर्तन (लागू) हेतु या सुरक्षा उद्देश्यों से गोपनीय रूप से कोई सूचना या सहायता के स्रोत से संबंधित हो;
10. यदि इससे किसी मामले की अनुसंधान या अभियोजन प्रक्रिया प्रतिकूल रूप से प्रभावित हो।
11. कैबिनेट कागजात, जिनमें मंत्री, सचिव या अन्य अधिकारियों के विचार-विमर्श शामिल हैं, को नहीं बताया जाना है मगर निर्णय ले लिए जाने के बाद इसका प्रकटीकरण हो सकेगा।
12. व्यक्तिगत या निजी सूचना जिसका प्रकटीकरण किसी लोक गतिविधि या हित से संबंधित न हो अथवा जो किसी व्यक्ति की निजता पर अनावश्यक कुठाराघात हो, जब तक कि केंद्रीय/राज्य लोक सूचना अधिकारी या अपीलीय प्राधिकारी संतुष्ट न हो जाए कि वृहत्तर लोकहित में यह सूचना खोलना आवश्यक है।

इस प्रकार यदि जनहित निजी हित से ज्यादा जरूरी हो तो लोक सूचना अधिकारी निजी सूचनाओं का प्रकटीकरण करने का आदेश दे सकते हैं। इसके अलावा धारा 9 में यह प्रावधान है कि यदि कोई सूचना देने से किसी व्यक्ति के कॉपीराइट का उल्लंघन हो, तो सूचना देने से मना किया जा सकता है। मगर इस संदर्भ में राज्य के कॉपीराइट का मामला शामिल नहीं है। इसके अतिरिक्त धारा 10 में यह प्रावधान है कि यदि कोई सूचना किसी ऐसे अभिलेख में दर्ज हो जिसका प्रकटीकरण धारा 8 के तहत अनुमान्य नहीं है, तो उसमें आंशिक पहुंच की अनुमति दी जा सकती है। यहां यह भी उल्लेखनीय है कि 20 वर्ष पूरा होने के बाद किसी घटना या मामले के बारे में सूचना न देने के अपवाद के बावजूद सूचना दी जा सकती है मगर 20 वर्ष के बाद भी निम्नलिखित के बारे में सूचना नहीं दी जा सकती :

(क) भारत की संप्रभुता, अखंडता, सुरक्षा, रणनीतिक, आर्थिक या वैज्ञानिक हित संबंधी मामलों में।

(ख) ऐसी सूचना जिसके प्रकटीकरण से कोई अपराध हो सकता है।

(ग) कैबिनेट कागजात (मंत्रिपरिषद, सचिवों तथा अन्य अधिकारियों के विचार-विमर्श सहित)

(घ) सांसदों और राज्य के विधायकों के विशेषाधिकारों और बचावों से संबंधित सूचनाएं।

केंद्र सरकार द्वारा ही 20 साल की गणना का निर्णय अंतिम रूप से ले लिया जाएगा। मगर यहां विशेष रूप से उल्लेखनीय है कि इस अधिनियम की धारा 24 तथा अनुसूची 2 के अनुसार निम्नलिखित आसूचना एवं सुरक्षा एजेंसियों पर सूचना का अधिकार लागू नहीं होगा :

1. इंटेलिजेंस ब्यूरो (आई.बी.)
2. कैबिनेट सचिवालय का रिसर्च एंड एनालिसिस विंग (RAW)
3. राजस्व आसूचना (Revenue Intelligence) निदेशालय
4. केंद्रीय आर्थिक आसूचना ब्यूरो (Central Economic Intelligence Bureau)
5. प्रवर्तन (इन्फोर्समेंट) निदेशालय
6. नारकोटिक्स कंट्रोल ब्यूरो
7. एवियेशन रिसर्च केंद्र
8. स्पेशल फ्रंटियर फोर्स
9. सीमा सुरक्षा बल (बार्डर सिक्योरिटी फोर्स)
10. केंद्रीय रिजर्व पुलिस बल (सी.आर.पी.एफ.)
11. भारत-तिब्बत सीमा पुलिस (इंडो-तिब्बतन बार्डर पुलिस)
12. केंद्रीय औद्योगिक सुरक्षा बल (सी.आई.एस.एफ.)
13. नेशनल सिक्यूरिटी गार्ड्स (एन.एस.जी.)
14. असम रायफल्स
15. स्पेशल सर्विस ब्यूरो
16. स्पेशल ब्रांच (सी.आई.डी.), अंडमान-निकोबार द्वीप समूह
17. क्राइम ब्रांच-सी.आई.डी. सी.बी., दादर-नागर हवेली
18. स्पेशल ब्रांच, लक्षद्वीप पुलिस।

मगर इन संगठनों के बारे में भ्रष्टाचार तथा मानवाधिकार उल्लंघन के मामलों में केंद्रीय/राज्य सूचना आयोग की अनुमति से सूचनाएं प्राप्त की जा सकती हैं।

यहां यह भी उल्लेखनीय है कि राज्य सरकारों/ भारत के प्रधान न्यायाधीश, (सर्वोच्च न्यायालय), उच्च न्यायालयों के मुख्य न्यायाधीश, लोकसभा, राज्यसभा के सभापति, राज्य की विधान सभा के अध्यक्ष तथा विधान परिषद के सभापति आदि को सक्षम प्राधिकार

की हैसियत से अपने-अपने क्षेत्र के लिए सूचना के अधिकार अधिनियम को लागू करने के लिए नियमावली बनाने की शक्ति प्रदत्त है।

इस अधिनियम की धारा 4, 6, 7 और 11 के तहत लोक प्राधिकारियों के निम्नलिखित कर्तव्य है :

1. आंकड़ों का सूचीकरण किया जाना है तथा उनकी अनुक्रमणिका तैयार की जानी है, एवं सभी आवश्यक अभिलेखों का कंप्यूटरीकरण करना है। अखिल भारतीय नेटवर्क के जरिए नागरिकों की पहुंच उन तक होने की व्यवस्था की जानी है।
2. सूचना के प्रकटीकरण हेतु अति सक्रिय प्रावधान किए जाएं।
3. महत्वपूर्ण नीतियों के सूत्रण अथवा निर्णयों की घोषणा (जिससे जनता प्रभावित हो) के समय अति सक्रिय तरीके से तथ्यों का प्रकाशन किया जाए।
4. प्रभावित व्यक्तियों को प्रशासनिक/अर्द्ध-न्यायिक निर्णयों के कारणों से अवगत कराना।
5. किसी इंद्रिय की विकलांगता वाले व्यक्ति (यथा नेत्रहीन) को सूचना देने या अभिलेख देखने की व्यवस्था हो।
6. यदि 30 दिनों के अंदर सूचना उपलब्ध नहीं कराई जाती, तो आवेदक को बाद में निःशुल्क सूचना उपलब्ध कराई जानी है, जब अपीलीय अधिकारी सूचना देने का आदेश दे।
7. किसी सूचना के बारे में आवेदन मिलने पर निर्णय करने के पूर्व तीसरे पक्ष के अभ्यावेदन पर विचार किया जाए/तीसरे पक्ष के रहने पर समय सीमा 40 दिन हो जाती है।
8. सूचना न देने के अपवादों के बावजूद किसी आवेदक को सूचना उपलब्ध कराई जाए यदि किसी लोक प्राधिकारी को होने वाली हानि की तुलना में जनहित ज्यादा जरूरी/महत्वपूर्ण हो।
9. यदि किसी व्यक्ति की जिंदगी और स्वतंत्रता से संबंधित कोई मामला हो तो 48 घंटे के अंदर (धारा 7) सूचना उपलब्ध कराई जाए।
10. तीस दिनों तक सूचना मांगने के आवेदन पर कोई कार्रवाई न करना, उसे इनकार करना माना जाएगा।
11. प्रत्येक लोक प्राधिकार द्वारा सूचना देने के लिए उचित शुल्क निर्धारित किया जाना चाहिए। मगर गरीबी रेखा के नीचे रहने वालों से शुल्क नहीं लिया जाना है। इसका निर्धारण (न्यूनतम आय) संबंधित सरकार करेगी।

केंद्रीय सूचना आयोग में एक मुख्य सूचना आयुक्त तथा अधिकतम 10 व्यक्ति सदस्य होंगे जिनकी नियुक्ति राष्ट्रपति द्वारा एक समिति की अनुशंसा पर की जाएगी जिसमें

प्रधानमंत्री अध्यक्ष होंगे तथा एक कैबिनेट मंत्री तथा विपक्ष के नेता सदस्य होंगे। उम्मीदवार को सार्वजनिक जीवन में प्रसिद्ध व्यक्ति होना चाहिए जिसे विधि, विज्ञान, प्रौद्योगिकी, सामाजिक सेवा, प्रबंधन, पत्रकारिता, जनसंचार या प्रशासन एवं शासन में ज्ञान तथा अनुभव हो। कोई भी सांसद या विधायक सूचना आयोग में नियुक्त नहीं किया जा सकता। उनकी नियुक्ति इस पद पर होने पर उसे सांसद/विधायक का पद छोड़ना पड़ेगा। इनका कार्यकाल 5 वर्ष या 65 वर्ष की आयु पूरा होने (दोनों में जो पहले हो) तक रहेगा। यदि नियुक्ति समिति अनुशंसा करे, तो उसका कार्यकाल एक साल बढ़ाया जा सकता है मगर उसकी दुबारा नियुक्ति नहीं की जा सकती। केंद्र के मख्य सूचना आयुक्त का वेतन मुख्य निर्वाचन आयुक्त के बराबर होगा और सूचना आयुक्त का वेतन निर्वाचन आयुक्त के बराबर होगा। मुख्य सूचना आयुक्त/सूचना आयुक्त को दुर्व्यवहार या अक्षमता के आधार पर पदमुक्त किया जा सकेगा। किसी सरकारी या निजी ठेके से कार्यकाल के दौरान लाभ कमाना दुर्व्यवहार माना जाएगा। किंतु किसी निजी कंपनी में निवेश से प्राप्त धन अनुमान्य है। राष्ट्रपति सर्वोच्च न्यायालय को दुर्व्यवहार या अक्षमता की जांच हेतु कोई मामला भेज सकते हैं। सर्वोच्च न्यायालय की अनुशंसा पर मुख्य सूचना आयुक्त/सूचना आयुक्त को राष्ट्रपति हटा सकेंगे मगर बिना सर्वोच्च न्यायालय को कोई मामला भेजे राष्ट्रपति निम्नलिखित कारणों से उन्हें हटा सकेंगे :

(क) दिवालियापन

(ख) नैतिक चरित्रहीनता के अपराध में दोषसिद्ध होने पर

(ग) कार्यकाल के दौरान अपने सरकारी कार्यों से हटकर कोई भुगतान वाला बाहरी कार्य करने पर

(घ) शरीर या मन की अशक्तता पर

(ङ) यदि कोई वित्तीय या अन्य हित अर्जित किया हो जिससे उसके द्वारा मुख्य सूचना आयुक्त/सूचना आयुक्त का कार्य करना प्रभावित हो।

इसी प्रकार राज्य सूचना आयोग में एक मुख्य सूचना आयुक्त तथा अधिकतम दस सूचना आयुक्त होंगे। उनकी नियुक्ति हेतु एक समिति होगी जिसमें मुख्यमंत्री अध्यक्ष होंगे तथा एक कैबिनेट मंत्री एवं विपक्ष के नेता सदस्य होंगे। केंद्रीय आयोग की तरह इसके मुख्य सूचना आयुक्त/सूचना आयुक्त की योग्यता, कार्यकाल एवं अन्य सेवा शर्ते आदि लागू होंगी। मगर राज्य के मुख्य सूचना आयुक्त का वेतन निर्वाचन आयोग के निर्वाचन आयुक्त के वेतन के बराबर होगा तथा राज्य सूचना आयुक्त का वेतन राज्य सरकार के मुख्य सचिव के वेतन के बराबर होगा। राज्य के राज्यपाल को केंद्र की तरह राज्य के मुख्य सूचना आयुक्त/सूचना आयुक्त को हटाने का अधिकार है।

केंद्रीय सूचना आयोग और राज्य सूचना आयोग के अधिकार और कार्य निम्नलिखित हैं :

(क) जिसे लोक सूचना अधिकारी न नियुक्त होने के कारण सूचना न मिल पा रही हो, उसकी शिकायत सुनना।
(ख) जिसे मांगने पर सूचना न मिलती हो, उसकी शिकायत सुनना।
(ग) जिसे निर्धारित समय सीमा के तहत कोई उत्तर नहीं मिला हो, उसकी शिकायत सुनना।
(घ) यदि किसी के द्वारा अधिक शुल्क लेने की शिकायत हो, तो उसे सुनना।
(ङ) यदि किसी ने शिकायत की हो कि सूचना अधूरी है, या झूठी है अथवा भ्रामक हो।
(च) इस कानून के तहत कोई अन्य शिकायतें सुनना।

आयोग को निम्नलिखित मामलों में सिविल कोर्ट की शक्ति प्राप्त है :
(क) किसी व्यक्ति को सम्मन भेजकर उपस्थित कराना, शपथ पर बयान लेना और दस्तावेज आदि प्रस्तुत कराना।
(ख) दस्तावेजों की छानबीन एवं निरीक्षण कराना।
(ग) शपथपत्र पर साक्ष्य लेना।
(घ) किसी न्यायालय या कार्यालय से प्रतिलिपि या अभिलेख प्राप्त करना।
(ङ) किसी गवाह या दस्तावेज के परीक्षण के लिए सम्मन निर्गत करना।
(च) अन्य कोई निर्धारित मामला।

इस कानून के तहत यह सख्त प्रावधान (धारा 20) किया गया है कि प्रत्येक लोक सूचना अधिकारी को निम्नलिखित आधारों पर 250 रु. प्रतिदिन की दर से जुर्माना देना होगा जो अधिकतम 25,000/- रु. होगा :
(क) कोई आवेदन स्वीकार न करना;
(ख) बिना किसी उचित कारण के सूचना देने में विलंब करना;
(ग) बदनीयती से सूचना देने में विलंब करना;
(घ) जानबूझकर अपूर्ण, असत्य, या भ्रामक सूचना देना;
(ङ) जो सूचना मांगी गई हो, उसे नष्ट करना
(च) किसी रूप में सूचना देने में बाधा डालना

केंद्र और राज्य के मुख्य सूचना आयुक्त को उक्त जुर्माना करने की शक्ति प्रदत्त है। किसी लोक सूचना अधिकारी द्वारा बार-बार इस कानून का उल्लंघन करने पर आयोग संबंधित सरकार को उसके विरुद्ध अनुशासनिक कार्रवाई करने की अनुशंसा भी कर सकता है। मात्र उच्च न्यायालय/उच्चतम न्यायालय में (अपने मूलाधिकार के लिए) अपील दायर करने के सिवाय केंद्र/राज्य सूचना आयोग द्वारा पारित किसी आदेश के विरुद्ध कोई मुकदमा न्यायालय में नहीं दायर किया जा सकता।

इस प्रकार स्पष्ट है कि सूचना का अधिकार अधिनियम, 2005 में पहले के सूचना स्वातंत्र्य अधिनियम, 2002 की अपेक्षा काफी अधिक कानूनी व्यापकता एवं गहराई है तथा इसके प्रावधानों के उल्लंघन के मामले में ज्यादा सख्त दंड का प्रावधान किया गया है। केंद्रीय सूचना आयोग ने एक मामले में (सत्यपाल केस) में अपना निर्णय 31 जनवरी, 2006 को दिया कि किसी फाइल में टिप्पणी की प्रतिलिपि आदि लेने का अधिकार जनता को है क्योंकि कानून में इस पर रोक नहीं है मगर इसके कारण शासन-प्रशासन में यह कठिनाई आ गई कि ऐसा होने से डर के कारण अधिकारी/कर्मचारी सही प्रासंगिक/स्वतंत्र टिप्पणी नहीं लिखेंगे जिसके फलस्वरूप नीतिगत निर्णय गलत हो सकते हैं। अस्तु, केंद्र सरकार ने 2006 के मानसून सत्र में सूचना के अधिकार अधिनियम में संशोधन का एक विधेयक लोकसभा में पेश किया। कैबिनेट ने इसमें संशोधन का निर्णय इसलिए भी लिया कि संसद ने जब उक्त कानून बनाया था, तो फाइल की टिप्पणी की प्रतिलिपि लेने-देने का उद्देश्य शामिल नहीं था। कैबिनेट ने अपने संशोधन विधेयक में यह प्रावधान किया है कि परीक्षा लेने वाली संस्थाओं को गोपनीयता बरकरार रखने का अधिकार रहे और फाइल में 'सामाजिक और विकास मुद्दों' से संबंधित टिप्पणी का प्रकटीकरण किया जा सकता है। जैसा कि अभिषेक सिंघवी ('हिंदुस्तान टाइम्स', 2.08.06) ने सही कहा है, कई विकसित देशों (जहां सक्रिय रूप से कार्यरत लोकतंत्र है) यथा अमेरिका, इंग्लैंड, आस्ट्रेलिया, नीदरलैंड, फ्रांस, कनाडा, आयरलैंड आदि में टिप्पणी का प्रकटीकरण अनुमान्य नहीं है क्योंकि इससे स्वतंत्र, निष्पक्ष, निडर एवं उचित टिप्पणी लिखने में बाधा पैदा होती है। टिप्पणी के प्रकटीकरण का अधिकार रहने से अधिकारी अपूर्ण/विरोधाभासी टिप्पणी लिखने की शैली अपना लेते हैं और बिना निष्पक्ष परामर्श दिए ऊपर के स्तर पर निर्णय लेने का पूरा मामला छोड़कर अपना पिंड छुड़ाने का प्रयास करते हैं। दूसरे, उन्होंने यह भी कहा है कि जो लोग इस संशोधन का विरोध कर रहे हैं, उन्होंने स्वयं सूचना स्वातंत्र्य अधिनियम, 2002 में यह अधिकार नहीं दिए थे। तीसरे, उनका कहना है कि जनहित में हमेशा प्रतिस्पर्धात्मक मूल्यों के बीच संतुलन स्थापित करना होता है। जैसाकि यूनान के राजनैतिक दार्शनिक अरस्तू ने ढाई हजार वर्ष पहले ठीक ही कहा था–"सद्‌गुण दो अतियों, जिनमें प्रत्येक अवगुण होती है, के बीच माध्यम (औसत) होता है" (Virtue is the mean between two extremes each of which is a vice)। यहां प्रत्येक चीज का अनियंत्रित/अबाध प्रकटीकरण तथा फाइल की टिप्पणी का बिल्कुल प्रकटीकरण न करना दो अतियां हैं, इसलिए उनके मध्य में एक संतुलन स्थापित करना बेहतर है। ज्ञातव्य है कि समाजसेवी अन्ना हजारे (रालेगांव सिद्धी, महाराष्ट्र) ने चेतावनी दी कि यदि उक्त संशोधन पारित किया गया तो वह केंद्र सरकार द्वारा दी गई पद्‌मश्री को लौटा देंगे। कुछ अन्य स्वयंसेवी संगठनों (परिवर्तन, मजदूर किसान, शक्ति संगठन) ने भी आरोप लगाया कि इस संशोधन से इस कानून की प्रगतिशीलता एवं

व्यापकता घटेगी तथा नौकरशाही इसका दुरुपयोग कर सूचना नहीं देगी। मेरा ख्याल है कि दो ध्रुवों के बीच तालमेल बैठाने वाला यह संशोधन स्वागत योग्य है और इससे सूचना के प्रवाह में रुकावट आने की चिंता आने वाले समय में संभवतः दूर हो जाएगी। फिलहाल संशोधन नहीं हो सका।

यह उल्लेखनीय है कि भारत के कोने-कोने में सूचना के अधिकार को लागू करने के लिए 1 से 15 जुलाई, 2006 तक 'सूचना अधिकार पखवाड़ा' मनाया गया तथा 'घूस को घूंसा' का नारा देते हुए एक व्यापक जन-जागरण अभियान जनसंचार माध्यमों, स्वयंसेवी संस्थाओं तथा सरकारी तंत्र (विशेषकर सूचना एवं जनसंपर्क विभाग) द्वारा सम्मिलित रूप से चलाया गया जिससे बहुत सारे लोगों के काफी लंबे अरसे से लंबित कई कार्य अंतिम तार्किक परिणति तक पहुंचे। जरूरत है समाज के सभी वर्गों में चेतना पैदा करने की, सरकारी और गैर-सरकारी संगठनों के बीच तालमेल एवं सहभागिता की तथा हर जगह एवं हर समय पारदर्शिता एवं दायित्व पूर्ण सुशासन को व्यवहार में लाने की, तभी सूचना का यह मानवाधिकार सही मायने में कारगर होगा।

उल्लेखनीय है कि 2008-9 के लिए भारत सरकार के प्रशासनिक सुधार एवं लोक शिकायतें विभाग द्वारा नागरिक-केंद्रित सेवा प्रदान करने हेतु बिहार सरकार की 'जानकारी' नामक ई-शासन प्रणाली को राष्ट्रीय स्वर्ण पुरस्कार प्रदान किया गया। इसी क्षेत्र में राष्ट्रीय कांस्य पुरस्कार ई-कृषि-किरण, आनंद कृषि विश्वविद्यालय (गुजरात) तथा हिमपोल (हिमाचल प्रदेश पुलिस वेब) हिमलाचल प्रदेश को संयुक्त रूप से दिया गया। इस क्षेत्र में रजत पुरस्कार किसी को नहीं दिया गया। यह प्रयास उत्साहवर्धक है। यह भी ज्ञातव्य है कि राज्य सूचना आयोग (बिहार) ने समय सीमा के भीतर सूचना के अधिकार के तहत सूचना न देने पर या गलत सूचना देने पर जनवरी 2009 तक 328 अधिकारियों पर जुर्माना लगाया। इसी प्रकार केंद्रीय सूचना आयोग और अन्य राज्यों के सूचना आयोगों ने सूचना न देने या गलत देने पर जुर्माना लगाया।

8

स्वच्छ पर्यावरण का अधिकार

संयुक्त राष्ट्र की 'आर्थिक, सामाजिक और सांस्कृतिक अधिकारों से संबंधित अंतर्राष्ट्रीय प्रसंविदा' (1966) के अनुच्छेद-12 (2)(ख) के अनुसार प्रत्येक व्यक्ति को शारीरिक और मानसिक स्वास्थ्य के उच्चतम प्राप्य स्तर का उपभोग करने का अधिकार है जिसे पूर्णतः चरितार्थ करने के लिए राज्य पर्यावरणीय एवं औद्योगिक स्वच्छता के सभी पहलुओं में सुधार करने का उपाय करेंगे। इसके अलावा 'विकास के अधिकार संबंधी घोषणा' (1986) के अनुच्छेद-1(2) में स्पष्ट किया गया है कि विकास के मानवाधिकार का अर्थ जन-समाजों के आत्मनिर्णय का अधिकार है जिसमें अपनी प्राकृतिक संपदा और संसाधनों पर संपूर्ण प्रभुसत्ता के उनके अहरणीय अधिकार का प्रयोग भी शामिल है। इसके अतिरिक्त 'वियन्ना घोषणा' (1993) के भाग 1, अनुच्छेद-11 में प्रावधान है : "विकास के अधिकार को इस प्रकार चरितार्थ करना चाहिए जिससे वर्तमान और भावी पीढ़ियों की विकास संबंधी और पर्यावरणीय आवश्यकताएं न्यायसंगत रीति से पूरी हो सकें। मानवाधिकार संबंधी विश्व सम्मेलन स्वीकार करता है कि विषैले और खतरनाक पदार्थों एवं अपशिष्ट चीजों को अवैध रूप से फेंकना प्रत्येक व्यक्ति के जीवन और स्वास्थ्य संबंधी मानवाधिकार के लिए गंभीर खतरे की संभावना से युक्त है।"

इसी प्रकार भारतीय संविधान के नीति निर्देशक सिद्धांतों (भाग-4) के अनुच्छेद-48 में कहा गया है कि राज्य देश के पर्यावरण के संरक्षण और संवर्द्धन का, एवं वन और वन्य जीवों की रक्षा करने का प्रयास करेगा। इसके साथ ही मूल कर्तव्य (भाग 4क) के अनुच्छेद-51क (छ) में कहा गया है कि भारत के प्रत्येक नागरिक का यह कर्तव्य है कि वह प्राकृतिक पर्यावरण की, जिसके अंतर्गत वन, झील, नदी और वन्य जीव हैं, रक्षा करे और उसका संवर्द्धन करे, एवं प्राणिमात्र के प्रति दयाभाव रखे।

यहां हम स्वच्छ पर्यावरण के निम्नलिखित पहलुओं पर विचार करेंगे जिससे हमें ज्ञात हो सके कि हमें कहां तक स्वच्छ पर्यावरण का अधिकार प्राप्त है और कहां-कहां किस रूप में इसका उल्लंघन हो रहा है :

(क) स्वच्छ पर्यावरण मानवाधिकार है।

(ख) पर्यावरणीय प्रदूषण की समस्याएं।

(ग) क्लेमेंसू और ब्लू लेडी के पीछे क्या है?

पर्यावरण का सामान्य अर्थ है हमारे चारों ओर फैला परिवेश जिसमें हम रहते हैं, खाते-पीते हैं, खेलते-कूदते हैं, आते-जाते हैं, काम करते हैं। इसमें कुछ परिवेश प्रकृति प्रदत्त होता है और कुछ मानव-निर्मित। तुलसीदास ने कहा है–'क्षिति जल पावक गगन समीरा/पंच तत्व यह रचित शरीरा।' किंतु वास्तव में शरीर के अलावा पर्यावरण भी उन्हीं पांच तत्वों से बना है। आज के वैज्ञानिकों ने सिद्ध किया है कि हमारी 'जीवन-रस्सी' में हवा, पानी, मिट्टी, खनिज, वनस्पति और जीव-जंतु शामिल हैं। मनुष्य ने विभिन्न तकनीकों के जरिए प्रकृति के विभिन्न संसाधनों को सीमित और नियंत्रित किया और उसे 'सभ्यता' या 'विकास' का नाम दिया जाता रहा। यह सही है कि अन्न-साग-सब्जी उपजाए बिना आदमी जीवित नहीं रह सकता था और खेती के लिए पानी के उपयोग की जरूरत थी। बाद में आबादी बढ़ने से और खनिज पदार्थों के अन्वेषण से उनका उपयोग तेजी से होने लगा अर्थात औद्योगिक विकास के लिए प्राकृतिक संसाधनों का दोहन होने लगा। इस प्रकार मानव आवश्यकताओं की पूर्ति के अलावा लालच और लाभ की इच्छा से प्रकृति का शोषण बढ़ा। इसीलिए महात्मा गांधी कहा करते थे–"पृथ्वी प्रत्येक की आवश्यकताओं की पूर्ति तो कर सकती है, मगर किसी के लालच की नहीं।" प्रारंभ में भारतीय संस्कृति में प्रकृति या इसके विभिन्न संसाधनों की पूजा होती रही है। वन देवी, नदी देवी (गंगा आदि) समुद्र देवता, जल देवता, वायु देवता, अग्नि देवता, सूर्य देवता, चंद्र, नवग्रह, धरती माता (माता भूमिः पुत्रोऽहं पृथिव्या), अंतरिक्ष देवता, वृक्ष देवता (वट वृक्ष, पीपल, नीम) आदि सदियों से हिंदुओं के आराध्य रहे हैं। ऋग्वेद में कहा गया है–'रात और दिन मधुर हों। पृथ्वी, अंतरिक्ष और हमारे पिता (आकाश) मधुर रस देने वाले हों। वनस्पतियां मधुर हों, सूर्य मधुर रस की वर्षा करें एवं गाएं हमें मीठा दूध दें? हमारे यहां गाय को 'गोमाता' माना जाता है। और गोवर्द्धन पूजा की जाती है। नाग देवता की पूजा नागपंचमी के दिन दूध और (धान के) लावा से होती है, शेर को दुर्गा देवी की सवारी, हंस को सरस्वती की सवारी, चूहे को गणेश की सवारी और बैल को शिव की सवारी माना गया है। हर पूजा में दूब, अक्षत (चावल), आम का पल्लव, अग्नि, गंगा जल, हल्दी, तुलसी, सुपारी, नारियल, पान, लवंग, इलायची, मधु, दूध, दही, घी आदि का उपयोग होता है जो हमें प्रकृति या गाय से प्राप्त होता है। इस प्रकार 'वसुधैव कुटुम्बकम्' वाली भारतीय संस्कृति में पेड़-पौधे, जीव-जंतु, मनुष्य, धरती, अंतरिक्ष, जल, अग्नि, वायु आदि को परस्पर निर्भर एवं पूरक माना गया है। भारत में अरण्य संस्कृति का अत्यंत महत्व रहा है जहां ऋषिगण साधना, अध्ययन तथा अध्यापन में लीन रहते थे। गुरुदेव रवींद्रनाथ ठाकुर ने प्रकृति तथा संस्कृति में तालमेल करने का प्रयास शांति निकेतन में किया था।

भारत में वृक्ष लगाने का महत्व विभिन्न धार्मिक ग्रंथों में वर्णित है। 'एक वृक्ष, सौ

पुत्र समान' हमारी जीवन-शैली रही है। नदी, कुआं, तालाब आदि में थूकना, मल-मूत्र का त्याग करना आदि निंदनीय माना गया है और ऐसा करने वाले को कोढ़ होने का शाप मिलना बताया गया है। जल ही जीवन है (जलस्य जीवनम्), ऐसी भावना प्रारंभ में थी। यह कहने की जरूरत नहीं कि जीने के लिए भोजन और उसके साथ ऑक्सीजन और स्वच्छ जल चाहिए। यदि शुद्ध हवा नहीं मिले, तो मनुष्य को दमा की बीमारी होना स्वाभाविक है। यदि शुद्ध जल पीने को न मिले, तो पेट की तमाम बीमारियां होती हैं। इसी प्रकार यदि दूषित और मिलावटी भोजन मिले, तो स्वास्थ्य पर बुरा असर पड़ना स्वाभाविक है।

यदि हम पर्यावरणीय प्रदूषण की विवेचना करें, तो पाते हैं कि भारत में निम्नलिखित प्रकार के प्रदूषण फैले हुए हैं :

(क) भू-प्रदूषण
(ख) जल-प्रदूषण
(ग) वायु-प्रदूषण
(घ) ध्वनि-प्रदूषण
(ङ) विकिरण-प्रदूषण

भू-प्रदूषण का सबसे निकृष्ट रूप मरुस्थलीकरण है जिसमें मिट्टी बिल्कुल अनुपजाऊ हो जाती है। वास्तव में, जलवायु परिवर्तन एवं मानव गतिविधियों के कारण शुष्क, अर्द्धशुष्क और निर्जल/अर्द्धनम क्षेत्रों की भूमि मरुस्थल या रेगिस्तान बन जाती है। ओ. पी. गुप्ता, अमल कौर तथा ए.एस. फरोडा के अनुसार भारत में निर्जल भूमि के अंतर्गत गर्म जलवायु वाले शुष्क, अर्द्धशुष्क तथा अर्द्धनम क्षेत्र शामिल हैं जिनका कुल क्षेत्रफल 20.3 करोड़ हेक्टेयर है जो कुल भौगोलिक क्षेत्र का 61.9 प्रतिशत है। भारत में नदियों से होने वाले मिट्टी के कटाव से सौराष्ट्र और कच्छ के ऊपरी क्षेत्र काफी हद तक प्रभावित हुए हैं। उसके अलावा थार मरुस्थल के पूर्वी छोर में, जहां वर्षा का सालाना औसत 350 मि.मी. से 500 मि.मी. तक है, मिट्टी का कटाव काफी हुआ है। भूमि की ज्यादा जुताई-बुआई, पशुओं के चराने तथा ईंधन या इमारत या उद्योग के लिए अंधाधुंध वनों की कटाई से भू-क्षरण काफी तेजी से हो रहा है। मगर तेज हवा से भी मिट्टी का कटाव थार में काफी हुआ है। आधुनिक उपकरणों के उपयोग ने भी मिट्टी का क्षरण बढ़ाया है। उदाहरणार्थ, ट्रैक्टर से गहरी जुताई होने के कारण थार मरुस्थल में 'एइओलियन' प्रक्रिया तेजी से बढ़ी है। अरावली पहाड़ियों की तलहटी में मरुस्थल के आर्द्रता वाले पूर्वी क्षेत्र में ईंधन, पशु-चराई एवं खेती जैसी गतिविधियों से पानी से होने वाला मिट्टी का कटाव बढ़ गया है। मगर यह भी सच है कि बढ़ती जनसंख्या के कारण ईंधन की खपत ज्यादा होती है, जुताई-बुआई का चक्र बढ़ जाता है और पशुओं की संख्या बढ़ने से जंगल की चराई ज्यादा होती है।

दूसरी ओर जल जमाव तथा मिट्टी में लवणता और क्षारता की बढ़ती मात्रा है।

उदाहरण के तौर पर, कछारी मैदानों में खारे भूजल से सिंचाई के कारण लवणता और क्षारता में वृद्धि हो गई है। कच्छ और सौराष्ट्र के कछारी इलाकों में ज्यादा भूजल निकालने से समुद्र का खारा पानी जल स्रोतों में भर गया है। इसके अलावा राजस्थान में इंदिरा नहर क्षेत्र में पानी का जमाव वाला इलाका 1981 में 742 वर्ग कि.मी. था जो 1990 में बढ़कर 1980 वर्ग कि.मी. हो गया। इसके अतिरिक्त गंगानगर जिले की नहरों की अधिकता वाली घग्घर (सरस्वती) नदी की शुष्क घाटी में जल-जमाव की गंभीर समस्या से निपटने के लिए एक वितरणी बनाकर जाखरां वाली तथा सूरतगढ़ के बीच के 8 उपजाऊ क्षेत्रों को जोड़ा गया जिससे एइओलियन नामक रेत फालतू पानी को सोख ले। मगर दुर्भाग्यवश इससे जल जमाव तथा क्षारता व लवणता की गंभीर समस्या पैदा हो गई।

इसके अलावा औद्योगिक कचरों से भी भूमि का प्रदूषण तेजी से हो रहा है। जोधपुर, पाली तथा बलोत्रा कस्बों में कपड़ा रंगाई और छपाई से निकलने वाले कचरे नदियों में छोड़े जाते हैं जिसका उपयोग सिंचाई में करने से मिट्टी प्रभावित होती है। राजस्थान में इससे 34,500 हेक्टेयर भूमि खराब हुई है जिसमें से 44 प्रतिशत बहुत अधिक खराब हुई है और 34 प्रतिशत कुछ कम खराब हुई है।

वास्तव में, बहुत सारे अपशिष्ट पदार्थ (उपयोग के बाद अनुपयोगी करार किए गए) या तो मनुष्यों द्वारा उपयोग में लाए गए पदार्थ (कागज, कपड़ा, प्लास्टिक, कांच, रबड़ आदि) होते हैं, अथवा उद्योगों से निकले तरल या ठोस अपशिष्ट या कृषि अपशिष्ट या खदानों का मलबा। अधिकतर औद्योगिक अपशिष्ट निम्न प्रकार (तालिका-1) के होते हैं :

तालिका 1 : विभिन्न प्रकार के औद्योगिक अपशिष्ट और उनके लक्षण

क्र.	*उद्योग के प्रकार*	*अपशिष्ट*	*लक्षण*
1.	औषधि निर्माण उद्योग	सूक्ष्म जीव, कार्बोनिक रसायन	निलंबित एवं घुलित कार्बनिक पदार्थ
2.	कपड़ा उद्योग	रेशा एवं व्यर्थ कपड़ा	क्षारीय, निलंबित पदार्थ
3.	रासायनिक उद्योग	कच्चा माल	विषैला, अम्लीय, क्षारीय ज्वलनशील
4.	पेट्रोलियम उद्योग	शोध रसायन	तैलीय एवं अम्लीय
5.	उर्वरक उद्योग	आपंक के रूप में ठोस अपशिष्ट	कैल्शियम एवं कैल्शियम सल्फेट
6.	तापीय ऊर्जा संयंत्र	उड़न राख	सिलिकेट, लौह आक्साइड अधजले कार्बन
7.	रबड़ एवं रबड़ उत्पाद	रबड़	उच्च क्लोराइड, रबड़ चूर्ण

स्रोत : *डॉ. हरिमोहन सक्सेना, 'अपशिष्ट पदार्थों द्वारा पर्यावरण अपकर्षण', ''प्रकृति से मैत्री'', (2000) प्रकाशन विभाग, भारत सरकार, नई दिल्ली, पृष्ठ 55*

इस प्रकार राजस्थान में 20 प्रमुख खनिजों तथा 9 लघु खनिजों को निकाला जाता है और 90 प्रतिशत खदानें खुली हैं। सन् 2000 तक जैसलमेर जिले में 0.05 प्रतिशत तथा झुंझुनू में 1.15 प्रतिशत क्षेत्र खानों में अनुमानित था।

भूमि के नीचे या ऊपर दोनों खदानों में खुदाई, मलबा फेंकने, विस्फोटक का उपयोग करने आदि से मिट्टी की उर्वरता नष्ट हो जाती है। फिर खनिजों के प्रसंस्करण संबंधी कार्यों यथा सीमेंट उद्योग के लिए चूना-पत्थर, चीनी मिट्टी उद्योग के लिए कैल्साइट और खड़िया पत्थर की पिसाई से कई प्रकार के प्रदूषण होते हैं; जैसे इसकी धूल हवा में मिल जाती है और न केवल वहां के मजदूरों बल्कि अन्य लोगों को भी प्रभावित करती है। फिर यह धूल जमीन में पपड़ी बन जाती है जिससे जमीन में पानी का अवशोषण कम हो जाता है तथा बहाव बढ़ जाता है। सोडियम खनिजों की खुदाई से जमीन की सतह पर लवणों की मात्रा बढ़ जाती है जिससे पेड़-पौधे उजड़ जाते हैं।

इसके अलावा मरुस्थलीकरण का कुप्रभाव सीधे वनस्पतियों पर भी पड़ता है। राजस्थान में 300 मि.मी. से कम औसत वार्षिक वर्षा वाले इलाकों में अच्छी घासों और वनस्पतियों की कमी हो गई है। इसका आच्छादन 7 प्रतिशत से घटकर 1 प्रतिशत हो गया है। दूसरी ओर वहां 300 मि.मी. से अधिक वर्षा वाले क्षेत्रों में वनस्पतियों का आच्छादन 8 प्रतिशत से घटकर 1 से 2 प्रतिशत तक हो गया है।

यह सर्वविदित है कि मिट्टी में वृहद पोषक तत्व (मैक्रो न्यूट्रिएंट्स) के रूप में कार्बन, नाइट्रोजन, कैल्शियम, हाइड्रोजन, फास्फोरस, मैग्नीशियम, ऑक्सीजन एवं सल्फर होते हैं जबकि सूक्ष्म पोषक तत्व के रूप में लोहा, जिंक, क्लोरिन, मैग्नीज, बोरान, तांबा, मॉलिबिडेनम आदि होते हैं। चूंकि मुख्य पोषक तत्व भूमि की ऊपरी परत में रहते हैं, इसलिए तेज वर्षा या हवा ज्यादा तापमान, शैलिकीय कारक, वानस्पतिक आवरण या मानव-क्रियाओं के कारण मिट्टी का क्षरण या अपरदन होता है। दूसरे, मिट्टी के प्रदूषण के कई जैविक कारक भी होते हैं। जैसे सूक्ष्म जीव तथा खर-पतवार से मिट्टी की उर्वरता कम हो जाती है। तीसरे, वायु के कारण भी मिट्टी का प्रदूषण होता है। मोटरगाड़ियों और तापशक्ति (थर्मल पावर) के संयंत्रों, कोयले की खानों, चूना-भट्ठों, ईंट भट्ठों आदि से जो पदार्थ निकलते हैं, वे मिट्टी को प्रभावित करते हैं। इसके अलावा अम्लीय वर्षा के कारण मिट्टी की अम्लीयता बढ़ जाती है। अभ्रक खदानों से निकली धूल से मिट्टी की क्षारीयता बढ़ जाती है। चौथे, मिट्टी के प्रदूषण के लिए जैवनाशी कारक भी जिम्मेदार होते हैं जैसे, कीटनाशक, रोगनाशक और शाकनाशक (खरपतवार नाशक) रसायनों से मिट्टी प्रभावित होती है। एक अनुमान के अनुसार प्रतिवर्ष भारत में एक लाख टन जैवनाशी रसायनों का उपयोग खेती में होता है जिससे ये जैव रसायन मिट्टी में घुल-मिल जाते हैं तथा कृषि-उत्पादों में भी मिल जाते हैं। ऐसा देखा गया है कि पंजाब, हरियाणा और पश्चिमी उत्तर प्रदेश में विभिन्न कीटनाशकों/रोगनाशकों/खरपतवार नाशकों के काफी उपयोग से

गेहूं, धान, सब्जियों आदि में हानिकारक रसायन पाए गए हैं। डीडीटी के छिड़काव का असर विभिन्न फलों और सब्जियों पर सीधे हुआ है। इस प्रकार हम पाते हैं कि भूमि-प्रदूषण के कारण जो खाद्य पदार्थ हमें मिलते हैं, वे हानिकारक होते हैं। सो इससे हमारे स्वच्छ पर्यावरण और सही भोजन के अधिकार का हनन होता है।

वायु प्रदूषण

अगला महत्वपूर्ण मुद्दा वायु प्रदूषण का है। यदि वायु न हो तो जीना असंभव हो जाएगा। खाना खाए बिना कोई व्यक्ति कुछ दिनों तक जीवित रह सकता है। (भारत में शहीद जतिनदास ने 70 दिनों तक कुछ नहीं खाया था), पानी पिए बिना कुछ घंटे (24 से 48 घंटे) जीवित रह सकता है मगर वायु के बिना कुछ मिनट तक ही जीवित रह सकता है। वायु में ऑक्सीजन होती है जिसे प्राणवायु भी कहा जाता है। यदि शुद्ध हवा न मिले, तो हमें नाना प्रकार की बीमारियां घेर लेती हैं। विभिन्न शहरों और औद्योगिक इलाकों में विभिन्न रसायनों, अपशिष्टों आदि के हवा में घुलने से हम शुद्ध हवा का सेवन नहीं कर पाते जिसके कारण प्रायः दमा की बीमारी पैदा होती है। पूरे विश्व में तीसरा सबसे ज्यादा प्रदूषित शहर दिल्ली है जहां रिहाइशी इलाकों में लाखों औद्योगिक इकाइयां अवैध रूप से लगी थीं जिन्हें सर्वोच्च न्यायालय के आदेश से हटा दिया गया। सी.पी. कामले के अनुसार दिल्ली में रोजाना 2090 टन प्रदूषक तत्व हवा में फैलते हैं। इनमें से 60 प्रतिशत मोटरगाड़ियों से निकलने वाला धुआं/कार्बन आदि का हिस्सा है। विशेषरूप से उल्लेखनीय है कि दिल्ली में रोजाना 22 लाख मोटरगाड़ियां 200 टन कार्बन मोनो-ऑक्साइड, 400 टन हाइड्रोक्लोराइड, 6 टन सल्फर डाइऑक्साइड, 600 किलोग्राम सीसा और काफी मात्रा में टी.एस.पी. नामक विषैला रसायन हवा में छोड़ती हैं। सर्वोच्च/उच्च न्यायालयों के आदेशानुसार विभिन्न बड़े शहरों (दिल्ली, मुंबई, चेन्नई, कोलकाता में) 15 वर्षों से अधिक चले वाहनों को हटा दिया गया है क्योंकि उनसे ज्यादा प्रदूषण होता है और नई गाड़ियों में भारत 1 तथा भारत 2 (यूरो 1 तथा यूरो 2 की तर्ज पर) ब्रांड की प्रदूषणमुक्त वाहन प्रणाली शुरू की गई है, और डीजल/पेट्रोल से चलने वाली गाड़ियां तथा वाहनों की काफी संख्या के कारण वायु प्रदूषण हो रहा है। जैसा कि महेश त्रिवेदी ने रेखांकित किया है, विभिन्न प्रकार के इंजनों की कार्यपद्धति भिन्न-भिन्न होने से उनसे निकलने वाले प्रदूषण की मात्रा भिन्न-भिन्न होती है। उदाहरणार्थ, बस और ट्रक जैसे डीजल से चलने वाले भारी वाहनों की संख्या कुल वाहनों की संख्या का 8 प्रतिशत है मगर उनमें कुल खर्च का 70 प्रतिशत तेल खपत होता है और उनके कुल प्रदूषकों का 47 प्रतिशत प्रदूषक पदार्थ निकलता है, दूसरी ओर दुपहिए और तिपहिए वाहनों की संख्या कुल वाहनों की संख्या का 63 प्रतिशत है जिनमें कुल खर्च का 9 प्रतिशत तेल लगता है और वे कुल प्रदूषण के 13 प्रतिशत के जिम्मेदार हैं। लेकिन स्कूटरों और मोटरसाइकिलों से जो

हाइड्रोकार्बन निकलता है वह कारों से दुगुना है तथा भारी वाहनों के बराबर है अर्थात कुल हाइड्रोकार्बन का 29 प्रतिशत इन वाहनों का हिस्सा है। यह भारी वाहनों की तुलना में जलने वाले तेल की एक इकाई से 8 गुना ज्यादा प्रदूषक है।

इसके अलावा यह भी उल्लेखनीय है कि ये मोटरगाड़ियां काफी ऑक्सीजन भी खर्च करती हैं। एक मोटरगाड़ी एक मिनट में उतनी ऑक्सीजन खर्च करती है जितनी 1135 व्यक्ति सांस लेने के लिए 1 मिनट में उपयोग करते हैं। एक दूसरे अनुमान के अनुसार एक वाहन 960 कि.मी. चलने पर उतनी ऑक्सीजन ले लेता है जितनी एक आदमी एक साल में उपयोग करता है। यह भी उल्लेखनीय है कि हवा में सबसे घातक सीसा होता है (जो दिल्ली में रोजाना 600 कि.ग्राम उत्पन्न होता है)। इससे मानसिक विकार तथा अन्य कमजोरियां पैदा होती हैं। यह बच्चों में बड़ों की तुलना में 5 गुना अधिक तेजी से प्रभाव डालता है जिससे बच्चों की सीखने की क्षमता घट जाती है। फिर वाहनों के प्रदूषण से दिल, दिमाग, फेफड़ा, गुर्दा और रक्त पर बुरा असर पड़ता है। अर्थात इससे दमा और फेफड़े का कैंसर तेजी से होता है। सांस की बीमारी दिल्ली में राष्ट्रीय औसत से 12 गुना अधिक है। वाहनों के प्रदूषण से दिल्ली में 10 में से 3 आदमी सांस की बीमारी से ग्रस्त हैं।

वैज्ञानिकों ने सिद्ध किया है कि शहरों के वातावरण में पाया जाने वाला 90 प्रतिशत सीसा सीसायुक्त पेट्रोल से चलने वाले वाहनों के कारण होता है। वैसे सीसा-रहित पेट्रोल भारत में मिलने लगा है मगर महंगा होने के कारण कम उपयोग में लाया जाता है। इसके अलावा वाहनों के टायरों से सड़कों पर ज्यादा घिसने से कार्बन मोनोऑक्साइड एवं नाइट्रोजन बनती है। टायरों पर लगे रसायन पॉलीयूरेथेन के अधिक घर्षण से बने मोनोऑक्साइड एवं नाइट्रोजन वातावरण के मीथेन एवं फार्मेल्डीहाइड से मिलकर जहरीली मिथाइल आइसो सायनाइड (मिक गैस) बनाते हैं। मिक गैस ने ही भोपाल गैस कांड (1984) में तबाही मचा दी थी जिसके कारण 16,000 लोग मरे थे और लाखों आंशिक रूप से प्रभावित हुए। महेश त्रिवेदी द्वारा उद्धृत विभिन्न शोधों में यह सिद्ध हो चुका है कि किसी स्वचालित मशीन से एक गैलन पेट्रोल जलने पर तीन पौंड कार्बन मोनोऑक्साइड, चौदह पौंड नाइट्रोजन ऑक्साइड तथा हाइड्रोकार्बन एवं अन्य रसायन निकलते हैं जिससे 5 लाख घन फीट वायु प्रदूषित होती है। वैसे कानून में (मोटरगाड़ी अधिनियम 1988) में यह व्यवस्था है कि चालू कारों से निकलने वाले कार्बन मोनोऑक्साइड की मात्रा आयतन की दृष्टि से 3 प्रतिशत से अधिक नहीं होनी चाहिए, दुपहिए व तिपहिए वाहनों से निकलने वाले धुएं में यह 4.5 प्रतिशत से अधिक नहीं होनी चाहिए। डीजल से चलने वाली मोटरगाड़ियों में खड़ी हुई स्थिति में पूरी रेस देने पर धुएं का घनत्व 65 हर्ट्ज यूनिट से अधिक नहीं होना चाहिए। मगर दुर्भाग्यवश सर्वत्र इसका अनुपालन नहीं हो रहा है। अब नई कारों में 'केटलेटिक कन्वर्टर' (उत्प्रेरकीय परिवर्तक) लगाया जाना जरूरी है। इसके

अलावा 'ग्रीन फ्यूल' (सीसा रहित पेट्रोल) का प्रयोग दिल्ली, कोलकाता, मुंबई और चेन्नई के लिए जरूरी कर दिया गया है। प्रो. पी.पी. पारिख के अनुसार यदि 150 कि.मी. प्रतिदिन चलने वाले 40 हजार वाहनों में परंपरागत ईंधन के स्थान पर सी.एन.जी. (कंप्रेस्ड नेचुरल गैस) का उपयोग किया जाए, तो कार्बन मोनोऑक्साइड के स्तर में 35 हजार टन प्रतिवर्ष और कार्बन डाइऑक्साइड के स्तर में 2.36 लाख टन की कमी की जा सकती है। मगर दुर्भाग्यवश सी.एन.जी. और केटेलेटिक कन्वर्टर महंगा है। वैसे वायु प्रदूषण रोकने का आसान तरीका वृक्षारोपण है क्योंकि, जैसा कि महेश त्रिवेदी ने उद्धृत किया है, पेट्रोल से चलने वाली एक कार के काले जहरीले धुएं को शोषित करने के लिए 250 पेड़ होने चाहिए। वाहनों से होने वाले वायु-प्रदूषण से कई प्रकार की स्वास्थ्य समस्याएं उत्पन्न होती हैं जिन्हें तालिका-2 में देख सकते हैं :

तालिका- 2 : वायु प्रदूषण से उत्पन्न स्वास्थ्य समस्याएं

क्र.	*प्रदूषक कारक*	*स्वास्थ्य पर अल्पकालिका प्रभाव*	*स्वास्थ्य पर दीघ्रकालिक प्रभाव*
1.	कार्बन मोनोऑक्साइड	आक्सीजन ले जाने की रक्त में मौजूद हीमोग्लोबिन की क्षमता में कमी	केंद्रीय स्नायु तंत्र पर प्रतिकूल प्रभाव, स्नायु दुर्बलता, दृष्टि शक्ति में कमी, फुफ्फुस के कार्य में परिवर्तन
2.	सीसा	शरीर पर प्रतिकूल प्रतिक्रिया	लीवर और गुर्दे को क्षति, गैस्ट्रो-इंटेस्टाइनल क्षति, बच्चे के मानसिक स्वास्थ्य पर प्रतिकूल प्रभाव, महिलाओं की प्रजनन क्षमता एवं गर्भस्थ शिशु को क्षति
3.	हाइड्रोकार्बन	दर्द, खांसी, आंखों में जलन	फुफ्फुस की कार्य क्षमता घटना, फुफ्फुस के तंतु का दुर्बल होना
4.	वायु में फैले परमाणु तत्व	कई शारीरिक/मानसिक रोगों की आशंका	डीएसपी के अनेक उत्पादन विषाक्त और कार्सिनोजेनिक, सलिकोसिक और ब्राउन फुफ्फुस का डर
5.	सल्फर डाइऑक्साइड	दमा का बढ़ना	फुफ्फुस की कार्य क्षमता घटना
6.	ऑक्साइड ऑफ नाइट्रोजन	बदन-दर्द, खांसी	श्वास संक्रमण बढ़ना, फुफ्फुस की दीवार की कोशिकाओं के गठन में प्रतिकूल परिवर्तन

स्रोत : *महेश त्रिवेदी, 'वाहनों से हवा में घुलता जहर', ''प्रकृति से मैत्री'', प्रकाशन विभाग, भारत सरकार, नई दिल्ली, पृष्ठ 29*

यह सर्वविदित है कि हरित गैस प्रभाव (ग्रीनहाउस इफेक्ट) के कारण भूमंडलीय तापमान में वृद्धि हो रही है। इसके कारण वर्षा तथा भूमि की आर्द्रता पर प्रतिकूल प्रभाव पड़ता है। इसके फलस्वरूप खेती की उपज कम हो जाती है। वायुमंडल में सी.एफ.सी. गैसों के अधिक हो जाने से ओजोन परत में (जो हमें सूर्य की खतरनाक पराबैंगनी किरणों से बचाती है) छेद हो रहा है जिससे चर्मरोग और चर्म कैंसर बढ़ता है। इसके अलावा जमीन पर मानव गतिविधियों के बढ़ने से कार्बन डाइऑक्साइड की सांद्रता बढ़ती है जिससे समुद्र का पारिस्थितिकीय तंत्र प्रभावित होता है। वायुमंडल की कार्बन डाइऑक्साइड समुद्र के खारे जल में घुलकर उसे अम्लीय बना देती है। इससे समुद्र की उत्पादन-क्षमता पर विपरीत प्रभाव पड़ता है। इसी प्रकार वायुमंडल में सल्फर डाइऑक्साइड की सांद्रता बढ़ने से अम्ल की वर्षा होती है जिसके फलस्वरूप प्राचीन भवनों/मूर्तियों का क्षय हो रहा है। इससे मिट्टी की उर्वरता भी कम हो जाती है तथा पौधों के क्लोरोफिल नष्ट हो जाते हैं और उपज घट जाती है। इस प्रकार सल्फर डाइऑक्साइड की मात्रा बढ़ने से धूम-कोहरा (फॉग) यातायात के लिए गंभीर समस्या (दुर्घटना) महानगरों में बन गया है।

विभिन्न शोधों में वैज्ञानिकों ने अध्ययन के बाद भविष्यवाणी की है कि यदि वायु प्रदूषण इसी गति से दुनिया में होता रहा तो सन् 2050 तक उच्च अक्षांश पर 4 से 12 प्रतिशत ओजोन की क्षति होगी और उष्णकटिबंधीय क्षेत्रों में 4 प्रतिशत तक यह क्षति होगी। अमेरिका पर्यावरण सुरक्षा एजेंसी का अनुमान है कि वायुमंडल में ओजोन की एक प्रतिशत की कमी मोतियाबिंद के 0.3 से 0.6 प्रतिशत मामले बढ़ा देगी। दूसरे, ओजोन में 1 प्रतिशत की कमी से 4,50,000 नॉन मेलिग्नेंट मेलानेमा तथा 1000 मेलिग्नेंट मेलानोमा (कैंसर) के मामले सामने आते हैं। तीसरे, ओजोन में 25 प्रतिशत की कमी से समुद्री पर्त से प्राथमिक उत्पादन (कृषि आदि) में 10 प्रतिशत कमी आएगी एवं समुद्री सतह में 35 प्रतिशत कमी आएगी।

यह पाया गया है कि अम्लीय या तेजाबी वर्षा से कनाडा, अमेरिका, स्वीडन, नार्वे, फिनलैंड, जर्मनी और मध्य यूरोप के कई देशों में वनों की बहुत क्षति हुई है। इसके अलावा मनुष्यों तथा पशु-पक्षियों पर भी कुप्रभाव पड़ता है; जैसे आंखों की जलन, सांस और त्वचा की बीमारियों, हृदय एवं फेफड़े की बीमारियां। डॉ. हैमिल्टन (अमेरिकी चिकित्सा वैज्ञानिक) के अनुसार विश्व में जीवाश्म ईंधनों (कोयला, लकड़ी आदि) के जलने से अम्लीय सल्फेट के कारण हर साल 7500 से 12,000 लोगों की मौत होती है। तेजाबी वर्षा से फसलों की पत्तियां झुलस जाती हैं और रोग लग जाते हैं, जिससे पैदावार घट जाती है। कनाडा के ओन्टोरियो प्रांत में 2.5 लाख झीलों में से 50,000 झीलें तेजाबी वर्षा से बुरी तरह प्रभावित हैं। इनमें से 140 झीलों को मृत घोषित कर दिया गया है। इसी प्रकार तेजाबी वर्षा से स्वीडन की 4,000 झीलें पूरी तरह नष्ट हो गई हैं। इतना ही नहीं, यूनान, इटली तथा कई अन्य यूरोपीय देशों में संगमरमर तथा अन्य कीमती पत्थरों से बनी प्राचीन

मूर्तियां/इमारतें तेजाबी वर्षा से घुल रही हैं। इसी प्रकार आगरा के ताजमहल के नजदीक स्थित मथुरा तेल शोधक कारखाने से निकली सल्फर डाइ-ऑक्साइड के कारण ताजमहल की संगमरमर की दीवारें पीली पड़ रही हैं और कई जगह दरारें भी पड़ गई हैं। इस बावत सर्वोच्च न्यायालय ने कई बार चिंता प्रकट की और प्रदूषण तत्वों को रोकने की कार्रवाई करने का आदेश दिया मगर खास कार्रवाई नहीं हो सकी। इसके अलावा दिल्ली में थर्मल पावर स्टेशनों से निकली सल्फर डाइ-ऑक्साइड के कारण राजघाट, विजयघाट, शांतिवन जैसे महत्वपूर्ण स्मारकों का रंग उड़ने लगा है।

ध्वनि प्रदूषण

यह उल्लेखनीय है कि बड़े शहरों और औद्योगिक क्षेत्रों में ध्वनि प्रदूषण तेजी से फैल रहा है। मुंबई, कोलकाता, कानपुर जैसे महानगरों में ध्वनि का स्तर 85 से 115 डेसिबल (ध्वनि तीव्रता की इकाई) तक पहुंच चुका है जबकि विश्व स्वास्थ्य संगठन के अनुसार इसकी अधिकतम सीमा 45 डेसिबल होनी चाहिए। विभिन्न क्षेत्रों के लिए विश्व स्वास्थ्य संगठन ने निम्नलिखित ध्वनि-स्तर (तालिका'3) निर्धारित किया है :

तालिका-3 : विभिन्न क्षेत्रों में स्वीकार्य ध्वनि-स्तर

क्र.सं.	*क्षेत्र/परिवेश*	*ध्वनि-स्तर (डेसिबल)*
1.	ग्रामीण क्षेत्र	20-30
2.	उपनगरीय क्षेत्र	30-40
3.	नगरीय	35-40
4.	संगीत कक्ष	30-35
5.	अध्ययन-अध्यापन कक्ष	35-40
6.	नगरीय व्यापारिक क्षेत्र	40-45
7.	औद्योगिक क्षेत्र	50-60
8.	रात के समय (घर के भीतर)	30-35
9.	दिन के समय (घर के भीतर)	40-45

ध्वनि की तीव्रता शून्य से 130 के पैमाने पर नापी जाती है जहां शून्य का अर्थ न्यूनतम सुनने की ध्वनि से है और 130 डेसिबल का अर्थ उच्चतम ध्वनि तीव्रता से है जो कान के लिए अत्यंत कष्टदायी और असह्य होती है। मगर यहां आंशिक वृद्धि का अर्थ ध्वनि दबाव में कई गुना वृद्धि होना है। 120 डेसिबल पर ध्वनि दबाव 80 डेसिबल ध्वनि दबाव से 100 गुना अधिक होता है। प्रो. ग्लोरिंग के अनुसार ध्वनि प्रदूषण के कारण होने वाला बहरापन प्रमुख समस्या है। डॉ. कृपाशंकर तिवारी के अनुसार 50 डेसिबल

का शोर सोते हुए आदमी को जगाने के लिए पर्याप्त है। लाउडस्पीकर से होने वाला 60-80 डेसिबल का शोर सोते हुए आदमी की धड़कन को बढ़ा सकता है। विभिन्न क्रियाकलापों में सामान्यतः निम्नलिखित डेसिबल (तालिका-4) तक शोर होता है :

तालिका-4 : विभिन्न क्रियाकलापों में ध्वनि स्तर

क्र.स.	*क्रियाकलाप*	*ध्वनि-स्तर (डेसिबल)*
1.	फुसफुसाहट	15-20
2.	ट्रैफिक का शोर	40-45
3.	साधारण बातचीत	40-60
4.	गुस्से में बातचीत	70-80
5.	शोरयुक्त बस	80
6.	भारी ट्रक	90
7.	मोटर साइकिल (समीप से)	90
8.	अखबार-प्रेस	100
9.	शेर की दहाड़	110
10.	राकेट की उड़ान	170
11.	सायरन	200
12.	लाउडस्पीकर	60-80
13.	भीड़-भाड़ वाला ग्रामीण मेला	80-90

स्रोत : *डॉ. कृपाशंकर तिवारी, 'शहरी और औद्योगिक क्षेत्रों में बढ़ता ध्वनि प्रदूषण', ''प्रकृति से मैत्री'' (2000), प्रकाशन विभाग, भारत सरकार, नई दिल्ली, पृष्ठ 148*

बहरेपन की शिकायत औद्योगिक क्षेत्र में 54 प्रतिशत लोगों को होती है जबकि सिरदर्द 55 प्रतिशत, मितली 19 प्रतिशत तथा भूख खत्म होने की शिकायत 52 प्रतिशत लोगों को होती है। इसके अलावा अत्यधिक शोर का असर स्नायु तंत्र, हृदय और रक्तचाप पर भी प्रतिकूल रूप से पड़ता है। 85 डेसिबल के शोर में लगातार रहने से खीझ, झुंझलाहट, स्वभाव में उग्रता, अनिद्रा, स्त्रियों के मासिक चक्र में गड़बड़ी, थकावट, बोलने में असुविधा, स्मरण-शक्ति में कमी तथा मानसिक तनाव आदि होते हैं। औद्योगिक इकाइयों और वाहनों के अलावा धार्मिक/सामाजिक उत्सवों/विवाहों आदि के अवसर पर बैंडबाजे, आतिशबाजी/पटाखेबाजी, जुलूसों/धरनों के दौरान लाउडस्पीकर और नारेबाजी, भवन-निर्माण कार्य, लड़ाई-झगड़े, टी.वी. रेडियो आदि से भी काफी शोर होता है। इसके अलावा जानवरों की आवाज, रेल/वायुयान की आवाज, जनरेटर आदि से भी शोर होता है। यह विडंबना है कि विद्युत की आपूर्ति की कमी के कारण बिहार,

उत्तर प्रदेश, मध्य प्रदेश, प. बंगाल आदि में अमीर लोग अपने आवासों, दुकानों, कार्यालयों या व्यापारिक प्रतिष्ठानों पर जनरेटर का इस्तेमाल करते हैं जिससे एक ओर काफी ध्वनि प्रदूषण होता है और दूसरी ओर धुएं से निकले कार्बन डाइ-ऑक्साइड से वायु-प्रदूषण भी होता है।

विकिरण (रेडिएशन) प्रदूषण

कई तरह के विकिरणों (अल्फा, बीटा, गामा) से एवं रेडियोधर्मी पदार्थों से जैव मंडल में काफी प्रभाव पड़ता है। विकिरण से हवा, पानी, मिट्टी के अलावा वनस्पतियां, छोटे-छोटे जीव-जंतु एवं मनुष्य भी बुरी तरह प्रभावित होते हैं। विकिरण के प्राकृतिक तथा कृत्रिम स्रोत होते हैं प्राकृतिक स्रोतों में अंतरिक्ष किरणों (कॉस्मिक रेज) के रूप में रेडियो न्यूक्लीड्स से विकिरण पैदा होती है जैसे यूरेनियम 235, रेडियम 224, कार्बन 14 आदि। कृत्रिम स्रोतों में प्लूटोनियम एवं थोरियम का खनन तथा शुद्धीकरण, नाभिकीय ऊर्जा तथा ईंधन, नाभिकीय/परमाणु विस्फोट, रेडियोधर्मी आइसोटोप का निर्माण व प्रयोग, परमाणु हथियारों का उत्पादन एवं प्रयोग आदि शामिल है। विश्व में सबसे पहले जापान के दो नगरों हिरोशिमा तथा नागासाकी पर 1945 में परमाणु बम का दुरुपयोग किया गया था। इसमें लाखों लोग मारे गए थे तथा विस्फोट के कई वर्षों तक वहां की वनस्पति, जीव-जंतु, मनुष्य सभी कुप्रभावित रहे। विकिरण प्रदूषण से आनुवंशिकी पर भी बुरा प्रभाव पड़ता है; मनुष्य की हड्डी में टी.बी., कैंसर, शारीरिक विकृतियां, अंगों के विकास में विषमताएं आदि पैदा हो जाती हैं। फिर परमाणु विस्फोटों से ओजोन की परत का क्षय होता है और पराबैंगनी किरणों के प्रभाव से चर्मरोग हो जाते हैं। इसके अलावा रेडियोधर्मी पदार्थों के विकिरण से रक्त कैंसर, जिसे ल्यूकीमिया कहा जाता है, बंध्यापन, आंख की रोशनी में कमी जैसे रोग भी होते हैं। झारखंड के पूर्वी सिंहभूम जिले के बहरागोड़ा में यू.सी.आई.एल. से निकली विकिरण से आसपास के बहुत सारे लोग शारीरिक रूप से प्रभावित हुए हैं। इस प्रकार विकिरण-प्रदूषण से मानव जीवन के विभिन्न क्षेत्रों में प्रतिकूल प्रभाव पड़ता है।

जल प्रदूषण

जल किसी भी जीव-जंतु के लिए उतना ही उपयोगी है जितना वायु (ऑक्सीजन)। भारतीय प्राचीन ज्ञान के अनुसार पृथ्वी, जल, अग्नि, आकाश और वायु को पंचभूत माना गया है, जो जीवन के लिए आवश्यक है। आकाश, अग्नि और पृथ्वी के बिना कुछ देर तक जीवन संभव है परंतु जल और वायु के बिना नहीं।

भारत में जल-उपयोग की प्रवृत्ति के अध्ययन से स्पष्ट होता है कि जल का उपयोग खेती के लिए लगभग 90 प्रतिशत (जिसमें भू-जल और सतही जल दोनों शामिल हैं),

उद्योगों के लिए 5 प्रतिशत और घरेलू कार्यों के लिए 3 प्रतिशत किया जाता है। यदि 1950-2000 के दौरान कृषि कार्यों के लिए जल-उपयोग की स्थिति का जायजा लिया जाए, तो पता चलता है कि इस दौरान डीजल और विद्युत पंपसेटों की संख्या लगभग दो सौ गुना बढ़कर दो करोड़ हो गई है। यह गौरतलब है कि करीब दो-तिहाई जनसंख्या खेती पर निर्भर है, अतः खेतों की सिंचाई की जरूरत कम नहीं की जा सकती और सतही जल का संरक्षण होने से भू-जल का दोहन भी कम नहीं किया जा सकता। भारत की अधिकांश नदियों में औद्योगिक इकाइयों के अपशिष्ट गिरते हैं और गंदे नाले भी गिरते है जिससे कई नदियों का जल जहरीला हो गया है। हरिद्वार में गंगा का जल जितना स्वच्छ है, उतना बंगाल पहुंची गंगा का नहीं। इसी प्रकार यमुना नदी भी गंदे नाले में बदल गई है। इससे मनुष्य, पशु-पक्षी आदि कुप्रभावित हैं।

भू-जल दोहन और प्रदूषण : विभिन्न कारक

खेतों की सिंचाई के लिए भारत में जितना भू-जल उपयोग में लाया जाता है, उसमें से आधा जमीन में पुनः नीचे चला जाता है, बाकी आधा नदी-नालों में बह जाता है। इसके अलावा खेती के लिए अधिक भू-जल निकालने से खाली जगहों पर समुद्र का खारा जल इकट्ठा हो जाता है, जो भविष्य में पीने या सिंचाई योग्य नहीं रहता। उसमें आरसेनिक जैसे विषैले पदार्थ की मात्रा भी बढ़ जाती है। पश्चिम बंगाल और बांग्लादेश में इसका कुप्रभाव बहुत अधिक है। धीरे-धीरे इसका कुप्रभाव उत्तर भारत के कई क्षेत्रों यथा उत्तर प्रदेश, बिहार, हरियाणा में भी फैल रहा है। संयुक्त राष्ट्र खाद्य एवं कृषि संगठन के एक शोधकर्ता एन. गोपाल राज के अनुसार 1991 में भारत में रासायनिक उर्वरकों का प्रति हेक्टेयर उपयोग संयुक्त राज्य अमेरिका की तुलना में 60 प्रतिशत अधिक था। हरित-क्रांति वाले क्षेत्रों (पंजाब, हरियाणा और पश्चिमी उत्तर प्रदेश) में भू-जल काफी प्रदूषित हो गया है। पानी में खारापन आ गया है, मिट्टी बालू में तब्दील हो गई है और भू-जल स्तर काफी नीचे चला गया है। इन इलाकों में कुओं के जल में नाइट्रेट की मात्रा विश्व स्वास्थ्य संगठन द्वारा निर्धारित मात्रा से बहुत अधिक है।

इसी प्रकार भारतीय प्रौद्योगिकी संस्थान, दिल्ली के अशोक केसरी द्वारा 1997 में किए गए शोध में पाया गया कि वाराणसी और जौनपुर में कुओं के जल में नाइट्रेट की मात्रा विश्व स्वास्थ्य संगठन द्वारा निर्धारित मात्रा से कई गुणा अधिक है। इसका प्रमुख कारण गंदे नालों के अपशिष्टों का खेती में उपयोग, मलवाहक तंत्र में छेद, रासायनिक उर्वरकों का अधिक उपयोग आदि है। यही स्थिति मुरादाबाद के कुओं की भी है।

अब कीटनाशक दवाओं का भू-जल पर प्रभाव देखें। डीडीटी, जिसका छिड़काव विकसित देशों में पूर्णरूपेण प्रतिबंधित है, हमारी खेती में अभी भी इस्तेमाल की जाती है। इसका कुप्रभाव फसलों, फलों, मिट्टी और जल पर पड़ता है। हमारे जीवन में इसका

विष ऐसे घुल रहा है कि कई तरह की बीमारियों (विशेषकर लिवर की बीमारी) को प्रश्रय दे रहा है।

औद्योगिक इकाइयों द्वारा भी भू-जल और सतही जल को प्रदूषित किया जा रहा है। जमशेदपुर के इलाके में कई नदियों का पानी मटमैला हो गया है, जिसे पीने से पशु-पक्षी मर जाते हैं या बीमार हो जाते हैं। भारत सरकार के पर्यावरण एवं वन मंत्रालय ने स्वीकार किया है कि औद्योगिक अपशिष्ट जल की मात्रा 1,300 करोड़ लीटर प्रतिदिन और घरेलू अपशिष्ट जल की मात्रा 2,290 करोड़ लीटर प्रतिदिन है। चूंकि औद्योगिक इकाइयां संगठित क्षेत्र में आती हैं और उनकी महत्वपूर्ण बातें प्रायः गोपनीय रखी जाती हैं, इसलिए औद्योगिक अपशिष्ट जल के बारे में उपरोक्त आंकड़ा काफी कम है। वस्तुस्थिति इससे कहीं ज्यादा गंभीर है। यह मंत्रालय यह भी मानता है कि 44 लाख टन विषैले औद्योगिक अपशिष्ट पदार्थ भारत के 373 जिलों में स्थापित 13011 इकाइयों द्वारा प्रतिवर्ष फेंके जाते हैं, जो अंततः भू-जल और सतही जल में घुलमिल जाते हैं। इसका लगभग दो-तिहाई भाग विकसित राज्यों यथा गुजरात, महाराष्ट्र और तमिलनाडु से आता है। आंध्रप्रदेश के मेडक जिले के पटनचेह क्षेत्र में दवा बनाने की 90 इकाइयां 1980 से स्थापित हैं जो अपना अपशिष्ट आस-पास फेंक देती हैं। जांच में पाया गया कि छह गांवों के कुओं में सिप्रोफ्लोक्सासिन नामक एंटी बॉयटिक के घातक कण घुले-मिले हैं। दवा-प्रदूषण के मानक से 3000 गुना घातक तत्व मिल गए हैं। इसके फलस्वरूप वहां का जल पीने से लोगों में दवा-प्रतिरोध पैदा हो रहा है और कैंसर की घटनाएं हो रही हैं।

पेयजल प्रदूषण और सरकारी हस्तक्षेप

पूरी पृथ्वी पर उपलब्ध कुल जल का मात्र 3 प्रतिशत ही स्वच्छ है। जहां तक स्वच्छ पेयजल का सवाल है, यह संविधान के अनुसार राज्य शासन का दायित्व है। फिर भी, केंद्रीय प्रदूषण पर्षद जल की गुणवत्ता का अनुश्रवण जल प्रदूषण प्रतिषेध एवं नियंत्रण अधिनियम, 1974 के तहत करती है। देशभर में केंद्रीय प्रदूषण नियंत्रण पर्षद के कुल 24 पर्यवेक्षण केंद्र हैं और राज्य प्रदूषण नियंत्रण पर्षदों के 181 ऐसे केंद्र हैं। अंजली मल्होत्रा का कहना सही है कि विश्व स्वास्थ्य संगठन और भारतीय मानक ब्यूरो द्वारा निर्धारित मानकों में बैक्टीरिया और कीटनाशक प्रभावों का अध्ययन शामिल है, मगर केंद्रीय प्रदूषण नियंत्रण परिषद के मानकों में दुर्भाग्यवश ऐसा नहीं है जिसके कारण बैक्टीरिया और कीटनाशक प्रभावों की जांच की ही नहीं जाती। एक बात और स्पष्ट है कि भू-जल को स्रोत माने जाने के कारण उसकी शुद्धता का कोई मानक नहीं है। इसलिए सारे भू-जल को शोधित करके ही पीना चाहिए। किंतु जिस गति, रूप और आकार में ठोस एवं तरल अपशिष्टों के कारण भू-जल का प्रदूषण बढ़ रहा है, उसके परिप्रेक्ष्य में न्यूनतम मानक निर्धारित किया ही जाना चाहिए।

फरवरी 2003 में विज्ञान एवं पर्यावरण केंद्र (सेंटर फॉर साइस एंड एनवायरनमेंट,

नई दिल्ली) द्वारा किए गए शोध में पाया गया कि कई प्रमाणित ब्रांडों वाले बोतलबंद पानी में कीटनाशकों की मात्रा बहुत अधिक थी। दरअसल भारतीय मानक ब्यूरो द्वारा निर्धारित मानक अत्यधिक पुराने और अप्रासंगिक पाए गए। इसलिए ब्यूरो के विशेषज्ञों की एक समिति बनाकर इसका अध्ययन किया और अनुशंसा की कि एक तथा सभी कीटनाशकों (सामूहिक) की अधिकतम अपशिष्ट मात्रा निर्धारित की जाए, बोतल बंद पानी में 32 प्रकार के कीटनाशकों के होने की जांच की जाए और यह जांच अंतर्राष्ट्रीय जांच पद्धति से अनुमान्य प्रयोगशालाओं में ही की जाए। अब तक ऐसी जांच मात्र एक औपचारिकता होती रही है। इस समिति की सबसे बड़ी खामी यह थी कि इसने 'अंतर्राष्ट्रीय जांच पद्धति' को सुस्पष्ट नहीं किया और अधिकतम अनुमान्य अपशिष्ट की मात्रा भी निर्धारित नहीं की जबकि यह अत्यंत उच्च कोटि की तकनीकी संस्था है। इसलिए खाद्य, सार्वजनिक वितरण एवं उपभोक्ता मामले के मंत्रालय ने इसे इन बिंदुओं को स्पष्ट करने को कहा। अंततः स्वास्थ्य एवं परिवार कल्याण मंत्रालय ने 18 जुलाई, 2003 को खाद्य अपमिश्रण प्रतिषेध (प्रथम संशोधन) नियमावली, 2003 की अधिसूचना जारी कर दी जो 1 जनवरी, 2004 से बोतलबंद पानी पर लागू हो गई है। इसके अनुसार किसी एक कीटनाशक के अपशिष्ट की मात्रा 0.0001 मिलीग्राम प्रतिलीटर से अधिक नहीं होगी।

पेयजल : एक वृहत्तर सवाल

विज्ञान एवं पर्यावरण केंद्र (नई दिल्ली) के संघर्ष से बोतलबंद पानी पीने वालों को तो अंततः राहत मिल गई। परंतु पीने के पानी का सवाल वृहत्तर सवाल है, जो बोतलों, शहरों और यातायात के साधनों तक सीमित नहीं है। विभिन्न शहरी इलाकों में नगर निगम, नगरपालिका, नगर पंचायत, जल निगम/परिषद आदि के द्वारा जो पेय जलापूर्ति की जाती है, उसकी गुणवत्ता का वही पैमाना होना चाहिए जो बोतलबंद पानी का है। इसके अतिरिक्त ग्रामीण इलाकों में कुओं/तालाबों/चापाकलों आदि में पानी की गुणवत्ता अपेक्षित स्तर पर सुनिश्चित की जानी चाहिए। यह प्रावधान भी किया जाना चाहिए कि बोतलबंद पानी बेचने वाली इकाइयां जिस स्रोत से पानी निकालें, उसके रिचार्ज हेतु वृक्षारोपण, जल-संग्रहण प्रबंध आदि की व्यवस्था सुनिश्चित करें। लाइसेंस देने वाली संस्था या प्राधिकार को ऐसी इकाइयों के लाइसेंस के नवीकरण के समय यह जांचना चाहिए कि उन्होंने रिचार्ज की क्या व्यवस्था की है। यह दुःखद है कि दिल्ली, गुड़गांव, नोयडा आदि में जलस्तर तेजी से नीचे गिर रहा है। गुड़गांव में यह दो वर्षों में छह मीटर नीचे गिर गया।

भूमंडलीकरण और जल का बाजारीकरण

पिछले डेढ़ दशक से भारत में भूमंडलीकरण की प्रक्रिया तेज गति से जारी है। विश्व के बड़े-बड़े व्यापारियों और उद्योगपतियों की निगाह भारत के जलस्रोतों पर है। एक ओर

अपने देश में जलस्रोतों का क्षरण हो रहा है और सरकारी क्षेत्र इस क्षेत्र में निवेश करने से कतरा रहा है, वहीं दूसरी ओर, विश्व के बड़े-बड़े उद्योगपति भारत के 'जल-बाजार' पर कब्जा करने का प्रयास कर रहे हैं, जो संभवतः 200 करोड़ डॉलर का बाजार होगा। भूमंडलीकरण की इस प्रक्रिया को कुछ अध्ययनों के जरिए समझा जा सकता है।

दिल्ली के सोनिया विहार में जलशोधन यंत्र

दिल्ली के प्रख्यात पर्यावरणविद् वंदना शिवा ने अपने एक अध्ययन में पाया है कि सोनिया विहार के जलशोधन संयंत्र से एक तरफ 'राष्ट्रीय संपत्तियों का निजीकरण' होगा और दूसरी तरफ, 'निजी उद्योगों के नुकसानों का राष्ट्रीयकरण' होगा। उन्होंने राजधानी दिल्ली की यमुनापार पिछड़ी बस्ती सोनिया विहार में लगभग 5 करोड़ डॉलर के खर्च से बनने वाले जलशोधन संयंत्र का उदाहरण दिया है, जिसकी क्षमता 63.5 करोड़ लीटर प्रतिदिन की है। यह एक निजी प्रतिष्ठान स्वेज डेगरमोंट द्वारा शुरू किया गया है, जिसमें टिहरी बांध से ऊपरी गंगा नहर से होते हुए पानी लाया गया है। इसके दो परिणाम होने की आशंका है। एक तो ऊपरी गंगा नहर सूख जाएगी, जिससे पश्चिमी उत्तर प्रदेश के एक बड़े भू-भाग में खेतों की सिंचाई नहीं हो सकेगी। दूसरे, उक्त निजी संयंत्र से आपूर्ति किए जाने वाले पानी की कीमत में वृद्धि होगी। वंदना शिवा का यह भी कहना है कि उक्त निजी प्रतिष्ठान ने उस परियोजना में लगभग 200 करोड़ रुपये का निवेश किया है। किंतु इस देश के टिहरी बांध में (पुनर्वास खर्च को जोड़कर) कुल 10,582 करोड़ रुपये खर्च हुए हैं। ऊपरी गंगा नहर के निर्माण पर 14,745 करोड़ रुपये और उसकी पाइप बिछाने में 111.31 करोड़ रुपये खर्च हुए थे। इस प्रकार सरकारी क्षेत्र में किया गया निवेश निजी क्षेत्र में किए गए निवेश से कई गुणा अधिक है। इस उदाहरण से स्पष्ट है कि सार्वजनिक क्षेत्र में उपलब्ध जल की हम कोई कीमत नहीं लगाते और उस जल-संग्रहण में किए गए व्यय को निजी उद्योगों को लाभ पहुंचाने के लिए नजरअंदाज करते हैं।

केरल : पलक्कड़ जिले का कोका-कोला संयंत्र

बहुराष्ट्रीय कंपनियों द्वारा लगाए गए ठंडे पेय पदार्थों अथवा बोतलबंद जलापूर्ति के संयंत्रों से भी काफी नुकसान हो रहा है। केरल के पलक्कड़ जिले में कोका-कोला कंपनी का बोतल भरने का संयंत्र है, जिसके द्वारा भू-जल दुष्प्रभाव दिखाई पड़ने लगा है। पलक्कड़ जिला पहले से ही सूखाग्रस्त है। कोका-कोला के इस संयंत्र के लगने से वहां कम वर्षा की प्रवृत्ति बढ़ रही है और भू-जल की गुणवत्ता खराब हो रही है। सबसे चिंताजनक बात यह है कि उक्त संयंत्र के आसपास के कुओं से केरल राज्य प्रदूषण नियंत्रण परिषद द्वारा लिए गए नमूनों में कैडमियम जैसी भारी धातु के खतरनाक स्तर की मात्रा पाई गई है। उक्त संयंत्र अपशिष्ट पदार्थों को भी रासायनिक उर्वरक के रूप में किसानों को बेचता

है जिसके प्रयोग से पानी और भोजन में कैडमियम तथा सीसा जैसे जहरीले पदार्थ पाए गए हैं। उक्त संयंत्र के कारण कुओं का जल स्तर भी नीचे चला गया है और उपलब्ध पानी पीने के योग्य नहीं रह गया है। इसलिए वहां के ग्रामीणों और स्थानीय पंचायत ने संयंत्र को बंद करने के लिए आंदोलन चला रखा है। एक नई बात प्रकाश में आई है कि मशीनों के जरिए काफी मात्रा में पानी निकाले जाने के कारण जमीन के अंदर मौजूद नमक पानी में घुल जाता है जिससे पानी में कठोरता काफी बढ़ जाती है।

नदियों को जोड़ने की योजना

भूमंडलीकरण का तीसरा बड़ा प्रभाव विभिन्न नदियों को जोड़ने से संबंधित है। दरअसल ग्लेशियरों से बहकर आने वाली गाद (सिल्ट) और मैदानी इलाकों से गिरने वाले अपशिष्ट पदार्थों के कारण नदियों की गहराई पट गई है और अधिकांश नदियों में ज्यादा जल नहीं समा पाता है। कानपुर में चमड़ा उद्योग के कारण गंगा नदी में रोजाना भारी मात्रा में प्रदूषित अपशिष्ट गिरता है। फिर विभिन्न शहरों से गंदे नाले, गंगा नदी में प्रवाहित होते हैं इसलिए पवित्र गंगाजल बिल्कुल अपवित्र हो गया है। कोलकाता में डीजल इंजन से चलने वाले स्टीमरों ने हुगली नदी को बुरी तरह से प्रदूषित कर दिया है। यदि नदियों को एक दूसरे से जोड़ा जाएगा, तो इसके साथ प्रदूषण भी जुड़ जाएगा और यह मनुष्य द्वारा प्रकृति के असीमित दोहन का अप्रतिम उदाहरण होगा, क्योंकि नदी सिर्फ एक जल स्रोत नहीं होती। इसका अपना एक पारिस्थितिकी तंत्र होता है। इसमें जल में रहने वाले तमाम जीव-जंतु और विभिन्न प्रकार की वनस्पतियां एवं मनुष्यों का बहुआयामी जुड़ाव शामिल है। कुछ विदेशी कंपनियों की समझ में उन्हें अनवरत पानी मिलता रहेगा, जिससे वे अपना जल-संयंत्र चला सकेंगे और बिना कीमत का उपलब्ध पानी बोतल में भरकर महंगी दर पर बेच सकेंगे। तीसरी बात, भारत में नदियों को पवित्र माना गया है और विभिन्न तीज-त्यौहार नदियों से जुड़े हुए हैं। नदियों को जोड़ने से उनके निचले स्तरों में समुचित पानी नहीं रह जाएगा जिससे मानव-जीवन कई तरह से प्रभावित होगा।

विकास का उद्योग केंद्रित प्रारूप दोषी

स्पष्ट है कि भारत में भूगर्भ और सतही जल की वर्तमान स्थिति चिंताजनक है। लेकिन ऐसा क्यों हुआ? क्या विकास नीति इसके लिए जिम्मेदार है? दरअसल आजादी के बाद भारत में 'नियोजित विकास' की रूपरेखा 'ऊपर से नीचे की ओर' बनाई गई, जिसके सूत्रधार जवाहरलाल नेहरू थे और जिन्होंने उद्योगों को 'आधुनिक मंदिर' की संज्ञा दी थी। उन्होंने देश को विकसित पश्चिमी यूरोप और उत्तरी अमेरिका के स्तर पर ले जाने की वकालत की, जिसे, 'कैचिंग अप' कहा गया। यानी यूरोप-केंद्रित, उद्योग-केंद्रित, भौतिकता-केंद्रित विकास का पैमाना अपनाया गया, जिसमें आर्थिक वृद्धि, व्यक्तिगत

आय-वृद्धि, सकल घरेलू-उत्पाद, आयात-निर्यात आदि शामिल किया गया। दुर्भाग्यवश गांव के स्तर पर विकेंद्रित रूप में 'नीचे से ऊपर की ओर' विकास का मॉडल नहीं अपनाया गया, जिसमें गांव के संसाधनों का संरक्षण गांव वाले करते, उसका उपयोग वे करते और अधिशेष की बिक्री करते और यह सब लोक-भागीदारी से होता। आजादी के पहले, बल्कि उपनिवेशी शासन-व्यवस्था के पहले गांव के मामले गांव में पंचों के जरिए निपटाए जाते थे जिसे प्रेमचंद ने अपनी कहानी 'पंच परमेश्वर' में बखूबी दिखाया है। तब सामूहिक या सामुदायिक जुड़ाव होने से प्राकृतिक संसाधनों के विनाश की बात शायद ही उत्पन्न होती। लोग श्रम में भी विनिमय करते जिसे पूर्वी उत्तर प्रदेश में 'हूड' कहा जाता था। इसके कारण बाहरी मजदूरों के बजाय परिचितों, पड़ोसियों, साझीदारों से बखूबी काम चलता था।

मगर नेहरू जी के औद्योगीकरण और शहरीकरण की दोहरी प्रक्रियाओं के कारण गांव को नजरअंदाज किया गया। खेती घाटे का व्यवसाय बन गई। ग्रामीणों का शहरों की ओर पलायन हुआ। मगर जनसंख्या वृद्धि के कारण और अमेरिकी शासन द्वारा उचित दर पर खाद्यान्न न देने के कारण इंदिरा गांधी ने गेहूं और धान की उन्नत प्रजातियां–गेहूं की उन्नतिशील प्रजाति का श्रेय नार्मन बोरलॉग को जाता है–विकसित कराया, सिंचाई के नए साधनों की व्यवस्था की, रासायनिक उर्वरकों, कीटनाशकों आदि की व्यवस्था की। इन सबके लिए उपयुक्त क्षेत्र पंजाब, हरियाणा, पश्चिमी उत्तर प्रदेश और पूर्वी गोदावरी जिला (आंध्र प्रदेश) को पाया गया, जहां पहले से सिंचाई एवं उर्वर भूमि उपलब्ध थी। वहां के किसानों में मेहनत करने की अच्छी खासी परंपरा भी थी। इसे ही 'हरित-क्रांति' कहा गया, जो मूलतः गेहूं-धान की उपज में वृद्धि तक सीमित थी। मगर वहां दो-तीन फसलें उगाने, ज्यादा पानी का इस्तेमाल करने, ज्यादा रासायनिक उर्वरक/कीटनाशक उपयोग में लाए जाने से भूमि की उर्वरा-शक्ति घटती गई तथा उसमें लवणता बढ़ती गई। जल के अंधाधुंध दोहन ने भूजल के जल-स्तर को नीचे कर दिया और कीटनाशकों के ज्यादा इस्तेमाल से भोजन प्रदूषित हो गया।

हरित नहीं थी हरित-क्रांति

पूरे देश में इस तथाकथित हरित-क्रांति–जो वास्तव में हरित नहीं है–के अन्य कई दुष्परिणाम हुए। जैसे देशी बीजों की प्रजातियां लुप्त हो गईं। मैंने एक शोध में सुल्तानपुर (उत्तर प्रदेश) के गांवों में एक दर्जन से अधिक खाद्यान्नों की प्रजातियां पिछले तीस वर्षों में विलुप्त पाईं। दूसरे, देशी जल-संग्रहण स्रोतों यथा कुओं, तालाबों, आहरों, पइनों आदि को भगवान भरोसे छोड़ दिया गया। सरकार का ज्यादा ध्यान नहरों और सरकारी ट्यूबवेलों पर ही रहा। इसके फलस्वरूप समाज के दबंग व्यक्तियों (धन बल, बाहु बल, संख्या बल, हथियार बल, राजनैतिक बल आदि के आधार पर) ने उन पारंपरिक जल स्रोतों को अपने कब्जे में ले लिया और उनका स्वरूप ही बदल दिया–मतलब वहां घर बनाना, मैदान

बनाना, बाग लगाना, खलिहान लगाना आदि। इसके फलस्वरूप पानी का संग्रहण (रिचाज) होना बंद हो गया। दूसरी तरफ, राजकीय नलकूपों से ज्यादा गहराई से ज्यादा जल निकालकर दोहन किया जाता रहा और जल अंततः खत्म हो गया– जैसे बिहार के रोहतास जिले का नौहट्टा क्षेत्र। वही हुआ जो गांधी जी कहा करते थे–'पृथ्वी के पास प्रत्येक व्यक्ति की जरूरत के लिए सब कुछ है, लेकिन किसी का लालच पूरा करने के लिए कुछ नहीं।''

जल के अस्तित्व की रक्षा : संघर्ष और समाधान

ऐसे भयावह समय में एक बार फिर लड़ने की जरूरत है। आज पानी के अस्तित्व की लड़ाई है। राजस्थान में राजेंद्र सिंह के नेतृत्व में तरुण भारत संघ और जल बिरादरी ने सूखाग्रस्त इलाकों में कच्चे बांधों से सफलतापूर्वक जल-संग्रहण किया है, जिससे साल भर पानी उपलब्ध रहता है और जल-स्तर भी ऊपर उठ रहा है। महाराष्ट्र के राले गांव सिद्धी में अन्ना हजारे ने भी सूखे क्षेत्र को जल, साग-सब्जी, फसल और पौधों से हरा-भरा कर दिया है, जिससे किसानों को सिंचाई का पानी आसानी से मिल रहा है, फसलें लहलहा रही हैं, प्रदूषण खत्म हो रहा है और लोगों में सामुदायिकता की भावना बढ़ रही है। चंडीगढ़ में सुखो मांझरी में बी.आर. मिश्र ने 'चक्रीय विकास प्रणाली' के जरिए सामूहिक रूप से पानी का समुचित संग्रहण किया और खेती को खुशहाल बनाया। वहां भूमिहीन मजदूरों को भी पानी के संग्रहण में योगदान देने के लिए समुचित हिस्सेदारी मिली। बी.आर. मिश्र ने झारखंड के पलामू और बिहार के औरंगाबाद जिलों में भी इस प्रयोग को दुहराने का प्रयास किया है। हालांकि ये कोशिशें छोटे पैमाने पर हैं, मगर ये वैकल्पिक विकास की रूपरेखा हैं जिनमें योजना 'नीचे से ऊपर की ओर' बनती है, मरम्मत स्थानीय स्तर पर आसानी से हो जाती है, परनिर्भरता के बजाय आत्मनिर्भरता की भावना पैदा होती है और जो पर्यावरण के अनुकूल होती है, इसीलिए इसमें स्थायित्व भी होता है। दुर्भाग्यवश पानी को भुला देने के कारण सरकार, जनता और पूरा समाज पानी-पानी हो रहा है। हमें प्यास लगने पर जल के पास जाना होगा और अपना पानी रखने के लिए पानी की सही जगह पर सही समय में, सही-सही संग्रह करना होगा अन्यथा अगला विश्वयुद्ध पानी को लेकर लड़ा जाएगा। इसलिए हम लोगों को पानी के निजीकरण, बाजारीकरण और दोहन के विरोध में एकजुट होना होगा।

(2)

क्लेमेंसू और ब्लू लेडी के पीछे क्या है?

31 दिसंबर, 2005 को फ्रांस का ''ला क्लेमेंसू'' नामक युद्धपोत (पानी का जहाज) भारत में आने के लिए फ्रांस से रवाना हुआ। इसका उद्देश्य था कि अब अनुपयोगी घोषित

हो चुके जहाज की तुड़ाई गुजरात के सौराष्ट्र तट पर स्थित अलांग यार्ड पर हो। किंतु दोनों देशों के पर्यावरणविदों (ग्रीनपीस विशेषरूप से) तथा कार्यकर्ताओं का कहना था कि ऐसे जहाजों में एस्बेस्टस की काफी मात्रा होती है जो मनुष्य के लिए अत्यंत घातक रासायनिक तत्व है। इस प्रकार उक्त जहाज भारत में कूड़े के ढेर के रूप में फेंका जाने वाला था। किंतु भारत में कार्यरत अंतर्राष्ट्रीय पर्यावरण गैर-सरकारी संगठन ''ग्रीन पीस'', 'द अदर मीडिया', 'बैन एस्बेस्टस इंडिया', 'कारपोरेट एकांउटेबिलिटी डेस्क', सामाजिक कार्यकर्ताओं जैसे स्वामी अग्निवेश, नफीसा अली आदि; संगीतकार रवि शेरगिल, कुछ श्रमिक संघों (एटक के महासचिव एच. महादेवन), पत्रकारों आदि ने इसका कड़ा विरोध किया। 'ग्रीन पीस टॉक्सिक कैम्पेनर' की विनुता गोपाल, रमापति कुमार, ग्रीन पीस इंडिया के जी. अनंत पद्मनाभन आदि ने स्थानीय कार्यकर्ताओं के सहयोग से भारत में स्थित फ्रांसीसी दूतावास के सामने कचरों का थैला प्रतिरोध के रूप में जमा किया। उक्त जहाज फरवरी (2006) के शुरू में अरब सागर में प्रवेश कर चुका था। स्वामी अग्निवेश, नफीसा अली, रवि शेरगिल आदि ने प्रतिरोध जुलूस भी निकाला और 4 फरवरी, 2006 को प्रेस वार्ता में बताया :

(क) यह सिर्फ क्लेमेंसू का मुद्दा नहीं है बल्कि सभी जहरीली चीजों को भारत में लाकर फेंकने वाले जहाजों के विरुद्ध प्रतिरोध है।

(ख) फ्रांसीसी सरकार पूर्व में भी अपने परमाणु कचरों को प्रशांत महासागर में फेंक चुकी है, अर्थात वह अपने जहरीले कचरों की दूसरे देशों में फेंकने की आदी है।

(ग) यह प्रतिरोध अनुपयोगी जहाजों को तोड़ने वाले उद्योग के विरुद्ध नहीं है बल्कि वे चाहते हैं कि राष्ट्रीय तथा अंतर्राष्ट्रीय सम्मेलनों (विशेषकर बेसेल कन्वेंशन ऑन ट्रांस बाउंडरी मूवमेंट ऑफ हैजर्ड्स वेस्ट, 1989) में तय किए गए पर्यावरणीय मापदंडों, बेहतर कार्यदशाओं (जैसे स्वास्थ्य सुविधाएं, सुरक्षा उपकरण आदि) को सुनिश्चित किया जाना चाहिए।

(घ) अलांग में जहाज-तुड़ाई उद्योग इतना साधन संपन्न नहीं है कि मजदूरों के स्वास्थ्य को नुकसान पहुंचाए बिना क्लेमेंसू को संदूषणमुक्त (डिकन्टेमिनेट) कर सके।

ग्रीन पीस तथा अन्य पर्यावरण संगठनों ने फ्रांस में भी इसका काफी विरोध किया था। इसलिए फ्रांस की स्टेट काउंसिल (सर्वोच्च न्यायालय) ने 15 फरवरी, 2006 को आदेश दिया कि क्लेमेंसू का हस्तांतरण रोका जाए। इसके आलोक में फ्रांस के राष्ट्रपति जॉक़ चिराक ने उसी दिन उस युद्धपोत को पुनः फ्रांस में लौटाने को आदेश दिया। कुछ दिनों के बाद फ्रांस के राष्ट्रपति की भारत यात्रा प्रस्तावित थी। फ्रांस के राष्ट्रपति ने चार बातें मुख्य रूप से कहीं :

(क) फ्रांस स्वयं एक अच्छा उदाहरण पेश करे तथा 'अधिकतम पारदर्शिता' के साथ कार्य करे।

(ख) समूचा यूरोप जहाज-तोड़ने की अपनी क्षमताओं का निर्माण करे।

(ग) समूचे यूरोप में अंतर्राष्ट्रीय मानदंड निर्धारित करने की पहल की जाए जिसमें जहाजों को बाहर तुड़ाई के लिए भेजते समय श्रमिक कानूनों, मजदूरों के स्वास्थ्य तथा पर्यावरण का सम्मान ध्यान में रखा जाए।

(घ) क्लेमेंसू से निकलने वाली एस्बेस्टस का पुनर्मूल्यांकन हो क्योंकि फ्रांस सरकार के मूल्यांकन की उक्त मात्रा गैर-सरकारी मूल्यांकन की मात्रा का मात्र दसवां भाग है।

यहां यह उल्लेखनीय है कि फ्रांस के प्रतिरक्षा मंत्रालय के अनुसार उसमें मात्र 46 टन एस्बेस्टस संभावित था जबकि ग्रीन पीस द्वारा उद्धृत दो विशेषज्ञ प्रतिवेदनों के अनुसार उक्त मात्रा 500 से 1,000 टन संभावित थी।

दूसरी ओर भारत में भी उस समय पर्यावरण के लिए न्यायिक लड़ाई लड़ी जा रही थी। 17 फरवरी, 2006 को भारत के सर्वोच्च न्यायालय ने इस मामले में निम्नलिखित आदेश दिया :

(क) हम लोग अलांग में जहाज-तुड़ाई जैसे बड़े उद्योग को दूसरे देशों में नहीं जाने देंगे मगर हम इसे पारिस्थितिकीय खतरा भी नहीं बनने देंगे।

(ख) संघ सरकार जहाज-तुड़ाई की विशेषज्ञता हासिल करने वाले सेवानिवृत्त नेवी (नौसेना) अधिकारियों का एक दल इसकी गहन जांच एवं मूल्यांकन हेतु गठित करे।

(ग) अलांग में आधारभूत संरचनाएं पर्याप्त हैं या नहीं जो युद्धपोतों की तुड़ाई में आवश्यक हैं, केंद्र सरकार उसे स्पष्ट करे।

पर्यावरण संगठनों तथा कार्यकर्ताओं का कहना था कि क्लेमेंसू जहाज की तुड़ाई का मामला पूरी समस्या का एक बहुत छोटा हिस्सा है। उदाहरण के तौर पर एक अधिवक्ता श्री एस. मुरलीधर ने सर्वोच्च न्यायालय को इसी मामले में सुनवाई के दौरान बताया कि नीदरलैंड का एक जहाज ''रिकी'' अलांग में अनधिकृत रूप से पहुंचा मगर भारत सरकार ने उसके प्रवेश पर कोई रोक नहीं लगाई।

दूसरे, पर्यावरण संगठनों के अनुसार भारत में विदेशों से कई प्रकार के कचरे तथाकथित वैध या अवैध तरीके से आ रहे हैं। इनमें गोबर, टूटी प्लास्टिक, धातुएं, इलेक्ट्रॉनिक कचरे (मोबाइल फोन, कंप्यूटर आदि), जीवित कारतूस, विषाक्त बम आदि शामिल हैं। यहां उल्लेखनीय है कि गाजियाबाद (उत्तर प्रदेश) में भूषण स्टील कंपनी के परिसर में कचरों के ढेर में से कई जीवित बम 2004-05 में फूटे जिससे दर्जनों मजदूरों की स्थल पर मृत्यु हो गई और अनेक घायल हुए। यह विस्फोट एक नहीं, कई बार कई

दिनों या महीनों के अंतराल पर होता रहा। यही स्थिति कुछ दूसरे कारखानों में थी। ऐसे तथाकथित कचरे उद्योगपतियों को कच्चे माल के रूप में बाहर से सस्ती दर पर मिल जाते हैं और विदेशी कंपनियों को अपना कचरा भारत जैसे विकासशील देशों में फेंकने में सुविधा भी होती है। इसे कहते हैं, एक पंथ दो काज। भले इसका खतरनाक प्रभाव लोगों पर पड़े।

तीसरे, ग्रीन पीस के आकलन के अनुसार भारत में प्रतिवर्ष 1.50 लाख टन इलेक्ट्रॉनिक कचरा निकलता है तथा इसके अतिरिक्त करीब 60 हजार टन विदेशों से ऐसा कचरा आयातित होता है।

चौथे, भारत सरकार के तत्कालीन पर्यावरण सचिव श्री प्रदीप घोष के अनुसार कचरा तथा फिर से चक्रण (रिसाईकिलेबुल) करके पुनः उपयोग में लाने योग्य (रियूजेबल) सामग्री में अंतर है, अर्थात जिस सामग्री का पुनः चक्रण करके उपयोग किया जा सकता है, वह कचरा नहीं है। उदाहरण के तौर पर, पुराने कंप्यूटरों का उपयोग करना कचरा की श्रेणी में नहीं आता। मगर स्वयंसेवी संगठनों के इस कथन में सचाई है कि पुरानी चीजों की खरीद की प्रक्रिया में जो कमियां हैं, उनका नाजायज फायदा उठाया जाता है और पुराने कंप्यूटरों को जब तोड़ा जाता है, तो सुरक्षा की समुचित व्यवस्था नहीं होने से मजदूरों के स्वास्थ्य पर खतरा पैदा हो जाता है। बहुत सारे इलेक्ट्रॉनिक कचरे दिल्ली, बंगलुरू, चेन्नई, मुंबई और कोलकाता आदि शहरों में विदेशों से हर साल बेरोकटोक आ रहे हैं।

पांचवें, विदेशों से कुछ कचरे कनस्तरों या डिब्बों में बंद होकर आते हैं, तथा उनके ऊपर दूसरी चीजों की पर्ची (लेबल) लगी रहती है जिसके कारण सामान्य जांच में वे नहीं पकड़े जाते।

मगर वहीं दूसरी ओर कुछ लोगों का कहना है कि प्रारंभ से अर्थात 1983 से 2006 के दौरान भारत सरकार तथा गुजरात सरकार ने भावनगर जिले में स्थित अलांग जहाज-तुड़ाई उद्योग की काफी उपेक्षा की है। दोनों सरकारों ने कर प्राप्त किया है मगर मजदूरों के हितों की रक्षा के लिए कोई कार्रवाई नहीं की। एक आकलन के अनुसार (हिंदू, छह मार्च, 2006) 1994-2004 के दौरान अलांग में जहाज-तुड़ाई उद्योग अपने शिखर पर था और तब गुजरात मेरिटाइम बोर्ड ने जहाज-तुड़ाई के लिए भूखंडों के किराए से 468 करोड़ रुपये कमाए, गुजरात सरकार ने बिक्रीकर के रूप में 1,000 करोड़ रुपये कमाए तथा भारत सरकार ने सीमा शुल्क तथा उत्पाद-शुल्क के रूप में 8,000 करोड़ रुपये कमाए। इसी प्रकार स्थानीय भूस्वामियों ने भी लाभ कमाया मगर किसी ने आधारभूत संरचनाओं के विकास पर ध्यान नहीं दिया। दूसरे, खतरनाक पदार्थों के फेंकने में कोई सावधानी नहीं बरती गई। उदाहरण के तौर पर, अहमदाबाद में नरोदा जैसी घनी बस्ती में इन्हें फेंका गया। तीसरे, जहाज-तोड़ने वालों (मालिकों) को कर छूट नहीं दी गई, इसलिए उन्होंने भी विकास नहीं किया और न सुरक्षा के समुचित उपाय किए। चौथे, करीब 15 वर्षों तक अलांग में 48,000 प्रवासी मजदूर कार्य करते थे—जो प्रायः उत्तर प्रदेश,

बिहार, उड़ीसा आदि से गए थे। इसके अलावा करीब एक लाख मजदूर आनुषंगिक इकाइयों, परिवहन इकाइयों और दुकानों में कार्यरत थे। यद्यपि 1983 में भावनगर में अंतिम स्टील रोलिंग मिल बंद हो गई थी, मगर अलांग जहाज-तुड़ाई उद्योग के आधार पर 106 रि-रोलिंग मिल, 102 औद्योगिक गैस उत्पादक इकाइयां, तथा करीब 3,000 लघु औद्योगिक इकाइयां विकसित हो सकीं। मगर अब अधिकतर इकाइयां बंद हो गई हैं। अब 173 भूखंडों में से मात्र 20 पर ही छोटे जहाजों तथा आयलरिंग के काम होते हैं जिनमें करीब 4,000 मजदूर ही कार्यरत हैं। पांचवें, यह उल्लेखनीय है कि 1989-90 में 45 जहाजों की तुड़ाई अलांग में होती थी और 1997-98 में यह संख्या बढ़कर 355 हो गई थी मगर 2004-05 में यह घटकर मात्र 50 रह गई। इसके प्रमुख कारण बहुत बंदरगाह शुल्क (मल्टीपल पोर्ट चार्जेज) तथा प्रतिकूल कर-संरचना है जिससे चीन, बांग्लादेश, पाकिस्तान तथा उभरते हुए नीदरलैंड से प्रतिस्पर्धा करना संभव नहीं है। उदाहरण के तौर पर, पड़ोसी देशों की अपेक्षा अलांग में 2 प्रतिशत सीमाशुल्क एवं 1 प्रतिशत केंद्रीय कर अधिक है, जैसा कि 'जहाज पुनः चक्रण उद्योग संघ' (भावनगर) का कहना है।

मगर मुख्य सवाल यह है कि क्लेमेंसू की मंशा और उसका इतिहास क्या रहा है? पहले वहां जो मजदूर काम करते थे, उनके अनुभव मीठे रहे हैं या खट्टे? इसलिए यहां क्लेमेंसू के दो भुक्तभोगी मजदूरों की दास्तान संक्षेप में देना समीचीन प्रतीत होता है। 'दि हिंदू' अखबार की एक रपट तथा फ्रंटलाइन (10 फरवरी, 2006 में उद्धृत) के अनुसार बासठ वर्षीय इतियेने ली गुएलसे (जो अभी एस्बेस्टस पीड़ित सहायक संघ की ब्रेतों शाखा के अध्यक्ष हैं) क्लेमेंसू तथा फोस नामक जहाज में साढ़े सत्रह वर्ष काम कर चुके हैं। पचपन वर्ष की उम्र में उन्हें खांसी की गंभीर शिकायत हुई और चिकित्सक ने बताया कि उन्हें 'एस्बेस्टोसिस' नामक बीमारी है जो लाइलाज तथा क्षयकारी है। इससे अंततः फेफड़ों को कैंसर हो जाता है। मगर फ्रांसीसी नौसेना ने इस पर प्रतिक्रिया व्यक्त की "तुम यह नहीं सिद्ध कर सकते कि इन जहाजों में एस्बेस्टस था।" मगर सबूत था क्योंकि वह व्यक्ति जहाज के सबसे गर्म हिस्सों में काम करता था जहां 300 से 400 डिग्री सेल्सियस तापमान होता था। वहां सबसे ज्यादा एस्बेस्टस था। रोग का पता चलने पर उस मजदूर के घर की माली हालत खराब थी। उस समय उसकी क्षमता मात्र 10 प्रतिशत बची थी। अंततः उसे दिल का दौरा भी पड़ा। यद्यपि 1977 में ही फ्रांस के जहाज-निर्माण विभाग में यह प्रावधान किया गया था कि मजदूरों को मास्क पहनना अनिवार्य है, मगर कोई व्यवस्था कारखाने में नहीं की गई थी। उसके अनुसार 1999 में उसने यह संघ बनाया जिसमें अब 1200 सदस्य हैं और उनमें 1150 एस्बेस्टोसिस से पीड़ित हैं। उसने क्लेमेंसू के भारत जाने के बारे में बेबाक टिप्पणी की—"हम जानते हैं कि भारतीय मजदूरों को काम की जरूरत है। जहाज तोड़ने का काम सबसे गरीब मजदूरों के हिस्से में आता है।

इसलिए जरूरी है कि फ्रांस एवं दूसरे विकसित देश अपने साधन एकजुट करके एक आदर्श जहाजतोड़ कारखाना कायम करें जिसमें मजदूरों के लिए आवास हो, समुचित उपकरण हों और उस तरह की भयंकर कार्यस्थितियां न हों जैसी कि अलांग में हैं... यह काम जहाजों के दलालों और बिचौलियों के जिम्मे नहीं छोड़ा जाना चाहिए। उनकी रुचि सिर्फ मुनाफे में होती है। जो चीन व फ्रांस में इतनी विनाशकारी सिद्ध हो चुकी है, वह भारतीय श्रमिकों के लिए हितकारी कैसे हो सकती है? क्लेमेंसू एक कलंक है, उसे वापस लाया जाना चाहिए और प्रदूषण से मुक्त किया जाना चाहिए।'' उसने क्लेमेंसू में मात्र 45 टन एस्बेस्टस होने के सरकारी कथन को हास्यास्पद बताया।

एक दूसरा भुक्तभोगी मजदूर देरिमेल लेदफ्फे भी उसी रोग से पीड़ित है। इसने भी पहले मजदूर की तरह न्यायालय में मुकदमा दायर किया। पहले नियोजक मात्र 1600 यूरो का मुआवजा देना चाहते थे मगर न्यायालय से उसको 36,000 यूरो के मुआवजे का आदेश मिला। उसने भी कहा–''1950 वाले दशक में जब यह जहाज बना, तब फाइबर ग्लास की बात कोई नहीं सोचता था। तब सब जगह एस्बेस्टस ही होता था। जहाज को मौजूदा हालत में भारत भेजना एक जुर्म है। मैं भारत जा चुका हूं। वहां किन परिस्थितियों में यह काम होता है, मैं देख चुका हूं। क्लेमेंसू को उसकी मौजूदा हालत में तोड़ना मानव जाति के प्रति अपराध जैसा होगा।''

इस भोगे हुए यथार्थ के वर्णन के बाद क्या कुछ कहना शेष है?

फ्रांस सरकार ने क्लेमेंसू को फ्रांस में वापस बुला लिया मगर उसकी नीयत शुरू से ठीक नहीं रही है और वह समय-समय पर अर्द्धसत्य या झूठ बोलती रही है जिसके कुछ नमूने नीचे हैं :

(क) फ्रांस सरकार ने क्लेमेंसू युद्धपोत को तोड़ने का कार्य करने के पहले पनामा की कंपनी शिपिंग कमीशनिंग इंडस्ट्री कारपोरेशन को संदूषण खत्म करने का जिम्मा सौंपा और उसमें टेक्नोप्योर (Technopure) से संदूषण खत्म करने का मूल्यांकन कराया। उसने दो प्रकार की दरें सौंपीं। पहले में सतही रूप से संदूषण खत्म करने का वादा था जिसमें तीस लाख यूरो का आर्थिक प्राक्कलन दिया गया। दूसरे में गहराई से वृहत् तरीके से संदूषण खत्म करने का 60 लाख यूरो का आर्थिक प्राक्कलन दिया गया। फ्रांस सरकार ने सस्ती दर पर सतही ढंग से यह कार्य कराने का निर्णय लिया था अर्थात् वृहत् पैमाने पर संदूषण खत्म करने का कार्य नहीं कराया तथा इस तथ्य को छिपाया।

(ख) टेक्नोप्योर ने शिपिंग कमीशनिंग इंडस्ट्री कारपोरेशन से अपना करार खत्म कर दिया क्योंकि टेक्नोप्योर का विचार था कि भारत में संदूषण खत्म करने के लिए वही औद्योगिक प्रक्रिया अपनाई जानी चाहिए जो फ्रांस में अपनाई

जाती है। इसके लिए अलांग में प्रस्तावित जहाज-तुड़ाई कार्य करने के पूर्व संबंधित कंपनी के इंजीनियरों का फ्रांस में गहन प्रशिक्षण होना चाहिए मगर ऐसा नहीं किया गया। इस तथ्य को भी छिपाया गया।

(ग) उस युद्धपोत के ग्लू तथा पेंट एस्बेस्टस हैं जिसे क्रमशः बिटूमस्टिक तथा बिटूलेटेक्स कहा जाता है। फर्श पर करीब 150 टन एस्बेस्टस है। 300 टन केबल में सीसा तथा एस्बेस्टस दोनों मिले हैं। इसके अलावा फनेल की पाइपों में एस्बेस्टस है तथा ब्यॉलर्स में करीब 100 टन एस्बेस्टस है। ऐसा टेक्नोप्योर जैसी विशेषज्ञ संस्था का कहना है। उसका यह भी कहना है कि इस तरह के एस्बेस्टस को सुरक्षा के साथ फ्रांस में ही हटाया जा सकता था और उससे जहाज की यात्रा में कोई कठिनाई नहीं होती। मगर फ्रांस सरकार इसे काल्पनिक कहती रही और घोषित करती रही कि क्लेमेंसू को फ्रांस में संदूषणमुक्त कर दिया गया है। इस प्रकार यह कथन मिथ्यापूर्ण है।

(घ) फ्रांस सरकार का कहना था कि क्लेमेंसू में मात्र 45 टन एस्बेस्टस भीतरी भागों में है जिसे तोड़कर ही निकाला जा सकता है जबकि सचाई है कि टेक्नोप्योर के अनुसार 500 टन से 1,000 टन के बीच उसमें अभी एस्बेस्टस है जबकि मात्र 115 टन एस्बेस्टस फ्रांस में हटाया गया। फ्रांस सरकार ने इस पर सफेद झूठ बोला। एक ओर फ्रांस सरकार ने कहा कि 98 प्रतिशत एस्बेस्टस से संदूषित पदार्थों को हटा दिया गया है किंतु यदि फ्रांस सरकार के उस कथन को माना जाए कि मात्र 45 टन एस्बेस्टस क्लेमेंसू के भीतरी भागों में है, तो यह 45 टन युद्धपोत में लगे कुल एस्बेस्टस (उनके अनुसार 115+45) का 28 प्रतिशत है। झूठ भी बोलना नहीं आता फ्रांस सरकार को क्योंकि उसके दो कथन परस्पर विरोधाभासी रहे हैं।

(ङ) फ्रांस सरकार क्लेमेंसू में लगे सीसा तथा पी.सी.बी. की मात्रा के बारे में बिल्कुल चुप रही है।

क्लेमेंसू के साथ-साथ अलांग से संबंधित पर्यावरण के सवाल पर निम्नलिखित तथ्य उल्लेखनीय हैं :

(क) फ्रांस में एस्बेस्टस वाले जहाजों में काम करने वाले मजदूरों का अनुभव है कि वहां एस्बेस्टस से हजारों मजदूर मौत के घाट उतर चुके हैं और सन् 2015 तक ऐसी मौतों की संख्या एक लाख तक पहुंच जाएगी।

(ख) सन् 1997 में क्लेमेंसू को फ्रांस सरकार के प्रतिरक्षा विभाग ने अनुपयोगी घोषित किया। उसके बाद उसके विषाक्त कचरे, एस्बेस्टस आदि को खत्म करने के लिए उसे यूनान तथा तुर्की भेजा गया जहां से उसे वापस कर दिया गया था।

(ग) एस्बेस्टस पर विश्व के 26 देशों (फ्रांस सहित) में रोक लगी है फिर भी फ्रांस दूसरे देशों में इसे फेंकना चाहता है।

(घ) क्लेमेंसू उस विषमता का प्रतीक है जो विकसित उत्तरी देशों तथा अविकसित दक्षिणी देशों के बीच बढ़ती जा रही है।

(ङ) अलांग में जहाज तोड़ने वाले उद्योगपति जहाजों से निकलने वाले तमाम विषैले पदार्थों को गंभीरता से नहीं लेते। वे सिर्फ इतना कहते हैं कि जहाज तोड़ते समय एस्बेस्टस को पानी से भीगा होना चाहिए जिससे उसका चूर्ण नहीं उड़े तथा मजदूर सुरक्षित कपड़े, मास्क आदि पहने रहें।

(च) अलांग में चिकित्सा-स्वास्थ्य, सफाई, सुरक्षा के उपकरण, जमीन-भराई आदि की सुविधाएं नहीं हैं। चिकित्सा के नाम पर रेडक्रास द्वारा प्रथम उपचार ही किया जाता है जिसके कारण गंभीर रूप से घायल मजदूर दूरस्थ अस्पताल पहुंचते-पहुंचते दम तोड़ देते हैं। बहुत सारे मजदूरों का अंग-भंग हो गया है। इस प्रकार विकलांग होने के कारण वे वहां से निकाल दिए गए। उन्हें या तो कोई मुआवजा नहीं मिला अथवा मात्र दो या तीन हजार रुपये का मुआवजा मिला। अलांग में करीब एक-चौथाई मजदूर कैंसर जैसी गंभीर बीमारी से पीड़ित हैं। ये मजदूर प्रायः उड़ीसा, बिहार, उत्तर प्रदेश के गरीब परिवारों के हैं। एक ओर जहाज कम आ रहे हैं, दूसरी ओर प्रवासी मजदूरों की संख्या काफी बढ़ रही है, जिससे रोजगार मिलना कठिन हो गया है। वहां यह कहावत प्रचलित है—अलांग से पलंग (मृत्यु शय्या)। अधिकतर मजदूर अशिक्षित हैं, इसलिए उन्हें नहीं पता कि जहाज तोड़ने में कौन-कौन से विषैले पदार्थ निकलते हैं और उनसे उनके स्वास्थ्य पर क्या प्रभाव देर-सबेर पड़ेगा। मगर जो कुछ जानते हैं, वे भी मजबूरी में वहां खट रहे हैं—पेट की आग शांत करने के लिए।

(छ) पर्यावरण संगठनों और कार्यकर्ताओं ने एक ओर विकसित और अविकसित देशों के बीच की खाई तथा भिन्न-भिन्न पर्यावरण दृष्टियों को रेखांकित किया है, तो दूसरी ओर भारत सरकार के पर्यावरण एवं वन मंत्रालय की भी आलोचना की है। सर्वोच्च न्यायालय की अनुश्रवण समिति के सदस्य डॉ. क्लॉड अलवारेस (जिन्होंने समिति की राय से असहमति जताई) का कहना (फ्रंटलाइन 10 फरवरी, 2006) प्रासंगिक है—"फ्रांस अपने को युद्धपोत के विषैले तत्वों यथा सीसा, एस्बेस्टस, ट्रिटियम (रेडियो सक्रिय तत्व) और पी.सी.बी. से अलग कर लेती है। तीसरी दुनिया अपशिष्ट पाती है और बदतर स्थिति यह है कि इसके लिए वह विदेशी मुद्रा में भुगतान भी करती है।" फिर वह आगे कहते हैं कि यदि (तत्कालीन) पर्यावरण सचिव श्री प्रदीप घोष की यह बात

मान ली जाए कि बाहर से आयातित सेकेंड हैंड चीजें पुनःचक्रण पद्धति से उपयोगी बनाई जाती हैं, इसलिए वे अपशिष्ट नहीं हैं, तो हम विश्व के पूरे अपशिष्ट तेल को मंगा सकते हैं, सीसा तेजाब की बैटरियां मंगा सकते हैं, क्योंकि हम उनका हथालन यहां कर सकते हैं। मगर वास्तव में हम ऐसा नहीं कर सकते क्योंकि भारत ने 1989 के 'बेसेल कन्वेंशन ऑन ट्रॉस-बाउंडरी मूवमेंट ऑफ हैजर्ड्स वेस्ट' पर हस्ताक्षर किया था और 1997 में भारत के सर्वोच्च न्यायालय ने निर्णय भी दिया था कि अंतर्राष्ट्रीय समझौतों के द्वारा प्रतिबंधित अपशिष्ट को भारत नहीं मंगा सकता। फिर खतरनाक अपशिष्ट नियमावली (पर्यावरण संरक्षण अधिनियम, 1986 के तहत बनी) में भी अपशिष्टों के मंगाने पर रोक है।

इस प्रकार स्पष्ट है कि न्यायालय, जन-संचार साधनों और पर्यावरण की सक्रियता से क्लेमेंसू जैसे जहरीले पदार्थ वाले पुराने जहाज का भारत में आना रुक गया और हमारे एक मानवाधिकार की रक्षा हुई। मगर हमें सतत् जागरूक रहने की जरूरत है।

मगर दुर्भाग्य है कि जुलाई 2006 में भारत सरकार ने नीदरलैंड के 'ब्लू लेडी' नामक पानी के पुराने जहाज की अलांग (गुजरात) में तुड़ाई की अनुमति दे दी जिसके एस्बेस्टस से मनुष्यों तथा पर्यावरण पर बुरा प्रभाव पड़ना स्वाभाविक है।

उपरोक्त विवेचन से यह स्पष्ट है कि भूमंडलीकरण, निजीकरण और उदारीकरण के फलस्वरूप भूमि की अधिक-से-अधिक जुताई और सिंचाई अधिक उत्पादन हेतु की जा रही है। वनों के बड़े हिस्से को कृषि कार्य हेतु इस्तेमाल किया जा रहा है और पारंपरिक चारागाहों, तालाबों, झीलों, नदियों, नालों आदि को भी इससे नहीं बख्शा गया। फिर खनिज पदार्थों के लिए खनन कार्य तेजी से हो रहा है और विभिन्न उद्योगों में तेल और कोयला की खपत अधिक हो रही है। शहरीकरण की प्रक्रिया तेजी से बढ़ने तथा गांवों में रोजगार के नए स्रोत नहीं होने और बिजली, पानी की सुविधा न होने से शहरों की ओर लोग तेजी से भाग रहे हैं जिससे शहरों के आसपास की कृषि भूमि आवास, उद्योग व्यापार और आधारभूत संरचनाओं के लिए उपयोग में लाई जा रही है। यद्यपि इससे कई प्रकार के फायदे हुए हैं (जैसे गहन खेती से खाद्य-उत्पादन में वृद्धि, नए आवास, नए उपभोक्ता उत्पाद, वस्त्र-उत्पादन, जलापूर्ति, मनोरंजन के नए साधन और ज्ञान का प्रसार) मगर इसके साथ ही निम्नलिखित अवांछित परिणाम भी हुए हैं जो मानव-जीवन के विभिन्न पक्षों को किसी-न-किसी रूप में प्रभावित करते हैं :

(क) पर्यावास (हैबिटाट) का विनाश

(ख) वनों का विनाश

(ग) मरुस्थलीकरण

(घ) तेजाब की वर्षा

(ङ) जलवायु-परिवर्तन
(च) मिट्टी का क्षय
(छ) जैव-विविधता की हानि

हमारे देश में बड़े बांधों के निर्माण पर जोर दिया जा रहा है। (जैसे सरदार सरोवर बांध) जिससे ज्यादा सिंचाई, बिजली-उत्पादन और शहरों में जलापूर्ति हो सके। मेधा पाटकर के नेतृत्व में 'नर्मदा बचाओ आंदोलन' ने सरदार सरोवर बांध की ऊंचाई 121.9 मीटर करने पर आपत्ति की क्योंकि इससे बहुत सारे गांव डूब जाएंगे। मगर सरकार के पक्ष को उच्चतम न्यायालय ने भी पुष्ट कर दिया। वहां बड़े, मंझले और छोटे 3,000 से अधिक बांधों के निर्माण से लाखों लोग विस्थापित हुए हैं और होंगे। मध्य प्रदेश में इंदिरा सागर बांध परियोजना में 250 गांव बेदखल हो गए और उनके नाम हमेशा के लिए मिट गए। मध्य प्रदेश में सन् 1815 में हरसूद नामक कस्बा (जिला खंडवा) बसा था मगर 30 जून, 2004 को उस पूरे कस्बे को और वहां के लोगों को उजाड़ दिया गया क्योंकि वह इंदिरा सागर परियोजना के उन 250 गांवों के साथ शामिल था जो डूबे क्षेत्र में आ गए थे। एक जुलाई 2004 को लाउडस्पीकर से राज्य सरकार ने घोषणा की कि 25,000 रु. का अनुदान सिर्फ उसी को दिया जाएगा जो उसी रात अपना घर ढहा देगा। सो मरता क्या न करता, सत्ता के आतंक के आगे लोग नतमस्तक हो गए तथा हथौड़े, सबल और छड़ों से अपना-अपना घर ढहाने लगे। इस बावत अरुंधति राय ने ठीक ही कहा है—"बगदाद और हरसूद में बहुत समानता है। दोनों वैश्वीकरण के वो उदाहरण हैं, जहां इंसानियत और जीने के अधिकार को किनारे रखकर, राज्य सत्ता और सैन्य संरक्षण कंपनियों का मुनाफा सुनिश्चित कर रहे हैं। नर्मदा सागर का निर्माण और हरसूद के लोगों का निर्ममतापूर्वक विस्थापन जरूरी था विश्व-पूंजीवाद को आश्वस्त करने के लिए कि किसी कानून, नीति, लोगों के जनतांत्रिक अधिकारों या इंसानियत को भी उनके रास्ते तक नहीं आने दिया जाएगा।"

हरसूद के लोगों ने विजय मनोहर तिवारी ('हरसूद, 30 जून') को बताया था कि उन्होंने राष्ट्रीय मानवाधिकार आयोग को दो महीने में 130 आवेदन भेजकर न्याय की अपील की थी मगर न तो आयोग ने जवाब दिया और न उसका कोई प्रतिनिधि घटनास्थल पर ही निरीक्षण हेतु गया। लोगों ने उनसे पूछा—"क्या हरसूद के पहले मानवाधिकार आयोग का दफ्तर डूब में आ गया है? क्या सरकारी सुविधाओं पर पलने वाले आयोग के आला अफसर भी किसी बांध के कारण विस्थापित हो गए हैं?" कुछ अधिकारी, पत्रकार, नेता, किसान आदि तफरीह लेने के लिए हरसूद गए थे जिसे विजय मनोहर तिवारी ने ठीक ही 'आपदा पर्यटन' की संज्ञा दी है। जन संघर्ष मोर्चा (मध्य प्रदेश), एस.एन.डी.आर.पी. (दिल्ली), मंथन (बड़वानी), संदर्भ (इंदौर) तथा अभिव्यक्ति (नासिक) ने इंदिरा सागर बांध विस्थापितों के तीन पुनर्वास स्थलों पर जांच करके निम्नलिखित अनुशंसाएं कीं :

(1) इसकी सी.बी.आई. जांच की जाए कि 245 मीटर पर डूब में आने वाले गांवों के विस्थापितों का पुनर्वास किए बिना बांध की ऊंचाई 245 मीटर तक कैसे पहुंचाई गई? इसमें हुए भ्रष्टाचार की भी जांच हो।

(2) विस्थापितों के हितों को नजरंदाज करने वाले सभी अधिकारियों/नेताओं को दंडित किया जाए।

(3) डायवर्जन टनल को खोला जाए जिससे बांध में मानसून में पानी न जमा हो सके और बांध पर लगे चारों गेट हटाए जाएं जब तक प्रत्येक विस्थापित परिवार को नियमानुसार बसा न दिया जाए।

(4) पुनर्वास नीति के अनुसार विस्थापित किसानों के लिए उनकी पसंद की जमीन खरीदने के लिए एक समिति बनाई जाए। स्पेशल पुनर्वास पैकेज को संशोधित किया जाए।

(5) हरसूद शहर के विस्थापितों को अपने मकानों और अन्य संपत्तियों का मुआवजा नजदीकी कस्बे टिमरनी के संपत्ति मूल्यों के हिसाब से तय किया जाए और जो लोग छूट गए हैं, उन्हें भी पात्रता दी जाए।

ज्ञातव्य है कि इंदिरा सागर परियोजना से विस्थापित होने वाले 34 हजार परिवारों में से 24,000 का ही पुनर्वास 2004 तक किया गया। टिहरी बांध के विरोध में बिगुल फूंकने वाले सुंदर लाल बहुगुणा ने भी इंदिरा सागर बांध परियोजना का विरोध किया और कहा कि इन बड़े बांधों की एक निश्चित उम्र होती है। वे हमेशा बिजली नहीं देंगे क्योंकि नदी के बहाव को रोकने से बांधों में गाद भरती जाएगी और तब वे एक दिन बिल्कुल अनुपयोगी हो जाएंगे। उन्होंने यह भी कहा कि विकसित देशों में आबादी कम है और भूमि ज्यादा है जबकि भारत में भूमि कम है और आबादी ज्यादा है। सो पन-बिजली के बजाय भारत को सौर ऊर्जा तथा पवन ऊर्जा पर जोर देना चाहिए। इससे न विस्थापन होगा और न पुनर्वास का खर्च आदि होगा।

जब स्वच्छ पर्यावरण की बात उठती है तो बिहार को नहीं भूला जा सकता क्योंकि वहां हर साल बाढ़ से उत्तर बिहार का दो-तिहाई हिस्सा पानी में डूबा रहता है जिसके कारण नाव से लोगों को नित्यक्रिया करने जाना पड़ता है और वहां धान की जगह जलकुंभी और घास लहलहाती है। धीरे-धीरे कुछ लोग बाढ़ के इतने अभ्यस्त हो गए हैं कि सरकारी राहत को वे 'तीसरी फसल' के रूप में देखते हैं जिस पर नेताओं, अधिकारियों और कर्मचारियों की भी गिद्ध दृष्टि लगी रहती है। बाढ़ की वजह से स्वच्छ पानी पीने को नहीं मिलता और नाना प्रकार की बीमारियां भी फैलती हैं। उत्तर बिहार में बाढ़ रोकने के लिए 1950 के दशक में नदियों पर तटबंध बनाने की बड़ी योजना शुरू की गई। जो असफल सिद्ध हुई। जैसा कि दिनेश कुमार मिश्र ने ठीक ही लिखा है : "सन् 1954 में बिहार की नदियों के किनारे 160 कि.मी. तटबंध थे और बाढ़ प्रवण क्षेत्र था 25 लाख

हेक्टेयर और 1996 में तटबंधों की लंबाई हो गई 3465 कि.मी. और बाढ़ प्रवण क्षेत्र जा पहुंचा 71.61 लाख हेक्टेयर पर। इस पतन की कीमत है करीब 720 करोड़ रुपये जिसमें व्यवस्था खर्च शामिल नहीं है। यदि उसको भी जोड़ दिया जाए तो बाढ़ निय्रंत्रण में निवेश लगभग दुगुना हो जाएगा। अब इसकी चिंता किसी को नहीं है कि बाढ़ नियंत्रण पर किया गया खर्च फायदे की जगह नुकसान पहुंचा रहा है।" कोसी परियोजना पर काम शुरू होने के 32 वर्ष बाद 1987 में कोसी पीड़ित विकास प्राधिकार बनाया गया! दरभंगा के कुशेश्वर स्थान पर कमला, कोसी और करेह नदी का पानी इकट्ठा होता है जिसकी निकासी की कोई व्यवस्था नहीं है क्योंकि नदियों के तल तटबंधों के कारण ऊपर उठ गए हैं। सो 1994 में कुशेश्वर स्थान को पक्षी अभयारण्य घोषित करना पड़ा! वहां करीब नब्बे हजार हेक्टेयर जमीन पानी में डूबी है—दुर्भाग्यवश उसी जमीन को कोसी नहर से सींचने का सरकारी कार्यक्रम था। इतना ही नहीं, इसी जमीन के कुछ हिस्से पर कोसी और कमला तटबंधों के अंदर के कई गांवों के लोगों को पुनर्वास मिलना था मगर (जैसा कि दिनेश कुमार मिश्र ने लिखा है) पुनर्वास की जमीन डूबने के कारण वे पुनः अपने पुराने गांव चले गए जहां हर साल 6 महीने तक बाढ़ का दंश झेलने को वे मजबूर हैं। दिनेश कुमार मिश्र के शब्दों में, "वास्तव में, कोसी तटबंध के अंदर के 338 गांवों के लगभग आठ लाख लोग जो यंत्रणा भुगत रहे हैं, उससे कहीं ज्यादा यातना तटबंध के बाहर तथाकथित सुरक्षित क्षेत्र वाले लोग भोग रहे हैं।"

यहां यह भी उल्लेखनीय है कि पर्यावरण में सजीव और निर्जीव, मनुष्य और पशु-पक्षी व अन्य जीव-जंतुओं और वनस्पतियों के बीच गहरा संबंध होता है और एक से प्रभावित होने पर दूसरा प्रभावित होता है। वैज्ञानिकों ने शोध में सिद्ध किया है कि वनस्पति की एक प्रजाति के नष्ट होने पर 28 जीव-जंतुओं के नष्ट होने का खतरा पैदा होता है। पूरे विश्व में रोजाना करीब 50 प्रजातियां नष्ट हो रही हैं। 'रेड बुक ऑफ द वाइल्ड' के अनुसार 1600 ई. से 1990 तक 36 स्तनपोषियों तथा 94 पक्षियों की प्रजातियां इस धरती से पूरी तरह विलुप्त हो चुकी हैं। इसके अलावा 236 स्तनपोषियों और 287 पक्षियों की प्रजातियां लुप्त होने के कगार पर हैं। इसी प्रकार भारत में कई पशु-पक्षियों और वनस्पतियों की प्रजातियां विलुप्त हो गईं और कई उसके कगार पर हैं। ज्ञातव्य है कि वैश्विक तापमान वृद्धि के फलस्वरूप समुद्रों में 'मृत प्रक्षेत्र' बन जाएंगे जिससे मछलियों आदि का जीवन संभव नहीं होगा और एक बार यह प्रक्रिया शुरू होने पर उसे 2000 वर्षों तक बदला नहीं जा सकेगा। दूसरी तरफ भारत के हिमाचल प्रदेश में आशा की नई किरण दिखाई दे रही है क्योंकि वह कार्बन-मुक्त राज्य बनने वाला है। वहां हर पंचायत के हर घर में चार सी.एफ.एल. बल्ब लगे हैं जो पर्यावरण हितैषी हैं और 12,000 हेक्टेयर क्षेत्र कार्बन क्रेडिट के लिए उपलब्ध कराया गया है।

इस प्रकार हमारा स्वच्छ पर्यावरण का अधिकार सिद्धांत में भले मान्य है किंतु व्यवहार

में बहुत कम उपयोग हेतु उपलब्ध है। इसके लिए बहुत कुछ मानवकृत नीतियां और योजनाएं जिम्मेदार हैं।

अंत में, हम पी.एस. रामकृष्णन के शब्दों में कहना चाहेंगे : "पारंपरिक रूप से सभी समाजों का सुदृढ़ सांस्कृतिक संबंध प्रकृति एवं प्राकृतिक संसाधनों से रहा है; अभी भी कई पारंपरिक समाजों में उनकी जीवन रेखा के अंग के रूप में ऐसा है। जब तक पारिस्थितिकी लोगों के सांस्कृतिक लोकाचार में दृढ़ता से जड़ नहीं जमाएगी, यह विकासशील दुनिया के पहले से हाशिए पर रहने वाले समाजों के अधिकतर लोगों की आजीविका के सरोकारों पर तत्काल प्रभाव डालेगी जिसके कारण सामाजिक बाधा होगी और अंततः पारिस्थितिकीय क्षय होगा।" इस प्रकार जरूरी है कि हमारे मानवाधिकार प्रकृति से तालमेल भी रखें।

9

दलितों और अल्पसंख्यकों के मानवाधिकार

यहां हम दलितों और अल्पसंख्यकों के अधिकारों और उनसे संबंधित समस्याओं पर बारी-बारी से विचार करेंगे। सामान्यतः लोकतंत्र का अर्थ अब्राह्म लिंकन का उद्धरण 'जनता का, जनता के लिए और जनता का शासन' तक सीमित माना जाता है। मगर यह अत्यंत प्रारंभिक विशेषता है। वास्तव में, लोकतंत्र सिर्फ शासन-व्यवस्था का रूप नहीं है बल्कि यह पूरे समाज में हर स्तर पर व्याप्त जीवनशैली होना चाहिए जिसमें बिना भेदभाव के समता, स्वतंत्रता, असहमति एवं विकास के अधिकार और 'अंतिम व्यक्ति' (जो सबसे निचले पायदान पर हो) का सशक्तीकरण जैसे मूल्यों का होना अनिवार्य है। जैसा कि महात्मा गांधी ने 'मेरे सपनों का भारत' में कहा था—"मैं एक ऐसे भारत के लिए काम करूंगा जिसमें सबसे गरीब लोग महसूस करेंगे कि यह उनका देश है जिसके निर्माण में उनकी प्रभावकारी भूमिका है, और जिसमें उच्च और निम्न वर्ग के लोग नहीं होंगे, और ऐसा भारत जिसमें सभी समुदाय पूर्ण सामंजस्य में रहेंगे, ऐसे भारत में छुआछूत एवं शराबखोरी के अभिशाप के लिए कोई जगह नहीं होगी। कोई व्यक्ति किसी दूसरे का शोषण नहीं करेगा और न किसी का शोषण किया जाएगा।"

इसी के अलोक में 'मानवाधिकारों की सार्वभौमिक घोषणा' (1948) ने व्यवस्था की है (धारा 1) : "अपने अधिकार और मान-मर्यादा दोनों में सभी लोग जन्मजात स्वतंत्र हैं।" इसके अलावा इसकी धारा 5 में स्पष्ट किया गया है : "किसी भी व्यक्ति के साथ प्रताड़ना, क्रूरता, अमानवीयता, घृणित व्यवहार नहीं किया जाएगा।" नागरिकों को बिना किसी भेदभाव के कई (छह) मौलिक अधिकार भारतीय संविधान के खंड 3 में (धारा 14 से 35 तक) दिए गए हैं। उदाहरणार्थ, धारा 14 सभी को समता का अधिकार देती है : "राज्य भारत के अंदर हर किसी को विधि के समक्ष समानता और कानूनों की समान सुरक्षा से इंकार नहीं करेगा।" धारा 15 (1) में कहा गया है : "राज्य किसी नागरिक के साथ मात्र धर्म, प्रजाति, जाति, लिंग, जन्म स्थान या इनमें से किसी के आधार पर भेदभाव नहीं करेगा।" इसी प्रकार धारा 15(2) के अनुसार, "दुकान, होटल, सार्वजनिक मनोरंजन-स्थल, कुआं, तालाब, स्नान घाट, सड़क, जनता के ठहरने के स्थान, जो अंशतः या पूर्णतः सरकारी

निधि से संधारित हों, या आम जनता के उपयोग के लिए घोषित हों, के बावत किसी नागरिक को मात्र धर्म, प्रजाति, जाति, लिंग, जन्म स्थान या इनमें से किसी के आधार पर अक्षमता, जिम्मेदारी, रोक या शर्त नहीं होगी।'' फिर धारा 16(2) के अनुसार, ''राज्य के अधीन किसी रोजगार या नियुक्ति हेतु सभी नागरिकों के लिए अवसर की समानता होगी।'' धारा 16(2) में इसे और व्यापक बनाया गया है : ''राज्य के अधीन किसी रोजगार या कार्यालय हेतु कोई नागरिक धर्म, प्रजाति, जाति, लिंग, वंश, जन्म स्थान, निवास या इनमें से किसी के आधार पर अयोग्य नहीं होगा अथवा उसके साथ भेदभाव नहीं किया जाएगा।'' धारा 17 में छुआछूत का अंत घोषित किया गया तथा धारा 18 में शिक्षा और सेना को छोड़कर शेष सभी उपाधियों का अंत किया गया। इसके अतिरिक्त धारा 19-22 में विभिन्न प्रकार की स्वतंत्रताएं दी गई हैं जैसे, अभिव्यक्ति एवं भाषण की स्वतंत्रता, भारत में कहीं भी आने-जाने की स्वतंत्रता, भारत में कहीं भी बसने की स्वतंत्रता, भारत में कहीं भी कोई व्यवसाय या नौकरी आदि करने की स्वतंत्रता, ससम्मान जीने का अधिकार आदि। विशेषकर दलितों के लिए समता और स्वतंत्रता के अधिकार तथा बेगारी या बंधुआ मजदूरी, शोषण आदि के निषेध का अधिकार [धारा 23 (1)] अत्यंत महत्वपूर्ण है क्योंकि वे सदियों से असमानता, परतंत्रता और शोषण के शिकार रहे हैं। इसके अलावा भारत सरकार ने छुआछूत आदि कुप्रथाओं से निजात पाने तथा दलितों को कानूनी संरक्षण देने के लिए 'नागरिक अधिकार संरक्षण अधिनियम', 1955 बनाया जो 8 मई, 1955 को लागू हुआ। इस कानून की धारा 3 में धार्मिक अधिकार, धारा 4 में सामाजिक अधिकार, धारा 5 में अस्पताल आदि में भेदभाव न किए जाने का अधिकार, धारा 6 में वस्तुएं बेचने एवं सेवाएं देने का अधिकार, धारा 7 में छुआछूत पर आधारित अपराधों के लिए दंड आदि की समुचित व्यवस्था की गई। इसकी धारा 7(1)(ए) में बिल्कुल स्पष्ट किया गया है : ''जो कोई व्यक्ति संविधान के अनुच्छेद-17 के अधीन छुआछूत उन्मूलन के कारण किसी व्यक्ति को प्राप्त किसी ऐसे अधिकार का प्रयोग किए जाने पर विरोध स्वरूप या प्रतिशोध लेने की भावना से उसके जानमाल के विरुद्ध अपराध करता है, तो वह अपराध जहां दो वर्ष की अवधि के कारावास से दंडनीय है, वहां कम-से-कम दो वर्ष की अवधि के कारावास और जुर्माना से भी दंडनीय होगा।'' यद्यपि इससे दलितों को काफी संरक्षण मिला मगर इसका दुरुपयोग भी काफी हुआ। कुछ पुलिसकर्मियों ने इसकी आड़ में लोगों को प्रताड़ित किया तथा उनसे रिश्वत भी ली। किंतु कई इलाकों में दुर्भाग्यवश दलितों की बहुत सारी समस्याएं अभी भी मौजूद हैं यानी भारत में भले लोकतांत्रिक राज्य है, किंतु अभी तक लोकतांत्रिक समाज का निर्माण नहीं हो सका है। यद्यपि यह भी स्वीकार करना उचित होगा कि उन पर होने वाले अत्याचार के रूप, व्यापकता, गहराई आदि में पहले से कमी आई है। फिर भी उनके द्वारा निम्नलिखित समस्याओं का सामना भारत के विभिन्न क्षेत्रों में अभी भी किया जा रहा है :

(क) वर्ण-जाति के आधार पर छुआछूत अभी भी, खासकर गांवों में, प्रचलित है। बिहार, उत्तर प्रदेश, मध्य प्रदेश, हरियाणा आदि क्षेत्रों में यह समस्या कई बार प्रकाश में आई। उदाहरणार्थ, समेकित बाल विकास परियोजना के तहत सेविका/सहायिका के दलित वर्ग के होने पर कुछ क्षेत्रों में कुछ परिवारों ने उनके भोजन तैयार करने पर आपत्ति की है। आपत्ति करने वालों में उच्च जातियां ही नहीं, मध्यम जातियां भी शामिल होती हैं और कभी-कभी वे ही इसे ज्यादा हवा देती हैं। कुछ परिवारों ने अपने बच्चों को ऐसा पकाया भोजन लेने से मना कर दिया। वैसे यह बात भी सही है कि अधिकतर होटलों/चाय की दुकानों में दलित मजदूर काम करते हैं और उनमें सेवा लेने वाले उच्च जातियों या मध्यम जातियों के लोग आपत्ति नहीं करते। महाराष्ट्र के भंडारा जिले के सुरेवाडी के उच्च विद्यालय की प्रधानाध्यापिका (अनुसूचित जाति) तिलोत्तमा तेम्भुरकर का तबादला होने के बाद नए प्रधानाध्यापक शरद कैताडे (अन्य पिछड़ी जाति) ने गोमूत्र मंगाकर अनुसूचित जाति के विद्यार्थियों के ऊपर छिड़का जो भूगोल की परीक्षा 4 अप्रैल, 2007 को दे रहे थे। बाद में प्रधानाध्यापक एवं अन्य दोषी लोगों के विरुद्ध *नागरिक अधिकार संरक्षण अधिनियम* के तहत कांड दर्ज करके उन्हें गिरफ्तार किया गया। इसी प्रकार बिहार के जहानाबाद जिले के घोसी ब्लाक में परावन पंचायत की नई मुखिया जयंती देवी (दलित वर्ग) चुनी गईं किंतु पंचायत सेवक (सचिव) रामवचन शर्मा ने उन्हें कुर्सी पर नहीं बैठने दिया तथा जातिसूचक शब्दों से जलील किया, इसलिए उसने थाना में *अनुसूचित जाति-जनजाति अत्याचार अधिनियम* के तहत (मई 2007 में) मामला दर्ज कराया। हिंदुओं के अलावा सिक्ख धर्म (मजहबी सिक्ख को जाट सिक्ख अछूत समझते हैं और अमृतसर गुरुद्वारा में उनके लिए अलग दरवाजा है), इस्लाम (अशराफ, अजलाफ एवं अरजलान) तथा ईसाई धर्म में भी अछूत हैं।

(ख) दलित महिलाओं का यौन-शोषण लंबे अरसे से हो रहा है। पूर्व में सामंत लोग उन्हें अपनी रखैल बनाकर रखते थे और उनसे सारा कामकाज करवाते थे। अब ऐसा बड़े पैमाने पर प्रचलित नहीं है मगर छिटपुट ऐसी बातें प्रकाश में आती हैं। इसके अलावा दलित महिलाओं के बलात्कार प्रायः उच्च तथा मध्यम जातियों के पुरुषों द्वारा होते रहते हैं। इसका एक आयाम यह भी है कि गरीबी के कारण बहुत सारी दलित महिलाओं को वेश्यावृत्ति जैसा घृणित कार्य करने को मजबूर होना पड़ता है। यह देह-व्यापार ग्रामीण तथा शहरी दोनों क्षेत्रों में व्याप्त है। यह भारतीय समाज का सबसे बड़ा विरोधाभास है कि दिन के उजाले में छुआछूत बरतने वाले उच्च एवं मध्यम जातियों के लोग रात के

अंधेरे में दलित महिलाओं का यौन-शोषण करते हैं।

(ग) दलित परिवारों में करीब 40 प्रतिशत से 50 प्रतिशत लोग गरीब हैं। यद्यपि शहरों में तथा कुछ शिक्षित दलित जातियों (यथा पासवान 'दुसाध, रजक 'धोबी' और रविदास के अधिकतर परिवारों) ने सरकारी नौकरियों में काफी सफलता प्राप्त की है, मगर बहुत सारी दलित जातियों यथा मुसहर, डोम, मेहतर आदि में शिक्षा का स्तर निम्नतम होने के कारण न तो उन्हें सरकारी नौकरियां मिली हैं और न कृषि के लिए उनके पास जमीन ही है। करीब तीन-चौथाई दलित भूमिहीन हैं। खेती घाटे में होने के कारण उन्हें सालभर में नियमित रोजगार छह माह से अधिक नहीं मिल पाता। फिर ग्रामीण इलाकों में न्यूनतम मजदूरी से कम मजदूरी भी मिलती है। यद्यपि बंधुआ मजदूरी से उन्हें करीब-करीब निजात मिल गई है मगर वे अभी भी कम मजदूरी, अनियमित काम और ज्यादातर कठिन शारीरिक काम के शिकार हैं। बंधुआ मजदूरों में करीब 90 प्रतिशत दलित ही रहे हैं।

(घ) हजारों वर्षों से भारत (तथा कई अन्य देशों) में दलितों के एक समुदाय 'मेहतर' द्वारा सिर पर मैला ढोने की प्रथा रही है। वे हाथ से मल-मूत्र निकालते हैं, उन्हें बाल्टी आदि में डालकर सिर पर ढोते हुए बाहर गंदे नाले आदि में फेंकते हैं। उत्तर प्रदेश में ऐसे हाथ से मल आदि की सफाई करने वालों को 'बम पुलिस' कहा जाता रहा है। वे प्राचीनकाल में चांडाल कहे जाते थे और कालांतर में 'भंगी' जैसे अमानवीय संबोधन से उन्हें संबोधित किया गया। उनके साथ अन्य दलित जातियां भी वैसा ही अमानवीय एवं घृणित व्यवहार करती हैं जैसे उच्च तथा मध्यम जातियां। इस प्रकार वे 'अछूतों में अछूत' या 'दलितों में भी दलित' हैं। महात्मा गांधी ने अपने मल-त्याग की स्वयं सफाई करने का उदाहरण पेश किया था मगर दुर्भाग्यवश इसका व्यवहार में प्रचलन नहीं है। खुले खेतों-मैदानों या नदियों के किनारे या जंगल-झाड़ में पुरुष-स्त्रियां मल-त्याग करते रहते हैं और न उस पर मिट्टी डालते हैं (जैसा गांधी जी करते थे) और न पानी से प्रवाहित कर किसी बंद गड्ढे में डालते हैं। गांधी जी का 'भंगी मुक्ति आंदोलन' इंदिरा गांधी के बीस सूत्री कार्यक्रम के लघु अंश के रूप में सिमटा रहा और आजादी के करीब छह दशकों बाद इक्कीसवीं सदी में भी यह प्रथा पूर्णतः समाप्त नहीं हुई है। मगर भारत सरकार (और राज्य सरकारों) ने स्वच्छता प्रकल्प के तहत ग्रामीण शौचालय बनाने का अभियान चलाया है जो कम खर्च (2,500 रु. मैदानी क्षेत्र और 3,000 रु. पहाड़ी क्षेत्र–2008) में उपयोगी सिद्ध हुआ है। भारत सरकार के ग्रामीण विकास मंत्रालय द्वारा 'पूर्ण स्वच्छता अभियान' (Total Sanitation Campaign)

1999 में शुरू किया गया और देश के 572 जिलों (607 जिलों में से) में 11,376 करोड़ रुपये की निधि सहित लागू है। इसमें 545 करोड़ रुपये समुदाय का योगदान अंश है। 2001 से 2007 (मार्च) तक देश में इसके तहत 3.1 करोड़ शौचालय बनाए गए। दिसंबर 2008 तक 4.92 करोड़ निजी घरों में शौचालय, विद्यालयों में 7.29 लाख शौचालय, आंगनबाड़ी केंद्रों में 4.29 लाख शौचालय तथा सामुदायिक परिसरों में 15,000 शौचालय भारत सरकार की इस योजना के तहत बनाए गए। सरकार का लक्ष्य है कि 2012 तक भारत को खुले में मलत्याग से मुक्ति दिलाई जाए। इसलिए इस पर बजटीय प्रावधान 400 करोड़ रु. (2004-05) से बढ़ाकर 1,060 करोड़ रु. (2007-08) कर दिया गया। इसके प्रोत्साहन के लिए निर्मल ग्राम पुरस्कार 50,000 रु. से 50 लाख रु. तक निम्न शर्तें पूरी करने वाली पंचायतों को दिया जाता है :

(क) पंचायत के सभी घरों में चालू शौचालय हो;
(ख) पंचायत में खुले मलत्याग का नामोनिशान न हो;
(ग) पंचायत के अंदर स्थित सभी विद्यालयों में स्वच्छता सुविधाएं हों और उनका उपयोग हो, तथा सह-शिक्षा वाले विद्यालयों में लड़कों और लड़कियों के लिए अलग-अलग शौचालय सुविधा हो;
(घ) सभी आंगनबाड़ी केंद्रों में शौचालय सुविधा उपलब्ध हो;
(ङ) चारों ओर सामान्य स्वच्छता हो।

इस प्रोत्साहन से पूरे देश में मार्च 2007 तक 4,959 पंचायतों को निर्मल ग्राम पुरस्कार प्राप्त हुआ। दिसंबर 2008 तक 12,130 ग्राम पंचायतों, 105 ब्लॉक पंचायतों और 8 जिला पंचायतों को यह पुरस्कार मिला। सिक्किम 2008 में पहला 'निर्मल राज्य' घोषित हुआ। दिसंबर 2008 तक ग्रामीण भारत के 59 प्रतिशत घरों में शौचालय बन गए थे। मगर अन्य कार्यक्रमों की तरह यह भी विलंबन, खराब गुणवत्ता तथा भ्रष्टाचार का शिकार हुआ है। वैसे शिक्षा के प्रचार-प्रसार तथा कतिपय स्वयंसेवी संस्थाओं यथा सुलभ शौचालय/सुलभ इंटरनेशनल द्वारा इस पर काफी काम किया गया है। सुलभ शौचालय में दो गड्ढे होते हैं जिनका बारी-बारी से उपयोग होता है। पहला गड्ढा भर जाने पर उसका मुहाना बंद कर दिया जाता है और दूसरे गड्ढे का मुहाना खोल दिया जाता है। उसके भरने में दो वर्ष लगते हैं, तब तक पहले गड्ढे का मल-मूत्र खाद बन जाता है जिसका खेती में उपयोग किया जा सकता है। सुलभ शौचालय ने अब 'भुगतान करो और उपयोग करो' के आधार पर यह तकनीक प्रसारित की है जो न सिर्फ भारत में बल्कि विदेशों में भी काफी लोकप्रिय हुई है। विभिन्न सार्वजनिक स्थलों यथा रेलवे स्टेशन, बस अड्डा, अस्पताल, तीर्थ स्थल, बाजार, शैक्षिक संस्थान आदि के परिसरों में सुलभ शौचालय उपलब्ध हैं जिनसे एक ओर आम नागरिकों को काफी सुविधा होती है, वहीं दूसरी ओर

मेहतरों को हाथ से मैला उठाने और साफ करने जैसे घृणित कार्य से मुक्ति भी मिलती है। इसके अलावा इससे सुलभ ऊर्जा भी तैयार की जा रही है जो ईंधन समस्या से कुछ हद तक मुक्ति दिलाने में कारगर होगी। भारत सरकार ने सफाई कर्मचारियों के उत्थान के लिए राष्ट्रीय सफाई कर्मचारी आयोग का गठन भी किया है जिसकी अध्यक्ष संतोष चौधरी हैं किंतु अभी तक उसने अपनी सार्थक उपस्थिति दर्ज नहीं कराई है। सुलभ इंटरनेशनल ने मेहतर परिवारों के बच्चों के लिए एक अच्छा विद्यालय भी दिल्ली में (पालम) खोला है जो उनमें सफाई के प्रति जागरूकता की प्रेरणा भर रहा है, शिक्षा के प्रति प्रोत्साहित कर रहा है, अन्य वर्गों/समुदायों के बच्चों से प्रतिस्पर्धात्मक होड़ लेने को प्रेरित कर रहा है तथा उनमें कूट-कूटकर आत्मविश्वास भी भर रहा है। वे निश्चित रूप से ब्रेहतर नागरिक एवं इंसान बनेंगे, ऐसा विश्वास है। सफाई करने वाली मेहतरानी एक प्रकार से 'सार्वभौमिक मां' (यूनिवर्सल मदर) होती है क्योंकि जहां प्रत्येक परिवार में मां सिर्फ अपने बच्चों का मल-मूत्र साफ करती है, वहीं दूसरी ओर मेहतरानी पूरे मुहल्ले/गांव के सभी परिवारों के मल-मूत्र की सफाई करती है।

(ङ) दलितों की एक और समस्या जाति के आधार पर चिढ़ाना, मानसिक रूप से प्रताड़ित करना, शारीरिक रूप से पिटाई करना, जान से मारना या जला देना है। तुलसीदास ने संभवतः निम्नजातियों के द्वारा झेले जा रहे दंश को समझते हुए काफी संवेदना के साथ लिखा था—''सबसे कठिन जाति अपमाना।'' जन्म होने पर सामान्यतः गांवों में चमाइन या चमारिन (चमार स्त्री) ही पारंपरिक रूप से सभी जातियों के नवजात शिशुओं का नाड़ा काटती रही है और उसके मुंह में उंगली डालकर उसे साफ करती रही है। (और कहीं-कहीं) उसके द्वारा पहला दूध पिलाने की भी प्रथा रही है। मगर उसी के साथ छुआछूत और चिढ़ाने का बर्ताव होता रहा है। घर से बाहर खेत-खलिहानों, शिक्षण संस्थानों, अस्पतालों तथा अन्य सार्वजनिक स्थलों पर भी उन्हें चिढ़ाया या प्रताड़ित किया जाता रहा है। 'मार-मार कर भंगी बनाने' की कहावत यूं ही नहीं बनी है।

बीसवीं सदी के अंतिम दशक में उत्तर प्रदेश के गाजीपुर जिले के शेरपुर गांव में एक घटना घटी जहां 80 प्रतिशत भूमिहार तथा 20 प्रतिशत दलित रहते थे। दलितों को वोट नहीं डालने दिया जाता था। हमेशा ग्राम प्रधान भूमिहार जाति का होता रहा है (जिसमें जनसंख्या मुख्य आधार रही है) मगर संख्या बल और दबंगई के कारण भूमिहारों ने दलितों की जमीन पर कब्जा कर लिया था। दलित टोले को जोड़ने का संपर्क मार्ग नहीं होने से बरसात में वह बस्ती चारों ओर से कट जाती थी। किसी एक भूमिहार की हत्या को भूमिहारों ने इसे नक्सलियों से दलितों की सांठ-गांठ बताया और प्रतिक्रिया-स्वरूप आधा दर्जन दलितों को घरों में बंद करके जला दिया और प्रशासन की गाड़ी भूमिहारों ने रास्ते में रोक ली। इक्कीसवीं सदी शुरू होने पर दलित बस्ती को संपर्क मार्ग से जोड़ा गया। बाद में

जिला प्रशासन ने दलितों को उनकी जमीन वापस दिलाई। इसी प्रकार 2005-06 में हरियाणा के दुलीना/गोहाना जैसे गांवों में दलितों को जाटों ने मारा-पीटा और जिंदा जला दिया। यह आश्चर्यजनक था कि इसमें पुलिस ने कोई कार्रवाई नहीं की। इसी प्रकार महाराष्ट्र के खैरलांजी में 2006 में दलितों की बस्ती जला दी गई। इसके अलावा प्रायः लोगों द्वारा यह भी कहा जाता है चोर-चमार, चोरी-चमारी आदि। इस प्रकार चमार-चूहड़ा जैसी दलित जातियों को चोर के कुकृत्य और बदनामी से जोड़ दिया गया है जबकि ये दलित जातियां उत्पादन से जुड़ी रही हैं। हरियाणा, बिहार, राजस्थान, मध्य प्रदेश और उत्तर प्रदेश जैसे राज्यों में दलितों का उभार पिछले दो-तीन दशकों से हो चुका है जिसके कारण वे उच्च और मध्यम जातियों के कुकृत्यों/ज्यादतियों का जवाब दे रही हैं, जिसके फलस्वरूप इन क्षेत्रों में जातीय तनाव/संघर्ष बढ़ गए हैं। बिहार में दलितों के नरसंहार का लंबा इतिहास रहा है जिनमें राजपूत और भूमिहार जैसी उच्च जातियां तथा कुर्मी या यादव जैसी मध्यम जातियां मुख्य रूप से अगुआ रही हैं। मगर इनका प्रतिशोध भी दलित जातियों ने विभिन्न संगठनों से जुड़कर किया है। उदाहरणार्थ, गया में बारा नरसंहार तथा जहानाबाद में सेनारी नरसंहार में उच्च जाति (भूमिहार) के लोगों की सामूहिक हत्या और बलात्कार हुआ था। केंद्रीय/दक्षिण बिहार और झारखंड में उग्रवाद पनपने की जड़ में जातीय विद्वेष/संघर्ष, आर्थिक विषमता, सामंती रुख एवं मानसिकता, न्यूनतम मजदूरी का सवाल आदि प्रमुख कारक रहे हैं। जाति के आधार पर निजी सेनाओं का अस्तित्व बिहार में कई दशकों से है। उदाहरणार्थ, रणवीर सेना में मुख्यतः भूमिहार और उनका साथ देने वाले राजपूत जाति के कुछ युवा हैं, सनलाट सेना (पलामू, औरंगाबाद) में राजपूत जाति के युवा हैं, लोरिक सेना में यादव जाति के युवा हैं, कुंअर सेना में राजपूत जाति के युवा हैं, भूमि सेना में कुर्मी जाति के युवा हैं, ब्रह्मर्षि सेना में भूमिहार जाति के लोग हैं। दूसरी ओर दलितों में एम.सी.सी., पीपल्स वार, पार्टी यूनिटी, भारतीय कम्युनिस्ट पार्टी (माओवादी) संगठन, सी.पी.आई. (एम.एल) आदि मुख्यरूप से लोकप्रिय हैं। इसमें संदेह नहीं कि विभिन्न जातियों के कतिपय राजनेता, व्यापारी, चिकित्सक, शिक्षक, अधिकारी (पुलिस सहित) प्रत्यक्ष या परोक्ष रूप से नकद या वस्तु या विचार के रूप में इन निजी सेनाओं की मदद करते हैं। इसके फलस्वरूप हिंसा का कुचक्र अनवरत चलता रहता है। यह भी सूचना है कि बिहार में विभिन्न जेलों में तथा जिला पुलिस की पुलिस लाइनों में जाति के आधार पर चूल्हे (रसोई) जलते हैं जिससे पारस्परिक मैत्रीभाव के बजाय दबी हुई ईर्ष्या और दूरी बरकरार रहती है जिसका प्रभाव पुलिस की दक्षता पर पड़ना स्वाभाविक है। कतिपय शिक्षण संस्थाओं में दलितों के लिए अलग छात्रावास है जैसे इलाहाबाद विश्वविद्यालय में ईश्वर शरण छात्रावास (शुतुरखाना) और पटना विश्वविद्यालय में हरिजन छात्रावास (महेन्द्रू) है किंतु जवाहर लाल नेहरू विश्वविद्यालय (नई दिल्ली) जैसे प्रगतिशील शिक्षण संस्थानों में अलग से दलितों के छात्रावास नहीं हैं। वहां जाति के आधार पर सामान्यतः ऊंचा-नीचा

समझने की प्रवृत्ति भी नहीं है, बल्कि शिक्षक से लेकर विद्यार्थी तक अंतर्राष्ट्रीय मुद्दों पर न केवल दिन में बल्कि रात में भी गंभीर विचार-विमर्श करते रहते हैं और उसके दौरान गरमागरम बहस होने की संभावना होती है। 2006-07 में ऑल इंडिया इंस्टीट्यूट ऑफ मेडिकल साइंसेज (एम्स), नई दिल्ली में दलितों के साथ भेदभाव का मुद्दा प्रकाश में आया। इस पर स्वास्थ्य मंत्रालय ने विश्वविद्यालय अनुदान आयोग के अध्यक्ष प्रो. सुखदेव थोरात की अध्यक्षता में एक जांच समिति गठित की जिसने पांच चीजें पाईं :

(क) प्रशासन ने मंडल दो के विरुद्ध चले आंदोलन को हवा दी तथा समर्थन न करने वाले विद्यार्थियों/स्टाफ को परेशान किया

(ख) शिक्षक अनुसूचित जाति/जनजाति के विद्यार्थियों के प्रति उदासीनता बरतते हैं;

(ग) परीक्षा के मूल्यांकन में उनके साथ भेदभाव किया जाता है;

(घ) प्रशासन रेजिडेंट चिकित्सकों एवं अध्यापकों की नियुक्ति में आरक्षण नियमों का उल्लंघन करता है;

(ङ) अनुसूचित जाति-जनजाति के छात्रों को छात्रावास में कमरा देने, भोजन सुविधा, खेलकूद तथा सांस्कृतिक कार्यक्रमों में भाग लेने के मामले में अलग-थलग रखा जाता है। दूसरी ओर प्रशासन का कहना है कि जांच समिति ने उसका पक्ष नहीं सुना।

दलितों के बारे में एक महत्वपूर्ण मुद्दा धर्मांतरण का है। भारतीय राजस्व सेवा से नौकरी छोड़कर राजनीति में आए रामराज से 'उदित राज' बने इंडियन जस्टिस पार्टी के अध्यक्ष ने कुछ वर्ष पूर्व दिल्ली के रामलीला मैदान में दस लाख दलितों का धर्मांतरण बौद्ध धर्म में करने की घोषणा की थी, मगर सरकार ने उक्त मैदान उन्हें आवंटित नहीं किया और उदित राज सहित मात्र कुछ सौ लोगों ने बौद्ध धर्म स्वीकार किया जैसा कि पूर्व में बी.आर. आंबेडकर ने किया था। मगर अन्य दलित नेता जैसे कांशीराम और मायावती ने दलितों के उद्धार के लिए धर्मांतरण अंतिम उपाय नहीं माना है बल्कि विभिन्न संवैधानिक प्रावधानों यथा शिक्षा, स्वास्थ्य, रोजगार, आवास, जलापूर्ति, सड़क जैसी सुविधाएं देकर दलितों के सशक्तीकरण की हिमायत की है। उदित राज के इस कथन 'जब हिंदू धर्म में दलितों को उचित सम्मान/स्थान नहीं मिलता, तो उसका त्याग करना जरूरी है,' के जवाब में कांशीराम-मायावती की बहुजन समाज पार्टी तथाकथित 'मनुवादी' ताकतों को कमजोर करके अपने पक्ष में करने तथा दलितों की जगह हिंदू धर्म के भीतर स्वतंत्र रूप से बनाने की बात करती है। इसके अलावा बिहार, उत्तर प्रदेश, मध्य प्रदेश, छत्तीसगढ़, गुजरात, उड़ीसा, राजस्थान, झारखंड आदि में ईसाइयों द्वारा दलितों का धर्मांतरण (तथाकथित धार्मिक स्वतंत्रता के नाम पर) किया जाता रहा है जिसकी प्रतिक्रिया स्वरूप संबंधित ईसाई मिशनरियों पर हमले किए गए। उड़ीसा में ग्राह्म एस. स्टेंस और उसके दो पुत्रों को जलाकर मार डालने जैसी बड़ी घटना हुई जिसकी जड़ में प्रलोभन देकर धर्मांतरण करना था। इसी

प्रकार कंधमाल में लक्ष्मणा नन्द सरस्वती की हत्या हुई। राजस्थान, मध्य प्रदेश, छत्तीसगढ़ और झारखंड में दलितों/आदिवासियों के प्रलोभन आदि के आधार पर सामूहिक धर्मांतरण पर रोक लगाने के लिए 2006 में नए कानून बना दिए गए अथवा पुराने कानूनों में आवश्यक संशोधन कर दिए गए जिनसे धर्मांतरण कराने वाले पादरियों और गिरिजाघरों पर कानूनन दायित्व निर्धारण किया जा सके। वास्तव में, धर्मांतरण का मामला अत्यंत संवेदनशील है। यद्यपि यह सही है कि कोई भी व्यक्ति किसी भी धर्म या आस्था का प्रचार-प्रसार कर सकता है और सोच-विचार के बाद अपना धर्म भी बदल सकता है मगर यह भी सच है कि विभिन्न क्षेत्रों में कुछ ईसाई संगठन सामूहिक रूप से धर्म-परिवर्तन (विभिन्न प्रलोभनों यथा निःशुल्क शिक्षा, भोजन, वस्त्र, आवास, नौकरी, विवाह में सहायता आदि) विशेष उद्देश्य से विशेष परिस्थितियों में कराते हैं जिनके विरुद्ध कभी-कभी पुलिस थाना/न्यायालयों में भी मामले दर्ज किए गए हैं। जाहिर है जो गरीब दलित-आदिवासी हैं, उनका आर्थिक जीवन-स्तर निम्न कोटि का है और वे विभिन्न बीमारियों से ग्रस्त रहते हैं जिसके कारण किसी प्रकार की आर्थिक-सामाजिक मदद से आसानी से वे उनके वशीभूत हो जाते हैं और धर्म-परिवर्तन कर लेते हैं। भारत में दलितों के बीच ऐसी जातियां हैं जिनमें अशिक्षा, बेरोजगारी, भुखमरी, कुपोषण आदि का बोलबाला है। उदाहरणार्थ, बिहार में मुसहर जाति में साक्षरता मात्र 2 प्रतिशत है और उनकी महिलाओं में यह मात्र 0.5 प्रतिशत है। जीविका का पर्याप्त साधन न होने के कारण वे चूहे मारकर और भूनकर खा जाते हैं। हुनर के नाम पर उनके बच्चे चूहा मारना ही सीख पाते हैं। यदि साक्षरता के लिए सरकारी प्रयास भी किया जाता है, तो मुसहर बच्चे उन किताबों को अनाकर्षक, अप्रासंगिक तथा अपने से कटा हुआ पाते हैं और शीघ्र ही पढ़ाई छोड़ देते हैं। इस प्रकार हमारी अभिजनोन्मुखी शिक्षा मुसहर जैसे दलितों को अपनी संकीर्ण परिधि से बाहर कर देती है अर्थात सही मायने में दलितों ने शिक्षा को नहीं छोड़ा बल्कि शिक्षा ने दलितों को छोड़ दिया।

यह भी देखने को मिलता है कि बाल मजदूरों में से आधे से अधिक दलित परिवारों के होते हैं और काम करने के कारण शिक्षा, खेलकूद और अंततः बचपन को खो देने को अभिशप्त होते हैं। 1991 में भारत में अनुसूचित जातियों में साक्षरता दर मात्र 37.4 प्रतिशत थी और कई राज्यों में इस राष्ट्रीय औसत से भी खराब स्थिति थी। जैसे अरुणाचल प्रदेश में 31.6 प्रतिशत, बिहार में 19.5 प्रतिशत, मध्य प्रदेश में 35.1 प्रतिशत, उड़ीसा में 36.7 प्रतिशत, राजस्थान में 26.3 प्रतिशत और उत्तर प्रदेश में 26.8 प्रतिशत अनुसूचित जाति के लोग 1991 में साक्षर थे। पुनः दलित महिलाओं की स्थिति और खराब थी। भारत में 1991 में मात्र 23.76 प्रतिशत दलित महिलाएं साक्षर थीं और अधिकतर राज्यों में दलित महिलाओं का साक्षरता प्रतिशत इससे भी कम था। जैसे आंध्र प्रदेश में 20.9 प्रतिशत, अरुणाचल प्रदेश में 20.9 प्रतिशत, बिहार में 7 प्रतिशत, हरियाणा में 24.2 प्रतिशत, कर्नाटक में 25.95 प्रतिशत, मध्य प्रदेश में 18.1 प्रतिशत, उड़ीसा में 20.7 प्रतिशत,

राजस्थान में 8.3 प्रतिशत, उत्तर प्रदेश में 10.7 प्रतिशत और प. बंगाल में 28.87 प्रतिशत। इसमें भी बिहार और राजस्थान में सबसे खराब स्थिति है। मगर केरल में उस वर्ष दलित महिलाओं की साक्षरता दर 74.3 प्रतिशत (और दलित पुरुषों की 85.2 प्रतिशत) थी जो उस श्रेणी में मिजोरम (81.2 प्रतिशत दलित महिलाओं की साक्षरता और दलित पुरुषों की 77.5 प्रतिशत) के बाद दूसरे स्थान पर था। यहां यह उल्लेखनीय है कि डॉ. भीमराव आंबेडकर कहा करते थे कि दलितों के उत्थान के लिए तीन रणनीतियां अपनानी होंगी—संगठित करना, शिक्षित करना और संघर्ष करना। किंतु दुर्भाग्यवश आज के अधिकतर दलित नेता संगठन या संघर्ष पर जोर देते हैं, मगर शिक्षा को नजरअंदाज कर देते हैं। सुलभ इंटरनेशनल के संस्थापक एवं व्यावहारिक समाजशास्त्री डॉ. बिंदेश्वरी पाठक ने मेहतरों की दशा सुधारने के लिए सुलभ शौचालय अभियान चलाने का अनुकरणीय कदम उठाया है। सबसे पहले 1973 में पाठक जी ने आरा (बिहार) शहर के दो घरों में सुलभ शौचालय तकनीक का उपयोग किया। उसके बाद 1974 में पटना में पहला सार्वजनिक सुलभ शौचालय बनाया। भारत में अभी 1,080 शहरों में 6,000 से अधिक सार्वजनिक सुलभ शौचालय कार्यरत हैं। उसमें करीब 15 हजार लोगों को नियमित रोजगार मिला है तथा 35 हजार लोग निर्माण कार्य, जागरूकता अभियान आदि में लगे हैं। इसमें कम खर्च पड़ता है और 10 दिनों के भीतर इस तकनीक से जैविक कचरा कंपोस्ट बन जाता है। इसके अलावा पर्यावरण प्रदूषित नहीं होता। दूसरी ओर लोगों को आराम मिलता है और तीसरे ऊर्जा का उत्पादन होता है। 1984 में उन्होंने मानव-मल का उपयोग कर पहला बायोगैस प्लांट स्थापित किया। अभी पूरे देश में ऐसे 143 बायोगैस प्लांट कार्यरत हैं। सुलभ पब्लिक स्कूल पालम, नई दिल्ली में 500 बच्चे पढ़ते हैं जिनमें 60 प्रतिशत मेहतर समुदाय के हैं। इसके अलावा दलित बच्चों के लिए नई दिल्ली में उनके द्वारा व्यावसायिक शिक्षा केंद्र भी चलाया जा रहा है। पिछड़े क्षेत्रों की करीब 12,000 महिलाओं को व्यावसायिक प्रशिक्षण केंद्र द्वारा प्रशिक्षण दिया गया है। अभी भारत के करीब दस लाख घरों में सुलभ शौचालय बन चुके हैं जिससे 60 हजार से अधिक मैला ढोने वाले मेहतरों को मुक्ति मिली है। इस प्रकार एक ब्राह्मण परिवार में जन्मे डॉ. बिंदेश्वरी पाठक ने दलितों की मुक्ति का वह सराहनीय कार्य किया है जो कोई दलित नहीं कर सका। इस कार्य के लिए उन्हें कई राष्ट्रीय और अंतर्राष्ट्रीय पुरस्कार मिल चुके हैं। उनका यह कहना बिल्कुल प्रासंगिक है "सुलभ एक समाजोन्मुखी स्वच्छता आंदोलन है। वह प्रतिबद्ध है प्रदूषणमुक्त पर्यावरण और शोषण से मुक्त ऐसे समाज के निर्माण के लिए जो सौमनस्य से परिपूर्ण हो। वह बाल्मीकियों की सामाजिक ओर आर्थिक मुक्ति का आंदोलन चलाता रहा है। सुलभ ने बाल्मीकियों को राष्ट्रीय जीवन की मुख्यधारा से जोड़ने का जो महाअभियान शुरू किया है, वह इस अर्थ में अनूठा है कि उसके जरिए बाल्मीकियों को मुक्त करने के लिए एक उपयुक्त टेक्नोलॉजी खोज ली गई। उन उद्देश्यों की प्राप्ति के लिए ऐसी तकनीकी उपलब्ध

है जो व्यवहार में लाने योग्य है। उसे राष्ट्रीय और अंतर्राष्ट्रीय दोनों स्तरों पर स्वीकृति मिली हुई है। सुलभ के समाजिक सुधार के कार्यक्रम व्यावहारिक हैं। इसके तौर-तरीके ऐसे सरल हैं कि उद्देश्य पूरे हो सकें। एक के बाद दूसरे चरणों में ऐसे आकर्षक पैकेज हैं जिनमें बाल्मीकियों की मुक्ति से लेकर उनके प्रशिक्षण, शिक्षा, पुनर्वास और अंततः उनकी सामाजिक मान-मर्यादा की वापसी हो सके। यह कार्यक्रम तब तक चलना है जब तक कि उस वर्ग का आखिरी व्यक्ति सामाजिक और राष्ट्रीय जीवन की मुख्य धारा से नहीं जुड़ जाता।" इस प्रसंग में भारत के प्रथम प्रधानमंत्री जवाहरलाल नेहरू का कथन अत्यंत ओजपूर्ण तथा महत्वपूर्ण है : "जिस दिन हमारे देश के हर स्त्री और पुरुष को उपयोग के लिए एक शौचालय उपलब्ध हो जाएगा, मुझे यह जानकारी हो जाएगी कि हमारा देश प्रगति की चोटी पर पहुंच गया।" मगर नेहरू जी ने अपनी कथनी को करनी में बदलने का सार्थक प्रयास धरातल पर नहीं किया। यह भी उल्लेखनीय है कि भारत में एक महत्वपूर्ण कानून सफाई कर्मचारी नियोजन एवं शुष्क शौचालय निर्माण (निषेध) अधिनियम, 1993 में बनने के बावजूद यह व्यवहार में खत्म नहीं हुआ है। इस कानून को भारतीय संविधान की धारा 47 के लक्ष्य (जीवन-स्तर ऊंचा करने एवं स्वास्थ्य सुधारने) को साकार करने तथा मनुष्य की गरिमा को सुनिश्चित करने के लिए बनाया गया है। इसके तहत हाथ से मल-मूत्र साफ करने के लिए लोगों का नियोजन तथा सूखे शौचालयों का निर्माण एवं पुराने सूखे शौचालयों को जारी रखने पर रोक लगा दी गई है। उसकी जगह पानी से साफ होने वाले शौचालयों के निर्माण एवं अनुरक्षण की व्यवस्था की गई है।

यहां दलितों के उत्थान के लिए आर्थिक, सामाजिक, राजनैतिक और सांस्कृतिक पहलुओं पर समेकित रूप से कार्रवाई करने की जरूरत है। अभी भी आरक्षण के बावजूद अनुसूचित जातियों के कई पद भारत सरकार और राज्य सरकारों में खाली पड़े हैं जिन्हें भरने के लिए अभियान चलाया जाना चाहिए। मगर राजनैतिक प्रतिनिधित्व तेजी से बढ़ा है जिससे उनमें चेतना आई है। बिहार में हिंदू धार्मिक स्थलों के न्यास के अध्यक्ष आचार्य किशोर कुणाल ने 'दलित देवो भव' किताब लिखकर सिद्ध किया है कि भारत के इतिहास में उदारवादी धारा के दलितों को सदैव सम्मान दिया गया है जबकि कट्टरतावादी धारा ने नकारात्मक रुख अपनाया। उन्होंने दलितों के उत्थान के लिए 'संगत और पंगत' पर काफी जोर दिया है मगर आवश्यक होते हुए भी यह अपने आप में पूर्ण नहीं है क्योंकि आर्थिक और राजनैतिक उत्थान ज्यादा जरूरी हैं।

(2)

अब हम अल्पसंख्यकों के अधिकारों और सुरक्षा की चर्चा करेंगे। संयुक्त राष्ट्र संघ ने 18 दिसंबर, 1992 को 'राष्ट्रीय या नृजातीय, धार्मिक एवं भाषाई अल्पसंख्यकों से संबंधित

अधिकारों की घोषणा' को अंगीकार किया जिसके प्रमुख उद्देश्य निम्न हैं :

(क) कि संयुक्त राष्ट्र संघ अधिकार पत्र का बुनियादी लक्ष्य नस्ल, लिंग, भाषा या धर्म का कोई विभेद किए बिना सबके लिए मानवाधिकारों तथा मूल स्वतंत्रताओं को आगे बढ़ाना और प्रोत्साहन देना है;

(ख) कि व्यक्ति के रूप में मनुष्य की गरिमा तथा महत्व एवं पुरुषों व स्त्रियों तथा बड़े और छोटे राष्ट्रों के समान अधिकारों में विश्वास को दुहराता है;

(ग) कि राष्ट्रीय या नृजातीय, धार्मिक तथा भाषाई अल्पसंख्यक समुदायों के लोगों को प्रोत्साहन तथा संरक्षण देने से उनके निवास वाले राज्यों की राजनैतिक एवं सामाजिक स्थिरता में सहायता मिलती है;

(घ) कि समग्र समाज के विकास के एक अभिन्न अंग के रूप में और विधि के शासन पर आधारित लोकतांत्रिक ढांचे के अंतर्गत राष्ट्रीय या नृजातीय, धार्मिक और भाषाई अल्पसंख्यक समुदायों के लोगों के अधिकारों को सतत प्रोत्साहन और संरक्षण देने के जन-समाजों तथा राज्यों के बीच मित्रता और सहयोग को सुदृढ़ करने में मदद मिलेगी;

(ङ) कि राष्ट्रीय या नृजातीय, धार्मिक तथा भाषाई अल्पसंख्यक समुदायों के लोगों के अधिकारों के संबंध में अंतर्राष्ट्रीय मानवाधिकार दस्तावेजों तथा उपकरणों को और अधिक कारगर कार्यान्वयन सुनिश्चित करने की आवश्यकता है।

इस घोषणा के मुख्य अधिकार निम्नलिखित हैं :

(1) राज्य अपने-अपने क्षेत्र में अल्पसंख्यक समुदायों के अस्तित्व तथा उनकी राष्ट्रीय या नृजातीय, सांस्कृतिक, धार्मिक और भाषाई पहचान की रक्षा करेंगे तथा उस पहचान को बढ़ावा देने वाली परिस्थितियों के लिए उपयुक्त वैधानिक एवं अन्य उपाय करेंगे। (अनुच्छेद-1)

(2) सभी अल्पसंख्यक समुदायों के लोगों को निजी व सार्वजनिक रूप से, स्वतंत्र रूप से तथा बिना किसी हस्तक्षेप या भेदभाव के अपनी संस्कृति का उपभोग करने, अपने धर्म को मानने तथा उसका आचरण करने एवं अपनी भाषा का प्रयोग करने का अधिकार है। उन्हें धार्मिक, सांस्कृतिक, सामाजिक, आर्थिक तथा सार्वजनिक जीवन में प्रभावकारी ढंग से भाग लेने, संघ स्थापित करने व चलाने का अधिकार है। उन्हें अपने समूह तथा अन्य अल्पसंख्यक समुदायों तथा सीमा पार के अन्य राज्यों के नागरिकों के साथ (जिनसे वे राष्ट्रीय, नृजातीय, धार्मिक तथा भाषाई बंधनों से जुड़े हैं) स्वतंत्र एवं शांतिपूर्ण ढंग से संपर्क स्थापित एवं कायम करने का अधिकार है। (अनुच्छेद-2)

(3) राज्य सुनिश्चित करेंगे कि अल्पसंख्यक समुदायों के लोग अपने मानवाधिकारों व मूल स्वतंत्रताओं का उपयोग बिना किसी भेदभाव के तथा कानून के समक्ष पूर्ण समानता के आधार पर प्रभावकारी ढंग से कर सकें। राज्य यथासंभव उन्हें अपनी मातृभाषा सीखने तथा उसके माध्यम से शिक्षा प्राप्त करने के पर्याप्त अवसर सुलभ कराएंगे तथा उनके इतिहास, परंपराओं, भाषा, संस्कृति के ज्ञान को प्रोत्साहन देने के लिए शिक्षा के क्षेत्र में यथासंभव उपाय करेंगे। राज्य ऐसे उपाय करेंगे जिससे अल्पसंख्यक समुदायों के लोग अपने देश की आर्थिक प्रगति में पूर्ण रूप से भाग ले सकें। (अनुच्छेद-4)

(4) राष्ट्रीय नीतियों/कार्यक्रमों को बनाने व उनके कार्यान्वयन में, तथा विभिन्न राज्यों के बीच सहयोग की योजना बनाने व उनके कार्यान्वयन में अल्पसंख्यक समुदायों के वैध हितों का उचित ख्याल रखा जाए। (अनुच्छेद-5)

(5) आपसी सद्भावना व विश्वास को आगे बढ़ाने के लिए राज्यों को अल्पसंख्यक समुदायों के लोगों से संबंधित प्रश्नों पर आपस में सहयोग करना चाहिए तथा इस बावत जानकारी व अनुभवों का आदान-प्रदान करना तथा इन अधिकारों के प्रति सम्मान बढ़ाने हेतु सहयोग करना चाहिए। (अनुच्छेद-6, 7)

भारत के संविधान में अल्पसंख्यकों को कई प्रकार के अधिकार और सुरक्षा प्राप्त हैं जो निम्नलिखित हैं :

(1) अल्पसंख्यकों सहित सभी व्यक्तियों को अंतःकरण की स्वतंत्रता, अपने धर्म का प्रचार-प्रसार करने या कोई धर्म अपनाने का पूरा अधिकार है। (धारा 29)

(2) अल्पसंख्यकों को अपने धार्मिक मामलों का प्रबंधन करने का अधिकार है। (धारा 26)

(3) अल्पसंख्यकों को यह स्वतंत्रता प्राप्त है कि वे किसी खास धर्म के उत्थान के लिए कर चुकाने के लिए बाध्य नहीं हैं। (धारा 27)

(4) किसी शैक्षिक संस्था में धार्मिक पूजा में अनिवार्य उपस्थिति से अल्पसंख्यकों को आजादी मिली है। (धारा 28)

(5) अल्पसंख्यकों को अपने हितों की रक्षा करने का अधिकार प्राप्त है (धारा 29)।

(6) अल्पसंख्यकों को अपनी शिक्षण संस्थाएं स्थापित करने और संचालित करने का पूरा अधिकार प्राप्त है। (धारा 30)

यहां यह उल्लेखनीय है कि भारतीय संविधान की धारा 32-35 के तहत अन्य मूलाधिकारों की तरह उन अधिकारों का राज्य, व्यक्ति या संगठन द्वारा उल्लंघन किए जाने पर माननीय सर्वोच्च न्यायालय/उच्च न्यायालय में याचिका दायर की जा सकती है। मगर यह अत्यंत दुखद है कि सामान्य नागरिकों को मिले मौलिक अधिकारों के अतिरिक्त

उपरोक्त 6 प्रकार के मूलाधिकारों के मिलने के बावजूद ईसाई समुदाय को छोड़कर शेष अल्पसंख्यक समुदायों की साक्षरता दर अपेक्षाकृत कम है। उदाहरणार्थ, एन.एस.एस. की रिपोर्ट संख्या 473 (1999-2000) के अनुसार ग्रामीण भारत में सभी मुस्लिमों की कुल साक्षरता दर 52 प्रतिशत है जबकि मुस्लिम महिलाओं की साक्षरता दर मात्र 42.1 प्रतिशत तथा मुस्लिम पुरुषों की साक्षरता दर 61 प्रतिशत है। दूसरी तरफ 2001 की जनगणना के अनुसार भारत में सभी व्यक्तियों की साक्षरता दर 65.38 प्रतिशत, पुरुषों की साक्षरता दर 75.85 प्रतिशत तथा महिलाओं की साक्षरता दर 54.6 प्रतिशत है। इसके अलावा यदि हम विभिन्न राज्यों के ग्रामीण क्षेत्रों में मुस्लिम साक्षरता दर देखें तो यह राष्ट्रीय स्तर पर मुस्लिमों की साक्षरता दर से कई राज्यों में (1999-2000) कम है, जैसे आंध्र प्रदेश में 51 प्रतिशत, बिहार में 36 प्रतिशत, हरियाणा में 31 प्रतिशत, उत्तर प्रदेश में 38.9 प्रतिशत, और राजस्थान में 38.4 प्रतिशत है। पुनः ग्रामीण इलाकों में इन राज्यों में मुस्लिम महिलाओं की साक्षरता दर उनके राष्ट्रीय औसत (42.1 प्रतिशत) से कम है : आंध्र प्रदेश 39.5 प्रतिशत, बिहार 25.5 प्रतिशत, हरियाणा 15.1 प्रतिशत, जम्मू-कश्मीर 39.8 प्रतिशत, मध्य प्रदेश 40.8 प्रतिशत, मणिपुर 34.3 प्रतिशत, राजस्थान 21.8 प्रतिशत, और उत्तर प्रदेश 26.8 प्रतिशत। यह विशेष रूप से उल्लेखनीय है कि जम्मू-कश्मीर में जहां लगातार मुस्लिम मुख्यमंत्री रहे हैं, वहां महिलाओं की साक्षरता दर 40 प्रतिशत से कम है। शायद इसका कारण वहां भी अन्य क्षेत्रों में रह रहे मुस्लिम समुदायों की भांति महिलाओं की स्थिति दोयम दर्जे की होना है। वैसे आतंकवाद से भी महिलाओं की शिक्षा निश्चित रूप से प्रभावित रही है।

जहां तक आर्थिक स्थिति का सवाल है, ग्रामीण इलाकों में अधिकतर मुस्लिम परिवारों, जिनमें पसमांदा परिवार सर्वाधिक हैं, की स्थिति संतोषजनक नहीं है। आद्री (एशियन डेवलपमेंट रिसर्च इंस्टीट्यूट), पटना द्वारा (1990-2000 के लिए) किए गए एक अध्ययन में पाया गया कि बिहार के मुस्लिमों को सरकार से वास्तविक सरकारी आर्थिक सहायता बहुत कम मिली और उनकी आर्थिक स्थिति बदतर होती गई जबकि राज्य में राजद की सरकार थी जिसका आधार 'माइ' (मुस्लिम-यादव) माना जाता रहा है। मगर पूरे देश में देखें, तो ग्रामीण इलाकों में मुस्लिम लोगों की स्थिति प्रायः दलितों या अति पिछड़ों की तरह है। इसका प्रमुख कारण उनमें शिक्षा का अभाव रहा है। यदि कुछ लोग शिक्षित भी हैं, तो वे पारंपरिक इस्लामी शिक्षा मदरसों में पाए हैं जो आधुनिकता से कोसों दूर हैं तथा मदरसा शिक्षा का स्तर निम्न कोटि का होता है एवं मदरसा बोर्ड की परीक्षा सही तरीके से पारदर्शिता के साथ प्रायः नहीं होती। सरकारी माध्यमिक बोर्डों की परीक्षाओं की अपेक्षा मदरसा बोर्ड की परीक्षाओं और मूल्यांकन में ज्यादा कदाचार होता है। इसलिए वे अधिकतर प्रतियोगिताओं में सफल नहीं हो पाते हैं। इसके अलावा दूसरा महत्वपूर्ण कारण यह है कि अधिकतर मुस्लिम परिवार करघों पर कपड़ा बुनाई का काम करते रहे

हैं मगर एक तो मिलों से कठिन प्रतियोगिता के कारण, दूसरे बिजली उपलब्ध न होने के कारण और तीसरे आवश्यक कार्यशील पूंजी समय पर न उपलब्ध होने के कारण उनके अधिकतर करघे बंद हो गए जिसके फलस्वरूप पुश्तैनी खेती के न होने से वे पूर्णतः बेरोजगार हो गए।

तीसरी महत्वपूर्ण बात यह है कि सांप्रदायिक दंगों में जान-माल की काफी हानि होती है। प्रायः दंगाई आर्थिक स्रोतों को नष्ट करते हैं। उदाहरणार्थ, फरवरी 2002 में गुजरात में मुस्लिम नरसंहार हुआ जिसमें करीब दो हजार लोग मारे गए और उनके घरों, दुकानों, होटलों, कारखानों और कार्यालयों को जला दिया गया जबकि इनके मालिक-मजदूरों का गोधरा कांड (जिसमें 58 हिंदुओं को साबरमती एक्सप्रेस में गोधरा में जला दिया गया था जो अध्योध्या से तीर्थाटन में भूमि पूजन करके लौट रहे थे) में हाथ होने का सवाल नहीं था। प्रायः गोधरा से काफी दूर अहमदाबाद, बड़ोदरा, सूरत, जामनगर आदि में बड़े पैमाने पर मुसलमान युवकों, वृद्धों, बच्चों और महिलाओं की हत्या की गई और अधिकतर पुलिस मूक-दर्शक बनी रही। ये हत्याएं प्रायः उन महानगरों में ज्यादा हुईं जहां पुलिस कमिश्नर तैनात थे और उनके पास काफी संख्या में पुलिस बल और अन्य साधन थे। उसे राजनैतिक स्तर पर दुर्भाग्यवश 'प्रयोगशाला' की संज्ञा दी गई। मेरा स्पष्ट मानना है कि गोधरा कांड में निर्दोष हिंदुओं को जलाने वाले मुस्लिम अपराधी निश्चित रूप से दोषी हैं (जिन्हें जुलाई 2006 में निम्न न्यायालय ने सजा सुनाई) मगर उसका बदला दूसरे निर्दोष मुसलमानों से लेना जायज नहीं कहा जा सकता। वैसे यह सत्य है कि हर क्रिया की प्रतिक्रिया होती है और सामूहिक रूप से निर्दोष हिंदुओं को रेल के डिब्बे में जलाने की घटना की प्रतिक्रिया होना स्वाभाविक था मगर छिटपुट एक-दो घटनाओं के बाद शासन-प्रशासन की ओर से सख्ती बरती जा सकती थी और स्थिति को पूर्णतः नियंत्रित किया जा सकता था। मगर प्रतिक्रिया के नाम पर पुलिस के सामने कई दिनों तक मुसलमानों पर हमले होते रहे, यह निश्चित रूप से अल्पसंख्यकों के जान-माल की सुरक्षा के मानवाधिकार के विरुद्ध है। फरवरी 2002 में गुजरात में करीब दो हजार मुसलमानों को जान से मारा गया, 293 दरगाहों और 202 इबादतगाहों को ध्वस्त कर दिया गया, बच्चों और गर्भवती महिलाओं को त्रिशूलों और तलवारों से चीर दिया गया। मगर इसमें कई मोड़ हैं जिससे पूरा मामला उलझ गया। उदाहरण के तौर पर बड़ोदरा में हुए भीषण बेस्ट बेकरी कांड में (जिसमें एक दर्जन मुसलमानों को जलती भट्टियों में झोंक दिया गया) चश्मदीद गवाह जाहिरा बानो ने अभियुक्तों के विरुद्ध मामला दर्ज कराया था मगर विचारण (ट्रायल) के दौरान वह अपने बयान से मुकर गई और एक स्वयंसेवी संस्था की संचालिका तीस्ता शीतलवाड पर आरोप लगाया कि उसके दबाव में उसने पहले गलत और मनगढ़ंत बयान दिया था। इसके कारण निम्न न्यायालय ने सारे नामजद एवं अन्य अभियुक्तों को दोषमुक्त कर दिया। गुजरात उच्च न्यायालय ने भी वही माना। किंतु राष्ट्रीय मानवाधिकार आयोग की पहल पर अपील

में सर्वोच्च न्यायालय ने फिर से विचारण करने का आदेश दिया तथा जाहिरा बानो की गलत बयानी के लिए उसे कैद की सजा और जुर्माने से दंडित किया। सर्वोच्च न्यायालय ने उसकी पुनरीक्षण याचिका को भी खारिज कर दिया। गुजरात के बाहर महाराष्ट्र में बेस्ट बेकरी, गुलबर्ग सोसायटी, महसाना, सरदारपुरा, नरोदा पटिया जैसे जघन्य कांडों के दुबारा विचारण के दौरान न्यायालय ने मुस्लिम नरसंहार के अभियुक्तों को कैद और जुर्माना की सजा दी। इससे यह भी सिद्ध होता है कि अल्पसंख्यक समुदाय किसी व्यक्ति के प्रलोभन में आकर सांप्रदायिक दंगे या नरसंहार जैसे गंभीर मामले में भी अभियुक्तों का साथ देता है, न कि अभियोजन का। दूसरे यह भी महत्वपूर्ण है, जैसा कि मुसलमानों ने बताया कि काफी समय तक पीड़ित परिवारों को समुचित राहत सामग्री नहीं दी गई। बाद में केंद्र सरकार के कहने पर विशेषकर तत्कालीन प्रधानमंत्री श्री अटल बिहारी वाजपेयी के कहने पर कि सरकार को 'राजधर्म' निभाना चाहिए—राज्य सरकार की ओर से राहत कार्य शुरू किया गया। इस बीच कुछ मुस्लिम संगठनों ने राहत कार्य तेजी से करके मुस्लिम समुदाय में अपनी जड़ जमाने में सफलता प्राप्त की। तीसरे, एक महत्वपूर्ण बिंदु यह भी है कि गुजरात में कई हिंदुत्ववादी संगठनों के लाख प्रयास के बावजूद भारत के अन्य क्षेत्रों में हिंदू-मुस्लिम दंगे नहीं भड़के। इस प्रकार यह सिद्ध हुआ कि दक्षिणपंथी शक्तियां अपेक्षाकृत कम है जिन्हें पंथनिरपेक्ष बहुसंख्यक लोग समय पर काबू में कर सकते हैं। किंतु मैंने दंगे के बाद कई बार गुजरात-भ्रमण के दौरान यह महसूस किया कि अधिकतर इलाकों में हिंदू बहुसंख्यकों और मुस्लिम अल्पसंख्यकों के बीच की दरार लगभग स्थायी रूप ले चुकी है। अहमदाबाद के कुछ इलाकों (जोहापुरा) में हिंदू जाने से डरते हैं क्योंकि वह मुसलमानों की बस्ती है और दूसरी ओर हिंदुओं की बस्तियों में मुसलमान लोग जाने से कतराते हैं। यहां यह भी उल्लेखनीय है कि इस मुस्लिम नरसंहार में पहली बार महिलाओं और गांव के आदिवासियों ने बढ़-चढ़कर हिस्सा लिया जिससे नरसंहार की व्यापकता, स्वरूप, गहराई, तीव्रता और नृशंसता सामान्य दंगों की अपेक्षा काफी अधिक थी। यह तथ्य अल्पसंख्यकों के हितों पर काफी बड़ा कुठाराघात है। भारत में 14.5 करोड़ मुसलमान (13.4 प्रतिशत), 2.1 करोड़ ईसाई, 1.6 करोड़ सिक्ख, 1.2 करोड़ बौद्ध, 0.77 प्रतिशत जैन, 0.44 प्रतिशत तथा अन्य पारसी, यहूदी, बहाई आदि 0.65 प्रतिशत अल्पसंख्यक हैं।

यहां कुछ महत्वपूर्ण मुद्दे निष्पक्ष रूप से उठाए जा रहे हैं जो यह दिखाते हैं कि कई अल्पसंख्यक व्यक्तियों/संगठनों/संस्थाओं के कार्यकलाप आम अल्पसंख्यकों के विरुद्ध होते हैं :

(क) बिहार में दरभंगा में बी.एड. की ट्रेनिंग देने वाले अल्पसंख्यक कालेजों में अल्पसंख्यकों की संख्या नगण्य थी। उसने बिहार के बाहर के अधिकतर गैर-अल्पसंख्यक विद्यार्थियों से मोटी रकम डोनेशन के रूप में लेकर प्रवेश दिया और बिना प्रशिक्षण आदि के फर्जी डिग्रियां रेवड़ी की तरह बांटीं। इसका

भंडाफोड़ होने पर उस संस्था के अधिकारियों/कर्मचारियों पर पुलिस केस हुआ और वे जेल भेजे गए। उस तरह के कई अल्पसंख्यक प्रशिक्षण संस्थान विद्यालयीय शिक्षकों के प्रशिक्षण के लिए भी मोटी रकम लेकर फर्जी काम कर रहे हैं जो अल्पसंख्यकों के साथ विश्वासघात है क्योंकि भारतीय संविधान के तहत दिए गए शैक्षिक संस्था खोलने के अधिकार का ऐसे कई अल्पसंख्यक नेता/ बुद्धिजीवी/दलाल दुरुपयोग कर रहे हैं। कमोबेश यही स्थिति अल्पसंख्यक मेडिकल कालेजों की भी है।

(ख) अल्पसंख्यकों द्वारा संचालित मदरसों की स्थिति हर तरह से दयनीय है। जिस प्रकार से संस्कृत पाठशालाएं और वित्त रहित विद्यालय (विशेषकर बिहार में) सरजमीन के बजाय प्रायः कागज पर चलते हैं, उसी प्रकार अधिकतर मदरसे खानापूरी करते हैं जिनमें दर्ज नामों की संख्या, उपस्थित विद्यार्थियों की संख्या से काफी अधिक होती है और जो उपस्थित भी होते हैं, उन्हें आधुनिक वैज्ञानिक शिक्षा देने के बजाय अप्रासंगिक, कटी हुई पारंपरिक मजहबी शिक्षा दी जाती है जो विद्यार्थियों के भविष्य के लिए उपयोगी नहीं होती।

(ग) यह सत्य है कि अल्पसंख्यकों, विशेषकर मुस्लिम समुदाय, के भी कई कट्टर संगठन हैं जैसे सिमी जो विभिन्न तोड़-फोड़ों, दंगों, बमकांडों और सामूहिक नरसंहारों (मुंबई, श्रमजीवी, दिल्ली आदि) में लिप्त रहे हैं अथवा जो तस्कर गिरोहों के सरगना है अथवा माफिया गिरोह हैं अथवा सीमा पर आतंकवादी गिरोहों (लश्कर-ए-तैयबा, हूजी आदि) या खुफिया संगठनों (जैसे आई.एस.आई.) से किसी-न-किसी रूप में जुड़े हैं, इसकी पुष्टि विभिन्न न्यायिक विचारणों में हो चुकी है मगर इनकी निंदा/बहिष्कार आदि अल्पसंख्यक (विशेषकर मुस्लिम) समुदाय द्वारा खुलकर सर्वत्र और सदैव नहीं की जाती बल्कि कहीं-कहीं उन्हें 'जेहाद' के नाम पर कुछ लोगों द्वारा समर्थन भी चोरी-छिपे दिया जाता है। इसके फलस्वरूप हिंदुत्ववादी दक्षिणपंथियों को मौका मिलता है जिससे पुनः माहौल खराब होता है। इस प्रकार कुछ तत्वों द्वारा अपराध और धार्मिक समुदाय (जैसे अपराध और जाति) के अपवित्र गठबंधन का नाजायज राजनैतिक लाभ लिया जाता है, जिसका विरोध होना चाहिए। कुछ राजनैतिक दल वोट की राजनीति के लिए अल्पसंख्यकों के अपराधों को नजरअंदाज करते हैं। जैसे 11 जुलाई, 2006 को मुंबई में रेलवे में बम कांड में 200 लोगों की मौतें हुईं और पुलिस ने सिमी का हाथ उसमें पाया तथा सिमी के लोगों को असम, फुलवारीशरीफ (पटना), भोपाल आदि जगहों से गिरफ्तार भी किया मगर उत्तर प्रदेश के तत्कालीन मुख्यमंत्री श्री मुलायम सिंह ने मीडिया के समक्ष बयान दिया कि मुंबई बम कांड में सिमी के लोगों का हाथ नहीं है। इस पर

भाजपा ने गंभीर प्रतिक्रिया करते हुए जुलूस आदि निकाला। 2008 में जामिया नगर में हुए पुलिस-आतंकवादी मुठभेड़ को भी कुछ नेताओं ने राजनीति में घसीटा। इसी प्रकार अपराध जगत के कुछ मुस्लिमों को विभिन्न नेता राजनैतिक लाभ के लिए संरक्षण देते हैं (और चुनाव प्रचार में साथ-साथ घूमते हैं) तथा उनके ऊपर दर्ज मुकदमों को वापस ले लेते हैं। यहां यह स्पष्ट करने की जरूरत है कि सांप्रदायिकता का जहर हर रूप में खतरनाक होता है। चाहे वह बहुसंख्यक सांप्रदायिकता हो अथवा अल्पसंख्यक सांप्रदायिकता हो। किंतु राजनैतिक लाभ या 'सेकुलरवाद' के नाम पर एक की निंदा करना और दूसरे को विभिन्न रूपों में या शैलियों में समर्थन देना न्याय का तकाजा बिल्कुल नहीं है। यह अत्यंत दुखद है कि एक राजनेता ने बयान दिया कि शहाबुद्दीन (सिवान के सांसद) और सलमान खान (अभिनेता) को आपराधिक मामलों में फंसाया गया है क्योंकि वे मुस्लिम हैं। ऐसा कुतर्क देने वालों को सोचना चाहिए कि पप्पू यादव, आनंद मोहन (दोनों बिहार), राजा भैया (उत्तर प्रदेश) जैसे बड़े-बड़े हिंदू नेता भी जेल के सींखचों के पीछे रखे गए थे। इस प्रकार की ओछी बातों से सामाजिक समरसता को काफी धक्का लगता है और उसका फायदा दक्षिणपंथियों को मिलता है जो वैसा ही बेसिर-पैर का आरोप लगाने लगते हैं। इसलिए अल्पसंख्यक समुदायों के प्रबुद्ध वर्ग को नेताओं की ऐसे भ्रामक बयानबाजी का सतत विरोध करना चाहिए। तब उनके निर्दोष सदस्यों के हितों की समुचित रक्षा हो सकेगी और दोषी तत्वों को कानूनन सजा मिलेगी जो किसी भी लोकतंत्र में विधि के शासन के अनुसार बिना पूर्वाग्रह के मिलनी चाहिए। अंत में, यह कहा जा सकता है कि दूसरे समुदायों द्वारा कतिपय अपराधियों/माफियाओं की कटु आलोचना करते समय उनके पूरे समुदाय को नहीं बदनाम करना चाहिए और पूरे समुदाय पर संदेह की उंगली नहीं उठाई जानी चाहिए तथा ऐसे अल्पसंख्यकों से बार-बार राष्ट्रीयता का सबूत नहीं मांगा जाना चाहिए।

(घ) यह भी सच है कि चुनाव के समय दिल्ली की जामा मस्जिद के शाही इमाम से लेकर कई स्थानीय मस्जिदों के इमामों तथा इमारते-सरिया के उलूमों द्वारा किसी राजनैतिक दल को पूरे समुदाय द्वारा वोट देने का खुला आह्वान किया जाता है। इसका पंथनिरपेक्ष हिंदुओं पर बुरा प्रभाव पड़ता है क्योंकि उनके सामने दक्षिणपंथी ताकतें इस मसले को मसाला लगाकर पेश करती हैं और सामाजिक समरसता तथा धार्मिक सद्भाव किसी-न-किसी रूप में प्रभावित होता है।

इस प्रकार हम देखते हैं कि इक्कीसवीं सदी में भी दलितों और अल्पसंख्यकों के

मानवाधिकारों का हनन भारत के विभिन्न इलाकों में हो रहा है जो निस्संदेह निंदनीय है। इसे रोकने के लिए शासन-प्रशासन के अलावा स्वयंसेवी संस्थाओं और सुलझे नागरिकों को पहल करने की जरूरत है। प्रायः प्रशासनिक तौर पर बनी 'शांति समितियां' अशांति फैलने के दौरान ही सक्रिय होती हैं। जरूरत है उन्हें सदैव सक्रिय होने की। भारत सरकार द्वारा गठित सच्चर समिति का प्रतिवेदन अल्पसंख्यकों की दुर्दशा का बयान खुलकर करता है और उसमें उनके कल्याण के लिए नाना प्रकार के सुझाव भी दिए गए हैं जिसके आलोक में भारत सरकार ने कई आर्थिक, शैक्षिक और सामाजिक कार्यक्रम शुरू किए हैं।

10

शांति का अधिकार

संयुक्त राष्ट्र संघ के गठन के साथ ही 26 जून, 1945 से संयुक्त राष्ट्र संघ के अधिकार-पत्र पर 50 देशों (भारत सहित) ने हस्ताक्षर किए तथा वह 24 अक्तूबर, 1945 से लागू हो गया। इसके अनुच्छेद एक में शांति का अधिकार वर्णित है : (1) अंतर्राष्ट्रीय शांति और सुरक्षा कायम रखने, और इस उद्देश्य से शांति पर आए खतरों को रोकने और दूर करने के लिए और आक्रमण की कार्रवाइयों या शांति भंग करने वाली दूसरी कार्रवाइयों को दबाने के लिए सामूहिक रूप से प्रभावकारी कदम उठाने, और शांतिपूर्ण उपायों से एवं न्याय के सिद्धांतों और अंतर्राष्ट्रीय कानून के अनुसार अंतर्राष्ट्रीय विवादों या शांति भंग करने वाली परिस्थितियों का समाधान करने के लिए, और (2) विभिन्न जन-समाजों के समान अधिकारों और आत्मनिर्णय के सिद्धांत के प्रति सम्मान के आधार पर राष्ट्रों के बीच मैत्रीपूर्ण संबंधों का विकास करने के लिए और विश्वव्यापी शांति को सुदृढ़ करने के निमित्त अन्य उपयुक्त कदम उठाने के लिए। इसके अलावा 'मानवाधिकारों की सार्वजनिक घोषणा' (1948) के अनुच्छेद-26 में प्रावधान है कि शिक्षा सभी राष्ट्रों, नस्लों या धार्मिक समूहों के बीच आपसी सद्भाव, सहिष्णुता और मित्रता बढ़ाएगी और संयुक्त राष्ट्र संघ के शांति की रक्षा के प्रयत्नों में सहायक होगी। इसके अलावा 'नागरिक तथा राजनीतिक अधिकार संबंधी अंतर्राष्ट्रीय प्रसंविदा' (1966) के अनुच्छेद-20 के अनुसार 'युद्ध के लिए हर तरह के प्रचार पर कानूनी निषेध होगा' तथा राष्ट्रीय, नस्ली, या धार्मिक घृणा की ऐसी हर हिमायत, जो विभेद, शत्रुता या हिंसा को उत्तेजना देने वाली हो, कानून द्वारा निषिद्ध होगी।

जैसा कि 'मानवाधिकारों की सार्वभौमिक घोषणा' (1948) के प्रस्ताव में कहा गया है, मनुष्य को अंतिम उपाय के रूप में निरंकुशता तथा अत्याचार के विरुद्ध विद्रोह करने के लिए मजबूर न होने के लिए जरूरी है कि मानवाधिकारों का संरक्षण 'विधि के शासन' द्वारा सुनिश्चित हो तथा विभिन्न राष्ट्रों के बीच मैत्री संबंधों को बढ़ाया जाए एवं सामाजिक प्रगति, मनुष्य की गरिमा तथा वृहत्तर स्वतंत्रता के लिए हम कृत संकल्प हैं। इसके अलावा उक्त घोषणा के अनुच्छेद-29(2) में स्पष्ट प्रावधान है कि अधिकारों तथा स्वतंत्रताओं

के उपयोग में प्रत्येक व्यक्ति पर कानून द्वारा निर्धारित सीमाएं ही लागू होंगी जो मुख्यतः दूसरों के अधिकारों एवं स्वतंत्रताओं में सम्मान तथा मान्यता सुनिश्चित करने के उद्देश्य से हों तथा एक लोकतांत्रिक समाज में नैतिकता, सार्वजनिक व्यवस्था एवं सामान्य कल्याण की न्यायप्रद जरूरतों को पूरी करने के लिए हों। इसी प्रकार भारत के संविधान की धारा 51ए(1) में वर्णित हमारा मूल कर्तव्य है : "सार्वजनिक संपत्ति की सुरक्षा करना तथा हिंसा का पूर्णतः त्याग करना।" इसके अलावा अनुच्छेद-51ए(सी) में प्रावधान है कि प्रत्येक नागरिक का मूल कर्तव्य है : "भारत की संप्रभुता, एकता तथा अखंडता की मर्यादा बनाना और सुरक्षित रखना।" इसी प्रकार अनुच्छेद-51ए(ई) में एक अन्य मौलिक कर्तव्य वर्णित है : "धार्मिक, भाषाई, क्षेत्रीय या जातीय विविधताओं से आगे भारत के सभी लोगों के बीच साझे भाईचारे की भावना एवं सौहार्द्र बढ़ाना।"

उपरोक्त पृष्ठभूमि में यदि हम विश्व एवं भारत में शांति के अधिकार की स्थिति जानना चाहें, तो हमें निम्नलिखित बिंदुओं पर विचार करना होगा :

(क) आतंकवाद, युद्धोन्माद, आक्रमण, एवं हस्तक्षेप (विश्व स्तर पर)
(ख) भारत के भीतर आतंकवाद एवं उग्रवाद
(ग) भारत में नक्सलवाद
(घ) भारत में जातिगत एवं सांप्रदायिक हिंसा
(ङ) भारत में महिलाओं के विरुद्ध हिंसा।

विश्व स्तर पर आतंकवाद, युद्धोन्माद, आक्रमण एवं हस्तक्षेप

इतिहास नाना प्रकार के युद्धों, हस्तक्षेपों और आतंकवादी कार्रवाइयों से लंबे अरसे से कराह रहा है। दो देशों के बीच युद्ध सदियों से होते रहे हैं। भारत अफगानों, मुगलों, तुर्कों, यवनों, शकों, हूणों, पुर्तगालियों, फ्रांसीसियों, डचों, अंग्रेजों आदि के द्वारा प्राचीनकाल से आधुनिक काल तक आक्रमण होते रहें हैं जिनके उद्देश्य सांस्कृतिक, आर्थिक, साम्राज्यवादी और राजनैतिक रहे हैं। आधुनिक युग में दो महायुद्ध क्रमशः 1914-1918 तथा 19139-45 में लड़े गए जिनके भीषण अमानवीय परिणाम हुए (जिनमें करोड़ों लोग मारे गए)। पिछली चार-पांच सदियां प्रमुख साम्राज्यवादी देशों यथा ब्रिटेन, फ्रांस, जर्मनी, इटली, स्पेन, अमेरिका आदि के उपनिवेशी शासन के रूप में गुजरी हैं जिन्होंने अधीनस्थ उपनिवेशों को न केवल लूटा बल्कि उनकी संस्कृतियों, इतिहासों, देशज आर्थिक, राजनैतिक एवं सामाजिक पद्धतियों को भी ध्वस्त किया। इन प्रभुवर्ग के लोगों ने दूसरे लोगों और उनकी जीवन-पद्धतियों को जंगली, बर्बर एवं असभ्य करार दिया था। उनका प्रसिद्ध जुमला था—'व्हाइट मैन्स बर्डेन' अर्थात दूसरे समाजों और संस्कृतियों को सुधारने एवं 'सभ्य' बनाने का भार गोरे लोगों पर था। उदाहरण के तौर पर, 1870 में भारत में वायसराय मेयो ने पंजाब के उपराज्यपाल को लिखा था : "अपने मातहतों को सिखाइए कि हम सभी संभ्रांत

अंग्रेज हैं जो एक हीन जाति पर शासन करने के लिए एक शानदार काम में लगे हुए हैं।'' इस प्रकार वे अपने आक्रमणों और हस्तक्षेपों को दूसरों को सभ्य बनाने के लिए सर्वथा उचित कार्रवाई मानते थे। इसीलिए तो लार्ड मैकाले ने भारत में अंग्रेजी राज के दौरान अंग्रेजी शिक्षा शुरू करने के पीछे निम्न तर्क दिए थे :

(अ) इस शिक्षा से भारत के लोग रंग-रूप और रक्त में भले भारतीय होंगे मगर रुख, मानसिकता तथा दृष्टिकोण में पश्चिमी अंग्रेज होंगे।

(ब) अंग्रेजी शिक्षा-पद्धति के जरिए हिंदुओं को आसानी से ईसाई बनाया जा सकेगा, अलग से सामूहिक धर्म-परिवर्तन की जरूरत नहीं होगी।

(स) भारत के सारे पुस्तकालयों एवं शैक्षिक संस्थानों में उपलब्ध पुस्तकों में जो ज्ञान निहित है, उससे अधिक ज्ञान यूरोप के किसी देश में एक अलमारी मात्र में रखी पुस्तकों में निहित है।

उसने संस्कृत ओर तमिल जैसी प्राचीन भाषाओं में लिखी गई शास्त्रीय एवं कालजयी पुस्तकों के ज्ञान को नजरंदाज किया। उसने 'आर्यभटीयम्' में वर्णित पृथ्वी की गुरुत्वाकर्षण शक्ति, सूर्य के चारों ओर पृथ्वी के घूमने जैसी महत्वपूर्ण खोजों को दरकिनार किया। भारत के वैज्ञानिकों द्वारा की गई अन्य खोजों (शून्य, दशमलव, वैदिक गणित) की भी उसने उपेक्षा की। उसने 'चरक संहिता' तथा सुश्रुत, धन्वंतरि जैसे आयुर्वेदिक विद्वानों की खोजों को भी नकारा क्योंकि वह (और उसके जैसे अधिकतर अंग्रेज) राजनैतिक दासता के साथ भारत की सांस्कृतिक दासता भी सिद्ध करना चाह रहे थे। आखिर, उनकी कुटिल बुद्धि का ही तो कमाल था कि एक छोटे-से देश के होकर भी वे सैकड़ों देशों को गुलाम उपनिवेश बनाए थे और बराबर घमंड से कहा करते थे : 'ब्रिटिश साम्राज्य में सूरज कभी अस्त नहीं होता।'

खैर... ब्रिटेन के बाद संयुक्त राज्य अमेरिका ने (हरपाल बराड़ के अनुसार) 1890 से 1999 तक पूरी दुनिया में 130 आक्रमण/सैनिक हस्तक्षेप किया जिससे अफ्रीका, एशिया और लैटिन अमेरिका तबाह होता रहा है। द्वितीय विश्वयुद्ध के बाद पूरी दुनिया में दो शक्तिशाली राष्ट्र—संयुक्त राज्य अमेरिका तथा सोवियत रूस उभरे जिनके कैंप में अधिकतर देश आ गए तथा छोटे-छोटे देशों का निर्गुट आंदोलन जवाहर लाल नेहरू, मार्शल टीटो आदि के नेतृत्व में उभरा। शीतयुद्ध तब तक चलता रहा जब बीसवीं सदी के अंतिम दशक में सोवियत रूस कई खंडों में विभक्त हो गया। यह भी सत्य है कि रूस ने भी कुछ देशों पर आक्रमण या सैन्य हस्तक्षेप किए जिनमें हंगरी, चेकोस्लोवाकिया, पोलैंड, अफगानिस्तान आदि प्रमुख हैं। मगर अमेरिका ने सोवियत रूस की तुलना में ज्यादा संख्या में तथा ज्यादा खूंखार तरीके से आक्रमण किए। उदाहरणार्थ 1890 से 1999 के दौरान अमेरिका ने विभिन्न विकासशील देशों पर 130 बार आक्रमण, कब्जा, सैनिक हस्तक्षेप, कत्लेआम या अन्य हिंसक कार्रवाई की।

अमेरिका ने पश्चिम एशिया के तमाम देशों में उपलब्ध तेल भंडारों पर कब्जा करने

के लिए आक्रमण किए। जैसा कि हरपाल बराड़ ने ठीक ही कहा है : "अगर किसी को बीसवीं सदी की शुरुआत से पश्चिम एशिया की अर्थनीति और राजनीति को समझना है, तो उसे सिर्फ एक लफ्ज के मायने तथा अहमियत को समझना होगा, और वह लफ्ज है–तेल। यह अकेला लफ्ज इस क्षेत्र में युद्ध और शांति के तमाम जलते सवालों को समझने की कुंजी है। पहले विश्वयुद्ध के बाद पश्चिम एशिया को आपस में बांट लेने के लिए साम्राज्यवादी शक्तियों के संघर्ष, लेबनान में वर्षों चली लड़ाई, खाड़ी युद्ध, बाल्कन युद्ध, अफगानिस्तान पर हमले और इराक के खिलाफ ब्रिटिश और अमेरिका की बर्बर जंग को भी इसी कुंजी से समझा जा सकता है।" उल्लेखनीय है कि पूरी दुनिया में तेल के दो-तिहाई ज्ञात भंडार पश्चिम एशिया में ही हैं। खाड़ी सहयोग परिषद के देशों जैसे बहरीन, कुवैत, ओमान, कतर, सऊदी अरब और संयुक्त अरब अमीरात पूरी दुनिया के करीब आधे ज्ञात तेल भंडारों और प्राकृतिक गैस के 15 प्रतिशत भंडारों के मालिक हैं। इस सच के आलोक में अमेरिका का स्वार्थ कुलांचें भरता रहता है, जैसा कि अमेरिका की सेंट्रल इन्वेस्टीगेशन एजेंसी (सीआईए), जो गुप्तचर कार्यों के लिए सबसे कुख्यात संस्था है, के भूतपूर्व निदेशक जेम्स आर. वूसली ने एक बार स्वयं स्वीकार किया था, "हम मध्य पूर्व (एशिया) में जनतांत्रिक सत्ताओं को इसलिए पसंद नहीं करते क्योंकि इससे हमारा सबसे बड़ा पेट्रोल पंप हमारे हाथ से निकल जाने का खतरा है।"

यह उल्लेखनीय है कि बाजार पूंजी की दृष्टि से दुनिया की 15 सबसे बड़ी कंपनियों में से 3 तेल कंपनियां हैं। एक्सॉन, मोबिल, रॉयल डच/शेल तथा बीपी की कुल बाजार पूंजी 417.5 अरब डॉलर है। यह सिद्ध करता है कि तेल उद्योग ब्रिटेन और अमेरिका के लिए काफी महत्वपूर्ण है। इसलिए अमेरिका के तत्कालीन राष्ट्रपति जॉर्ज बुश (सीनियर) ने 1991 में इराक पर आक्रमण किया था और बाद में अमेरिका के नए राष्ट्रपति जॉर्ज डब्ल्यू बुश (जूनियर) ने 1998 में पुनः इराक पर आक्रमण किया था। हरपाल बराड़ ने बुश परिवार के तेल उद्योग के पुराने रिश्ते को रेखांकित किया है : 1991 के युद्ध के बाद जॉर्ज बुश सीनियर ने कुवैत सरकार से कहकर एक तेल क्षेत्र को विकसित करने का करोड़ों डॉलर का ठेका शेवरॉन कंपनी को दिलवाया था। कृतज्ञ कंपनी ने बाद में जूनियर बुश के चुनाव-प्रचार के लिए पचास लाख डॉलर से ज्यादा का चंदा दिया था। फिर बुश सीनियर कार्लाइल नामक एक कंपनी के सलाहकार भी थे जिनके सऊदी अरब में बिन लादेन परिवार के साथ संबंध थे। इसके अलावा जूनियर बुश सरकार की मंत्री कोंडोलीजा राइस शेवरॉन तेल कंपनी के बोर्ड ऑफ डायरेक्टर्स में थीं।

यह उल्लेखनीय है कि जिन देशों में अमेरिका सैनिक हस्तक्षेप करता है, उसके औचित्य को ठहराने के लिए वह कहता है–ऐसा उस देश को 'लोकतांत्रिक बनाने के लिए' किया गया। जैसे इराक और अफगानिस्तान पर आक्रमण के पीछे क्रमशः तानाशाह सद्दाम हुसैन और धर्मांध तालिबान की गैर-लोकतांत्रिक शासन-व्यवस्था को उखाड़ फेंकने का तर्क दिया

जाता है। यह भी रेखांकित करने योग्य है कि 11 सितंबर, 2001 को जब ओसामा बिन लादेन के संगठन द्वारा सर्वशक्तिशाली अमेरिका के विश्व व्यापार केंद्र (वर्ल्ड ट्रेड सेंटर) के दो टावरों पर हमला किया गया था, तो अमेरिका की सारी इंटेलिजेंस, सैन्य, आर्थिक, एवं तकनीकी शक्ति धरी की धरी रह गई। इसमें करीब 3,000 लोग मारे गए थे। इसने महाबली अमेरिका की चूलें हिला दीं और 5 वर्ष बीतने के बाद भी अमेरिका इस आतंकवादी कार्रवाई के कर्ता-धर्ता ओसामा बिन लादेन को नहीं पकड़ सका जबकि वह कई बार अल-जजीरा टीवी पर अपने भाषण का कैसेट प्रसारित करा चुका है। इसके बाद ब्रिटेन में जुलाई 2005 में भूमिगत रेलगाड़ियों पर बम से कई हमले हुए जिनमें दर्जनों की जानें गईं। इतना ही नहीं, एक सर्वेक्षण (मध्य 2006) ब्रिटेन के 23 प्रतिशत मुस्लिम युवाओं ने बम कांड के कारण मुस्लिम आतंकवादियों को पकड़ने की कार्रवाई को अनुचित बताया है। पूरे विश्व स्तर पर अलकायदा, लश्कर-ए-तोयबा, जैश-ए-मुहम्मद, हरकत-उल-जिहाद इस्लामी जैसे आतंकवादी संगठन सक्रिय हैं जिन्होंने मुस्लिम पहचान और इस्लामी कानून लागू (शरिया) करने के नाम पर 'जेहाद' (धर्म युद्ध) छेड़ने का ऐलान किया है। इनकी जड़ें कुछ मुस्लिम देशों में जरूर हैं, मगर समूची मुस्लिम दुनिया इन कार्रवाइयों की समर्थक नहीं है। इसके अलावा यह कहना भी उचित नहीं है कि इस्लाम में आतंकवाद या युद्धोन्माद को सही ठहराया गया है, जैसा कि सैमुअल पी. हंटिंगटन ने 'सभ्यताओं के संघर्ष' की अवधारणा में कहा है। यह भी रेखांकित करने योग्य है कि सभ्यताओं का व्यापक अर्थ होता है जिनमें धर्म के अलावा तकनीकी, हुनर, कला आदि तमाम तत्व शामिल होते हैं।

अमनेस्टी इंटरनेशनल की महासचिव स्पष्ट रूप से कहती हैं कि 2005 में संयुक्त राष्ट्र मानवाधिकार आयोग ने अमेरिका को गुआन्टानामो बे में स्थित नजरबंदी शिविर जेल को बंद करने के लिए कहा। इसके अलावा सी.आई.ए. के कई 'काले स्थलों' में लोगों को अवैध रूप से गुप्त तरीके से नजरबंद करके रखा गया है। वहां जमीन के नीचे गैर-न्यायिक पद्धति के तहत लोग रहते हैं मगर संयुक्त राज्य अमेरिका अपने को 'विधि के शासन' से परे तथा ऊपर समझता रहा है। अमेरिका ने संयुक्त राष्ट्र मानवाधिकार आयोग की बात नहीं मानी। इस अप्रभावकारी तंत्र के कारण इरेने खान के अनुसार 'संयुक्त राष्ट्र मानवाधिकार परिषद' गठित करने का प्रस्ताव है जहां सभी देशों को समान रूप से देखा-परखा जाएगा। किंतु 20 जनवरी, 2009 को सत्तासीन होने पर बैरक ओबामा ने गुआंटानामो बे को बंद करने का निर्णय लिया।

एक बात और रेखांकित करने योग्य है। अमेरिका हर क्षण लोकतंत्र और मानवाधिकारों के संरक्षण की बात कहते नहीं अघाता, मगर यह कटु सत्य है कि वहां भी कई प्रकार की आर्थिक-सामाजिक-राजनैतिक और सांस्कृतिक असमानताएं एवं भेदभाव मौजूद हैं। जब वहां कटरीना जैसा समुद्री तूफान न्यू ओरिलियंस क्षेत्र में कुछ वर्ष पहले आया था, तो अमेरिकी शासन-प्रशासन ने पानी में फंसे, भूख-प्यास से बिलबिलाते और

घर-वाहन-व्यापार—दुकान कार्यालय जैसे संसाधनों को खोते हुए लोगों की परवाह नहीं की। उन्हें समय पर समुचित राहत भी नहीं दी गई क्योंकि वह इलाका मुख्यतः अश्वेत लोगों का है जिनको अमेरिकी समाज की मुख्यधारा में अभी तक नहीं जोड़ा गया है। इसके अलावा यह उल्लेखनीय है कि मानव विकास रिपोर्ट, 2005 के अनुसार भारत के केरल राज्य के शहरी क्षेत्र में शिशु मृत्युदर अमेरिका के वाशिंगटन के अफ्रीकी अमेरिकी समुदाय में व्याप्त शिशु मृत्युदर से कम है। वहां आय, भाषा तथा बीमा सेवाओं में काफी विषमता है। श्वेत माताओं की अपेक्षा अफ्रीकी अमेरिकी माताओं के कमजोर बच्चों को जन्म देने की संभावना दुगुनी होती है। इसी प्रकार उनके बच्चों में एक वर्ष से कम उम्र में मृत्यु की संभावना भी दुगुनी होती है। आर्थिक विषमता का एक उदाहरण यह है कि अमेरिकी आय वितरण के उच्चतम पांच प्रतिशत स्तर के किसी परिवार में जन्म लेने वाले लड़के सबसे निचले 5 प्रतिशत के परिवार में जन्मे लड़के की अपेक्षा 25 प्रतिशत लंबा जीवन जी सकेंगे। वहां मौजूद सरकारी बीमा तथा कर्मचारियों के लिए निजी बीमा व्यवस्थाएं मिलकर भी सभी नागरिकों तक नहीं पहुंच पातीं। प्रत्येक छह गैर-बुजुर्ग में एक (यानी 4.5 करोड़ लोग) 2003 में स्वास्थ्य बीमा से वंचित थे। फिर गरीबी रेखा से नीचे रहने वाले 35 प्रतिशत लोगों के पास कोई बीमा नहीं है। हर साल करीब 18,000 अमेरिकी नागरिक समय से पहले मृत्यु के शिकार हो जाते हैं क्योंकि उनके पास स्वास्थ्य बीमा नहीं है। यदि अफ्रीकी अमेरिकियों और श्वेत अमेरिकियों के बीच स्वास्थ्य सेवाओं की विषमता मिटा दी जाए, तो प्रतिवर्ष 85,000 जानें बचाई जा सकती हैं। इसके अलावा अमेरिका कई विकासशील देशों से कई उत्पाद सस्ती दरों पर लेता है और अपने उत्पाद महंगी दरों पर देता है। वह अपने किसानों को काफी अनुदान देता है मगर विकासशील देशों को किसानों को दिया जाने वाला अनुदान खत्म करने या बहुत कम करने के लिए दबाव देता है। विश्व बैंक, अंतर्राष्ट्रीय मुद्रा कोष, विश्व व्यापार संगठन तथा जी 8 (आठ विकसित देशों का समूह) में अमेरिका (तथा अन्य विकसित देशों) के हितों को सर्वोपरि रखा जाता है तथा गरीब विकासशील देशों के किसानों और नागरिकों के हितों की उपेक्षा की जाती है जिसके कारण अमेरिका की अगुवाई में एक विषम विश्व आर्थिक व्यवस्था पैदा हो गई है। कतिपय विद्वानों ने इस विषमता को भी अंतर्राष्ट्रीय आतंकवाद का कारण माना है और जिस तरह 'ग्रीन हाउस इफेक्ट' से पर्यावरणीय प्रदूषण पैदा हुआ है उसी तरह 'व्हाइट हाउस इफेक्ट' से वैश्विक आर्थिक विषमता पैदा हुई है। 11 सितंबर, 2001 को विश्व व्यापार केंद्र पर ओसामा बिन लादेन के गिरोह ने हमला करके 5,000 लोगों की जान ले ली।

इस संबंध में प्रो. अभिजीत पाठक (प्रभात खबर, 20.08.06) का मानना है : "आतंकवाद उन्हीं असंतोषों और प्रतिरोधों का गलत अख्तियार किया हुआ रुख है जो कि वैश्विक आधिपत्यों की वजह से उत्पन्न हुई हैं। न्यूयॉर्क में जब वर्ल्ड ट्रेड सेंटर के दोनों टावर को गिराया गया था, तब यही समझा गया कि अमेरिकी साम्राज्यवाद के प्रतीक के

तौर पर खड़े ये टावर ध्वस्त हो गए। अमेरिकी आधिपत्य के खिलाफ इससे बहुत ज्यादा असंतोष झलकता है क्योंकि सबको लगता है कि अमेरिका स्वघोषित नेता बनना और राज करना चाहता है और वह मानता है कि वह पूरी दुनिया का मौलिक 'बाप-दादा' है। इन स्थितियों में मुझे लगता है कि भारत को बहुत बड़ी भूमिका निभानी है।''

परमाणु बम से भी पूरी दुनिया में शांति का खतरा है। 1998 में भारत ने परमाणु बम बनाने की कार्रवाई की। इसकी प्रतिक्रिया स्वरूप पाकिस्तान ने भी परमाणु बम बनाए और वहां के परमाणु वैज्ञानिक डॉ. ए. क्यू. खान ने ईरान, उत्तरी कोरिया, लीबिया आदि को अवैध रूप से उस तकनीक को बेच दिया जिससे इस्लामी दुनिया में एक विशेष प्रकार की खुशी है। मगर इसके दुरुपयोग की काफी आशंका है। मजेदार बात यह है कि परमाणु बम बनाने की बात को लेकर इराक में अंतर्राष्ट्रीय विशेषज्ञों द्वारा निरीक्षण किया गया था और परमाणु बम बनाने की पुष्टि नहीं हुई थी, फिर भी अमेरिका ने इराक पर हमला कर दिया और सद्दाम हुसैन को मौत की सजा दे दी गई। परमाणु ऊर्जा पर अमेरिका और भारत के बीच हुई संधि/समझौता को विपक्षी दल और कई विद्वान एकतरफा तथा भारतीय संप्रभुता पर खतरा मान रहे हैं। यह सच है कि परमाणु ऊर्जा का सबसे ज्यादा शांतिपूर्ण उपयोग फ्रांस (बिजली उत्पादन) करता है तो भारत को फ्रांस से सहयोग पहले लेना चाहिए था। पाकिस्तान के बारे में वहां की भूतपूर्व राष्ट्र प्रमुख बेनजीर भुट्टो ने वहां सैनिक शासन की तानाशाही को ही 'अंतर्राष्ट्रीय आतंकवाद' की जड़ माना था। उनके शब्दों में, ''अमेरिका से पाकिस्तान, और विशेष रूप से पाकिस्तानी सैनिक इंटेलिजेंस (आसूचना) एजेंसियों, जिन्हें जिया ने अपने सख्त शासन को मजबूत करने के लिए निर्मित किया था, के जरिए कट्टरपंथी मुजाहिदीन को सहायता और प्रशिक्षण दिया।'' (द हिंदू, 18.8.06) इस प्रकार अमेरिका ने पाकिस्तान के आतंकवादियों की मदद की है। दूसरे, उनका यह भी मानना है कि चूंकि पाकिस्तान की सैनिक तानाशाही शासन-व्यवस्था ने शिक्षा, स्वास्थ्य, आवास और सामाजिक सेवाओं की जिम्मेदारी छोड़ दी, इसलिए युवा वर्ग ने दूसरा सहारा लिया। पाकिस्तान के कोने-कोने में राजनैतिक मदरसों का जाल इसका जीता-जागता उदाहरण है। इन मदरसों ने इस्लाम के नाम पर जेहादी और असहनीय कट्टर विचारों का प्रचार-प्रसार किया तथा विद्यार्थियों को पारा-सैनिक पद्धति से प्रशिक्षण भी दिया गया। ये मदरसे ''घृणा, विदेशी-द्वेष, उग्रवाद, युद्धप्रियता और आतंकवाद के उत्पादन स्थल'' बन गए। उनका यह भी कहना है कि जमात-उद-दावा, जो दानशील एवं आतंकवादी संस्था एक साथ है, ने पाकिस्तान में आए भूकंप में सहायता हेतु इन राजनैतिक मदरसों का इस्तेमाल निधि देने के लिए किया। तीसरे, उनके अनुसार जनरल मुशर्रफ के शासन ने पाकिस्तानी सीमा को शासन करने योग्य नहीं पाया तथा इसकी जिम्मेदारी तालिबान तथा अल कायदा को सौंप दी। उनके अनुसार ओसामा-बिन-लादेन पाकिस्तान के वजीरिस्तान में रहता है और बार-बार टेप पर अपना कट्टरवादी संदेश प्रसारित करता रहता है मगर

पाकिस्तानी सरकार उसे नहीं पकड़ती। चौथे, पाकिस्तान कभी-कभी अमेरिका को खुश करने के लिए एकाध आतंकवादी को पकड़ लेता है (मगर उन्हें अंतिम रूप से दंडित नहीं करता) जबकि पूरी दुनिया में फैले मुस्लिम युवकों को आतंकवाद के लिए आकर्षित करता है। वे लीड्स से लेकर लंदन तक वायुयानों, बसों-रेलगाड़ियों और निर्दोष लोगों के खिलाफ साजिश रचते हैं। बेनजीर भुट्टो का यह कथन काफी महत्वपूर्ण है : "लोकतांत्रिक व्यवस्थाएं दूसरी लोकतांत्रिक व्यवस्थाओं के साथ युद्ध नहीं करतीं। लोकतांत्रिक सरकारें आतंकवादियों को सशक्त बनाने, संरक्षण और शरण देने का काम नहीं करतीं। लोकतांत्रिक समाजों द्वारा अधिकतर ऐसे नागरिकों को पैदा किया जाता है जो विधि, विविधता और सहनशीलता का महत्व समझते हैं। एक लोकतांत्रिक पाकिस्तान, सैनिक तानाशाही के जुआ से मुक्त होकर, अंतर्राष्ट्रीय आतंकवाद की वैश्विक महामारी की थाल बनना बंद हो जाएगा।" (द हिंदू, 18.8.06) यहां उल्लेखनीय है कि कुछ समय पहले पाक-अधिकृत कश्मीर में भूकंप आया था जिससे वहां स्थित हजारों आतंकवादी मारे गए थे, भारत ने पाकिस्तान को राहत सामग्री भी भेजी थी। मगर सीमा पार आतंकवाद कम नहीं हो रहा है। अब तो इन आतंकवादियों को बांग्लादेश तथा नेपाल में भी शरण मिल रही है। विद्वानों ने पाकिस्तान को एक 'विफल राज्य' की संज्ञा दी है। 'एन.जी.ओ. फंड फॉर पीस' नामक एक संस्था ने एक सर्वेक्षण में 'विफल राज्यों' की सूची बनाई (फॉरेन पॉलिसी, मई 2006) जिसमें पाकिस्तान का स्थान नौवां है अर्थात पूरी दुनिया में वह नौवां सबसे ज्यादा विफल राज्य है जबकि 2005 में उसका स्थान 34वां था यानी उसकी हालत बदतर हो गई। विश्व में दस सबसे ज्यादा विफल राष्ट्र राज्यों की सूची तालिका 1 में दी गई है :

तालिका-1 : विश्व में दस सबसे ज्यादा विफल राज्य (2006)

क्रम	*राष्ट्र-राज्य का नाम*	*क्रम*	*राष्ट्र-राज्य का नाम*
1	सूडान	6	चाड
2	कांगो	7	सोमालिया
3	आइवरी कोस्ट	8	हैती
4	इराक	9	पाकिस्तान
5	जिम्बॉब्बे	10	अफगानिस्तान

स्रोत : *'फॉरेन पॉलिसी', मई 2006*

यह सुखद है कि भारत इस सूची में 93वें स्थान पर है। अर्थात भारत में विधि का शासन है। उस सूचीकरण में 12 आधार लिए गए :

(क) बढ़ते जनसांख्यिकीय दबाव
(ख) बहुत सारे शरणार्थियों तथा आंतरिक रूप से विस्थापित लोगों का आना-जाना
(ग) प्रतिशोध की परंपरा—सामूहिक शिकायतें करना
(घ) पुराना एवं सतत मानव पलायन
(ङ) विभिन्न समुदायों का विषम आर्थिक विकास
(च) तीव्र एवं गंभीर आर्थिक अवनति
(छ) राज्य का अपराधीकरण तथा अवैधीकरण
(ज) सार्वजनिक सेवाओं में निरंतर गिरावट
(झ) बड़े पैमाने पर मानवाधिकारों का उल्लंघन
(ञ) सुरक्षा तंत्र का 'राज्य के भीतर राज्य' का रूप लेना
(ट) विभिन्न धड़ों के अभिजनों का उभार
(ठ) अन्य राज्यों या बाहरी नेतृत्व का हस्तक्षेप

इसी प्रकार एक अन्य पत्रिका 'द अटलांटिक' (अप्रैल 2006) में 38 अमेरिकी विदेश नीति विशेषज्ञों ने उन देशों की सूची बनाई जो अगले दशक में अमेरिका की सुरक्षा-व्यवस्था के लिए सबसे ज्यादा खतरा पैदा करेंगे। उसमें पहला स्थान ईरान का, दूसरा उत्तरी कोरिया का और तीसरा पाकिस्तान का है। इतना ही नहीं, विशेषज्ञों ने यह भी राय दी कि यदि पाकिस्तान में जनरल मुशर्रफ की सरकार विद्रोहियों द्वारा गिरा दी जाए, तो अमेरिका को सबसे ज्यादा खतरा पाकिस्तान से होगा यानी वह तीसरे स्थान से पहले स्थान पर आ जाएगा। दूसरे, उन लोगों ने यह भी जोड़ा कि यदि किसी राज्य के विघटन से अमेरिकी सुरक्षा को सबसे ज्यादा खतरा होगा, तो वह पाकिस्तान के विघटन से होगा।

एक तीसरी संस्था सी.आई.ए. की 'ग्लोबल फ्यूचर्स एसेसमेंट रिपोर्ट' (2005) के अनुसार सन् 2015 तक पाकिस्तान निश्चित रूप से एक पूर्ण विफल राज्य बन जाएगा जहां गृहयुद्ध, खून-खराबा, अंतरप्रांतीय स्पर्धाएं, इसके परमाणु हथियारों के नियंत्रण के लिए संघर्ष तथा पूर्ण तालिबानीकरण होगा। तब पाकिस्तान कई दशकों के राजनैतिक एवं आर्थिक कुप्रबंधन, फूट डालने वाली नीतियों, अराजकता, भ्रष्टाचार और मानव जातीय संघर्ष से आसानी से नहीं उबर पाएगा। पाक-अधिकृत कश्मीर में हजारों आतंकवादियों के शिविर अभी भी कार्यरत हैं जिनका सेटेलाइट से लिया गया फोटो अमेरिका के पास है और उसने अब भारत के द्वारा लगाए गए आरोप (आतंकवाद को पाकिस्तान की शह) को सही मान लिया है। हेराल्ड मैगजीन ने लश्कर-ए-तोयबा, जैश-ए-मुहम्मद, हरकत-उल-मुजाहिदीन, अल बद्र मुजाहिदीन के द्वारा पाकिस्तान में चलाए जा रहे आतंकवादी शिविरों की खबर मुख पृष्ठ पर दी है। उसके अनुसार पाकिस्तान द्वारा समर्थित कश्मीरी आतंकवादी संगठन हिजबुल मुजाहिदीन का एक प्रशिक्षण शिविर नार्थ-वेस्ट फ्रंटियर प्राविंस में गढ़ी हबीबुल्लाह के पास हिसारी में चलता है जिसमें 250 आतंकवादी प्रशिक्षण ले रहे हैं। भारत सरकार की

पहल पर रेल मार्ग, सड़क मार्ग और वायु मार्ग के खुल जाने से लोगों का पारस्परिक संपर्क बेहतर हुआ है। करीब एक लाख लोग (प्रत्येक देश से) एक दूसरे देश में यात्रा कर रहे हैं। इसके अलावा 'साफ्टा' के तहत दोनों देशों के व्यापार में भी वृद्धि हुई—2003 में 200 मिलियन डॉलर से 2006 में 800 मिलियन डॉलर (हिंदुस्तान टाइम्स 13 अगस्त, 2006)। पाकिस्तान के तत्कालीन राष्ट्रपति जनरल मुशर्रफ द्वारा कश्मीर के 'संयुक्त प्रबंधन' या 'संयुक्त नियंत्रण' के प्रस्ताव को भारत सरकार ने ठीक ही खारिज कर दिया। पाकिस्तान एक ओर सीमा के पार भारत में आतंकवादियों की घुसपैठ कराता है और दूसरी ओर सीमा पर से सेना को हटाने के लिए भी कहता है, जिसे भारत कैसे मान सकता है जब पाकिस्तान द्वारा कई बार युद्ध की शुरुआत की गई हो जिसकी अंतिम कड़ी कारगिल युद्ध था जिसमें दोनों देशों में जान-माल की काफी क्षति हुई मगर भारत को अंततः विजयश्री मिली। ज्ञातव्य है कि 2008 में पाकिस्तान में चुनाव के बाद नई सरकार बनी और बेनजीर भुट्टो के पति जरदारी वहां के राष्ट्रपति बने। मगर 26 नवंबर, 2008 को मुंबई के नरीमन हाउस, छत्रपति शिवाजी टर्मिनल, ताज पैलेस होटल, ट्राइडेंट ओबरॉय होटल, लियोपोल्ड कैफे आदि पर पाकिस्तानी आतंकवादियों ने हमला किया जिसमें करीब दो सौ लोग मारे गए और 300 घायल हुए किंतु पाकिस्तान द्वारा सुबूत के बावजूद आतंकवादियों के विरुद्ध कार्रवाई करने के केवल आश्वासन ही दिए जा रहे हैं।

भारत में आतंकवाद एवं उग्रवाद

भारत में लंबे अरसे से उत्तर-पूर्व क्षेत्र असम, मणिपुर, नागालैंड, मिजोरम, त्रिपुरा, मेघालय आदि उग्रवाद से ग्रस्त क्षेत्र रहे हैं। उल्फा, मिजो नेशनल फ्रंट, बोडो लैंड का आंदोलन, पी.एल.ए., के.वाई. के.एल. (मणिपुर), नेशनल सोशलिस्ट काउंसिल ऑफ नागालैंड, आदि ने भारत सरकार और उसकी एजेंसियों के खिलाफ तथा दूसरी जातियों/जनजातियों/समुदायों आदि के खिलाफ उग्रवादी लड़ाई लड़ी है। असम में बांग्लादेशी घुसपैठियों को निकालने के लिए उन्नीस सौ सत्तर-अस्सी के दशकों में बहुत जोरदार आंदोलन चला जिसका नेतृत्व 'ऑल असम स्टूडेंट्स यूनियन' ने किया। उत्तर-पूर्व के छोटे-छोटे राज्यों में शिकायत है कि उनके स्थानीय स्वायत्त शासन-प्रशासन में भारत सरकार का हस्तक्षेप होता है। कुछ उग्रवादी संगठनों ने विदेशी संगठनों/व्यक्तियों और सत्ताओं की मदद से भारत से अलग होने की भी कभी-कभी मांग की। चूंकि ये छोटे-छोटे राज्य भारत की सीमा पर हैं और विदेशी गतिविधियां वहां काफी होती रही हैं, इसलिए वहां सेना या पारा सैनिकों की तैनाती प्रायः की जाती है। मगर इन सशस्त्र बलों द्वारा भी कभी-कभी वहां के स्थानीय लोगों के साथ ज्यादती की जाती है, जिसमें महिलाओं के साथ बलात्कार/छेड़खानी आदि मुख्य है। कुछ वर्ष पूर्व मणिपुर में सैनिकों ने कुछ महिलाओं का बलात्कार किया था जिस पर गंभीर प्रतिक्रिया हुई थी और वहां के कई बुद्धिजीवी, राजनेता तथा आम महिलाओं ने सेना के

उस कुकृत्य के विरुद्ध नंगा प्रदर्शन किया था तथा यह तख्ती भी लगाई थी : ''इंडियन आर्मी रेप अस।'' (भारतीय सेना, हमारा बलात्कार करो)। दार्जिलिंग में गोरखालैंड (सुभाष घीसिंग) और असम में बोडोलैंड बनाने की मांग सक्रिय आंदोलन के जरिए होती रही है।

असम में उल्फा, मिजोरम में मिजो नेशनल फ्रंट तथा नागालैंड में नेशनल सोशलिस्ट काउंसिल ऑफ नागालैंड के अतिवादी नेता अपने-अपने राज्य की संप्रभुता एवं भारत से अलग स्वतंत्र देश की मांग करते रहे हैं। भारत सरकार उनसे कई बार वार्ता कर चुकी है और हिंसा की राह छोड़कर राजनीति की मुख्य धारा में आने की बार-बार अपील कर चुकी है मगर वे ऐसी मांगें रख देते हैं—जैसे उनके जेल में बंद सहकर्मियों की बिना शर्त रिहाई—कि उसे मानना विधि के शासन का मखौल उड़ाना होगा। भूटान में उल्फा के गढ़ को वहां की सरकार ने 2004 में नेस्तनाबूद कर दिया मगर बांग्लादेश, नेपाल, पाकिस्तान, वर्मा आदि देशों में उल्फा, एम.एन.एफ., एन.एस.सी.एन. आदि के मजबूत गढ़ होने की सूचना है। उल्फा उग्रवादियों ने 22 जून, 2006 को असम के छह स्थानों पर भारी विस्फोट किया था जिसमें 11 लोग मारे गए तथा कई घायल हुए थे।

मगर दूसरी ओर कुछ व्यक्तियों, संगठनों और दलों ने यह आरोप भी लगाया है कि कुछ स्थानीय लोग स्वार्थवश विदेशी ताकतों के हाथ में खेलते हैं। एक उग्रवादी मिजो नेता फिजो तो कई वर्षों तक विदेशों में रहे और वहीं से अपना उग्रवादी आंदोलन मिजोरम में चलाते रहे। इन राज्यों में विदेशी मदद से ईसाई मिशनरियां बड़े पैमाने पर लंबे समय से काम करती रही हैं। जिसकी आलोचना कुछ हिंदू संगठन करते हैं जिनका आरोप है कि कुछ ईसाई मिशनरियां भी प्रत्यक्ष या अप्रत्यक्ष रूप से उग्रवादी संगठनों की मदद करती हैं। देश के अन्य भागों में भी धार्मांतरण और उसके विरुद्ध प्रतिक्रियाएं होती रही हैं। उड़ीसा में ग्राहम एस. स्टेंस और उसके दो पुत्रों की हत्या दारा सिंह ने धर्मांतरण की प्रतिक्रिया के रूप में की थी। मध्य प्रदेश के डांग जिले में भी धर्मांतरण के फलस्वरूप चर्च पर हमला हुआ था। झारखंड में आदिवासियों का धर्मांतरण काफी हुआ जिसके फलस्वरूप वह राष्ट्रीय स्वयं सेवक संघ ने शुद्धि और घर वापसी का आंदोलन चलाया। इसके बाद मूल आदिवासियों ने ईसाई धर्म का विरोध करते हुए 'सरना धर्म' को ज्यादा जीवंत और कार्यशील बनाना शुरू किया है जिसमें रोजाना गांव-गांव में प्रार्थना सभा होती है। मगर पोप बेनेडिक्ट सोलहवें ने बयान दिया कि भारत में मिशनरियों को पूरी आजादी मिलनी चाहिए—इसका अर्थ धर्मांतरण कराने की भी आजादी हो। उनके अनुसार भारत के कई राज्यों में मौजूद धर्मांतरण-विरोधी कानून लोगों के धर्म के मूलाधिकार पर प्रतिबंध लगाते हैं, इसलिए वे भेदभावपूर्ण हैं। पोप के उस बयान की कटु आलोचना 'द पॉयनियर' के संपादकीय में की गई (22 मई, 2006) : ''भारत का संविधान, पोप के परामर्शियों द्वारा उन्हें बताया जाना चाहिए था, किसी धर्म का प्रचार, मानने और व्यक्त करने की गारंटी देता है, मगर धोखा, प्रलोभन या बल से एक आस्था से दूसरी आस्था में धर्मांतरित करने

या धर्मानुयायी बनाने का वादा नहीं करता...नियोगी जांच आयोग की रिपोर्ट, जो चावल के कटोरे पर धर्मांतरण कराने वाले धोखेबाज उपदेशकों के बारे में साक्ष्यों का खजाना है, ने मध्य प्रदेश में और बाद में उड़ीसा एवं आंध्र प्रदेश, गुजरात एवं छत्तीसगढ़ में धर्मांतरण-विरोधी कानून बनाने का आधार दिया...इनमें से कोई कानून भारतीय संविधान द्वारा गारंटी दी गई धार्मिक स्वतंत्रता को नहीं घटाता बल्कि यह धोखाधड़ी, बल और भोजन के जरिए धर्मांतरण का निषेध करता है।" खैर...धर्मांतरण से पैदा होने वाली अशांति और उपद्रव बाद में स्थानीय से प्रांतीय और राष्ट्रीय बन जाती है। सो मध्य प्रदेश, राजस्थान, छत्तीसगढ़, झारखंड आदि ने धर्मांतरण-विरोधी कानूनों में संशोधन करके यह प्रावधान किया है कि जो पुरोहित, पूजास्थल (चर्च आदि) या संगठन धर्मांतरण कराएगा वह संबंधित जिलाधिकारी और पुलिस अधीक्षक को सूचित करेगा और यदि उसमें लालच, बल, भय, धोखाधड़ी आदि पाई जाएगी तो वह जिम्ममेदार होगा यानी दंड का भागी होगा।

भारत के भीतर पैदा हुआ आतंकवाद उत्तर-पूर्वी भारत के अलावा पंजाब तथा जम्मू-कश्मीर में विशेष रूप से सक्रिय रहा है। पंजाब में आतंकवाद को लंबे अरसे के बाद श्री अर्जुन सिंह के पंजाब में राज्यपाल पद पर रहने और श्री के.पी.एस. गिल के पुलिस महानिदेशक (पंजाब) रहने के दौरान नियंत्रित किया गया। उन आतंकवादियों का न केवल पाकिस्तान से संबंध था बल्कि वह कनाडा तक पहुंच गया था जहां खालिस्तान की मांग करने वाले संगठन सक्रिय थे। इसी क्रम में वहां कनिष्क नामक हवाई जहाज को भी आतंकवादियों ने उड़ा दिया था जिसमें तीन सौ से अधिक निर्दोष यात्री मारे गए थे। मगर यह दुखद है कि कनाडा के न्यायालय ने उन अभियुक्तों को लंबी प्रक्रिया में रखकर अंततः बरी कर दिया। पंजाब में आतंकवाद का एक कारण कृषि समृद्धि भी बताई जाती है जिसके फलस्वरूप नवयुवकों के पास खर्च के लिए पर्याप्त निधि उपलब्ध रही तथा खेती में काम न करने की प्रवृत्ति भी रही। मगर यह भी उतना ही सच है कि तथाकथित हरित-क्रांति अंततः घाटे का सौदा होने लगी क्योंकि खेती की लागत बढ़ने लगी मगर सरकार से पर्याप्त समर्थन मूल्य (गेहूं, धान आदि के लिए) नहीं मिला। ऐसे में आंतरिक एवं बाहरी विध्वंसक ताकतों ने नवयुवकों को हिंसात्मक कार्रवाई के लिए गुमराह किया। वहां के आतंकवाद को नियंत्रित करने के लिए प्राकृतिक न्याय से परे पुलिस को कार्रवाई करनी पड़ी मगर राष्ट्रहित तथा वृहत्तर मानव हित (निर्दोष आम लोगों की सामूहिक हत्या आतंकवादी बार-बार कर रहे थे) के लिए शायद कड़ी कार्रवाई करना उस क्षण जरूरी हो गया था। अंग्रेजी में एक कहावत है–'टू डू बैड फॉर गुड इज नॉट बैड' (भलाई के लिए बुरा करना बुरा नहीं है)। मगर आतंकवादियों से समझौता करना (रुबैया कांड, कंधार कांड) और खूंखार आतंकवादियों को जेल से छोड़ना भारत के विरुद्ध सिद्ध हुआ है।

भारत में आतंकवादी घटनाएं जम्मू-कश्मीर में सीमा पार से चलाई जा रही हैं जिनमें

हजारों निर्दोष लोगों की हत्या हो चुकी है। दुखद है कि जम्मू-कश्मीर में तैनात सेना के कुछ जवान और पुलिस के कुछ जवान भी आतंकवादियों से साठगांठ किए हैं जिनमें से कुछ को जुलाई-अगस्त 2006 में पकड़ा भी गया। आतंकवादी घटनाओं में हिंदू-मुस्लिम दोनों समुदायों के लोग मारे गए हैं, मगर यह कड़वा सच है कि आतंकवादियों ने कश्मीर के मूल वासिंदों, जिन्होंने कश्मीरी भाषा, संस्कृति आदि को सदियों से संजोया है, यानी कश्मीरी पंडितों (पानुन) को वहां से भगा दिया और उनकी चल-अचल संपत्ति भी लूट ली तथा उनकी महिलाओं का उत्पीड़न किया गया। ऐसे अल्पसंख्यक हिंदू पंडितों के पलायन पर प्रायः बुद्धिजीवी और राजनैतिक दल चर्चा नहीं करते बल्कि वहां के बहुसंख्यक मुस्लिमों की समस्या पर ही ज्यादा जोर देते हैं। हमें पूरी समस्या को समग्रता में देखना चाहिए—वहां के पर्यटन उद्योग के पतन को भी देखना चाहिए, वहां की सेब, केसर आदि की फसलों के नुकसान को भी देखना चाहिए और वहां की गरीबी तथा शैक्षिक पिछड़ेपन को भी नजरंदाज नहीं करना चाहिए। वहां उपयुक्त माहौल बनाने के लिए सेना के जवानों को ज्यादा मानवीय होना पड़ेगा। 2008 में जम्मू-कश्मीर में संपन्न हुए विधानसभा चुनाव में 65 प्रतिशत से अधिक लोगों ने मतदान किया और लोकप्रिय सरकार भी बनी। इससे सिद्ध होता है कि वहां के लोग आतंकवाद से ऊब चुके हैं और शांति चाहते हैं।

इसके बाद महाराष्ट्र में मुंबई आतंकवादियों की विध्वंसक कार्रवाई का केंद्र बन गया है। सीमा पार से होने वाले आतंकवादी हमलों में 'अंडरवर्ल्ड' के माफिया लोगों का भी हाथ रहता है। 12 मार्च, 1993 को दक्षिणी मुंबई में दलाल स्ट्रीट पर बांबे स्टॉक एक्सचेंज के सामने हुए विस्फोट में 84 लोग मारे गए थे और 217 लोग घायल हुए थे। जनवरी 2002 में कोलकाता में अमेरिकन सेंटर पर भी विस्फोट हुआ था और कई लोग मारे गए थे। उसे हरकत-उल-जेहाद-ए-इस्लामी तथा लश्कर-ए-तोयबा ने अंजाम दिया था। फिर 11 जुलाई, 2006 को मुंबई में 8 जगहों (रेलवे स्टेशनों/प्लेटफार्मों) पर विस्फोट कुछ मिनटों के अंतराल पर हुआ था जिसमें 257 लोग मारे गए थे और 713 लोग घायल हुए थे। 12 मार्च, 1993 के विस्फोटों में दाउद इब्राहीम जैसे माफिया गिरोह का हाथ पुलिस ने छानबीन में पाया था मगर वह पाकिस्तान के कराची में आराम से रह रहा है, और भारत सरकार के अनुरोध के बावजूद पाकिस्तान ने दाउद को भारत के हाथ में नहीं सौंपा। 11 जुलाई, 2006 को मुंबई विस्फोट में सिमी, लश्कर-ए-तोयबा आदि का हाथ था। भारत में विदेशों से वीजा पर आए 169 देशों के 35,610 विदेशी समय सीमा खत्म होने के बावजूद भारत में बने हैं। उनमें पाकिस्तान के 4,742; अफगानिस्तान के 11,845; बांग्लादेश के 12,338; श्रीलंका के 1,018; मलेशिया के 484; अमेरिका के 1,142; इंग्लैंड के 411; सूडान के 121; सिंगापुर के 318; दक्षिण कोरिया के 475; केन्या के 148; जापान के 208; जर्मनी के 104; कनाडा के 361; आस्ट्रेलिया के 176 लोग

शामिल हैं। उनमें से विशेषकर पाकिस्तान, बांग्लादेश और अफगानिस्तान से आए लोगों से आतंकवादी घटनाओं को अंजाम देने की आशंका ज्यादा है। पुलिस के अनुसार मुंबई में 11 जुलाई, 2006 के धमाके में लश्कर-ए-तोयबा के तीन कोषांग—संवर्ग कोषांग, आधारभूत संरचना कोषांग तथा कर्ता कोषांग शामिल थे। इनके सदस्य भारत के विभिन्न राज्यों यथा बिहार, मध्य प्रदेश, उत्तर प्रदेश, महाराष्ट्र, जम्मू-कश्मीर, पंजाब, दिल्ली आदि में फैले हुए हैं।

इसके अलावा दिल्ली में पहाड़गंज, सरोजिनी नगर मार्केट काम्पलेक्स आदि करीब आधा दर्जन जगहों पर 2005 में आतंकवादी हमले हुए थे जिनमें 50 से अधिक लोग मारे गए थे। श्रमजीवी एक्सप्रेस रेलगाड़ी में 2005 में जौनपुर (उत्तर प्रदेश) के पास विस्फोट हुआ था जिसमें 'सिमी' का हाथ पाया गया उसमें कई लोग मारे गए और दर्जनों घायल हुए थे। भारतीय संसद पर भी कुछ वर्ष पहले हमले हुए थे जिनमें सुरक्षा बलों की मुस्तैदी से चार आतंकवादी मारे गए थे और बड़ी घटना नहीं हो सकी, यद्यपि हमारे कुछ सुरक्षाकर्मी उसमें शहीद हो गए थे। परंतु उसमें दोषी पाए गए अपराधी अफजल गुरु को सर्वोच्च न्यायालय के निर्णय के बावजूद फांसी नहीं दी गई। 26 नवंबर, 2008 को मुंबई के कई स्थानों पर पाकिस्तानी आतंकवादियों ने हमला किया जिसमें 200 लोग मारे गये और 300 लोग घायल हो गए। फिर भी पाकिस्तान ने साजिश में शामिल अपराधियों को भारत को नहीं सौंपा। उसके अलावा जयपुर, दिल्ली, हैदाराबाद, बंगलुरू, लखनऊ, गुवाहाटी आदि में भी बड़ी आतंकवादी घटनाएं घटीं।

भारत में नक्सलवाद

आतंकवादी घटनाओं में दहशत पैदा करना मुख्य लक्ष्य होता है और प्रायः निर्दोष लोग मारे जाते हैं। इनका उद्देश्य सरकारी संपत्ति, सत्ता के प्रतीक और ज्यादा भीड़ वाले इलाके को निशाना बनाना होता है। मगर नक्सलवाद जैसी घटना और प्रक्रिया उससे भिन्न होती है क्योंकि यहां भूमि-विवाद, आर्थिक विषमता, कम मजदूरी, सामंती-जमींदारी प्रवृत्ति, गरीब महिलाओं का शोषण, बटाईदारी, बेगारी आदि ज्वलंत मुद्दे दो पक्षों के बीच मौजूद होते हैं, जो स्थानीय होते हैं और विरोधी पक्ष दूसरे को पहचानता भी है। प्रायः उग्र वामपंथी ही नक्सल होते हैं और हिंसा से परिवर्तन लाना चाहते हैं। भारत के कई राज्यों यथा आंध्र प्रदेश, मध्य प्रदेश, छत्तीसगढ़, झारखंड, बिहार, उड़ीसा, उत्तर प्रदेश, महाराष्ट्र आदि में नक्सलवादी समस्या गंभीर रूप में है। झारखंड में 22 में से 19 जिले नक्सल प्रभावित हैं। बिहार सरकार के अनुसार 38 में से 31 जिले नक्सल प्रभावित हैं। भारत सरकार के गृह मंत्रालय के अनुसार कुल 607 जिलों में से 160 जिले नक्सल प्रभावित हैं। एक अनुमान के अनुसार नक्सलवादी आंदोलन भारत के एक-चौथाई भूभाग तक फैल चुका है। दूसरी ओर 2001 से जुलाई 2006 तक आंध्र प्रदेश, कर्नाटक, केरल एवं महाराष्ट्र

में करीब 9000 किसानों ने कर्ज से तंग आकर आत्महत्या कर ली। (अमित भादुड़ी, द हिंदू, 25 जुलाई, 2006) इतना ही नहीं, भारत में कुल 26 करोड़ लोग गरीबी रेखा के नीचे किसी तरह गुजर-बसर कर रहे हैं, जिसे पशुवत् कहा जा सकता है, और इनमें से 19.3 करोड़ लोग गांवों में हैं। जहां पंजाब में सबसे कम गरीबी (6.16 प्रतिशत) है और इस मायने में दूसरे नंबर पर हरियाणा (8.74 प्रतिशत) तथा तीसरे नंबर पर केरल (12.72 प्रतिशत) है, वहीं दूसरी ओर उड़ीसा में सबसे ज्यादा गरीबी का प्रतिशत (47.15) है, दूसरे स्थान पर बिहार (42.6 प्रतिशत) और तीसरे स्थान पर असम (36 प्रतिशत) है। इसी प्रकार विभिन्न समुदायों में स्थिति भिन्न-भिन्न है : अनुसूचित जनजाति में 43.8 प्रतिशत, अनुसूचित जाति में 36.2 प्रतिशत तथा अन्य पिछड़े वर्गों में 21 प्रतिशत लोग गरीब हैं। बिहार में नक्सलवादी आंदोलन ने कई जगहों पर जातिगत रूप भी ले लिया है। जैसे एम.सी.सी. में अधिकतर यादव जाति के लोग हैं जो राजद के समर्थक बताए जाते हैं। पी.डब्ल्यू.जी. और पार्टी यूनिटी में अधिकतर दलित हैं, और कुछ पिछड़ी जातियों के भी लोग हैं, सी.पी.आई. (एम.एल. लिबरेशन) में दलित और पिछड़े वर्ग के बहुसंख्यक हैं मगर नेतृत्व में उच्च जातियों के भी लोग हैं। जाति के आधार पर बिहार में सेनाएं भी बनी हैं—रणवीर सेना में अधिकतर भूमिहार और कुछ राजपूत हैं, ब्रह्मर्षि सेना में भूमिहार हैं, सनलाइट सेना और कुंवर सेना में राजपूत हैं, लोरिक सेना में यादव हैं, भूमि सेना में कुर्मी हैं, आदि। प्रायः खेती के मुद्दे जाति के मुद्दे से गड्डमड्ड हो जाते हैं। चूंकि पिछले तीन-चार दशकों में बिहार में कुछ मध्यम जातियों (कोयरी, कुर्मी, यादव) की आर्थिक एवं राजनैतिक स्थिति में काफी सुधार हुआ है, और वे जमीन के मालिक हुए हैं, इसलिए केंद्रीय बिहार के कई गांवों में उनका प्रतिरोध दलित जातियों के मजदूर करते हैं। इस प्रकार एक ओर उच्च और मध्यम जातियों के बीच संघर्ष है, तो दूसरी ओर उच्च और निम्न जातियों के बीच संघर्ष है, तो तीसरी ओर मध्यम (जिनके साथ उच्च जाति भी है) और निम्न जातियों के बीच संघर्ष है। अफसोस है कि वर्ग शत्रुता के नाम पर उच्च जातियों के छोटे किसानों की भी हत्या कर दी जाती है। यही हाल बूढ़ों, बच्चों और महिलाओं का है। इसी प्रकार उच्च जातियों के सिरफिरे युवकों द्वारा गरीब निर्दोषों की हत्या प्रतिशोध में कर दी जाती है।

बिहार में शोषित समाज दल के जगदेव प्रसाद, जो बाद में शहीद हुए, ने राममनोहर लोहिया (जो पिछड़ा पावे सौ में साठ के हिमायती थे) से प्रेरणा लेकर एक कदम आगे होकर नए नारे दिए : 'सौ में नब्बे शोषित हैं, नब्बे भाग हमारा है', 'अगले साल के भादों में, गोरी कलइया कादो में'। इससे दलित-पिछड़ों में जन-उभार आया। कर्पूरी ठाकुर ने पिछड़ों को आरक्षण दिया। इसलिए एक प्रकार का सामाजिक बदलाव एवं सामूहिक चेतना पूरे बिहार में पिछले चार दशकों में आई। इसी प्रकार अन्य राज्यों में ऐसा हुआ। एक बात विशेष रूप से उल्लेखनीय है कि यदि बिहार में भी प. बंगाल की तरह परिवर्तनकारी भूमि

सुधार–'आपरेशन वर्गा' हुआ होता, तो सामाजिक-आर्थिक परिवर्तन 1950-60 के दशक में तेजी से आता। मगर ऐसा नहीं हुआ और बड़े-बड़े जमींदारों ने अपने रिश्तेदारों–कुत्तों, बिल्लियों–हलवाहों और अन्य लोगों के नाम बेनामी जमीन लिखकर भूहदबंदी कानून को ठेंगा दिखा दिया। सो भारतीय कम्युनिस्ट पार्टी ने पूरे बिहार में भूमि मुक्ति आंदोलन शुरू किया तथा सरकारी जमीन (गैर-मजरुआ) तथा भूहदबंदी से फाजिल जमीन पर कब्जा कर लिया। मगर इस आंदोलन को अंततः धक्का लगा क्योंकि उसका नेतृत्व दूरदर्शी लोगों के हाथ में नहीं था और संगठन में बहुत सारे जमींदार नेता या कार्यकर्ता के रूप में शामिल हो गए। अपनी जमींदारी बचाने का यह सरल उपाय था। सो भाकपा का यह आंदोलन टांय-टांय फिस्स हो गया। तब सी.पी.आई. (एम.एल. लिबरेशन) 'इंडियन पीपल्स फ्रंट' के रूप में आगे आई और मध्य बिहार में काफी सक्रियता दिखाई। फिर पार्टी यूनिटी और पी.डब्ल्यू.जी. ने भी कमान संभाली और धीरे-धीरे 'समानांतर सरकार' के नाम पर उन सबने आर्थिक नाकेबंदी (भूधारियों के खेत न जोतना-बोना), जन-अदालत, लेवी (पैसे की वसूली सरकारी अधिकारियों/ठेकेदारों से) फसल लूट, शारीरिक दंड, हत्या, जैसी रणनीतियां अपनाई। इससे दोनों ओर से संघर्ष तेज होता रहा है। धनबाद तथा रांची के संवाददाताओं (हिंदुस्तान टाइम्स, पटना, 1 अगस्त, 2006) ने विस्तार से वर्णन किया है कि नक्सल क्या-क्या करते हैं, जिनमें से मुख्य निम्नलिखित हैं :

(1) सी.पी.आई. (माओवादी), जो पार्टी यूनिटी और पी.डब्ल्यू.जी. के गठजोड़ से बनी है, ने एक तकनीकी शाखा आधुनिकीकरण के लिए खोल ली है–इसमें बम, बारूद, रायफल्स, माइन्स आदि शामिल हैं। झारखंड के एक अपर आरक्षी महानिदेशक ने सभी पुलिस अधिकारियों को लिखित सूचित किया कि उग्रवादी अब ज्यादा आधुनिक हथियार एवं बारूद बनाने लगे हैं–जैसे, सल्फ्यूरिक एसिड तथा फायर बोतल बम, लैंड माइन्स (20 प्रतिशत डीजल तथा 80 प्रतिशत अल्युमिनियम नाइट्रेट मिलाकर)।

(2) उग्रवादियों के कई प्लाटून हैं जो विभिन्न क्षेत्रों को देखते हैं। इनमें लोकल रेगुलर गुरिल्ला स्क्वैड प्रमुख हैं।

(3) रेड ब्रिगेड के द्वारा विभिन्न संस्थाओं/व्यक्तियों/प्रतिष्ठानों से विभिन्न दरों पर लेवी वसूली जाती है जो निम्नलिखित है : (हिंदुस्तान टाइम्स 1 एवं 11 अगस्त)

(क) पेट्रोल पंप से लेवी राशि 25,000 रु. (वार्षिक)

(ख) क्रशर मशीन से लेवी राशि 16,000 रु. (वार्षिक)

(ग) हाथ से चलने वाले क्रशर से लेवी राशि 8,000 रु. (वार्षिक)

(घ) ईंट भट्टा से लेवी राशि 15,000 रु. (वार्षिक)

(ङ) कोल साइडिंग्स से लेवी राशि 70,000 रु. (मासिक)

(च) बाक्साइट माइन्स से लेवी राशि 10 रु. मात्र (प्रति टन)

(छ) रेलवे द्वारा टूटे रैक की नीलामी में लेवी राशि 10 प्रतिशत

(ज) रेलवे द्वारा निर्माण/पटरी की मरम्मत आदि में लेवी राशि 5 प्रतिशत

(झ) ट्रांसपोर्टरों से लेवी राशि 25,000 रु. (वार्षिक)

यह भी प्रतिवेदित किया गया है कि लेवी देने वालों में सरकारी कर्मचारियों/अधिकारियों के अलावा विभिन्न राजनैतिक दल भी शामिल हैं। गांवों के मामलों का निपटारा जन-अदालत (कंगारू कोर्ट) में होता है और 'तुरंत न्याय' दिया जाता है। यह अनुमान लगाया गया है कि झारखंड पुलिस का वार्षिक बजट 170 करोड़ रुपये है। स्क्वैड के एक जवान को मासिक वेतन के रूप में 1,000 रु. से 3,000 रु. तक दिए जाते हैं। मगर उनके मरने पर उनके परिवार को 1.25 लाख रु. का बीमा देने का वादा किया जाता है। उनके पास ए.के. 47 तथा इंसास राइफलें भी हैं। इन नक्सलियों ने लेवी वसूलने तथा अत्याधुनिक हथियारों से एम्बुस करने का तरीका असम के उल्फा उग्रवादियों से सीखा है। बिहार में निजी सेनाओं के जवानों को भी मासिक वेतन 2 से 3 हजार रु. मिलता है। छत्तीसगढ़ में आदिवासियों के 'सलवा जुडुम' ने नक्सलियों से मुकाबले के लिए कमर कस ली है। दोनों के बीच हुए संघर्षों में दोनों पक्षों के कई लोग मारे जा चुके हैं। दंतवाड़ा जिले में नक्सलियों ने 17 जुलाई, 2006 को 29 कार्यकर्ताओं को एक हमले में (शिविर में) जलाकर मार दिया और 60 घायल हुए। सलवा जुडुम का अर्थ है 'शांति मिशन' जो कांग्रेसी नेता महेंद्र कर्मा द्वारा शुरू किया गया जिसे भाजपा और भाजपा की सरकार का समर्थन प्राप्त है। 2004 में 83 लोग, 2005 में 126 लोग और 2006 के मध्य तक करीब 150 लोग नक्सलियों द्वारा मारे गए। लोगों के पास दो ही विकल्प हैं या तो वे माओवादियों के लाल झंडे तले जाएं या सलवा जुडुम के सफेद झंडे के। एक अनुमान के मुताविक सलवा जुडुम के समर्थक 45,958 पुरुषों, स्त्रियों और बच्चों को 27 शिविरों में 5 ब्लॉकों (दक्षिण बस्तर) में रखा गया है। उनमें से कुछको विशेष पुलिस अधिकारी बनाया गया है जिन्हें प्रशासन द्वारा हर माह 1,500 रु.दिए जाते हैं : वहां के जिलाधिकारी ने 5,000 कार्यकर्ताओं को प्रशिक्षण और हथियार देने की बात कही है। उन्हें पहले ही 1,000 रायफलें दी जा चुकी हैं। इस प्रकार नक्सलियों और सलवा जुडुम के कार्यकर्ताओं के बीच चल रहा संघर्ष कभी भी गृहयुद्ध का रूप ले सकता है। कुछ प्रगतिशील लोग सलवा जुडुम के आक्रामक रुख की निंदा विचारधारा के स्तर पर करते हैं, मगर वे भूल जाते हैं कि वहां हिंसा की शुरुआत पहले माओवादियों ने ही की। एक अनुमान के मुताबिक सलवा जुडुम और माओवादियों के संघर्ष के फलस्वरूप एक लाख आदिवासी अपने मूल घरों से विस्थापित हो गए। इसलिए दोनों की हिंसा अनुचित है और दोनों के बीच संवाद कायम करके जल, जंगल, जमीन आदि के मसलों को सुलझाया जाना चाहिए। इसमें राज्य सरकार को संघर्ष की जड़ में जाकर ईमानदारी से समाधान की पहल करनी होगी। पुलिस पर नक्सलियों द्वारा किए गए प्रमुख हमले इस प्रकार हैं :

तालिका-2 : नक्सलियों द्वारा पुलिस पर प्रमुख हमले

क्रम	*तिथि*	*स्थान*	*मारे गए पुलिसकर्मी*
1.	15 मार्च, 2007	रानी गोधली, बीजापुर (छत्तीसगढ़)	55
2.	20 दिसंबर, 2007	किश्तवाम, दंतेवाड़ा (छत्तीसगढ़)	12
3.	15 फरवरी, 2008	उड़ीसा	13
4.	16 जुलाई, 2008	मल्कानगिरि (उड़ीसा)	20
5.	29 जुलाई, 2008	मल्कानगिरि (उड़ीसा)	36
6.	29 अगस्त, 2008	बीजापुर (छत्तीसगढ़)	15
7.	30 अगस्त, 2008	पूर्वी सिंहभूम (झारखंड)	11
8.	10 अक्तूबर, 2008	कोंगुपेल्ली, बीजापुर (छत्तीसगढ़)	12
9.	7 नवंबर, 2008	बीजापुर (छत्तीसगढ़)	11
10.	10 नवंबर, 2008	छत्तीसगढ़	10
11.	1 फरवरी, 2009	मड़केगांव, गढ़चिरौली (महाराष्ट्र)	15

***स्रोत** : टाइम्स ऑफ इंडिया, 2 फरवरी, 2009*

भारत सरकार का अनुमान है कि 2000-2008 के दौरान बीजापुर-दंतेवाड़ा जिलों (छत्तीसगढ़) में भारतीय कम्युनिस्ट पार्टी (माओवादी) ने 1,000 आदिवासियों और 350 पुलिसकर्मियों की हत्या की। यह विडंबना है कि सलवा जुडुम के कार्यकर्ता आदिवासी हैं, नक्सली लोग आदिवासी हैं और प्रायः पुलिसकर्मी आदिवासी हैं तथा मरने वाले भी आदिवासी हैं। डॉ. विनायक सेन, जो छत्तीसगढ़ पीपल्स यूनियन फॉर सिविल लिबर्टीज के पदाधिकारी हैं, पिछले दो वर्षों से नक्सलियों को मदद करने के आरोप में जेल में बंद हैं।

भारत में जातीय-सांप्रदायिक हिंसा

जो भारत अहिंसा के कर्मयोगियों यथा बुद्ध, महावीर, विवेकानंद, गांधी, विनोबा आदि की कर्मस्थली रहा है, वही अब जातीय और सांप्रदायिक हिंसा का भी देश बन गया है। नागा, कूकी, मिजो, मेती आदि एक दूसरे का गांव ही जला देते हैं और अनायास दूसरे को मार देते हैं। इसके अलावा विभिन्न क्षेत्रों में राजनैतिक वर्चस्व, आर्थिक कब्जा और सामाजिक दबदबे के लिए भी हिंसा होती है। कर्नाटक में दो प्रधान जातियों ओक्कालिगा और लिंगायत के बीच आंध्र प्रदेश में कामा और रेड्डी के बीच, बिहार में भूमिहार और राजपूत के बीच,

राजपूत और यादव के बीच, भूमिहार और यादव के बीच, यादव और दलित के बीच, भूमिहार और दलित के बीच, राजपूत और दलित के बीच कुर्मी और दलित के बीच जातिगत संघर्ष होते रहे हैं। इसके अलावा हिंदू-मुस्लिम, हिंदू-सिक्ख, हिंदू-ईसाई संघर्ष भी प्रायः होते रहे हैं। 1984 में दिल्ली में बहुत सारे सिक्खों का कत्ले आम सत्ताधारी दल के कुछ हिंदू नेताओं के इशारे पर किया गया था। और फरवरी 2002 में गुजरात में मुसलमानों (2000 के लगभग) का। भागलपुर, भिवंडी, मेरठ, मुरादाबाद, अलीगढ़, कानपुर आदि शहर दंगों के लिए ज्यादा प्रसिद्ध हैं। इन दंगों में जानमाल की हानि तो होती ही है, इसका प्रभाव वहां की समूची अर्थव्यवस्था (कृषि, उद्योग, व्यवसाय, सेवा) पर पड़ता है, शैक्षिक संस्थान बंद हो जाते हैं और सामाजिक समरसता ध्वस्त हो जाती है। सबसे बड़ी बात यह है कि सांप्रदायिक दंगे के समय लोगों के दिमाग ऐसे कुप्रभावित किए जाते हैं कि एक संप्रदाय/समुदाय का आदमी दूसरे संप्रदाय के आदमी को शक की नजर से देखता है और उसका हर कार्य गलत और अनैतिक लगता है। इसी प्रकार 1990 के दशक से पिछड़े वर्गों के लिए आरक्षण ने जाति की लौ और तेज कर दी। इस मुद्दे पर जाति के आधार पर राजनैतिक दल, श्रमिक संघ, शिक्षण संस्थाओं के शिक्षक और विद्यार्थी तथा अधिकतर बुद्धिजीवी बंट गए हैं। भारत सरकार द्वारा उच्च शैक्षणिक संस्थाओं में पिछड़े वर्गों के लिए 27 प्रतिशत आरक्षण के निर्णय को लेकर दिल्ली के एम्स, मौलाना आजाद मेडिकल कॉलेज, राम मनोहर लोहिया अस्पताल तथा क्षेत्रीय कॉलेजों/अस्पतालों के डाक्टरों/विद्यार्थियों ने भी हड़ताल की। इंडियन मेडिकल एसोसिएशन भी इस मुद्दे पर दो धड़ों में बंट गया है।

यहां यह उल्लेखनीय है कि भारत विविधता एवं सामासिक संस्कृति का देश रहा है जहां दूसरे धर्म, संप्रदाय आदि की जीवन पद्धतियों के प्रति न केवल सहनशीलता रही है, बल्कि सम्मान भी रहा है। ईद, होली, क्रिसमस, बुद्ध पूर्णिमा और महावीर जयंती के रोज लोग एक दूसरे से हृदय से मिलते-जुलते रहे हैं, खाते-पीते रहे हैं और इन उत्सवों में सक्रिय भागीदार भी होते रहे हैं मगर सांप्रदायिक कट्टरपंथी लोग अपने संप्रदाय के लोगों का ऐसा मतारोपण (ब्रेन वाशिंग) करते हैं कि दूसरे के प्रति कटुता, जलन, घृणा और विरोध की भावना जड़ीभूत हो जाती है। वे इतिहास के साथ भी छेड़छाड़ करते हैं। विभिन्न राजनैतिक दल चुनावी राजनीति के लिए जाति (सवर्ण-अवर्ण, पिछड़ा बनाम दलित, मनुवाद), धर्म आदि का जमकर दुरुपयोग करते हैं। चुनावी साल में सभी राजनैतिक दलों के लोग मुसलमानों के साथ इफ्तार में शामिल होते हैं और अपने यहां इफ्तार में मुसलमानों को सादर बुलाते हैं। फिर इसका अखबारों और इलेक्ट्रॉनिक माध्यमों से खूब प्रचार-प्रसार करते हैं। गांव कस्बे की मस्जिद से लेकर जामा मस्जिद, दिल्ली तक से अपने पक्ष में बयान, मुस्लिम उलेमाओं और कट्टर नेताओं के साथ चुनावी सभाओं का संबोधन, मुसलमानों के लिए धार्मिक आधार पर रियायतें (हज यात्रा में, मदरसों में, कब्रिस्तान की घेराबंदी आदि) आदि विशेष उद्देश्य (वोट बैंक) से दी जाती हैं।

महिलाओं के विरुद्ध हिंसा

यह अत्यंत दुखद है कि भारत में नाना प्रकार से महिलाओं पर हिंसा की जाती है जिनमें से प्रमुख निम्नलिखित हैं : पहला, ससुराल में पति, सास, ससुर, देवर, जेठ, जेठानी, देवरानी, ननद आदि के द्वारा नई बहुओं की पिटाई होती है जिसके कारणों में दहेज की मांग पूरी न करना, घर का पूरा काम न करना, ससुराल के सदस्यों की सेवा (मालिश) न करना, अप्रिय बोलना, शऊर न होना आदि प्रमुख हैं। इसके साथ-साथ ताने मारना, मानसिक रूप से प्रताड़ित करना भी नई बहुओं की नियति होती है। इसे 'बहू नरक' कहा जाता है।

दूसरे, महिलाओं का रास्ते चलते, शैक्षिक संस्थानों में, बाजार में, कार्यस्थल पर, यात्रा में मानसिक-शारीरिक शोषण किया जाता है जिसमें अश्लील व्यवहार, छेड़खानी, गाली-गलौज, बलात्कार, हत्या, अपहरण आदि प्रमुख हैं।

तीसरे, महिलाओं का देह-व्यापार किया जाता है। कोठों पर यौन-शोषण के अलावा मारपीट, गंदा परिवेश, खाने-पीने की सुविधा का अभाव, बाहर जाने से रोक आदि तरीके से उन्हें प्रताड़ित किया जाता है।

चौथे, ऐसा देखा गया है कि बिहार-झारखंड में गरीब, विधवा, अशक्त, मानसिक रोगी आदि महिलाओं को डायन करार दिया जाता है जिसके फलस्वरूप उनकी पिटाई की जाती है, उन्हें मल-मूत्र पिलाया जाता है, नंगा घुमाया जाता है, जीते जी उनके द्वारा अपना तर्पण करने को बाध्य किया जाता है। कभी-कभी उनका यौन-शोषण भी सामूहिक रूप से किया जाता है। डायन करार दी गई महिलाओं को गांव में हुई किसी घटना-दुर्घटना, मृत्यु, बाढ़, सुखाड़, ओला, ठनका, मलेरिया, हैजा, आगजनी, महामारी, चौरी-डकैती आदि के लिए मूलतः जिम्मेदार माना जाता है। उन्हें पूरे समाज से बहिष्कृत कर दिया जाता है। झारखंड क्षेत्र में 1991 से 1997 के दौरान 409 महिलाओं को डायन करार देकर जान से मार दिया गया। इस सबके प्रमुख कारण निरक्षरता, अंधविश्वास, घर-संपत्ति हड़पने की साजिश आदि हैं जिन्हें स्थानीय ओझा-गुनी आदि हवा देकर अपनी दुकानें चमकाते हैं तथा एक ओर भोले-भाले लोगों को ठगते हैं और दूसरी ओर असहाय महिलाओं की जिंदगी से खिलवाड़ करते हैं।

पांचवें, भारत में सती प्रथा का अंत बीसवीं सदी के शुरू में लार्ड विलियम वेंटिक और राजा राम मोहन राय जैसे समाज सुधारकों के प्रयास से हुआ था। मगर इक्कीसवीं सदी में भी छिटपुट ऐसी घटनाएं हो रही हैं। 1987 में राजस्थान में रूप कुंवर को जबर्दस्ती सती कराया गया था। उत्तर प्रदेश में महोबा जिले में चरण शाह नामक महिला के साथ भी ऐसा किया गया। 22 अगस्त, 2006 को सागर जिले (मध्य प्रदेश) के तुलसीपुर गांव में पुनः ऐसी घटना घटी। वहां जानकी रानी नामक गोंड आदिवासी महिला ने अपने पति प्रेम नारायण (58 वर्ष) की चिता पर स्वयं को जला दिया। फिर कुछ लोगों ने सती माता के नाम पर उसकी पूजा-अर्चना की। सती प्रथा की घटना का घटना आधुनिकता के माथे

पर कलंक है। मगर अफसोस है कि कुछ अंधविश्वासी लोग सती माता के नाम पर उसका महिमा मंडन करते हैं जिससे यह कुप्रथा पनपती रहती है।

छठवें, विधवा होने पर भी महिलाओं पर हिंसा की जाती है। उन्हें रंगीन साड़ी, सुहाग के प्रतीक (सिंदूर, टिकुली, बिंदी) आदि का उपयोग नहीं करने दिया जाता। उन्हें शुभ कार्यों से अलग कर दिया जाता है। कई परिवार उन्हें वृंदावन आश्रम में छोड़ जाते हैं जहां उनका यौन-शोषण तक किया जाता है और भरपेट भोजन भी नहीं मिलता।

इस प्रकार हम पाते हैं कि हमारी जिंदगी के विभिन्न क्षेत्रों और आयामों में परिवार से लेकर विश्व तक शांति को धक्का लगता है और हम हर क्षण हिंसा करते रहते हैं जो व्यक्ति, संगठन, नागरिक समाज, अर्थव्यवस्था, राजनैतिक व्यवस्था, संस्कृति और समग्र समाज के हित में कतई नहीं जाती है। आज पूरे विश्व में 'परस्पर सुनिश्चित विनाश' (म्युचुअली एश्योर्ड डिस्ट्रक्शन) के लिए इतने अस्त्र-शस्त्र मौजूद हैं जिससे पृथ्वी को सैकड़ों बार नष्ट किया जा सकता है। हम गरीबी, भुखमरी, बेरोजगारी, कुपोषण, अशिक्षा, बीमारी आदि पर खर्च के बजाय सुरक्षा के नाम पर हथियारों पर ज्यादा खर्च करते हैं। प्रायः हर देश अपनी सैन्य शक्ति बढ़ाता रहता है भले नागरिक भूखे-नंगे रहें। युद्ध सबसे पहले दिमाग में लड़ा जाता है, इसलिए संयुक्त राष्ट्र के नेतृत्व में सभी देशों को विनाशकारी हथियारों को नष्ट करने का संकल्प लेना चाहिए। कई विकसित राष्ट्र यथा अमेरिका, फ्रांस, रूस, जर्मनी, इटली, जापान, आदि दूसरे देशों को अत्याधुनिक हथियार महंगे दामों पर बेचते हैं और उन पर विकास-सहायता पाने के लिए हथियार खरीदने की शर्त रखते हैं। जब एक देश हथियारों की थोक खरीद करता है, तो उसका पड़ोसी देश भी वही करता है और दुखद बात यह है कि अमेरिका जैसे देश उन दोनों देशों को विभिन्न अवसरों पर विभिन्न हथियार देते हैं और अपनी रणनीति, कूटनीति तथा सैन्य नीति से उन्हें अपनी इन विरोधाभासी नीतियों के प्रति आश्वस्त भी कर लेते हैं। इस प्रकार हथियारों की गलाकाट होड़ के कारण नागरिकों के शांति के अधिकार का उल्लंघन प्रायः हर देश में हो रहा है। हम सबको इस पर मनसा, वाचा, कर्मणा कार्रवाई करनी चाहिए।

11

मानवाधिकार और भारतीय पुलिस का उत्पीड़न

संयुक्त राष्ट्र संघ की महासभा ने 10 दिसंबर, 1984 को 'यातना और अन्य क्रूर, अमानवीय या अपमानजनक व्यवहार या दंड के विरुद्ध अभिसमय (Convention against torture and other cruel or degrading treatment or punishment) स्वीकृत किया। जिसके निम्नलिखित उद्देश्य हैं :

(क) कि संयुक्त राष्ट्र संघ अधिकार-पत्र में घोषित सिद्धांतों के अनुसार मानव-परिवार के सभी सदस्यों के समान और अहरणीय अधिकारों की स्वीकृति विश्व में स्वतंत्रता, न्याय एवं शांति का आधार-स्तंभ है;

(ख) कि इन अधिकारों का स्रोत व्यक्ति की गरिमा है;

(ग) कि उक्त अधिकार-पत्र के अधीन, विशेषकर अनुच्छेद-55 के तहत, मानवाधिकारों और मूल स्वतंत्रताओं के प्रति आदर और उनके पालन को बढ़ावा देना राज्य का कर्तव्य है;

(घ) कि किसी को यातना, क्रूर, अमानवीय या अपमानजनक व्यवहार या दंड द्वारा उत्पीड़ित करने के खिलाफ मानवाधिकारों की सार्वभौमिक घोषणा के अनुच्छेद-5 में व्यवस्था है;

(ङ) कि 9 दिसंबर, 1975 को संयुक्त राष्ट्र की महासभा द्वारा अंगीकृत 'यातना और अन्य क्रूर, अमानवीय या अपमानजनक व्यवहार या दंड से सभी व्यक्तियों की रक्षा से संबंधित घोषणा के आलोक में विश्व में यातना और अन्य क्रूर, अमानवीय या अपमानजनक व्यवहार या दंड के विरुद्ध चल रहे संघर्ष को अधिक प्रभावकारी बनाया जाए।

इस अभिसमय के तहत निम्नलिखित मानवाधिकार शामिल हैं :

(1) यातना का अर्थ कोई भी कृत्य है जिससे किसी भी व्यक्ति को, उससे या किसी अन्य व्यक्ति से जानकारी या कोई इकबालिया बयान प्राप्त करने, या उस व्यक्ति अथवा किसी अन्य व्यक्ति ने जो कार्य किया हो, या उस पर संदेह हो, उसके लिए उस व्यक्ति को अथवा अन्य व्यक्ति को आतंकित करने या

उस व्यक्ति पर नाजायज दबाव डालने जैसे प्रयोजनों से या किसी भी प्रकार के विभेद पर आधारित कारणों से जानबूझकर गहरी शारीरिक या मानसिक पीड़ा या कष्ट किसी सरकारी अधिकारी या सरकारी हैसियत से काम करने वाले किसी अन्य व्यक्ति द्वारा या उसके उकसाने पर या सहमति से या मूक समर्थन से पहुंचाया गया हो। (अनुच्छेद-1)

(2) प्रत्येक पक्षकार राज्य अपने क्षेत्र में यातना की कार्रवाइयों को रोकने के लिए प्रभावकारी वैधानिक, प्रशासनिक, न्यायिक या अन्य कदम उठाएंगे। किसी भी प्रकार की असाधारण परिस्थिति के नाम पर यातना का औचित्य सिद्ध नहीं किया जाएगा और न किसी उच्चतर अधिकारी या प्राधिकारी के आदेश का सहारा लिया जाएगा। (अनुच्छेद-2)

(3) राज्य किसी व्यक्ति को निष्कासित या प्रत्यार्पित नहीं करेगा यदि उसकी यातना का शिकार होने की आशंका का ठोस कारण हो। (अनुच्छेद-3)

(4) राज्य द्वारा यातना की सभी कार्रवाइयां फौजदारी कानून के तहत अपराध मानी जाएं तथा राज्य उपयुक्त दंडों का विधान करेगा। (अनुच्छेद-4)

(5) राज्य सुनिश्चित करेंगे कि कानून को व्यवहार में लाने वाले सभी असैनिक एवं सैनिक अधिकारियों के प्रशिक्षण में यातना के विरुद्ध निषेध का समावेश हो। (अनुच्छेद-10)

(6) राज्य अपने क्षेत्र में यातना को रोकने के लिए गिरफ्तार, नजरबंदी या कैद में रखे गए व्यक्तियों की पूछताछ के नियमों, रीतियों आदि की समीक्षा करता रहेगा तथा राज्य किसी यातना देने की घटना की जांच-पड़ताल सक्षम अधिकारी से तत्परता और निष्पक्षता से कराएगा। (अनुच्छेद-11, 12)

(7) राज्य सुनिश्चित करेगा कि यातना पाए व्यक्ति को सक्षम अधिकारी से शिकायत करने तथा निष्पक्ष जांच कराने का अधिकार होगा तथा राज्य जरूरी उपाय करेगा कि शिकायत करने वालों या गवाहों को न धमकाया जाए और न उनके साथ दुर्व्यवहार किया जाए। (अनुच्छेद-13)

(8) राज्य अपनी विधि प्रणाली में यातना से पीड़ित व्यक्ति को राहत और उचित क्षतिपूर्ति एवं पुनर्वास देने की व्यवस्था करेगा। यातना से मृत्यु होने पर उसके आश्रितों को क्षतिपूर्ति पाने का अधिकार होगा। (अनुच्छेद-14)

(9) राज्य सुनिश्चित करेगा कि यदि कोई बयान यातना के कारण दिया गया हो, तो उसको किसी भी मुकदमे में सबूत की तरह इस्तेमाल नहीं किया जाएगा। लेकिन यातना देने के आरोपी व्यक्ति के खिलाफ चलने वाले मुकदमे में इस बयान का इस्तेमाल इस सबूत के तौर पर किया जा सकता है कि यातना दिए जाने के कारण ऐसा बयान दिया गया। (अनुच्छेद-15)

चूंकि मानवाधिकार मानव की गरिमा तथा मानव मूल्यों की प्रतिष्ठा करता है, इसलिए राज्य से अपेक्षा की जाती है कि वह सभ्य समाज (सिविल सोसायटी) का संरक्षण हर मामले में करे। राज्य का सबसे ज्यादा दिखने वाला तंत्र पुलिस होती है। पुलिस यानी वर्दी और टोपी, डंडा या बंदूक/पिस्तौल। कई पश्चिमी देशों में पुलिस की छवि सकारात्मक (बिना डंडा और रायफल/बंदूक के, पिस्तौलधारी, वृद्धों को सड़क पार कराने से लेकर दवा कराने हेतु अस्पताल पहुंचाने तक का काम वहां की पुलिस करती है), मगर भारत में पुलिस की छवि प्रायः नकारात्मक है। जैसे मां-बाप भूत से अपने अबोध बच्चों को डराते हैं, वैसे ही और उसी लहजे तथा खौफ में वे उन्हें पुलिस से भी डराते हैं। इलाहाबाद हाई कोर्ट के न्यायमूर्ति ए.एन. मुल्ला ने पुलिस को 'संगठित अपराधियों का गिरोह' (A Gang of Organised Criminals) कहा था। बिहार के पूर्व आरक्षी महानिदेशक श्री डी.पी. ओझा ने पुलिस को 'एक आवश्यक बुराई' (A Necessary Evil) कहा था। मगर पुलिस संगठन में कार्य करने वाले कई अधिकारी उसे दूसरे रूप में भी देखते हैं। उदाहरण के तौर पर, एक सेवानिवृत्त पुलिस अधिकारी डॉ. त्रिनाथ मिश्र का कहना है : "यदि मानवाधिकारों की सुरक्षा को हम एक 'यज्ञ' मानें तो भारतीय पुलिस को उसका 'पुरोधा' कहना अतिशयोक्ति न होगी। जब भी किसी व्यक्ति, समुदाय या संगठन के किसी प्रामाणिक एवं वैधिक हित का अतिक्रमण होता है, तो उसे जिस संगठन की सहायता की आवश्यकता पड़ती है, वह है पुलिस संगठन। उसे दोनों पक्षों मानवपक्षों, अपराधग्रस्त एवं अपराधकर्मी अथवा संदिग्ध व्यक्तियों से साबिका पड़ता है; साथ ही साथ उन पर समाज, प्रचार-प्रसार माध्यम, शासन की नीतियों एवं बहुधा शासकीय बल की नीतियों एवं उसके नेताओं के निहित स्वार्थ का दबाव भी रहता है।"

खैर, इन विभिन्न मत-मतांतरों के बावजूद इतना तो सच है ही कि भारतीय पुलिस नागरिकों की जितनी मदद करती है, उससे अधिक उनका उत्पीड़न करती है। आज मानवाधिकारों के उल्लंघन के दो-तिहाई मामले पुलिस के उत्पीड़न से संबंधित होते हैं, कई पुलिस कर्मी नेक इंसान एवं ईमानदार अधिकारी के रूप में कार्य करते हैं, मगर उनकी संख्या अत्यंत कम है। भारत के विभिन्न क्षेत्रों में पुलिस किस प्रकार मानवाधिकारों का हनन करती है, इसे आगे विश्लेषित किया जाएगा।

(1) अधिकतर पुलिसकर्मी नागरिकों का अपमान करते हैं। वे उन्हें रे, अबे, तू आदि से संबोधित करते है। इतना ही नहीं, अधिकतर पुलिसकर्मी नागरिकों को अपना अधीनस्थ समझते हैं जबकि आम जनता किसी भी लोकतंत्र में सर्वोपरि होती है।

(2) अधिकतर पुलिसकर्मी आम लोगों, विशेषकर गरीबों को चोर-उचक्का या संदिग्ध समझते हैं अर्थात उनकी निगाह में सामने उपस्थित हर व्यक्ति तब तक दोषी है जब तक वह निर्दोष न सिद्ध हो जाए। जून 2006 में रोहतास पुलिस ने 5 वर्ष के एक बच्चे, जो मां-बाप से बिछुड़ गया था, को जेब काटने के आरोप में थाने की हाजत में बंद रखा जिसमें

पटना उच्च न्यायालय ने संबंधित दारोगा द्वारा 5,000 रु. का मुआवजा पीड़ित को चुकाने तथा माफी मांगने का आदेश दिया। उच्च न्यायालय ने अखबार में छपी एक खबर के आलोक में स्वतः संज्ञान लिया था। उत्तर प्रदेश में फरवरी 2008 में इटावा के जसवंतनगर थाने के एक दारोगा ने एक दलित बालिका (7-8 वर्ष) के बाल उखाड़कर प्रताड़ित किया—जिसका मीडिया द्वारा प्रचार करने पर दारोगा को बर्खास्त कर दिया गया और उसके खिलाफ प्राथमिकी दर्ज करके उसे जेल भेज दिया गया।

(3) अधिकतर पुलिसकर्मी गंभीर अपराधों की रपट (प्राथमिकी) भी थाने में आसानी से नहीं लिखते। वे उसके लिए नजराना या सुविधा-शुल्क चाहते हैं। इसकी वजह से ग्रामीण क्षेत्रों में लगभग एक-तिहाई से ज्यादा मामले दर्ज नहीं किए जाते हैं। कम अपराध दर्ज करके निचले स्तर के पुलिसकर्मी अपने वरीय अधिकारियों से सराहना/पुरस्कार प्राप्त कर लेते हैं।

(4) अधिकतर पुलिसकर्मी कांड दर्ज करने के बाद अभियुक्त से सौदेबाजी करते हैं। सौदा पट जाने पर वे उनका मामला कमजोर, त्रुटिपूर्ण और अपूर्ण कर देते हैं जिससे अभियुक्त सजा से बरी हो जाए।

(5) कई पुलिसकर्मी अभियुक्तों से सचाई जानने के लिए उनका शारीरिक या मानसिक उत्पीड़न करते हैं। पेड़ से बांधकर लटकाना, डंडे से पिटाई करना, पेशाब-मैला आदि पिलाना-खिलाना, नंगा करना, गुदा में डंडे घुसेड़ना, गुदा-मैथुन करना, बर्फ की सिल्ली पर लिटाना, सिगरेट या अन्य जलती चीजों से बदन दागना, रस्सी से बांधकर पीटना, बाल उखाड़ना, नाखून उखाड़ना, सिर या शरीर के बाल (रोएं) उखाड़ना, मुर्गा बनाना, कान उमेठना, कोड़े या हंटर से मारना आदि पुलिस द्वारा अभियुक्त का मनचाहा बयान लेने के लिए दबाव की दैनिक क्रियाएं हैं। इन्हें 'थर्ड डिग्री मेथड्स' कहा जाता है।

(6) मात्र संदेह के आधार पर किसी को पुलिस हिरासत में बंद करना—दंड प्रक्रिया संहिता की धारा 151 का अधिकतर पुलिसकर्मी नाजायज इस्तेमाल करते हैं जिसके अनुसार पुलिस बिना वारंट के किसी व्यक्ति को अपराध करने के संदेह में गिरफ्तार कर सकती है और 24 घंटे के अंदर उसे किसी न्यायिक मजिस्ट्रेट के समक्ष उपस्थित करना होता है। पुलिस प्रायः यह भी करती है कि छुट्टी के दिनों में या कार्यालय अवधि के बाद गिरफ्तारी करती है जिससे मजिस्ट्रेट न्यायालय के बजाय अपने आवास पर औपचारिकता निभाते हैं और प्रायः सभी मामलों में अभियुक्तों को जेल भेज देते हैं। थाने में किसी सम्मानित व्यक्ति को ले जाना अथवा किसी के दरवाजे पर पुलिस का पहुंचना उसकी प्रतिष्ठा पर दाग लगने जैसा होता है।

(7) पुलिस गिरफ्तार अभियुक्तों को हथकड़ी लगाकर सार्वजनिक मार्गों से गुजरती है जिससे अभियुक्तों को बदनामी और अपमान झेलना पड़ता है। कभी-कभी सिर मुड़ाकर गधे पर बैठाना, कालिख पोतना, जनता से पिटाई करवाना आदि तकनीकें भी अपनाई जाती हैं।

(8) पुलिस हिरासत में लिए गए अभियुक्तों को इतनी यातना देती है कि उन्हें घाव हो जाते हैं और कई बार उनकी मृत्यु भी हो जाती है।

(9) कई बार पुलिस अपराधियों को मुठभेड़ में जान से मार देती है। ऐसी मुठभेड़ों में पेशेवर खूंखार अपराधी/आतंकवादी भी होते हैं और कई बार निर्दोष लोग भी मारे जाते हैं। एक बार बिहार की गया पुलिस ने राजेश नामक रांची के एक कपड़ा व्यापारी की मुठभेड़ में हत्या कर दी क्योंकि रात में गाड़ी से सफर करते हुए उसने तैनात पुलिसकर्मियों को रंगदारी नहीं दी। बाद में यह मामला उच्चतम न्यायालय में गया जहां संबंधित पुलिसकर्मियों को सख्त सजा (कैद) दी गई। भारत में फर्जी मुठभेड़ों की संख्या दुर्भाग्यवश तेजी से बढ़ रही है। गुजरात में 2003-06 के दौरान 21 मौतें मुठभेड़ों में हुईं जिसमें सोहराबुद्दीन, उसकी पत्नी कौसर बीबी तथा चश्मदीद गवाह तुलसी प्रजापति के नाम नहीं थे मगर उच्चतम न्यायालय में दायर एक जनहित याचिका में जांच का आदेश देने के बाद पाया गया कि 2005 में उन तीनों को भी फर्जी मुठभेड़ में पुलिस ने मारा था। इसमें तीन पुलिस अधिकारी डी.जी. वंजारा, राजकुमार पांडियान एवं एम.एन. दिनेश को गिरफ्तार कर जेल भेज दिया गया। इसके अलावा सी.बी.आई. ने पंजाब में सुरक्षाबलों द्वारा 1984-95 के दौरान किए गए 2097 दाह-संस्कारों का पर्दाफाश किया था। पंजाब में उस दौरान हजारों लोग गायब हो गए थे जिनमें से 60 प्रतिशत को पुलिस ने मुठभेड़ में मार दिया था। इनमें से 25 प्रतिशत मामलों में पुलिस न केवल पीड़ितों को ले गई बल्कि उनकी पारिवारिक संपत्ति नष्ट कर दी या जब्त कर ली।

(10) प्रायः पुलिसकर्मी रेलगाड़ियों/बसों/टेम्पो आदि में जबर्दस्ती बिना टिकट/बिना किराए के सपरिवार सफर करते हैं। इसे वे अपना हक या सुविधा 'स्टाफ' के नाम पर समझते हैं। यदि कोई टिकट/किराया मांगता है, तो वे उसकी पिटाई कर देते हैं, उसके खिलाफ मुकदमा दर्ज कर देते हैं। बिहार के बक्सर जिले के कुछ पुलिसकर्मियों (जो रेल थाना में तैनात थे) को बिना टिकट रेलयात्रा करने के जुर्म में रेलवे उड़नदस्ते ने पकड़ा था, इस पर दोनों पक्षों में तकरार हो गई, और दोषी दारोगा ने डी.आर.एम. सहित कई रेल अफसरों के विरुद्ध थाने में प्राथमिकी दर्ज कर ली। इसी को कहते हैं 'उल्टा चोर कोतवाल को डांटे।'

(11) किसी बाग, सड़क, पार्क आदि में घूमने वाले युवकों को पुलिस प्रथम द्रष्टया गुंडा समझ लेती है और उनकी पिटाई कर देती है। मई 2006 में मेरठ के गांधी बाग (कंपनी बाग) में दिन में घूमने वाले युवकों-युवतियों की पुरुष तथा महिला पुलिस अधिकारियों ने बेरहमी से पिटाई 'आपरेशन मंजनू' के नाम पर कर दी। और इसकी वीडियो रिकॉर्डिंग कराकर अति उत्साह में कई टी.वी. चैनलों पर दिखाई। बाद में राष्ट्रीय मानवाधिकार आयोग ने इसका संज्ञान स्वतः लिया और अंततः दोषी पुलिस अधिकारियों को निलंबित किया गया। यह चिंताजनक है कि एक महिला पुलिस दारोगा इस मामले में स्वयं जमकर

पिटाई कर रही थी। ऐसा अन्य जगहों पर भी होता है, विशेषकर मुंबई में समुद्र तट पर घूमने वालों के साथ।

(12) प्रायः कई पुलिस वाले दुकानदारों/व्यापारियों से दबाव देकर सामान लेते हैं और उनका पूरा भुगतान नहीं करते या बिल्कुल नहीं करते। उत्तर प्रदेश के एक जिले में एक पुलिस इंस्पेक्टर को 5,000 रु. रिश्वत लेते हुए गिरफ्तार किया गया तो उसने कहा कि अपने उच्चाधिकारियों की मेम साहबों की मांगों (विशेषकर जेवर) को पूरा करने के लिए वह रिश्वत लेता है। उसने एक जौहरी के यहां से तीन रसीदें (80,000 रु.) की दिखाईं। इसमें गठजोड़ स्पष्ट है और व्यापारियों पर दबाव भी।

(13) कई पुलिसकर्मी दूसरे की जमीन या घर पर कब्जा कर लेते हैं। कभी-कभी वे कुछ भी भुगतान नहीं करते और कभी-कभी नाममात्र का भुगतान कर देते हैं। 2006 के पूर्वार्द्ध में एक सेवानिवृत्त पुलिस महानिरीक्षक ने पटना में एक परिवार का नया मकान हथिया लिया। उस आदमी ने एक बैंक से कर्ज लिया था मगर आर्थिक स्थिति गिर जाने से पूरा चुकता नहीं हुआ था। बैंक ने उसके विरुद्ध नीलाम पत्र (वसूली सर्टिफिकेट) दायर किया और मात्र छोटी राशि के भुगतान न होने के आधार पर उक्त पुलिस अधिकारी ने बैंक तथा नीलाम पत्र पदाधिकारी की साठगांठ से काफी कीमती मकान कम राशि (कुछ हजार रु.) में हथिया लिया। उसे दूसरा नोटिस भी नहीं दिया गया और सारा काम ऊपर-ऊपर कागज पर होता रहा। इसके अलावा जमीन/मकान पर विवाद होता है, उसे भी वे कब्जा कर लेते हैं। पटना में एक एस.पी. ने लगभग एक करोड़ रु. का विवादी मकान महज कुछ लाख में खरीद लिया। इसके अलावा किसी सार्वजनिक जमीन को स्वयं अथवा कई लोग मिलकर हथिया लेते हैं। पटना के बोरिंग रोड में जून में वैष्णवी अपार्टमेंट ध्वस्त हो गया। वह मंदिर ट्रस्ट की जमीन पर अवैध रूप से बना था जिसे ठेकेदार ने स्थानीय थाना प्रभारी के सहयोग से जल्दी से बिना नक्शा अनुमोदित कराए बना लिया था। उसमें थाना प्रभारी को दो फ्लैट तथा डीआईजी, एसपी, अपर जिला जज और पत्रकार को भी एक-एक दिए गए थे।

(14) कई पुलिसकर्मी गरीब मजदूरों से बेगार कराते हैं जिसके एवज में कुछ भी नहीं देते। बेगार करने वालों में बाल मजदूर, गरीब विधवा, गरीब मजदूर आदि प्रमुख होते हैं।

(15) कई पुलिसकर्मी हिरासत में ली गई महिला अभियुक्तों के साथ बदसलूकी, छेड़छाड़ आदि करते हैं और कुछ मामलों में बलात्कार तक करते हैं जबकि पुलिस द्वारा उन्हें संरक्षण दिया जाना चाहिए। महाराष्ट्र में मेरिन ड्राइव पुलिस चौकी के दारोगा ने एक लड़की के साथ बलात्कार किया। बाद में उसे गिरफ्तार, सजा (आजीवन कारावास) तथा नौकरी से बर्खास्त किया गया।

(16) कुछ पुलिसकर्मी अपराधियों, जिनमें रेल डकैत-चोर, नशाखोर, तस्कर, मानव

देह के व्यापारी, आतंकवादी और उग्रवादी प्रमुख हैं, से साठगांठ रखते हैं और षड्यंत्रों के तहत बड़े पैमाने पर बार-बार अपराधों को अंजाम देते हैं। महाराष्ट्र पुलिस में एन्काउंटर के लिए प्रसिद्ध दया नायक (दारोगा) के बारे में जांच किए जाने पर उसके पास करोड़ों की संपत्ति, माफिया दाउद इब्राहीम से मिलीभगत तथा फर्जी मुठभेड़ में निर्दोषों की हत्या कर पुरस्कार प्राप्त करने के आरोप प्रमाणित हुए।

(17) कई पुलिसकर्मी निहित स्वार्थवश निर्दोष लोगों को झूठे मुकदमे में फंसा देते हैं अथवा धमकी देकर भयादोहन करते हैं। महाराष्ट्र शासन बनाम चंद्र प्रकाश जैन (1990) के मामले में पुलिस दारोगा ने एक महिला के पति को झूठे केस में फंसाकर उससे अलग कर दिया और उसे राहत देने के एवज में उसके साथ बलात्कार किया। यद्यपि निचली अदालत ने उक्त पुलिसकर्मी को दोषी पाया मगर उच्च न्यायालय ने उसे संदेह का लाभ देते हुए बरी कर दिया। किंतु अंततः सर्वोच्च न्यायालय ने उच्च न्यायालय के आदेश को पलटते हुए उक्त आरोपी दारोगा को सख्त सजा देने का निर्णय दिया तथा निम्न न्यायालय के आदेश को बहाल रखा।

(18) प्रायः देखा जाता है कि गरीब लोग फुटपाथ पर दुकानें लगाते हैं या रेलगाड़ी आदि में खोमचे वाले कुछ बेचते हैं या महिलाएं दातून, रूमाल, मोजा आदि बेचती हैं और पुलिस वाले उनसे मुफ्त में सामान लेते हैं, उनसे 'हफ्ता' के रूप में नाजायज राशि लेते हैं और इन गरीब महिलाओं का यौन शोषण भी करते हैं। कई रेलवे स्टेशनों पर टूटे-फूटे रेल डिब्बों या अन्य स्थलों पर रेल पुलिस की मिलीभगत से देह-व्यापार होता है जिसमें पुलिस तन-मन-धन से सक्रिय होती है। पटना जंक्शन पर कुछ वर्ष पहले ऐसे मामले प्रकाश में आए थे।

यह विशेष रूप से उल्लेखनीय है कि प्रेम शंकर शुक्ला *बनाम* दिल्ली प्रशासन तथा डी.के. बसु *बनाम* पश्चिम बंगाल शासन (1997) के मामलों में सर्वोच्च न्यायालय ने निम्नलिखित दिशा-निर्देश पुलिस को दिए थे :

(क) किसी भी कैदी को न्यायालय में प्रस्तुत करते समय हथकड़ी नहीं लगेगी।

(ख) यदि उसके भागने का डर हो, तो न्यायालय की पूर्व अनुमति लेकर हथकड़ी लगाई जाएगी और उसका पूरा विवरण केस डायरी (रोजनामचा) में दर्ज किया जाएगा।

(ग) गिरफ्तार एवं पूछताछ करने वाले पुलिस अधिकारी का नाम पट्टी (नेम प्लेट) और पदनाम स्पष्ट रूप से उनकी वर्दी पर लगा होना चाहिए। इसके अलावा सभी पूछताछ करने वालों का नाम एवं ब्यौरा रजिस्टर में दर्ज किया जाएगा।

(घ) गिरफ्तारी के समय गिरफ्तारी का ज्ञापन बनाकर गिरफ्तार व्यक्ति के घरवालों को दिया जाना है। उस पर कम-से-कम एक गवाह का हस्ताक्षर हो जो उस परिवार का सदस्य हो अथवा उस इलाके का परिचित व्यक्ति हो। दूसरे, उस

पर गिरफ्तार किए गए व्यक्ति का भी हस्ताक्षर होना चाहिए। तीसरे, उस पर गिरफ्तारी की तारीख तथा समय दर्ज होना चाहिए।

(ङ) गिरफ्तार किए गए व्यक्ति के शुभचिंतक, परिवार के सदस्य, मित्र या अन्य परिचित व्यक्ति को तुरंत सूचना दी जानी चाहिए कि उसे गिरफ्तार किया गया है और कहां रखा गया है। यदि ऐसा व्यक्ति वही है जिसने गिरफ्तार ज्ञापन (मेमो) पर हस्ताक्षर किया है, तो अलग से सूचना देना जरूरी नहीं है।

(च) यदि उक्त परिचित व्यक्ति/मित्र/परिवार का सदस्य उस जिले या शहर के बाहर रहता हो, तो 8 से 12 घंटे के अंदर उसे तार से सूचना दे देनी चाहिए। यह तार जिला कानूनी सहायता केंद्र तथा पुलिस थाने द्वारा दिया जाएगा।

(छ) गिरफ्तारी के समय उस व्यक्ति को बताया जाना चाहिए कि उसको अपनी गिरफ्तारी के बारे में किसी को भी सूचना देने का अधिकार है।

(ज) जिस जगह गिरफ्तार व्यक्ति को रखा जाएगा, वहां उसका नाम, सूचित किए गए व्यक्ति का नाम आदि केस डायरी में दर्ज हो तथा जिस पुलिस अधिकारी/कर्मी की हिरासत में उसे रखा जाएगा, उसका भी ब्यौरा दर्ज होगा।

(झ) यदि गिरफ्तार व्यक्ति चाहे तो गिरफ्तारी के समय उसकी शारीरिक जांच भी हो सकती है। यदि उसके शरीर पर छोटी या बड़ी चोट हो, तो उसे उसी समय दर्ज करना चाहिए। जांच के बाद निरीक्षण ज्ञापन पर पुलिसकर्मी का हस्ताक्षर होना चाहिए। उसकी एक प्रति गिरफ्तार व्यक्ति को मिलनी चाहिए।

(ञ) हिरासत में रखने के बाद हर गिरफ्तार व्यक्ति की डॉक्टरी जांच हर 48 घंटे पर होनी चाहिए। जांच करने वाला चिकित्सक प्रशिक्षित हो तथा निदेशक (स्वास्थ्य) के पैनेल से हो।

(ट) गिरफ्तारी ज्ञापन तथा अन्य उपरोक्त कागजात की प्रतियां इलाका मजिस्ट्रेट के पास भेजी जाएंगी।

(ठ) गिरफ्तार व्यक्ति को जांच के दौरान अपने वकील से मिलने का अधिकार है। परंतु पूछताछ की पूरी अवधि के लिए वकील का होना जरूरी नहीं है।

(ड) हर जिले तथा पुलिस मुख्यालय में एक कंट्रोल रूम (नियंत्रण कक्ष) स्थापित रहेगा जहां हर गिरफ्तार व्यक्ति की सूचना 12 घंटों के अंदर दर्ज की जाएगी। यह सूचना नोटिस बोर्ड के निर्दिष्ट स्थान पर लगाई जाएगी।

उपरोक्त निर्देश सभी राज्यों के गृह सचिवों तथा आरक्षी महानिदेशकों को भेजे गए हैं जो राज्य के सभी थानों में नोटिस बोर्ड पर लगाए जाने हैं। इन निर्देशों का पालन न करने पर संबंधित अधिकारी के विरुद्ध विभागीय कार्यवाही की जाएगी तथा यह उच्चतम न्यायालय के आदेश की अवमानना मानी जाएगी जिसके लिए कैद और जुर्माना दोनों हो सकता है। शिकायत करने वाला व्यक्ति ऐसी याचिका उच्च न्यायालय में दायर कर सकता

है। अफसोस है कि अधिकांश राज्यों के अधिकतर थानों में उस आदेश का पालन नहीं हो रहा है। डी.के. बसु *बनाम* पश्चिम बंगाल शासन (1997) में सर्वोच्च न्यायालय ने विशेष रूप से कहा था–"हिरासत में हिंसा, जिसमें यातना तथा मृत्यु भी शामिल है, विधि के शासन को गहरा आघात पहुंचाती है। विधि का शासन होने का तात्पर्य है कि कार्यपालिका की शक्ति केवल कानून पर आधारित होनी चाहिए, बल्कि कानून द्वारा सीमित भी होनी चाहिए...(इस विषय में) खुलापन तथा जवाबदेही दो ऐसे सुरक्षा के तरीके हैं।"

उपरोक्त निर्देशों के अलावा आम नागरिकों को पुलिस कार्रवाई के विषय में निम्नलिखित अधिकार प्राप्त हैं (दंड प्रक्रिया संहिता, भारतीय साक्ष्य अधिनियम) :

(1) गिरफ्तारी के समय अपराध बताना जरूरी है।

(2) पुलिस जोर-जबर्दस्ती से किसी अभियुक्त को ऐसा बयान देने के लिए बाध्य नहीं कर सकती जो उसके खिलाफ इस्तेमाल किया जा सके।

(3) 15 साल से कम उम्र के व्यक्तियों से तथा महिलाओं से पुलिस उनके घर पर ही पूछताछ कर सकती है, उन्हें थाने पर नहीं बुला सकती।

(4) पूछताछ के दौरान यदि किसी पुलिसकर्मी ने अभियुक्त को चोट पहुंचाई हो, तो वह सजा का भागी है।

(5) यह हर नागरिक का कर्तव्य है कि पुलिस द्वारा पूछे गए सवालों का सही-सही उत्तर दे लेकिन उसे अधिकार है कि वह ऐसे किसी भी सवाल का जवाब न दे जो उसे अपराधी साबित करें या जिससे उसको नुकसान या जुर्माना हो।

(6) किसी भी व्यक्ति के लिए यह जरूरी नहीं है कि वह किसी बयान पर हस्ताक्षर करे जो उसने पुलिस की जांच के दौरान दिए हों।

(7) पुलिस किसी को डरा-धमकाकर या फुसलाकर उसके खिलाफ लगाए गए आरोपों को कबूल नहीं करवा सकती।

(8) पुलिस की हिरासत में किसी अभियुक्त के द्वारा कबूल किया गया जुर्म उसके विरुद्ध सिद्ध नहीं माना जा सकता जब तक कि उसने मजिस्ट्रेट की उपस्थिति में ऐसा न किया हो। मजिस्ट्रेट का कर्तव्य है कि वह अभियुक्त को बताए कि उसे अपना ज़ुर्म जबर्दस्ती नहीं कबूलना चाहिए और यदि वह ऐसा स्वेच्छा से करता है, तो उसे उसके खिलाफ इस्तेमाल किया जा सकता है। यदि मजिस्ट्रेट को यह विश्वास नहीं होगा कि वह अभियुक्त अपनी मर्जी से ऐसा कर रहा है, तो वह कबूलनामा नहीं लिख सकता है।

हम पुलिस को पहली सूचना रपट (प्राथमिकी या एफ.आई.आर.) किसी अपराध के बारे में देते हैं। सिर्फ संज्ञेय अपराध में पुलिस किसी व्यक्ति को बिना वारंट के गिरफ्तार कर सकती है। अर्थात इसके लिए न्यायालय से आदेश लेने की जरूरत नहीं पड़ती। वास्तव में, संज्ञेय अपराध गंभीर प्रकृति के होते हैं जैसे हत्या, डकैती, बलात्कार आदि। प्रथम

सूचना रपट इसलिए महत्वपूर्ण होती है कि इससे सबसे पहले पुलिस जानती है कि किसने कब और कहां क्या अपराध किया है तथा अभियुक्तों के विरुद्ध कार्रवाई इसी के आधार पर शुरू की जा सकती है। कोई भी व्यक्ति, जिसे संज्ञेय अपराध की जानकारी हो, वह पुलिस थाने में प्राथमिकी दर्ज करा सकता है। अर्थात तीन तरह के लोग प्राथमिकी दर्ज कर सकते हैं :

(क) जो अपराध से पीड़ित हो;
(ख) जिसने स्वयं कोई अपराध होते देखा-सुना हो;
(ग) जो किसी अपराध के बारे में जानता हो।

प्राथमिकी दर्ज करते समय निम्नलिखित बातें ध्यातव्य हैं :

(क) प्राथमिकी लिखित दर्ज होनी चाहिए। अशिक्षित व्यक्ति दूसरे से या पुलिसकर्मी से अपनी शिकायत लिखवा सकता है।

(ख) यदि पुलिसकर्मी ने किसी मौखिक शिकायत को स्वयं लिखा हो, तो वह शिकायतकर्ता को उसे पढ़कर सुनाए और वह व्यक्ति संतुष्ट हो कि उसकी शिकायत तथ्यतः लिखी गई है।

(ग) शिकायतकर्ता को तभी हस्ताक्षर (या अंगूठे का निशान) करना चाहिए जब वह संतुष्ट हो कि उसकी शिकायत सारतः वही है जो लिखी गई है। यदि तथ्यों में भिन्नता हो, तो वह हस्ताक्षर नहीं करे।

(घ) यदि पुलिस को ऐसा प्रतीत हो कि मामला गंभीर किस्म का नहीं है अथवा तथ्यों पर आधारित नहीं है, तो वह जांच नहीं कर सकती है मगर (दंड प्रक्रिया संहिता की धारा 157 के अनुसार) उसे जांच न करने का कारण शिकायतकर्ता को बताना है।

(ङ) प्राथमिकी में शिकायतकर्ता को अपना नाम, पिता/पति का नाम, पूरा पता, घटना की तारीख, समय तथा स्थान, घटना का तथ्यात्मक ब्यौरा, अभियुक्तों के नाम और पता, घटना का कारण, गवाह आदि का जिक्र करना चाहिए।

(च) पुलिस को गलत शिकायत नहीं देनी चाहिए अन्यथा भारतीय दंड संहिता की धारा 203 के तहत पुलिस गुमराह करने वाले के विरुद्ध मुकदमा चला सकती है।

(छ) यदि पुलिस थाने के द्वारा शिकायत दर्ज न की जाए तो शिकायतकर्ता जिले के पुलिस अधीक्षक, पुलिस उपमहानिरीक्षक, महानिरीक्षक आदि को शिकायत रजिस्टर्ड डाक से भेज सकता है या मिलकर दे सकता है। यदि तब भी कार्रवाई न हो, तो न्यायिक मजिस्ट्रेट के न्यायालय में शिकायत (इस्तगासा) दर्ज कराई जा सकती है जो दूसरे मजिस्ट्रेट या पुलिस से जांच कराने का आदेश दे सकते हैं।

(ज) यदि पुलिस द्वारा उचित कार्रवाई नहीं की जाती, तो राष्ट्रीय मानवाधिकार आयोग (या राज्य में गठित मानवाधिकार आयोग) को वह शिकायत कर सकता है जो विषय की गंभीरता के मद्देनजर जांच का आदेश दे सकता है, पुलिस अधिकारियों को सम्मन भेजकर पूछताछ कर सकता है, पीड़ित व्यक्ति को सरकार से मुआवजा दिलाने का आदेश दे सकता है।

भारत के संविधान की धारा 21 में जीने का अधिकार तथा धारा 22 में गिरफ्तारी तथा हिरासत में लिए जाने हेतु अधिकार सुरक्षित है। सबसे पहले किसी भी व्यक्ति को आरोप के कारणों को स्पष्ट करने का मौका दिया जाना चाहिए अर्थात प्राकृतिक न्याय के तहत उसे सुनवाई (Right to be heard) का अधिकार है। इसका आधार है कि दूसरा पक्ष भी सुना जाए (Audi alterum Partem let the other be heard)। दूसरे, एक अपराध के लिए किसी व्यक्ति को दो बार दंडित नहीं किया जा सकता। मगर भारतीय दंड संहिता 1973 की धारा 41 के अनुसार पुलिस निम्नलिखित मामलों में किसी व्यक्ति को गिरफ्तार कर सकती है :

(1) जो किसी संज्ञेय अपराध से संबंधित हो या उसके ऐसे अपराध में शामिल होने की शंका हो या शिकायत मिली हो।

(2) जिसके पास बिना किसी कारण के घर को तोड़कर घुसने के उपकरण पाए गए हों।

(3) जिस अपराधी को फरार घोषित किया गया हो।

(4) जिसके कब्जे में चुराई गई संपत्ति हो।

(5) जो पुलिस अधिकारी के कर्तव्यपालन में रुकावट डालता हो।

(6) जो पुलिस हिरासत या जेल से भागा हुआ हो या जिसने भागने की कोशिश की हो।

(7) जो सशस्त्र बलों का सदस्य हो और भागा हुआ हो।

(8) जिस पर अपराध करने का शक हो और बार-बार अपराध करने वाला अपराधी हो और जिससे अच्छे आचरण के लिए बंध पत्र (बांड) लिया गया हो।

इसके अलावा दंड प्रक्रिया संहिता, 1973 की धारा 46 के अनुसार पुलिस अधिकारी गिरफ्तारी के समय हर प्रकार का आवश्यक उपाय कर सकते हैं जिसमें बल प्रयोग भी शामिल है। इसलिए गिरफ्तारी का विरोध पुलिस से बलपूर्वक उलझने के बजाय तर्क, तथ्य और कानूनसम्मत तरीकों से उचित स्थान/मंच (फोरम) में किया जाना चाहिए—जैसे पुलिस के उच्चाधिकारियों से शिकायत, पुलिस के विरुद्ध न्यायिक मजिस्ट्रेट के न्यायालय में शिकायत, राष्ट्रीय/राज्य मानवाधिकार आयोग से शिकायत, लोकायुक्त से शिकायत आदि। 1990-2000 में राष्ट्रीय मानवाधिकार आयोग को पुलिस हिरासत में 177 मृत्यु,

1157 गैर-कानूनी नजरबंदी और गिरफ्तारी, 1647 झूठे मामलों में फंसाने तथा 5783 अन्य अत्याचार की शिकायतें मिली थीं।

मगर पुलिस संगठन या बल की कतिपय सीमाएं हैं जो निम्नलिखित तथ्यों से उजागर होती हैं :

(1) जनसंख्या की बढ़ती गति के हिसाब से पुलिस बल में बढ़ोतरी नहीं हुई। विशेष समस्याओं (उग्रवाद, नक्सलवाद, आतंकवाद, विदेशी घुसपैठ, तस्करी, दंगा, अपहरण, डकैती, देह-व्यापार) के लिए प्रायः उच्च पुलिस अधिकारियों के नए पद सृजित होते हैं जबकि सिपाही स्तर के पुलिसकर्मियों के नए पद या तो सृजित नहीं होते अथवा बहुत नगण्य सृजन होते हैं। भारत में 746 व्यक्तियों पर मात्र एक तथा प्रत्येक 100 कि.मी. क्षेत्र के लिए मात्र 41 पुलिसकर्मी तैनात हैं।

(2) पुलिस का निम्नस्तरीय अधिकारी (थाना स्तर का) कार्य के बोझ से दबा होता है। वही विभिन्न अपराधों में अनुसंधान करता है, वही विधि-व्यवस्था की ड्यूटी करता है, वही अति महत्वपूर्ण व्यक्तियों (वी.आई.पी.) की सुरक्षा में लगा होता है, वही विभिन्न आपदाओं में राहत में लगा होता है, वही निरीक्षण की तैयारी करता है, वही उच्चाधिकारियों और अधीनस्थों की निजी समस्याओं को भी देखता है। सिपाही, जो पुलिस बल का करीब 88 प्रतिशत होता है, को अकुशल श्रमिक माना जाता है, उसे कम वेतन मिलता है और उसका जीने का सामाजिक स्तर काफी निम्न कोटि का होता है। सरकार सिर्फ 37 प्रतिशत पुलिसकर्मियों को आवासीय सुविधा उपलब्ध कराती है।

(3) पुलिसकर्मियों की दैनिक कार्यावधि काफी लंबी होती है जिसके कारण वे निजी/पारिवारिक समस्याओं को सुलझा नहीं पाते।

(4) पुलिस थानों के भवनों की स्थिति प्रायः जर्जर होती है, उसमें पर्याप्त रोशनी, फर्नीचर, वाहन, स्टेशनरी, आकस्मिकता निधि, स्वच्छ जलापूर्ति, शौचालय आदि की काफी कमी रहती है।

(5) पुलिस में पदोन्नति के अवसर प्रायः कम रहते हैं जिससे नीरसता पैदा होती है।

(6) खूंखार अपराधियों, उग्रवादियों, और आतंकवादियों के लड़ने के लिए उनके पास आधुनिक हथियारों आदि की कमी होती है तथा पर्याप्त प्रोत्साहन राशि नहीं मिलती। जहां उग्रवादियों/आतंकवादियों के पास ए.के. 47/56 या कलशनिकोव होती हैं, वहीं सिपाहियों के पास 303 राइफल होती है। इसलिए पुलिसकर्मी मुकाबले में हार जाते हैं तथा प्रायः मारे भी जाते हैं। कुछ वर्ष पहले बिहार के मुंगेर जिले में बारूदी सुरंग में एस.पी. सहित कई पुलिसकर्मी शहीद हुए थे।

(7) विषम परिस्थितियों और प्रतिकूल जलवायु के कारण कई पुलिसकर्मियों के स्वास्थ्य पर बुरा प्रभाव पड़ता है। अधिकतर यातायात पुलिसकर्मी कान से बहरे हो जाते हैं।

(8) प्रत्येक पुलिस अनुसंधान अधिकारी को एक वर्ष में औसतन भारतीय दंड संहिता के 45 मामलों की जांच करनी पड़ती है। वास्तव में, उनके पास वैज्ञानिक उपकरणों/प्रयोगशालाओं की सुविधाएं नहीं के बराबर हैं।

(9) 1991-2000 के दौरान भारत में अपने कर्तव्यों का निर्वाह करते हुए 9389 पुलिसकर्मी मारे गए अर्थात प्रतिवर्ष औसतन 1043 पुलिसकर्मी शहीद हुए। 1999 में अपने कर्तव्यों के निर्वहन में 932 पुलिसकर्मी मारे गए और 3764 पुलिसकर्मी घायल हुए।

(10) यद्यपि 2003 में राष्ट्रपति द्वारा 544 पुलिसकर्मियों को पदक दिए गए मगर भारत में 13 लाख से अधिक पुलिसकर्मियों की संख्या के आलोक में यह अत्यंत नगण्य है।

(11) प्रायः पुलिसकर्मियों पर राजनैतिक नेताओं का गलत दबाव विभिन्न प्रकार से रहता है—किसी अपराधी को पकड़ने या न पकड़ने के लिए, किसी को परेशान करने के लिए, किसी मानिन्द व्यक्ति की हैसियत बढ़ाने के लिए, आदि। इसके अलावा कार्यपालिका में, विशेषकर पुलिस के उच्चाधिकारी, भी दबाव देते हैं। जुलाई 2006 के पूर्वार्द्ध में उत्तर प्रदेश में एक इंस्पेक्टर को एक व्यापारी से 5 हजार रुपये रिश्वत लेते हुए रंगे हाथ गिरफ्तार किया गया। इंस्पेक्टर ने बताया कि वह अपने पुलिस अधीक्षक, पुलिस उपमहानिरीक्षक तथा पुलिस महानिरीक्षक की पत्नियों की नाजायज मांगों को पूरा करने के लिए रिश्वत लेता है और उसने तीनों अधिकारियों की पत्नियों को कुल 80,000 रु. का जेवर खरीदकर दिया था जिसके लिए उसे पैसे नहीं दिए गए। मगर वह उन तीनों के लिए खरीदे गए जेवरों की रसीद (80,000 रु. की) टी.वी. पर दिखा रहा था। या तो अपने बचाव में बनाई गई वे रसीदें फर्जी थीं या इंस्पेक्टर के आरोप सही थे। दोनों ही स्थिति में मामला भ्रष्टाचार का बनता है।

इस प्रकार भारतीय पुलिस का बड़ा हिस्सा मानवाधिकारों का उल्लंघन हर जगह बार-बार करता है। इसीलिए भारत सरकार ने (2008-09 में) दंड प्रक्रिया संहिता (1973) में संशोधन करके यह प्रावधान किया है कि सात वर्ष से कम सजा वाले मामलों में पुलिस अभियुक्त को नोटिस देकर हाजिर होने को कह सकती है, मगर गिरफ्तार नहीं कर सकती जिससे पुलिस की निरंकुशता और भ्रष्टाचार पर अंकुश लगेगा तथा जेलों में बंदियों की संख्या भी कम होगी।

12

बंधुआ मजदूरी प्रथा और मानवाधिकार

'मानवाधिकारों की सार्वजनिक घोषणा' के अनुसार बंधुआ मजदूरी किसी भी रूप में मान्य नहीं है। इस संबंध में इसमें निम्नलिखित अधिकार प्राप्त हैं :

(क) सभी मनुष्य जन्म से स्वतंत्र और समान गरिमा एवं अधिकारों से युक्त हैं। (अनुच्छेद-1)

(ख) प्रत्येक व्यक्ति को जीवन, स्वतंत्रता और अपने शरीर की सुरक्षा का अधिकार है। (अनुच्छेद-3)

(ग) किसी को भी दास बनाकर या दासता की स्थिति में नहीं रखा जाएगा। सभी प्रकार की दासता और दास-व्यापार निषिद्ध होंगे। (अनुच्छेद-4)

इसके अलावा 'नागरिक एवं राजनैतिक अधिकार संबंधी अंतर्राष्ट्रीय प्रसंविदा' (1966) में निम्नलिखित अधिकार प्राप्त हैं :

(क) किसी को भी गुलाम बनाकर नहीं रखा जाएगा, हर किस्म की गुलामी और गुलाम-व्यापार निषिद्ध होगा। [अनुच्छेद-8(1)]

(ख) किसी को भी गुलाम जैसी स्थिति में नहीं रखा जाएगा। [अनुच्छेद-8(2)]

(ग) किसी से भी बंधुआ श्रम नहीं कराया जाएगा। अनुच्देद 8 (3क)]

इसके अतिरिक्त भारत के संविधान की धारा 23(1) में यह अधिकार सभी नागरिकों को प्राप्त है कि किसी प्रकार का मानव व्यापार एवं बेगार और इसी प्रकार का अन्य बलात श्रम निषिद्ध है, एवं इस उपबंध का कोई भी उल्लंघन अपराध माना जाएगा जो कानून के अनुसार दंडनीय होगा। मगर राज्य सार्वजनिक प्रयोजनों के लिए कोई अनिवार्य सेवा घोषित कर सकेगा।

बंधुआ मजदूरी प्रथा सिर्फ भारत ही नहीं, बल्कि कई एशियाई, अफ्रीकी, लातीनी अमेरिकी एवं यूरोपीय देशों में प्रचलित रही है। भारत में आपातकाल में कई तरह से जोर-जबर्दस्ती की गई थी और मानवाधिकारों एवं स्वतंत्रताओं का हनन भी हुआ था किंतु दूसरी ओर कई प्रगतिशील कानून भी बने थे जैसे 1976 में संविधान में संशोधन करके संपत्ति के अधिकार को मूलाधिकार के अध्याय से हटाकर मात्र वैधिक अधिकार के रूप

में सीमित किया गया जो पूंजीपतियों को नियंत्रित करने के रूप में था। दूसरे, बैंकों का राष्ट्रीयकरण किया गया। तीसरे, बंधुआ मजदूरी प्रथा (उन्मूलन) अधिनियम, 1976 (Bonded Labour System Abolition Act) बनाया गया जिससे अर्द्ध-गुलाम की-सी जिंदगी जीने वाले मजदूरों को त्राण दिया जा सके।

उक्त कानून की धारा 2(जी) में मजदूरी का अर्थ सेवा तथा बंधुआ मजदूरी का अर्थ ऋण, कर्जखोरी या अग्रिम की वजह से की जाने वाली सेवा बताया गया है। कहने का आशय यह है कि बंधुआ मजदूर एक ऐसा मजदूर होता है जो किसी प्रकार के ऋण या कर्जखोरी या अग्रिम आदि से उत्पन्न दायित्व के कारण अपनी सेवा किसी नियोजक को देता है। मगर कोई जरूरी नहीं कि वही ऋण या अग्रिम लेने वाला व्यक्ति ही उक्त सेवा नियोजक-सह-ऋणदाता को उपलब्ध कराए बल्कि उसके परिवार का कोई सदस्य ऐसी सेवा दे सकता है। मगर इतना भी पर्याप्त नहीं है। इसमें नियोजक-सह-ऋणदाता की ओर से मजदूरी न देने या कम देने, दूसरे के यहां काम करने अथवा दूसरे रोजगार करने की स्वतंत्रता नहीं होने, रोजगार तलाशने के लिए दूसरी जगह जाने की मनाही होने की भी शर्तें होनी चाहिए। इस प्रकार स्पष्ट है कि बंधुआ मजदूरी प्रथा में निम्नलिखित विशेषताएं होती हैं :

(क) किसी प्रकार के ऋण या अग्रिम, जो नकद या वस्तु के रूप में हो सकता है, से उत्पन्न मजदूर या उसके परिवार के सदस्य की सेवा हो।

(ख) उसके नियोजक के रूप में वही ऋणदाता हो।

(ग) उक्त सेवा की अवधि निर्धारित या अनिर्धारित (लंबे समय तक) हो।

(घ) उक्त सेवा बिना मजदूरी के दी जाए अथवा नाममात्र की मजदूरी(मात्र एक वक्त या दोनों वक्त का भोजन या उसके साथ कपड़े या कुछ राशि) दी जाए जो केंद्र या राज्य सरकार द्वारा निर्धारित न्यूनतम मजदूरी या बाजार में प्रचलित मजदूरी दर, एक ही या समान कार्य हेतु, से कम हो।

(ङ) नियोजक उक्त मजदूर पर नियोजन के वैकल्पिक स्रोत का विकल्प खोजने पर रोक लगाए।

(च) भारत के किसी भूभाग में उक्त मजदूर के भ्रमण आदि पर नियोजक द्वारा रोक लगाई जाए।

(छ) नियोजक द्वारा उक्त मजदूर को अपना श्रम या श्रम के आधार पर कोई तैयार उत्पाद बेचने पर रोक लगाई जाए।

इस प्रकार स्पष्ट है कि प्रथम दो शर्तें दो व्यक्तियों के बीच ऋणदाता-सह-नियोजक एवं ऋण प्राप्तकर्ता-सह-मजदूर का संबंध दर्शाती हैं। तीसरी शर्त उक्त संबंध की अवधि इंगित करती है। चौथी से सातवीं शर्तें दोनों के बीच असमान विनिमय संबंध से होने वाले परिणाम इंगित करती हैं। यहां यह भी उल्लेखनीय है कि ये परिणाम व्यक्तिगत या सामूहिक स्तर पर मौजूद हो सकते हैं। मगर व्यावहारिक धरातल पर यदि हम खोजें कि बंधुआ मजदूरों

की पहचान करने के लिए उपर्युक्त चारों परिणाम एक साथ मौजूद हों, तो कठिनाई पैदा हो सकती है। विभिन्न प्रकार की परिस्थितियों के आलोक में विभिन्न प्रकार की बंधुआ मजदूरी प्रथा किसी स्थान और कालखंड विशेष में मौजूद हो सकती है। इसलिए प्रथम तीन शर्तों (क, ख, ग) के साथ शेष चारों शर्तों में से कोई भी एक मौजूद रहने से बंधुआ मजदूर माना जाना उचित है। बाद में 1984 में एक संशोधन करके बंधुआ मजदूर की परिभाषा विस्तृत कर दी गई तथा ठेका या अंतर्राज्यीय प्रवासी (कांट्रैक्ट या माइग्रेंट) मजदूर भी इसमें शामिल होंगे यदि (घ), (ङ), (च) या (छ) में से कोई एक परिणाम मौजूद हो। ऐसा संभव है कि कोई व्यक्ति शुरू में ठेका या प्रवासी मजदूर हो किंतु बाद में धीरे-धीरे उक्त चारों परिणामों में से एक या अधिक का शिकार हो जाए। मगर व्यवहार में शासन की इच्छाशक्ति की कमी या प्रशासन की उदासीनता या अमीर नियोजकों के प्रभुत्व के कारण यह कहा जाता रहा है कि चारों परिणाम एक साथ नहीं होने से बंधुआ मजदूरी प्रथा नहीं मानी जा सकती। परंतु स्वामी अग्निवेश जैसे सक्रिय समाजसेवी ने बंधुआ मुक्ति मोर्चा बनाम भारत सरकार एवं अन्य नामक एक याचिका भारत के माननीय सर्वोच्च न्यायालय में दायर की (याचिका सं. 2135) जिसमें फरवरी 1982 को न्यायमूर्ति श्री पी. एन. भगवती ने बंधुआ मजदूरी की विस्तृत एवं उदारवादी व्याख्या की तथा यह टिप्पणी भी की कि ऋणदाता (क्रेडिटर) तथा ऋण प्राप्तकर्ता (डेटर) समाज के दो बिल्कुल विरोधी वर्ग हैं। जहां ऋणदाता अमीर, बलशाली, प्रभावशाली, प्रधान तथा साधन-संपन्न होता है, वही ऋण प्राप्तकर्ता गरीब, कमजोर, सुरक्षारहित तथा साधनहीन होता है। इस प्रकार दोनों के बीच असमान विनिमय होता है। यदि कोई ऐसा मामला प्रकाश में आता है जिसमें ऋणकर्ता किसी ऋणदाता-सह-नियोजक को मुफ्त में सेवा देता है, तो यह माना जाएगा कि बिना मजदूरी के कार्य करना दान-पुण्य के आधार पर नहीं है, बल्कि इसके पीछे ऋणदाता को आर्थिक लाभ पहुंचाना है इसलिए ऋण, कर्जखोरी या अग्रिम की बात को संदेह के परे सिद्ध करना जरूरी नहीं है बल्कि वहां बंधुआ मजदूरी प्रथा को मान लिया जाना चाहिए तथा न्यायालय में उक्त ऋणदाता-सह-नियोजक को यह सिद्ध करना पड़ेगा कि उक्त मजदूर उसके यहां बंधुआ मजदूर नहीं रहा है। माननीय सर्वोच्च न्यायालय ने इस मामले में यहां तक कहा कि न्यायालय यह मानकर चले कि वह बंधुआ मजदूर है तथा उसे इस कानून के तहत निर्धारित लाभ अनुमान्य है।

यहां यह उल्लेख करना समीचीन प्रतीत होता है कि बंधुआ मजदूरों की पहचान करना, उन्हें मुक्त कराना तथा उनका समुचित पुनर्वास कराना राज्य सरकार का दायित्व है। पहचान करने में अपनाई जाने वाली विधि तथा सरकारी तंत्र की संवेदनशीलता अत्यावश्यक है अन्यथा ऐसे मजदूरों से सीधे बंधुआ होने की बात कहना सार्थक नहीं होता। भारत सरकार ने इसकी पहचान के लिए 1982 में ही कतिपय दिशा निर्देश जारी किए थे जो निम्नलिखित हैं :

(क) पहचान हेतु सर्वेक्षण का कार्य राजस्व विभाग द्वारा घर-घर जाकर किया जाना चाहिए। इसमें कृषि विभाग, पशुपालन, पिछड़ा वर्ग/अनुसूचित जाति/जनजाति के निदेशालय, कल्याण, सांख्यिकी निदेशालय आदि के कर्मचारियों की मदद ली जानी चाहिए। सर्वेक्षण का स्वरूप/विधि राष्ट्रीय नमूना सर्वेक्षण संगठन वाला होना चाहिए।

(ख) कमजोर वर्ग के लिए गृहस्थल या गृहनिर्माण के लिए किए जाने वाले सर्वेक्षण के साथ भी इसे जोड़ा जा सकता है।

(ग) ऐसा सर्वेक्षण समेकित ग्रामीण विकास कार्यक्रम के तहत बनने वाली ग्राम योजना के साथ भी जोड़ा जा सकता है।

(घ) पत्थरों की खानों-खदानों तथा ईंट-भट्ठों का भी गहन अध्ययन बंधुआ मजदूरों की पहचान हेतु किया जाना चाहिए।

(ङ) इसे कालबद्ध होना चाहिए।

(च) बेहतर जन-जागरण हेतु गहन प्रचार किया जाना चाहिए।

(छ) राज्य स्तर पर संबंधित मंत्री की अध्यक्षता में जिला एवं अनुमंडल स्तरीय निगरानी समितियों के कार्यों की समीक्षा एवं अनुश्रवण एक राज्यस्तरीय स्थायी समिति के लिए होना चाहिए।

(ज) पहचान के लिए सरकारी कर्मचारियों/पदाधिकारियों के अलावा स्वैच्छिक संस्थाओं, श्रम संबंधी संस्थाओं, प्रतिबद्ध नागरिकों आदि की भी मदद ली जानी चाहिए।

केंद्र सरकार के श्रम मंत्रालय ने राज्य सरकारों को उसी समय यह भी निर्देश दिया था कि मुक्त किए गए बंधुआ मजदूरों के पुनर्वास की योजना तैयार करके भेजी जाए जिससे स्वीकृति राशि का 50 प्रतिशत हिस्सा केंद्र सरकार भेज सके। 14 जनवरी, 1982 को भारत सरकार ने नए बीस-सूत्री कार्यक्रम में उसे छठवें कार्यक्रम के रूप में घोषित किया। पुनः 24 जून, 1982 को श्रम मंत्रालय के निदेशक ने सभी राज्यों को लिखा कि राज्य सरकारें विभिन्न केंद्रीय योजनाओं एवं राज्य सरकार की योजनाओं को बंधुआ मजदूरों के पुनर्वास हेतु मिलाने का प्रयास करें और यह भी कहा कि बंधुआ मजदूरों को भूमि आधारित पुनर्वास उपलब्ध कराया जाए जिसमें भूमि, कृषि औजार, बीज, खाद, पशुपालन आदि शामिल हों। इसके अलावा बंधुआ मजदूरों को विभिन्न कौशलों यथा ईंट-निर्माण, बढ़ईगीरी, लुहारगीरी, पत्थर-कटाई आदि में प्रशिक्षित करने पर भी जोर दिया गया जिसमें प्रशिक्षक को 750 रु. प्रतिमाह तथा प्रशिक्षु को 15 रुपये प्रतिदिन मानदेय की व्यवस्था की गई। तीसरे, बंधुआ मजदूरों को मुफ्त आवास उपलब्ध कराने पर भी जोर दिया गया। चौथे, सामुदायिक सुविधाएं विभिन्न केंद्र/राज्य सरकारों की योजनाओं के तहत देने का भी निर्देश दिया गया। इसमें बालबाड़ी, दसवीं तक बच्चों की मुफ्त शिक्षा,

मोबाइल अस्पताल (प्रतिमाह एक चिकित्सक द्वारा प्रत्येक बंधुआ मजदूर के परिवार के स्वास्थ्य की देखभाल), विशेष राशन कार्ड, सामूहिक पुनर्वास, सरकारी नियोजन योजनाओं में न्यूनतम मजदूरी के साथ रोजगार आदि शामिल किया गया। किंतु जून-जुलाई 1982 में बंधुआ मजदूरों की पहचान/पुनर्वास की स्थिति संतोषजनक नहीं थी। जिन राज्यों में ज्यादा बंधुआ मजदूर मौजूद रहे हैं, उनकी जून-जुलाई 1982 में स्थिति निम्नलिखित थी (तालिका एक द्रष्टव्य) :

तालिका-1 : चुने हुए राज्यों में बंधुआ मजदूरों की स्थिति (1982)

राज्य	*बंधुआ मजदूरों के पुनर्वास का लक्ष्य (सं.)*	*अपुनर्वासित बंधुआ मजदूरों की (सं.)*
1. आंध्र प्रदेश	5416	5416
2. बिहार	2581	2581
3. उड़ीसा	7500	6389
4. उत्तर प्रदेश	4249	3260
5. तमिलनाडु	312	258
6. कर्नाटक	12154	12154
7. राजस्थान	21 (तथा नए पहचान किए जाने वाले)	21
8. केरल	382	382
9. मध्य प्रदेश	1531	1531

स्रोत : *भारत सरकार, श्रम मंत्रालय*

उपरोक्त तालिका से स्पष्ट है कि 1982 में उत्तर प्रदेश में सबसे अधिक पुनर्वास (989) किया गया था। मगर फिर भी काफी सं. में पुनर्वास कार्य लंबित था। दूसरे, हिंदी पट्टी के साथ-साथ आंध्र प्रदेश, उड़ीसा तथा कर्नाटक में भी बंधुआ मजदूरों की संख्या काफी अधिक रही है। वास्तव में, संख्या की दृष्टि से सबसे अधिक बंधुआ मजदूर कर्नाटक (12154) में थे, दूसरे स्थान पर उड़ीसा (7500), तीसरे स्थान पर आंध्र प्रदेश (5416), चौथे स्थान पर उत्तर प्रदेश (4249), पांचवें स्थान पर बिहार (2581) तथा छठवें स्थान पर मध्य प्रदेश (1531) था। अंत में, यह कहना दुखद है कि उस समय आंध्र प्रदेश, बिहार, कर्नाटक, राजस्थान, केरल तथा मध्य प्रदेश में एक भी बंधुआ मजदूर का पुनर्वास नहीं किया गया था। इस प्रकार उन्हें अमानवीय परिस्थिति में अपने नियोजकों के अधीन भाग्य पर मरने को छोड़ दिया गया। यह शासन की इच्छाशक्ति की बेहद कमी, प्रशासन की उदासीनता एवं स्वैच्छिक संगठनों/राजनैतिक दलों द्वारा उचित दबाव न बना पाने के कारण हुआ। 1989-90 में विभिन्न राज्यों में वार्षिक लक्ष्य बंधुआ मजदूरों का पुनर्वास करने हेतु इस प्रकार था : (तालिका-2)

तालिका-2 : विभिन्न राज्यों में बंधुआ मजदूरों के पुनर्वास का लक्ष्य (1989-90)

क्र.सं.	*राज्य*	*संख्या*
1.	आंध्र प्रदेश	2290
2.	बिहार	2750
3.	कर्नाटक	5632
4.	मध्य प्रदेश	2782
5.	महाराष्ट्र	299
6.	उड़ीसा	1706
7.	राजस्थान	78
8.	तमिलनाडु	711
9.	उत्तर प्रदेश	101
	कुल	**16,349**

यहां यह उल्लेखनीय है कि 31 मार्च, 1988 को विभिन्न राज्यों में पहचान किए गए, पुनर्वासित तथा पुनर्वास हेतु लंबित बंधुआ मजदूरों की स्थिति अगली तालिका 3 में देखी जा सकती है :

तालिका-3 : पहचान किए गए, पुनर्वासित तथा लंबित बंधुआ मजदूरों की संख्या (31.3.1988)

राज्य	*पहचान किए गए*	*पुनर्वासित*	*लंबित*
आंध्र प्रदेश	33954	23552	10402
बिहार	12338	11465	873
कर्नाटक	62689	44455	18234
मध्य प्रदेश	7486	5489	1997
महाराष्ट्र	988	875	113
उड़ीसा	48314	41419	6823
राजस्थान	7037	6910	127
तमिलनाडु	36532	34990	1542
उत्तर प्रदेश	25211	25211	–
हरियाणा	429	429	–
गुजरात	64	64	–
केरल	823	823	–
कुल	**2,35,865**	**1,95,754**	**40,111**

स्पष्ट है कि उत्तर प्रदेश, हरियाणा, गुजरात और केरल को छोड़कर अन्य राज्यों में कुल 40,111 मामले लंबित थे।

यहां उल्लेखनीय है कि यह उत्तरदायित्वहीनता बंधुआ मजदूरी प्रथा (उन्मूलन) विधेयक पर 27.1.1976 को लोकसभा में हुई बहस की आत्मा के बिलकुल विरुद्ध है। उस समय भारत के श्रम मंत्री ने स्पष्ट शब्दों में कहा था—"यदि आर्थिक एवं सामाजिक मोर्चे पर उचित अनुवर्ती कार्रवाई नहीं की गई, तो सामाजिक-आर्थिक कानून एक मृत पत्र की शक्ल ले लेगा।" उन्होंने आगे भी कहा था कि बंधुआ मजदूर के पास उत्पादन के साधन नहीं होंगे, साख नहीं होगी, नई जीविका के लिए कोई व्यावसायिक हुनर नहीं होगा। यदि कोई लाभप्रद कार्य उसे दिया जाएगा तो उसमें गेस्टेशन काल में कोई आय नहीं होगी—'आधिपत्य और पराधीनता की दुनिया में रहने को अभ्यस्त बंधुआ मजदूर स्पष्टतः अपने अधिकार के प्रति जागरूक नहीं होगा। कभी-कभी वह आर्थिक पुनर्वास की जटिल प्रक्रिया में नहीं पड़ना चाहेगा और पुनः दासता में वापस जाने की इच्छा रख सकता है।" भारत के योजना आयोग ने पुनर्वास हेतु 1978-79 में 94.64 लाख रु.; 1979-80 में 53.62 लाख रु.; 1980-81 में 193.93 लाख रु. तथा 1981-82 में 80.41 लाख रुपये की केंद्र प्रायोजित योजनाएं स्वीकृत की थीं। इसमें प्रत्येक मुक्त बंधुआ मजदूर को चार हजार रुपये नकद दिया जाना था (50:50 केंद्र और राज्य सरकार) योजना आयोग ने छठवीं योजना (1980-85) के लिए 25 करोड़ रुपये का उद्व्यय स्वीकृत किया था। 1986-87 में इस मद में 500 लाख रु. का बजटीय प्रावधान किया गया था। भारत सरकार के श्रम कल्याण महानिदेशक की अध्यक्षता वाली स्क्रीनिंग समिति (जिसमें योजना आयोग के प्रतिनिधि, गृह मंत्रालय के प्रतिनिधि, ग्रामीण विकास और वित्त मंत्रालय के प्रतिनिधि शामिल हैं) राज्य सरकार द्वारा भेजी गई पुनर्वास योजनाओं में स्वीकृति देती है।

भारत सरकार द्वारा तैयार किए गए पुनर्वास ब्लूप्रिंट में दो आयाम शामिल किए गए हैं :

(क) मनोवैज्ञानिक पुनर्वास
(ख) भौतिक एवं आर्थिक पुनर्वास

(क) मनोवैज्ञानिक पुनर्वास

इसका उद्देश्य यह है कि प्रत्येक बंधुआ मजदूर को उसके अधिकारों से अवगत कराना है कि ऋण उसकी अंतिम नियति नहीं है, कि वह एक स्वतंत्र मानव प्राणी है, कि वह एक स्वतंत्र रूप से आर्थिक जीविका के लिए अधिकृत है, कि उसे सूदखारों के चंगुल में दुबारा नहीं गिर पड़ना है, आदि। सभी विकास एवं कल्याण संबंधी योजनाओं की जानकारी स्थानीय/क्षेत्रीय भाषा में दी जानी है जिसे मुक्त बंधुआ मजदूर समझ सके। इसके अलावा दृश्य-श्रव्य माध्यमों से भी उसे वैधिक तथा विकास उपायों की समुचित जानकारी दी जाए। इसमें राज्य का सूचना एवं जन-संपर्क विभाग कारगर भूमिका निभा सकता है। मुक्त बंधुआ मजदूर को 'सभ्यता के वनवास' से आधुनिक दुनिया में लाना है। उसे एक

सहायक, दोस्त, दार्शनिक और दिग्दर्शक की जरूरत होगी जो उसमें आत्मविश्वास भर सके तथा उसे मुख्यधारा में लाने हेतु 'परिवर्तन अभिकर्ता' (Change Agent) की भी भूमिका निभा सके।

उत्तर प्रदेश सरकार ने 1982 में पहाड़ी क्षेत्र विकास के तहत क्षेत्र के लोगों में से प्रोजेक्ट कर्मी की नियुक्ति की जिनमें 18 प्रतिशत लोग अनुसूचित जाति के तथा 13 प्रतिशत लोग अनुसूचित जनजाति के थे। वह 15-20 गांवों में औसतन 150 मुक्त बंधुआ मजदूरों का पुनर्वास कार्य संभालता था। वह बंधुआ मजदूर की आशा-आकांक्षा, जरूरत तथा जिला प्रशासन के द्वारा दिए गए दायित्व के बीच में कड़ी का काम करता था। उसकी सराहना करते हुए भारत सरकार के श्रम मंत्रालय ने इसका अनुकरण दूसरे राज्यों द्वारा करने का सुझाव दिया तथा इस संबंध में कुछ नए दिशा-निर्देश दिए जो निम्नलिखित हैं :

(क) इन कर्मियों का चयन मुक्त बंधुआ मजदूरों के परिवार के शिक्षित बेरोजगारों में से किया जाए;

(ख) यदि (क) उपलब्ध न हों, तो अनुसूचित जाति/जनजाति के सदस्यों को रखा जाए;

(ग) ऐसे कर्मी 25-35 आयु समूह से चुने जाएं तथा वे सामाजिक जागरूकता, सहानुभूति, सेवा भाव, सही रुख वाले हों तथा बंधुआ मजदूरों की जरूरतों/आकांक्षाओं को समझ सकें।

मुक्त बंधुआ मजदूरों को पुराने परिवेश से हटाकर अन्यत्र बसाया जाना चाहिए जिससे वे पुरानी शोषक प्रथाओं और प्रवृत्तियों के शिकार न हो सकें।

(ख) भौतिक एवं आर्थिक पुनर्वास

इसके तहत निम्नलिखित तत्व शामिल हैं :

(1) गृह-स्थल तथा कृषि भूमि एक राष्ट्रीय सर्वेक्षण के अनुसार मुक्त बंधुआ मजदूरों में 66 प्रतिशत अनुसूचित जातियों से थे तथा 18 प्रतिशत अनुसूचित जनजातियों से थे। इसलिए सबसे पहला कार्य उनकी भूमिहीनता को खत्म करना है। इससे एक ओर उन्हें आर्थिक उत्पादन का साधन मिलेगा तथा दूसरी ओर यह उनकी सामाजिक हैसियत भी बढ़ाएगा। यदि उसकी जमीन ऋणदाता-सह-नियोजक के यहां गिरवी रखी गई हो, तो उसे 1976 के अधिनियम के तहत वापस लौटाया जाएगा। गृह-स्थल के लिए सरकार ने तीन तरह की जमीन उन्हें आवंटित करने को कहा—

(क) भू-हदबंदी अधिशेष भूमि

(ख) सरकारी भूमि (वन सहित)

(ग) निजी जमीन

भारत सरकार के गृह मंत्रालय के एक वर्किंग ग्रुप ने 1980 में ही अनुसूचित

जातियों/जनजातियों को भूमि आवंटित करने की अनुशंसा की थी जिसे श्रम मंत्रालय ने भी बंधुआ मजदूरों के लिए उपयोगी पाया। ये निम्नलिखित हैं :

(क) सभी राज्य सरकारें भू-हदबंदी कानून को दृढ़ता तथा त्वरित गति से हर चरण पर लागू करें जब तक कि आबंटी को शांतिपूर्वक दखल न मिल जाए।

(ख) केंद्र/राज्य सरकारों का सरकारी संस्थाओं के स्वामित्व की भूमि, जिसका सार्वजनिक उपयोग नहीं हो रहा है, तथा भूदान/ग्रामदान की जमीनें भूमिहीनों में बांट दी जाएं जिनमें अनुसूचित जाति/जनजाति को उचित प्राथमिकता मिले।

(ग) मंदिरों की लंबी अवधि के पट्टी की जमीन भूमिहीन गरीबों में बांट दी जाए जिनमें अनुसूचित जातियों को प्राथमिकता मिले। प्रत्येक मामले में तथा समूचे राज्य में पूरे भूमि आबंटन का 75 प्रतिशत अनुसूचित जातियों को मिले।

(घ) अनुसूचित जातियों को इस प्रकार आबंटन में प्राथमिकता मिले–

(1) कृषि मजदूरों में अनुसूचित जातियों का जो प्रतिशत हो उतना प्रतिशत तथा 10 प्रतिशत सामाजिक हानियों को जोड़कर उनका हिस्सा हो।

(2) सभी उपलब्ध अधिशेष भूमि पहले अनुसूचित जाति/जनजाति को आवंटित की जाए और उनकी जरूरतों के पूर्णतः पूरी होने पर ही अन्य को आबंटित की जाए।

2. भूमि विकास

जहां मुक्त बंधुआ मजदूरों के पास जमीन तो हो, मगर उसमें कमियां हों (जैसे असमतल, मिट्टी की खराब गुणवत्ता, भूक्षरण, सिंचाई की सुविधा का अभाव, ऊसर आदि), तो समतलीकरण, मिट्टी क्षरण की रोकथाम, उर्वरता बढ़ाने के उपाय, सिंचाई के उपाय आदि किए जाएं। इसके अलावा उन्हें बैल, बीज, उर्वरक, कीटनाशक दवाएं आदि उपलब्ध कराई जाएं। इसके लिए विभिन्न विभागीय योजनाओं की धनराशि समेकित करके योजना बनायी जाए। जिससे नया भूखंड आबंटित किया गया हो, उसे भी ये सुविधाएं दी जाएं। इसके अलावा उन्नतशील बीजों के प्रयोग उन्हें दिखाए जाएं।

3. कम खर्च के आवास

विभिन्न नियोजन योजनाओं के तहत उन्हें आवास उपलब्ध कराए जाएं। उत्तर प्रदेश तथा आंध्र प्रदेश में इस दिशा में आवश्यक कार्य किया गया। इसमें पीने के पानी, बिजली, नाली, संपर्क पथ, शैक्षिक संस्थाओं से जुड़ाव, आधारभूत संरचना आदि भी होना चाहिए।

4. कृषि

मुफ्त या अनुदानित दर पर कृषि के संसाधन उपलब्ध कराए जाएं तथा उन्हें बाजार की

समुचित जानकारी उपलब्ध कराई जाए जिसमें वे बिचौलियों द्वारा न ठगे जाएं। उन्हें मजदूरी में कम कीमत पर कृषि उत्पाद न बेचने पड़ें, इसकी व्यवस्था की जाए।

5. साख (उपभोक्ता ऋण सहित)

चूंकि प्रायः बंधुआ मजदूर भूमिहीन होते हैं तथा मजदूरी में सूदखोरों से ऊंची दर पर (30 से 40 प्रतिशत वार्षिक) ऋण लेते हैं, इसलिए उन्हें साख की सुविधा मिलनी चाहिए। ग्रामीण क्षेत्र में पैक्स/लैम्प्स जैसी सहकारी संस्थाओं आदि से लचीली शर्तों पर उन्हें साख दी जानी चाहिए। इसके अलावा सामाजिक दायित्वों की पूर्ति के लिए और चिकित्सा के लिए भी उपभोक्ता ऋण उचित दर पर उपलब्ध कराए जाएं।

6. उद्यान

जहां भूक्षरण हो, वहां फलदार वृक्षों के लगाने का वृहत कार्यक्रम चलाया जाना चाहिए। जहां फलों/सब्जियों की अच्छी खेती हो, वहां उचित मूल्य दिलाने की भी व्यवस्था होनी चाहिए। पहाड़ी क्षेत्रों, खेतों के पास, घर के आसपास फलदार वृक्ष लगाकर आय का स्रोत तैयार किया जा सकता है।

7. पशुपालन, डेयरी, चारा आदि

कम खर्च में पशुपालन, डेयरी तथा चारा उत्पादन का कार्य किया जा सकता है जिसमें ज्यादा हुनर की जरूरत नहीं होती।

8. प्रशिक्षण

ट्राइसेम के तहत बंधुआ मजदूरों का विभिन्न हुनरों में प्रशिक्षण कराया जाए। बंधुआ मजदूरों की ऋण दासता, वर्षों की अधीनता, अज्ञानता का परिवेश, गरीबी, पिछड़ापन, तथा मनोवैज्ञानिक अवसाद के आलोक में प्रशिक्षण में निर्धारित आयु (18-35 वर्ष) तथा अन्य शर्तें माफ कर देनी चाहिए। इसके अलावा कच्चे माल की आपूर्ति, बाजारीकरण आदि का भी ख्याल रखना चाहिए।

9. पारंपरिक कलाओं/शिल्पों का विकास

कुछ बंधुआ मजदूर पारंपरिक कलाओं अथवा शिल्पों में दक्ष होते हैं जैसे उत्तर प्रदेश में वे घर में लगने वाले लकड़ी के खंभों में नक्काशी करना जानते हैं। बिहार के मिथिलांचल क्षेत्र के मजदूर भी मधुबनी चित्रकला बनाते हैं—इसके लिए वे रंगों की जगह मिट्टी व गोबर आदि का इस्तेमाल करते हैं। इसमें अतिरिक्त प्रशिक्षण, कच्चे माल की उपलब्धता तथा बाजारीकरण की सुविधाएं होने से काफी अच्छा पुनर्वास हो सकता है।

10. श्रम नियोजन

राज्य सरकार की नियोजन योजनाओं में मुक्त बंधुआ मजदूरों को न्यूनतम मजदूरी के साथ

नियमित रोजगार मिले। उनके परिवार के अन्य सदस्यों को भी ऐसा काम मिलना चाहिए जिससे परिवार की आमदनी बढ़ सके।

11. वन पदार्थों का संग्रह

उन्हें लघु वन पदार्थों को वनों से चुनने की छूट मिलनी चाहिए– जैसे महुआ, करंज, साल, कुसुम, निगार, कैस्टर, फल, लाह, गोंद, छाल, साग-सब्जी, कंदमूल आदि।

12. स्वास्थ्य एवं स्वच्छता

चिकित्सकों द्वारा उनके स्वास्थ्य की नियमित देखरेख हो। विशेष बीमारियों के उन्मूलन का अभियान चलाया जाए। इसके अलावा स्वच्छ जलापूर्ति की व्यवस्था हो क्योंकि अधिकतर बीमारियां दूषित जल के कारण होती हैं।

13. आवश्यक वस्तुओं की आपूर्ति

उचित दर पर उन्हें राशन उपलब्ध कराया जाए, और ये जनवितरण प्रणाली की दुकानें उनकी पहुंच में हों। इनमें से किसी को इसका लाइसेंस दिया जाए।

14. बच्चों की शिक्षा

उनकी बस्ती में बालवाड़ी खोली जाए। इसके अलावा वयस्क साक्षरता का अनौपचारिक कार्यक्रम चलाया जाए। पुस्तकों के पाठ्यक्रम एवं शिक्षण विधि संवेदनशील हों तथा स्थानीय प्रासंगिक विषयों का समावेश हो। उन्हें स्वरोजगार की चीजें बेचने वाले बाजार का ज्ञान दिया जाए, सरकारी योजनाओं से लाभ की प्रक्रियाएं बताई जाएं, विभिन्न प्रासंगिक कानूनों की जानकारी दी जाए, तथा विधि व्यवस्था स्थापित करने वाली संस्थाओं की जानकारी दी जाए।

15. नागरिक अधिकारों की रक्षा

संभावित शोषण, अत्याचार एवं उत्पीड़न से बचाने तथा उनका सामना करने की समुचित जानकारी उन्हें दी जाए। जाति तथा सामंती तत्व उनके शोषण की जड़ में हो सकते हैं, वे बदले की सोच सकते हैं, इसलिए बंधुआ मजदूरों को सरकारी तंत्र आवंटित जमीन पर खेती कराने की सुरक्षा दे, भले उस पर कुछ दबंग लोग विवाद खड़ा किए हों। दूसरे, उन्हें न्यूनतम मजदूरी निश्चित रूप से दिलाना सुनिश्चित किया जाए। तीसरे, उन्हें नियमित रोजगार दिया जाए जिससे उन्हें खाने को पर्याप्त भोजन रोजाना मिले तथा उनकी सौदेबाजी की शक्ति भी बढ़ सके। इस संबंध में ब्लॉक के बीडीओ आदि को अत्यंत संवेदनशील होने की जरूरत है। मुक्त बंधुआ मजदूरों को संविधान, राष्ट्रीय तथा प्रांतीय कानूनों से अवगत कराना है जिनमें उन्हें नागरिक स्वतंत्रताएं एवं सुरक्षा आदि दी गई हैं।

श्री लक्ष्मीधर मिश्र, तत्कालीन महानिदेशक (श्रम कल्याण) भारत सरकार ने 1982 में आंध्र प्रदेश में बंधुआ मजदूरों की वास्तविक स्थिति का स्थल निरीक्षण किया था और

निम्नलिखित बिंदुओं का समावेश अपने प्रतिवेदन में किया था :

(क) बंधुआ मजदूरी प्रथा मुख्यतः कर्ज से उत्पन्न हुई जिसका आधार विषय सामाजिक संरचना (सामंती) थी, विशेषकर तेलंगाना क्षेत्र में।

(ख) घोर गरीबी के कारण कर्ज चुकाना लगभग असंभव है।

(ग) मजदूरों द्वारा दी जाने वाली सेवा के लिए नाममात्र का भुगतान होता था–1982 में 200 से 500 रु. वार्षिक। इसके अलावा एक रोटी प्रतिदिन खाने को मिलती थी जो ज्वार की बनी होती थी।

(घ) आर्थिक परतंत्रता के साथ-साथ उनकी सामाजिक परतंत्रता एवं काम करने तथा रहने की प्रतिकूल दशाएं थीं।

(ङ) श्री एस.आर. शंकरन (तत्कालीन सचिव, सामाजिक कल्याण, आंध्र प्रदेश) के द्वारा बंधुआ मजदूरों की सही पहचान के लिए जांच दल को पहले हरिजन बाड़ा (दलित बस्ती) में जाने का निर्देश दिया गया था जो पूरी निष्ठा और संवेदना के साथ आवश्यक सूचना मजदूरों से लें। इसके फलस्वरूप आंध्र प्रदेश के 18 जिलों में 14801 बंधुआ मजदूरों की पहचान की गई।

(च) आंध्र प्रदेश में दो तरह के मजदूर हैं 'राजू कुली' (दिहाड़ी मजदूर) तथा 'जीतम्' (वेतन या सेवा)। तेलंगाना क्षेत्र में जीतम् लगभग बंधुआ मजदूर का द्योतक है। मगर कुछ अधिकारी ऐसा नहीं मानते जिसके कारण और ज्यादा बंधुआ मजदूरों की पहचान नहीं हुई।

(छ) आंध्र प्रदेश में पहचान किए गए बंधुआ मजदूरों में 90 प्रतिशत अनुसूचित जाति के सदस्य थे।

(ज) अगस्त 1982 तक 7891 बंधुआ मजदूरों का पुनर्वास आंध्र प्रदेश में हुआ था–इस प्रकार 6910 का पुनर्वास नहीं हुआ था।

(झ) आंध्र प्रदेश सरकार ने 1980-81 और 1981-82 की योजनाओं का 32 लाख रु. का उपयोगिता प्रमाण पत्र भारत सरकार को नहीं भेजा।

(ञ) वहां पर उत्तर प्रदेश की तरह बंधुआ मजदूरों की पहचान, मुक्ति तथा पुनर्वास के लिए अलग से कोई प्रोजेक्ट स्टॉक नहीं है। समाहर्ता ही निगरानी समिति के अध्यक्ष की हैसियत से यह कार्य देखते हैं।

(ट) राज्य स्तर पर गठित अनुसूचित जाति सहकारी वित्तीय निगम इस कार्य में आर्थिक मदद देता है।

(ठ) भूमि आधारित पुनर्वास योजना–हल, बैल, बैलगाड़ी आदि– सफल रही है इससे आय में वृद्धि (मेडक तथा रंगारेड्डी जिलों में) हुई है। इन्हें दुधारू पशु भी उपलब्ध कराए गए हैं; सामुदायिक मुर्गीपालन और सिंचाई कूप भी दिए गए हैं।

(ड) सामूहिक आवास-व्यवस्था सफल रही है। इसमें तीन चीजें देखी गईं :
   (1) अनुसूचित जाति/जनजाति तथा पिछड़ी जातियों की अधिकता
   (2) सरकारी जमीन की उपलब्धता
   (3) कम आय समूह वाले परिवार

(ढ) मेकावनापल्ली में पुनर्वास हेतु सामुदायिक दृष्टिकोण अपनाया गया है। वहां केंद्र प्रायोजित योजना, अनुसूचित जाति सहकारी वित्तीय निगम द्वारा उपलब्ध कराई गई 28 प्रतिशत सीमांत राशि (मार्जिन मनी), समेकित ग्रामीण विकास कार्यक्रम से अनुदान राशि, लाभुक द्वारा श्रमदान, सूखा निधि से सिंचाई कूपों का निर्माण आदि करके अच्छी मिसाल पेश की गई है।

(ण) रंगारेड्डी जिले के समाहर्ता श्री मुरलीकृष्णन के नेतृत्व में 14 सामुदायिक मुर्गीपालन परिसर का सफल कार्य कराया गया। इसके लिए स्थानीय अनुसूचित जाति/जनजाति तथा पिछड़ी जातियों के लोगों को काफी समय तक प्रोत्साहित किया गया, प्रशिक्षित किया गया और विभिन्न विभागों से समन्वय स्थापित किया गया।

(त) जिला एवं अनुमंडल (सबडिवीजन) स्तरों पर गठित निगरानी समिति की बैठक नियमित रूप से नहीं होती।

(थ) कुछ जगहों पर मुक्त बंधुआ मजदूरों को भूमि नहीं आवंटित की गई, अर्थात वे भूमिहीन बने रहे।

(द) गैर-कृषि मौसम में मुक्त बंधुआ मजदूरों को प्रायः काम नहीं मिलता।

माननीय सर्वोच्च न्यायालय ने 'नीरजा चौधरी *बनाम* मध्य प्रदेश सरकार' के मामले में निर्णय दिया कि सरकार का दायित्व है कि वह बंधुआ मजदूरों को मुक्त कराए तथा उनका पुनर्वास सुनिश्चित करे जो संविधान में वर्णित जीने का अधिकार (धारा 21) में सन्निहित है।

बंधुआ मुक्ति मोर्चा के अध्यक्ष स्वामी अग्निवेश ने बंधुआ मजदूरी प्रथा अभी भी मौजूद होने पर गंभीर चिंता जताई है : "तमाम संवैधानिक व्यवस्था के बावजूद आज भी देश का बहुसंख्यक मेहनतकश तबका और बचपन गुलाम है। देश के खेतों, खदानों, भट्ठों एवं निर्माण कार्यों में खून पसीना बहाते असंगठित क्षेत्र के लगभग 36 करोड़ वयस्क मजदूर साल भर रोजगार के अधिकार से वंचित और ऊपर से सीमित दिनों के रोजगार में न्यूनतम मजदूरी से वंचित बंधुआ मजदूरी की लानत ढो रहे हैं। दूसरी तरफ पांच करोड़ बालक/बालिकाएं (आयु 6 से 14 वर्ष की अवधि) स्कूल न जाकर बंधुआ मजदूरी करने के लिए अभिशप्त हैं। यह हमारी समूची सभ्यता, संस्कृति और शासन व्यवस्था, न्याय प्रणाली पर एक जबरदस्त कलंक का टीका है।" ("मानवाधिकार : नई दिशाएं, 2004)।

उनका मानना है कि मजदूरी का सवाल सीधे गरीबी और सामाजिक विषमता से जुड़ा है। मगर आर्थिक शोषण के साथ-साथ सामंती व्यवस्था का सामाजिक उत्पीड़न बना हुआ है। जिसके शिकार वंचित लोग हैं। गरीबों के साथ पशुवत व्यवहार किया जाता है। 'बंधुआ मुक्ति मोर्चा *बनाम* भारत सरकार' के मामले में सर्वोच्च न्यायालय ने 16 दिसंबर, 1983 को एक महत्वपूर्ण निर्णय दिया था कि जिसे न्यूनतम मजदूरी नहीं मिल रही है, वह बंधुआ मजदूर है। न्यायमूर्ति पी.एन. भगवती ने बंधुआ मजदूरों को "सभ्यता द्वारा निष्कासित" कहा था। स्वामी अग्निवेश ने दिल्ली मेट्रो रेल परियोजना में निर्धारित 8 घंटे प्रतिदिन के काम और एक सौ बीस रुपये मजदूरी के विरुद्ध 12 घंटे काम लेने तथा मात्र 80 रुपये देने का मामला उठाया।

1982 में गठित हुआ बंधुआ मुक्ति मोर्चा का दावा है कि उसने 2004 तक एक लाख बहत्तर हजार बंधुआ मजदूरों को गुलामी की जंजीरों से मुक्त कराया है। उनमें से अधिकतर का पुनर्वास भी हो चुका है। मोर्चा ने कालीन उद्योग में कार्यरत हजारों बाल मजदूरों को मुक्त कराया, उनके अभिभावकों को सौंपा तथा उनका पुनर्वास कराया। मोर्चा ने बाल मजदूरों को पूर्णकालिक शिक्षा देने तथा शिक्षा को रोजगार से जोड़ने का कार्य किया है। इस शिक्षण-प्रशिक्षण में बच्चों को भोजन-आवास आदि की सुविधा दी जाती है। खदान तथा ईंट भट्ठा क्षेत्र में 15 शिक्षण केंद्र तथा दिल्ली में एक व्यावसायिक शिक्षा केंद्र चल रहा है। मोर्चा की मांग रही है कि 14 वर्ष के सभी बच्चों को अनिवार्य एवं मुफ्त शिक्षा दी जाए, अल्पाहार के रूप में चावल या गेहूं दिया जाए तथा उन्हें मुफ्त में कपड़े भी दिए जाएं। यह आश्चर्यजनक है कि अपने उसी लेख में स्वामी अग्निवेश एक दूसरी जगह कहते हैं : "भारत में कम-से-कम दस करोड़ बंधुआ मजदूर हैं जिसमें 35 प्रतिशत बाल श्रमिक हैं।" इस प्रकार वे कभी 36 करोड़ वयस्कों और 5 करोड़ बच्चों को बंधुआ मजदूर की श्रेणी में रखते हैं तो कभी 10 करोड़ (जिसमें 3.5 करोड़ बाल मजदूर शामिल हैं)। इस प्रकार ये आंकड़े विश्वसनीय नहीं हैं। मगर इतना तो सच है कि भारत के ग्रामीण क्षेत्रों में अभी भी बंधुआ मजदूरों की मौजूदगी है जिनकी संख्या कुछ हजार हो सकती है। फिर भी यह निश्चित रूप से अमानवीय प्रथा है तथा व्यक्ति के स्वतंत्र रूप से कमाने-खाने के मानवाधिकार का स्पष्ट उल्लंघन है। मोर्चा ने यह भी मांग की है कि एक स्वतंत्र बंधुआ मुक्ति आयोग गठित किया जाए जो पूरी समस्या की जटिलता का अध्ययन कर समाधान का रास्ता निकाले। समय-समय पर सर्वोच्च न्यायालय ने राष्ट्रीय मानवाधिकार आयोग को बंधुआ मजदूरों की जांच-पड़ताल के बारे में कई मामले सौंपे हैं मगर स्वामी अग्निवेश का आरोप है कि अभी भी आयोग के पास कई मामले जांच हेतु लंबित हैं तथा बंधुआ मजदूरों के बारे में गठित विशेष समिति (जिसमें वह भी सदस्य हैं) की ठोस सिफारिशों को सर्वोच्च न्यायालय ने स्वीकार नहीं किया और न इन सवालों पर समुचित कार्रवाई करने के लिए आयोग को अधिकृत किया। उन्होंने मीडिया पर भी आरोप लगाया कि वह

हल्के-फुल्के और अश्लील चीजों पर ज्यादा जोर देता है बनिस्बत बंधुआ मजदूरी और गंभीर सवालों पर। उनकी यह चिंता जायज है कि समुदाय, सरकार, स्वैच्छिक संस्थाएं तथा लोक समाज (सिविल सोसायटी) के द्वारा बंधुआ मजदूरी प्रथा को खत्म करने का दृढ़ संकल्प और सरजमीन पर कार्रवाई नहीं की जाती। उनके शब्दों में, ‘‘क्यों नहीं हम सभी मिलकर इस अति निंदनीय और अमानवीय शोषण की प्रथा को जड़ से उखाड़ एक नए समतामूलक समाज का निर्माण करते जिसमें एक भी इंसान गुलाम नहीं होगा, जिसमें जात-पांत और छुआछूत जैसी सामाजिक कोढ़ की बीमारी का नाश किया जाएगा और गरीब-अमीर के बीच की खाई को पाटकर भारत के संविधान के संकल्प को पूरा किया जाएगा।’’ क्या बुद्धिजीवी, सामाजिक कार्यकर्ता, राजनैतिक दल, सरकार और लोक समाज उनकी इस चीख को सुनकर अनसुना कर रहे हैं? इसका उत्तर हमें अपनी-अपनी अंतरात्मा से पूछना चाहिए।

13

मानवाधिकार और कैदियों की दुर्दशा

'मानवाधिकारों की सार्वभौमिक घोषणा' में कैदियों को निम्नलिखित अधिकार प्राप्त हैं :

(क) स्वतंत्र व सक्षम न्यायालय में प्रतिकार करने एवं सार्वजनिक सुनवाई का अधिकार (अनुच्छेद-8 एवं 10)

(ख) किसी को भी मनमाने तौर पर गिरफ्तार या नजरबंद या निर्वासित नहीं किया जाना (अनुच्छेद-9)

(ग) प्रत्येक व्यक्ति को जीवन, स्वतंत्रता और अपने शरीर की सुरक्षा का अधिकार है। (अनुच्छेद-3)

(घ) बचाव के लिए सारे उपायों की सुलभता [अनुच्छेद-11(1)]

(ङ) आरोपी को दोष सिद्ध होने के पूर्व तक निर्दोष मानना [अनुच्छेद-11 (1)]

(च) जो पहले कानूनन अपराध घोषित नहीं था, उसके करने पर दंड नहीं मिलना तथा दंडनीय अपराध करने पर संबंधित कानून में दंड के प्रावधान से अधिक दंड न मिलना [अनुच्छेद-11(2)]

(छ) किसी को भी यातना नहीं दी जाएगी। (अनुच्छेद-5)

इसके अलावा 'नागरिक एवं राजनैतिक अधिकार संबंधी अंतर्राष्ट्रीय प्रसंविदा' (1966) के अनुसार कैदियों को निम्नलिखित अधिकार प्राप्त हैं :

(क) जीवन का सहज अधिकार तथा मनमाने तौर पर जीवन से वंचित नहीं किया जाना [अनुच्छेद-6(1)]

(ख) जिन देशों में मृत्युदंड लागू है, वहां केवल अत्यंत गंभीर अपराधों के लिए ही मृत्युदंड दिया जाए [अनुच्छेद-6(2)]

(ग) मृत्युदंड प्राप्त अभियुक्त को क्षमा या दंड के लघुकरण (कम्युटेशन) का अधिकार [अनुच्छेद-6(4)]

(घ) 18 वर्ष से कम उम्र के बच्चों के लिए मृत्युदंड नहीं दिया जाना [अनुच्छेद-6(5)]

(ङ) किसी को भी यातना नहीं दी जाएगी (अनुच्छेद-7)

(च) मनमाने तौर पर किसी को गिरफ्तार या नजरबंद नहीं किया जाएगा [अनुच्छेद-9(1)]

(छ) गिरफ्तार व्यक्ति को कारण तथा आरोप जानने का अधिकार [अनुच्छेद-9(2)]

(ज) गिरफ्तार व्यक्ति को न्यायाधीश के समक्ष उचित अवधि में पेश किया जाना और सुनवाई का अधिकार, अन्यथा रिहाई का हकदार होगा [अनुच्छेद-9 (3) एवं (4)]

(झ) गैर-कानूनी तौर पर गिरफ्तार या नजरबंद करने पर मुआवजा पाने का अधिकार [अनुच्छेद-9(5)]

(ञ) सामान्यतः आरोपी लोगों को दोषसिद्ध लोगों से अलग रखा जाएगा और उनसे अलग व्यवहार किया जाएगा [अनुच्छेद-10 (2क)]

(ट) बाल आरोपियों को वयस्कों से अलग रखा जाएगा तथा यथाशीघ्र न्यायिक निर्णय के लिए पेश किया जाएगा [अनुच्छेद-10 (2ख)]

(ठ) कैदियों से ऐसा व्यवहार किया जाएगा जिसका उद्देश्य उनका सुधार और सामाजिक पुनर्वास होगा। इसके अलावा बाल आरोपियों से उनकी उम्र और कानूनी दर्जे के अनुरूप व्यवहार किया जाएगा। [अनुच्छेद-10(3)]

(ड) न्यायालयों के समक्ष सभी व्यक्ति समान होंगे, आरोपी को स्वतंत्र, सक्षम एवं निष्पक्ष न्यायालय द्वारा न्यायसंगत और खुली सुनवाई का अधिकार होगा [अनुच्छेद-14 (1)]

(ढ) प्रत्येक आरोपी को अपराध सिद्ध होने तक निर्दोष माना जाएगा [अनुच्छेद-14(2)]

(ण) आरोपी को अधिकार है कि उसे आरोप का आधार उसकी समझ में आने वाली भाषा में शीघ्र बताया जाए, उसे अपने बचाव के लिए अपनी पसंद के वकील से संपर्क करने के लिए पर्याप्त समय और सुविधाएं मिलें, अनावश्यक विलंब के बिना उसका विचारण हो, उसकी उपस्थिति में मुकदमा चले और उसकी पसंद का वकील उसका बचाव करे, एवं उसे अपने खिलाफ साक्ष्य देने या अपराध स्वीकार करने के लिए मजबूर नहीं किया जाए [अनुच्छेद-14(3)]

(त) बाल आरोपियों की उम्र और उनके पुनर्वास को प्रोत्साहन देने वाली कानूनी प्रक्रिया अपनाई जाए [अनुच्छेद-14(4)]

भारतीय संविधान की धारा 22 में सभी नागरिकों को यह अधिकार प्राप्त है कि किसी व्यक्ति को गिरफ्तार का कारण बताए बिना हिरासत में नहीं रखा जाएगा तथा उसे अपनी पसंद के वकील से परामर्श करने और बचाव कराने के अधिकार से वंचित नहीं किया जाएगा। उसके अलावा गिरफ्तार व्यक्ति को न्यायिक मजिस्ट्रेट के समक्ष 24 घंटे के अंदर

पेश किया जाएगा एवं मजिस्ट्रेट के आदेश के बिना उक्त अवधि से अधिक समय तक हिरासत में नहीं रखा जाएगा।

यहां हम तीन बिंदुओं पर विचार करेंगे : पहला, कैदियों को न्यायालय से प्राप्त मानवाधिकार, दूसरा कैदियों की वर्तमान दशा, एवं तीसरा मृत्युदंड जारी रहना चाहिए या नहीं। भारतीय संविधान तथा उच्चतम एवं उच्च न्यायालयों के विभिन्न निर्णयों के आलोक में कैदियों को निम्नलिखित मानवाधिकार प्राप्त हैं :

(क) मानवीय व्यवहार का अधिकार

'डी.के. बसु *बनाम* प. बंगाल सरकार' के मामले में सर्वोच्च न्यायालय ने स्पष्ट निर्णय दिया था कि सभी व्यक्तियों, जिसमें पुलिस द्वारा हिरासत में लिया गया अभियुक्त तथा जेल में बंद कैदी भी शामिल है, की गरिमा का ख्याल रखा जाना है तथा उनके साथ मानवीय एवं सम्मानजनक व्यवहार किया जाना है। गिरफ्तारी के समय उसे कारण तथा संबंधित कानून की जानकारी दी जानी है, तथा उसके परिवार या मित्र को उसकी गिरफ्तारी की जानकारी दी जानी है। इसके अलावा उसे तब तक हथकड़ी नहीं लगाई जाएगी जब तक उसके भागने का समुचित कारण न हो अथवा जब तक संबंधित न्यायालय से इसकी अनुमति न मिल जाए। ज्ञातव्य है कि संयुक्त राष्ट्र द्वारा 23 मार्च, 1976 को पारित नागरिक एवं राजनीतिक अधिकार संबंधी अंतर्राष्ट्रीय संविदा के अनुच्छेद-9 में भी इसका प्रावधान किया गया है जिसका अनुमोदन भारत ने किया है।

(ख) समानता का अधिकार

जेल में प्रवेश करने के बाद उसे उसी स्थान (वार्ड) में रखना है जिसमें उस कैदी की तरह के समान अपराध वाले अन्य कैदी हैं। इसका तात्पर्य यह है कि एक अपराध के विभिन्न कैदियों के बीच रहने के मामले में भेदभाव न हो। दूसरे, विचारण वाले यानी विचाराधीन (अंडर ट्रायल) कैदियों को दोषसिद्ध कैदियों के वार्ड से अलग रखा जाना है। इसकी वजह दोनों के आधार अलग-अलग हैं। इसलिए विचाराधीन कैदियों को अपने घर का बना भोजन खाने और अपना कपड़ा पहनने का पूरा अधिकार है।

(ग) उम्र तथा लिंग के अनुसार अलग व्यवस्था

बाल कैदियों को वयस्कों से अलग रखा जाना है तथा महिलाओं को पुरुषों से अलग रखा जाना है जिससे बच्चों और महिलाओं का शारीरिक, मानसिक तथा यौन शोषण न हो सके। महिला कैदियों की निगरानी के लिए उनके वार्ड में महिला सिपाही आदि की प्रतिनियुक्ति होनी चाहिए। बच्चों और महिलाओं को विचारण के लिए न्यायालय में अलग से प्रस्तुत किया जाना चाहिए। महिला कैदियों के बच्चों के पालन-पोषण और शिक्षा की व्यवस्था होनी चाहिए।

(घ) स्वास्थ्य एवं चिकित्सा का अधिकार

जेल में प्रवेश के समय सभी कैदियों की चिकित्सा जांच होनी चाहिए। अर्थात यदि उन्हें पहले से कोई चोट, घाव या बीमारी है, तो उसकी रिपोर्ट लिखित रूप से होनी चाहिए। इसके अलावा महिलाओं की गर्भावस्था की भी जांच की जानी है। यदि वह प्रवेश के समय गर्भवती है, तो उसका उल्लेख उसके रिपोर्ट कार्ड में किया जाना है। इन प्रावधानों का उद्देश्य है कि बाद में जेल के भीतर कैदियों के साथ मारपीट न हो और यदि ऐसा होगा तो उसको जेल कर्मचारियों के विरुद्ध माना जाएगा। इस प्रकार महिला की गर्भावस्था की जांच हो जाने पर यदि वह प्रवेश के समय गर्भवती न रही हो और बाद में गर्भवती हो जाए, तो उसके लिए जेलकर्मियों को दोषी माना जाएगा। बाद में बीमार कैदियों की उपयुक्त चिकित्सा की व्यवस्था की जानी है। उन्हें व्यायाम, योग आदि की भी सुविधा मिलनी चाहिए।

(ङ) कैदियों के लेटने-सोने का अधिकार

जेल में प्रत्येक कैदी को बैठने, लेटने और सोने के लिए उचित जगह मिलनी चाहिए अन्यथा वह शीघ्र अस्वस्थ हो जाएगा।

(च) पेयजल तथा भोजन का अधिकार

प्रत्येक कैदी को पीने का पानी तथा खाने के लिए न्यूनतम भोजन मिलना चाहिए। मगर चिकित्सकों की सलाह पर उसे कम भोजन या बिलकुल भोजन नहीं तथा अलग रखने की व्यवस्था की जा सकती है। यदि किसी कैदी को चिकित्सक विशेष/भिन्न खुराक लिखें, तो जेल प्रशासन उसे उपलब्ध कराएगा।

(छ) स्वच्छता एवं शौचालय की सुविधा का अधिकार

प्रत्येक कैदी को प्राकृतिक नित्य कर्म से निपटने के लिए उपयुक्त शौचालय की सुविधा होनी चाहिए जिससे गंदगी या बीमारी न फैले। उन्हें तेल, साबुन, बाल कटाने, दाढ़ी बनवाने एवं नहाने की भी सुविधा मिलनी चाहिए।

(ज) वैधिक सहायता का अधिकार

प्रत्येक कैदी को अपनी इच्छानुसार कोई वकील रखने का अधिकार है किंतु ऐसा करने में अक्षम रहने पर उसे सरकार से उचित वैधिक सहायता, (मुफ्त में वकील रखना) दी जाएगी। वह जेल में अपने वकील से निर्धारित मुलाकाती समय में मिल सकता है और अपने मुकदमे के बारे में विचार-विमर्श कर सकता है।

(झ) संबंधियों, मित्रों आदि से मुलाकात का अधिकार

प्रत्येक कैदी को निर्धारित समय पर सुबह या शाम अपने परिवार या संबंधी या मित्र आदि से मिलने का अधिकार है।

(ज) शोषण के विरुद्ध अधिकार

जेल में बंद सजायाफ्ता कैदी से ही न्यायालय के आदेशानुसार काम कराया जा सकता है जिसके लिए उसे न्यूनतम मजदूरी देय होगी अर्थात वह बेगार नहीं होगा। किंतु विचाराधीन कैदियों से ऐसा कोई श्रम नहीं कराया जा सकता।

(ट) एक अपराध के लिए एक दंड का अधिकार

किसी कैदी को एक ही अपराध के लिए दो बार दंडित नहीं किया जा सकता। उसे हथकड़ी, बेड़ी या सीधी जैकेट में अवरुद्ध नहीं किया जाएगा। किंतु यदि जेल के अंदर उसके द्वारा कोई अवांछित व्यवहार किया जाए जिससे उसके भागने की शंका हो, अथवा अन्य कैदियों को उकसाने की शंका हो अथवा दूसरे कैदियों से मारपीट की शंका हो अथवा मारपीट, उकसाने या भागने का प्रयास किया गया हो, तो सक्षम अधिकारी के लिखित आदेश पर उसे अलग सेल में रखा जा सकता है।

(ठ) विचारण हेतु न्यायालय में पेश होने का अधिकार

प्रत्येक विचाराधीन कैदी को अधिकार है कि उसे न्यायालय द्वारा निर्धारित तिथि को न्यायालय में पेश किया जाए। पेश करने के स्थान पर उनके लिए शौचालय की भी सुविधा होनी चाहिए।

(ड) शैक्षिक अधिकार

कैदियों को अखबार, पत्रिका, पुस्तक, टी.वी. आदि की सुविधा होनी चाहिए। यदि वे किसी को पत्र लिखना चाहें, तो उन्हें कागज-कलम की सुविधा दी जानी चाहिए।

(ढ) सहकारिता/पंचायत का अधिकार

सजायाफ्ता कैदियों को जेल के अंदर अपने कार्यों एवं समस्याओं को निपटाने के लिए परस्पर सहयोग से पंचायत बनाने का अधिकार है। अर्थात विभिन्न दायित्वों का भार स्वेच्छा से चुनाव के आधार पर विभिन्न कैदियों को सौंपा जा सकता है। जैसे सफाई का कार्य, भोजन बनाने का कार्य, पानी की व्यवस्था, परिसर में साग-सब्जी उगाना, मनोरंजन करना आदि।

(ण) अवकाश और छूट का अधिकार

सजायाफ्ता कैदियों को बिना किसी भेदभाव के नियमानुसार अस्थायी रूप से आवश्यक कार्यों (यथा मां-बाप का दाह संस्कार, बेटा-बेटी का विवाह आदि) को संपन्न करने हेतु पेरोल पर छूटने या उनकी सजा में छूट (उनका कार्य व्यवहार संतोषजनक रहने पर) का अधिकार है।

ये अधिकार किसी-न-किसी रूप में भारतीय संविधान की धारा 14, 15, 20, 21,

22 तथा 32 से संरक्षित है। सर्वोच्च न्यायालय द्वारा 'मानेका गांधी *बनाम* भारत संघ (1978 ए.आई.आर., सु.को. 597)' में कैदियों को जीने का अधिकार दिया गया तथा 'हुसैनारा खातून *बनाम* गृह सचिव बिहार (1979, ए. आई.आर., सु. को, 1360)' में सर्वोच्च न्यायालय ने विचाराधीन कैदियों के मामलों को शीघ्र निपटाने का निर्देश दिया। 'शीला बार्से *बनाम* भारत संघ (1983, 2, एस.सी.सी. 96)' में सर्वोच्च न्यायालय ने आदेश दिया कि गैर-अपराधी पागलों को जेल में नहीं रखा जा सकता। 'सिटिजन फॉर डेमोक्रेसी *बनाम* असम (1995, 3, ए.सी.सी. 743)' में सर्वोच्च न्यायालय ने अभियुक्तों को हथकड़ी लगाने से रोक लगाई। 'डी.के. बसु *बनाम* पश्चिम बंगाल (जे.टी. 1997, 1ए सु.को.)' में सर्वोच्च न्यायालय ने गिरफ्तारी का कारण जानने तथा वकील द्वारा बचाव करने का अधिकार दिया।

कैदियों की वर्तमान दशा

भारत की जेलों में कैदियों की स्थिति संतोषप्रद नहीं है। इसे निम्नलिखित ढंग से देखा जा सकता है :

(क) जेलों में जितने कैदियों के रहने की क्षमता है, उससे करीब दोगुना कैदी रहते हैं। उदाहरणार्थ बिहार में सभी जेलों में कैदियों की क्षमता लगभग बीस हजार है, मगर करीब 40,000 कैदी रहते हैं। तिहाड़ जेल, दिल्ली में भी क्षमता के दोगुने से अधिक कैदी रहते हैं। इस ठूंसमठूंस के कारण कैदियों को सोने का स्थान नहीं मिलता। वे बारी-बारी से सोते हैं, कुछ खड़े रहते हैं या खड़े-खड़े सोने की कोशिश करते हैं। इसके फलस्वरूप उन्हें शारीरिक और मानसिक कष्ट होता है। अंततः वे अपच, अनिद्रा, बदन दर्द आदि के शिकार हो जाते हैं। दंड प्रक्रिया संहिता में नया संशोधन कर दिया गया है (2008-09) कि सात वर्ष से कम सजा वाले मामले में पुलिस अभियुक्त को गिरफ्तार नहीं कर सकती यानी तब विचारण वाले कैदियों की संख्या (जेलों में) में कमी आएगी।

(ख) क्षमता से अधिक कैदियों के कारण उन्हें शौचालय का उपयोग करने, नहाने-धोने आदि में भी कठिनाई होती है। चूंकि जलापूर्ति प्रायः चौबीस घंटे नहीं रहती, इसलिए कई कैदी नहाने-धोने से वंचित रह जाते हैं।

(ग) क्षमता से अधिक कैदियों के कारण भोजन पकाने, बांटने आदि में भी दिक्कत होती है क्योंकि कैदियों को हॉल में तालाबंद करके रखा जाता है, तथा समय-समय पर ही निकाला जाता है। उसके अलावा कम समय में ज्यादा कार्य के कारण भोजन की गुणवत्ता खराब हो जाती है।

(घ) संख्या अधिक होने तथा विभिन्न गुटों के कैदियों के एक साथ रहने के कारण जातीय, विचारधारात्मक, धार्मिक, भाषाई या क्षेत्रीय आधार पर परस्पर झगड़े होते रहते हैं। बिहार में जेलों में नक्सली एम.सी.सी. और माले समर्थकों के बीच, माले तथा

माओवादियों के बीच, रणवीर सेना और माले के बीच, रणवीर सेना और माओवादियों के बीच, रणवीर सेना और एम.सी.सी. के बीच गंभीर रूप से झगड़े हो जाते हैं। इसके अलावा विभिन्न विशुद्ध अपराधी गुटों के बीच भी वर्चस्व को लेकर झगड़े होते रहते हैं।

(ङ) अत्यधिक संख्या के कारण चिकित्सा सुविधा चरमरा जाती है क्योंकि सीमित मात्रा में दवाएं जेलों में रहती हैं।

(च) अत्यधिक संख्या के कारण जेल नियमों के तहत विभिन्न कार्य तथा मुलाकाती, पुस्तकालय, वाचनालय व्यवस्था आदि भी बुरी तरह प्रभावित होती है।

(छ) अधिक संख्या के कारण योग, व्यायाम, विपासना जैसे महत्वपूर्ण पुनर्वास कार्य भी प्रभावित हो जाते हैं।

(ज) प्रायः ऐसी शिकायतें मिलती हैं कि जेलों में यौन शोषण होता है यह सम-लैंगिक और विषम-लैंगिक दोनों होता है। जेल महानिरीक्षक बिहार के रूप में मैंने 1995 में दायित्व संभाला था और मैंने निरीक्षण के दौरान फुलवारीशरीफ तथा बेउर (पटना) में सम-लैंगिक यौन-शोषण की शिकायत पाई थी। फुलवारीशरीफ में वयस्कों के बीच यह समस्या उठी थी मगर बेउर में एक अवयस्क (12 वर्ष) के बालक के यौन शोषण का मामला प्रकाश में आया था। बाल कैदियों का अलग वार्ड था मगर जब एक बाल कैदी का किसी वयस्क अपराधी ने यौन-शोषण किया, तो बाल कैदियों ने उसे अपने वार्ड में रखने से इंकार कर दिया मानो उस पीड़ित बाल कैदी की सहमति रही हो। जब मैंने पीड़ित बाल कैदी से पूछताछ की तो वह घबराया हुआ था मगर दोषी वयस्क कैदी का नाम उसने नहीं बताया। अंततः मैंने बाल कैदियों को समझा-बुझाकर उस पीड़ित बाल कैदी को उसी वार्ड में रखवाया। चूंकि जेलों में महिला कैदी भी अलग वार्ड (महिला वार्ड) में रहती हैं, इसलिए खूंखार अपराधियों के द्वारा उनका यौन-शोषण कभी-कभी होता है। वर्ष 2003-04 में एक ऐसा गंभीर मामला प्रकाश में आया। बिहार के रोहतास जिले में सासाराम जेल में पति-पत्नी दोनों कैद की सजा काट रहे थे मगर उनके वार्ड अलग-अलग थे। एक साल के बाद महिला कैदी की गर्भावस्था दृष्टिगोचर होने लगी जिसके कारण जेल प्रशासन में अफरा-तफरी मच गई। यह बात अखबारों में भी प्रकाशित हो गई। कुछ समय बाद उसे एक पुत्ररत्न प्राप्त हुआ। जांच के दौरान उस महिला कैदी ने बताया कि एक बार किसी गंभीर बीमारी के कारण उसे सासाराम अस्पताल में चिकित्सा हेतु भर्ती कराया गया था। उसकी निगरानी के लिए वहां जेल के वार्डन प्रतिनियुक्त किए गए थे। सो उन वार्डरों ने उसे डरा-धमकाकर उसके साथ यौन-संबंध स्थापित किया था जिससे उसे गर्भ ठहर गया। उस जेल में बंद उसके पति ने स्पष्ट रूप से कहा कि उसका कभी अपनी पत्नी से संपर्क नहीं हुआ था। उसने अपनी पत्नी को उस कुकर्म के कारण तलाक भी दे दिया। इस प्रकार उस महिला कैदी का यौन-शोषण जेल के स्टाफ के द्वारा किया गया। इसी प्रकार दबंग कैदियों के द्वारा भी जेल स्टाफ की मिलीभगत से महिला कैदियों का यौन-शोषण होता है।

(झ) ऐसे भी मामले प्रकाश में आए हैं जब जेल अधीक्षक तथा उनके सहकर्मी फर्जी रूप से यह दिखाते हैं कि बीमारी के कारण अमुक कैदी को विशेष भोजन (फल, पथ्य आदि) की व्यवस्था की गई जबकि वास्तव में ऐसा विशिष्ट पौष्टिक भोजन उपलब्ध नहीं कराया गया। बिहार के एक जेल अधीक्षक पर यह आरोप था कि विशिष्ट पौष्टिक भोजन के रूप में उन्होंने लाखों रुपये कैदियों के स्वास्थ्य पर खर्च किया। मुझे इस मामले में जांच संचालन अधिकारी नियुक्त किया गया था। मैंने सभी आरोपों को सही पाया तथा जांच रिपोर्ट सरकार को सौंप दी। चूंकि मेरे पूर्ववर्ती अधिकारी का तबादला हो गया था तथा सरकार द्वारा फिर से जांच अधिकारी नियुक्त करने में विलंब हुआ, इस आधार पर माननीय पटना उच्च न्यायालय की रांची बेंच के तत्कालीन मुख्य न्यायाधीश की बेंच ने न केवल उक्त विभागीय कार्यवाही रद्द करते हुए आरोपी को निलंबन से मुक्त करने का निदेश दिया बल्कि मुझे न्यायालय की अवमानना का दोषी भी ठहराया। वाह रे न्याय! इस प्रकार लाखों रुपये गटक जाने वाला जेल अधीक्षक बच गया और जांच करने वाला कई महीनों तक परेशान रहा। अंततः पूरी स्थिति स्पष्ट होने के बाद अवमानना वाद समाप्त हो गया मगर 'उल्टा चोर कोतवाल को डांटे' वाली बात सिद्ध हुई।

(ञ) दोषसिद्ध बंदियों को संतोषजनक व्यवहार करने के एवज में उनकी सजा में छूट (रिमिसन) का प्रावधान है। कई जेल अधिकारी उसमें भी नाजायज तरीके से पैसे कमाते हैं। जो कैदी उन्हें खुश नहीं कर पाता, उसे या तो छूट मिलती ही नहीं अथवा बहुत कम मिलती है। कभी-कभी कुछ जेल अधिकारी कैदियों से उपकृत होकर उन्हें नियमों के विरुद्ध ज्यादा छूट दे देते हैं। बिहार के भागलपुर जेल के एक जेल अधीक्षक ने कई कैदियों को नियम के तहत अनुमान्य छूट से ज्यादा छूट दे दी थी जिसे बाद में पकड़ा गया और उसके लिए उस जेल अधीक्षक के विरुद्ध सख्त कार्रवाई की गई।

(ट) ऐसा देखा गया है कि विचाराधीन कैदियों की संख्या सामान्यतः 80 से 90 प्रतिशत होती है। उन्हें अपने घर-परिवार का बनाया भोजन प्राप्त करने का अधिकार है, इसलिए अधिकतर विचाराधीन कैदी जो उसी जिले/तहसील के होते हैं, वे अपने घर का खाना खाते हैं। मगर जेल के अधिकारी और स्टाफ सभी कैदियों के भोजन के लिए राशन का दैनिक खर्च दिखाते हैं जो महज कागजी खानापूरी होती है। उस प्रकार रोजाना कई क्विंटल आटा, दाल, सब्जी, तेल, मसाला आदि नाजायज रूप से बेच दिया जाता है, या उन लोगों के घर चला जाता है अथवा आपूर्तिकर्ता के द्वारा उतने सामानों की आपूर्ति ही नहीं की जाती। इस प्रकार एक मोटे अनुमान के मुताबिक रोजाना होने वाले खर्च का एक-तिहाई से आधा तक जेल अधिकारियों-कर्मचारियों की जेब में चला जाता है।

(ठ) ऐसा भी देखा जाता है कि दबंग कैदियों के द्वारा जेल के भीतर अश्लील सी.डी., आडियो-वीडियो कैसेट, मोबाइल फोन, अवैध अस्त्र-शस्त्र, शराब-गांजा-भांग-हेरोइन

आदि मंगाकर इस्तेमाल किया जाता है। ऐसा प्रायः जेल प्रशासन की मिलीभगत अथवा निष्क्रियता से होता है।

(ड) प्रायः जेलों में दबंग कैदी मोबाइल फोन पर बड़े व्यापारियों, चिकित्सकों, इंजीनियरों, ठेकेदारों आदि से रंगदारी की मांग करते हैं और न देने पर अपने गिरोहों के द्वारा उनका या उनके परिवार के किसी सदस्य का अपहरण या हत्या कर देते हैं। अफसोस है कि अधिकतर भारतीय जेलों में जैमर नहीं लगाए गए हैं जिससे मोबाइल फोन कार्य न कर सकें।

(ढ) ऐसा भी पाया गया है कि दबंग कैदी सीधे-सादे और कमजोर कैदियों से अपनी देह की मालिश करवाते हैं, हाथ-पैर दबवाते हैं, खाना-पानी आदि मंगवाते हैं, सफाई आदि करवाते हैं, उन्हें अपने अनुसेवक की तरह इस्तेमाल करते हैं। यदि कोई नया कैदी उनका हुक्म नहीं मानता, तो वे उसकी पिटाई कर देते हैं।

(ण) यह आम बात है कि विचाराधीन कैदियों की कोर्ट में पेशी नियमित रूप से नहीं हो पाती जिसके विरुद्ध विभिन्न स्वयंसेवी संस्थाएं आवाज उठाती रही हैं। अब तो कैदी भूख हड़ताल कर रहे हैं। बिहार के कुछ जेलों, मेरठ तथा गाजियाबाद की जेलों में कैदियों ने भूखहड़ताल इस बावत की थी। मई 2007 में दिल्ली के तिहाड़ जेल के 250 कैदियों ने भी भूख हड़ताल की जिसमें एक-तिहाई विदेशी कैदी थे। इस समस्या के निम्नलिखित कारण हैं :

(1) अत्यधिक संख्या के कारण;
(2) स्थानीय जिला पुलिस द्वारा पर्याप्त सुरक्षा बल उपलब्ध न कराने के कारण;
(3) स्थानीय जिला पुलिस द्वारा पर्याप्त सुरक्षा बल उपलब्ध न कराने के कारण;
(4) जेल प्रशासन की बदनीयती या अक्षमता के कारण—पेशी पर ले जाने के लिए कैदियों से पैसे की मांग की जाती है। दूसरी ओर अक्षम अधिकारियों को यह नहीं पता होता कि किसे, कब, कहां प्रस्तुत किया जाना है;
(5) संबंधित न्यायालय में कार्याधिक्य के कारण, अथवा भ्रष्टाचार के कारण अथवा अक्षमता के कारण सबकी नियमित पेशी नहीं हो पाती।

जेलों की बदतर स्थिति के लिए अधिक संख्या होना एक प्रमुख कारण है और अधिक कैदियों के होने का कारण न्यायालयों में आपराधिक मामलों का निष्पादन द्रुत गति से न होना है। उदाहरण के तौर पर, पूरे भारत में सभी न्यायालयों में करीब तीन करोड़ मामले लंबित हैं जिनमें से 2.25 करोड़ मामले अधीनस्थ न्यायालयों में लंबित हैं। दूसरे, अकेले बिहार में 13.65 लाख मामले विभिन्न न्यायालयों में लंबित हैं। तीसरे, बिहार में 846 न्यायिक अधिकारियों ने 2005 में 2.28 लाख मामलों का निष्पादन किया अर्थात एक दिन में एक न्यायिक अधिकारी ने एक से भी कम (0.7) मामले का निष्पादन किया—शेट्टी कमीशन की अनुशंसा पर अन्य सेवा संवर्गों की अपेक्षा बेहतर वेतनमान पाने

वाले न्यायकर्ताओं की यह उपलब्धि क्या संतोषजनक कही जाएगी? उन्हें प्रतिदिन न्यूनतम एक मामले का निर्णय देना है। चौथे, प्रतिवर्ष सर्वोच्च न्यायालय में दायर किए जाने वाले 42,000 मामलों में से 40,500 का निष्पादन किया जाता है। पांचवें, भारत के सभी उच्च न्यायालयों द्वारा प्रतिवर्ष 12.21 लाख मामलों में से 11.23 लाख मामलों का निष्पादन किया जाता है जबकि देश के सभी अधीनस्थ न्यायालयों द्वारा प्रतिवर्ष 1.40 करोड़ मामलों में से 1.32 करोड़ मामले निष्पादित किए जाते हैं। छठवें, 2005 में बिहार में 3.52 लाख दर्ज मामलों (सभी न्यायालयों में) में से 2.44 लाख का निष्पादन किया गया। सातवें, पूरे देश में करीब 3000 न्यायिक अधिकारियों के पद रिक्त हैं (हिंदुस्तान टाइम्स, पटना, 9 जुलाई 2006)। इस प्रकार स्पष्ट है कि विलंब से मिलने वाला न्याय न्याय नहीं रह जाता ('जस्टिस डिलेड इज जस्टिस डिनाइड')। इसके अलावा न्याय प्रणाली खर्चीली होने के कारण भी गरीबों को न्याय नहीं मिल पाता और वैधिक सहायता की संवैधानिक व्यवस्था बहुत कम राज्यों के बहुत कम न्यायालयों में बहुत कम विचाराधीन कैदियों को मिल पाती है। मगर एक बात उल्लेखनीय है कि यदि किसी न्यायालय का प्रमुख सक्रिय हो, तो नीचे के न्यायालयों में भी सक्रियता आ जाती है। उदाहरण के तौर पर, जस्टिस जे.एन.भट्ट ने गुजरात में पहली बार लोक अदालतों के माध्यम से लाखों मामलों का निष्पादन द्रुत गति से कराया। इसके बाद बिहार के मुख्य न्यायाधीश के रूप में भी उन्होंने लोक अदालतों के जरिए द्रुत गति से मामलों का निष्पादन कराया।

(त) महिला कैदियों को मासिक धर्म के दौरान पैड आदि की कौन कहे, स्वच्छ कपड़े भी न मिलने के कारण वे फटे कंबलों के टुकड़ों का इस्तेमाल करती हैं।

(थ) दबंग राजनेता कैदी जेलों में बंद होते ही प्रायः चिकित्सक से अपने को बीमार लिखवाते हैं और भीतर अस्पताल या बाहरी अस्पताल में भर्ती हो जाते हैं।

(द) कुछ कैदी इतने प्रभुत्वशाली होते हैं कि जेल में बंदी के दौरान रात में बाहर निकलकर अपराधों को अंजाम देते हैं, बाहर की पार्टियों का मजा उठाते हैं, अपने परिवार से मिलते हैं, राजनैतिक कार्रवाई करते हैं, और सुबह होने के पहले पुनः जेल में आ जाते हैं। इस कारण अक्सर उन पर नामजद मामले दर्ज नहीं हो पाते।

बिहार की जहानाबाद जेल की दीवारें, चारदीवारें, दरवाजे आदि काफी कमजोर थे, जेल स्टाफ कम तथा अक्षम थे जिसके कारण 14 नवंबर, 2005 को माओवादियों ने ग्यारह लोगों की हत्या करके जहानाबाद जेल को अपने कब्जे में ले लिया तथा अपने साथियों सहित 384 कैदियों को जेल से मुक्त कर दिया। शेष कैदी भी भाग सकते थे मगर उन्होंने कानून को अपने हाथ में नहीं लिया। घटना के समय जनता की ओर से पुलिस अधीक्षक और जिला पदाधिकारी आदि को फोन पर सूचित किया गया। जिला पदाधिकारी जहानाबाद हथियारों को बचाने के लिए पुलिस लाइन चले गए और उसके बाद घटना स्थल पर पहुंचे। मगर आरोप है कि पुलिस अधीक्षक अनधिकृत रूप से

जहानाबाद से अन्यत्र चले गए थे। जिसके कारण सरकार ने उन्हें निलंबित भी किया। खैर, इससे यह सिद्ध हुआ कि जेलों में पर्याप्त सुरक्षा व्यवस्था की कौन कहे, न्यूनतम सुरक्षा व्यवस्था भी नहीं है। बाद में जेल ब्रेक कांड के प्रमुख अजय को पुलिस मुठभेड़ में मार दिया गया। पिछले वर्षों में कई टी.वी. चैनलों ने तिहाड़ (दिल्ली), कानपुर तथा अन्य जेलों में 'स्टिंग आपरेशन' के जरिए भ्रष्टाचार और सुरक्षा की कमियों को उजागर किया। तिहाड़ जैसी सबसे ज्यादा दृढ़ सुरक्षा व्यवस्था वाली जेल में पैसे के बल पर कोई भी बाहरी और अनधिकृत व्यक्ति अंदर घुस सकता है, कोई खतरनाक हथियार ले जा सकता है और भीतर के कैदी रिश्वत के बल पर अनधिकृत रूप से बाहर आकर अपराध भी कर सकते हैं। इसके आधार पर तिहाड़ जेल के कई अधिकारियों/कर्मचारियों को निलंबित भी किया गया। उत्तर प्रदेश की बनारस जेल में एक अभियुक्त की हत्या पिस्तौल से किसी कैदी ने कर दी यानी पिस्तौल जैसे निषिद्ध हथियार जेल के भीतर ले जाए जा सकते हैं। वहां के जेल अधीक्षक आदि को भी निलंबित किया गया। मगर समस्या का निदान नहीं हो सका है।

तिहाड़ जेल (दिल्ली) में एक कैदी दो महीने तक बंद था और फिर न्यायालय के आदेश से वह बरी हो गया और जेल से मुक्त हो गया। उसके द्वारा बयान की गई चीजें आंखें खोलने वाली हैं जो निम्नलिखित हैं (हिंदुस्तान टाइम्स, 9 जुलाई 2006) :

(1) तिहाड़ में क्षमता से काफी अधिक कैदी रहते हैं। वहां 5648 कैदियों को रखने की क्षमता है मगर वहां 13,000 कैदी रहते हैं। इसके कारण कैदी सोने-लेटने की जगह नहीं पाते।

(2) पांच बजे सुबह कैदियों को जगाकर उनसे शौचालय आदि की सफाई कराई जाती है।

(3) विचाराधीन कैदियों को सामान्यतः काम नहीं करना पड़ता मगर शौचालय की सफाई, खाने के लिए कतार में खड़ा होना आदि उनका भी दायित्व है।

(4) जो कैदी कोई काम नहीं करना चाहते, उन्हें 10,000 रु. प्रतिमाह दोषसिद्ध कैदियों के मार्फत देने पड़ते हैं जिनमें जेल अधिकारियों-कर्मचारियों का हिस्सा बंधा होता है। यदि किसी कैदी का सौदा किसी जेल स्टाफ से सीधे पट जाता है, तो उसे कम दर पर यह सुविधा मिलती है यानी मात्र चार हजार रु. मासिक अदा करना पड़ता है।

(5) अति महत्वपूर्ण व्यक्तियों के कमरे, हाल आदि अलग हैं तथा उनमें टी.वी., फ्रिज, रसोइया, नौकर, कैंटीन, बैडमिंटन खेलने की सुविधा, नहाने/शौचालय आदि की समुचित सुविधा है। उसे 'चंडूखाना' के नाम से जाना जाता है।

(6) भोजन की गुणवत्ता अत्यंत खराब होती है—पानी जैसी दाल, सड़े आटे की रोटी (चार रोटियां मात्र) और थोड़ी व खराब सब्जी। दूध, पनीर का खर्च दिखाया

जाता है मगर कैदियों को कभी नहीं मिलता। चाय में पानी ही रहता है, दूध-चीनी नाममात्र की। कुछ कैदी कैंटीन से दूध खरीदकर अपनी चाय अलग बनाते हैं।

(7) कुछ कैदी पैसे पर अपेक्षाकृत अमीर कैदियों की सेवा करने को तैयार होते हैं। उनमें अवैध घुसपैठिये बांग्लादेशी कैदी हर प्रकार की सेवा करते हैं।

(8) दबंग और चतुर कैदी जेल में शराब, सिगरेट, चरस आदि मंगाकर इस्तेमाल करते हैं। किंतु इन चीजों की काफी कीमत होती है। एक गोल्ड फ्लेक (पैकेट नहीं) का दाम 50 रु. होता है और चरस की पुड़िया 30 रु. में मिलती है। माचिस न मिलने के कारण जलते बल्ब के ऊपर कपड़े का टुकड़ा जलाकर कैदी अपनी सिगरेट जलाते हैं।

(9) चंडूखाना वाले भाग में बहुत कम कैदी रहते हैं—सोने-लेटने की पर्याप्त जगह होती है मगर उसमें प्रवेश के लिए 500 से 5,000 रु. (जैसा जेल अधिकारी कैदी की औकात आंकते हैं) देने पड़ते हैं।

(10) यद्यपि कैदियों को हाजत से बाहर सुबह 6 से 12 बजे दोपहर तक आंगन में निकाला जाता है और शाम में 4 बजे से 6 बजे तक हाजत से बाहर आंगन में निकाला जाता है मगर जो कैदी जेल अधिकारियों-कर्मचारियों को रिश्वत देते हैं, उन्हें हमेशा बाहर टहलने या खेलने की छूट रहती है।

(11) बस में कैदियों को जेल से न्यायालय ले जाया और वापस लाया जाता है। बीच में बस नहीं रुकती। यदि किसी कैदी को सजा सुना दी जाती है, तो प्रायः गुस्से में वह लौटते समय यात्री कैदियों के साथ मारपीट करता है, ब्लेड से उसके शरीर को चीर देता है जिसके कारण पुनः उस पर एक मामला दर्ज किया जाता है और वह सजायाफ्ता कैदी होने के बजाय विचाराधीन कैदी बना रहता है। इसमें यह फायदा है कि उसे काम नहीं करना पड़ता जबकि सजायाफ्ता कैदी को रोजाना काम करना पड़ता है।

(12) जो विचाराधीन कैदी अतिरिक्त भुगतान (दस हजार रु. प्रतिमाह) करते हैं, उनके लिए विशेष बस होती है। भुक्तभोगी कैदी ने बताया कि उसे विशेष वाहन में ले जाया जाता था जिसमें कश्मीरी आतंकवादी ले जाए जाते थे। इसके लिए उसे भुगतान करना पड़ता था। ऐसे कैदियों को न्यायालय में पेशी के समय अतिरिक्त समय मिल जाता है, उनके लिए विशेष हाजत होती है और शौचालय आदि की सुविधा होती है।

सवाल उठता है कि क्या यह वही जेल है जिसमें जेल महानिरीक्षक के रूप में पदस्थापन के दौरान किरण बेदी द्वारा किए गए सुधारों की खूब चर्चा की गई थी और इसी के आधार

पर उन्हें महत्वपूर्ण रामन मैगसेसे पुरस्कार भी मिला था। मेरी टाइलर ने 'भारतीय जेलों में पांच साल' नामक किताब में कैदियों की दुर्दशा का अनुभवजन्य वर्णन किया है जो रोंगटे खड़े कर देता है।

मृत्युदंड की प्रासंगिकता

मृत्युदंड के बारे में यह तर्क दिया जाता है कि इससे अपराधी तत्वों में डर पैदा होता है और पीड़ित व्यक्ति के परिवार को मनोवैज्ञानिक संतुष्टि मिलती है कि अपराधी को अधिकतम दंड मिला। भारत में यह चर्चा जोरों पर है कि बलात्कार के अभियुक्तों को मृत्युदंड की सजा मिलनी चाहिए। मगर विश्व के दर्जनों देशों (विशेषकर यूरोपीय संघ के देशों और जापान में) में मृत्युदंड का प्रावधान खत्म कर दिया गया है। मृत्युदंड के विरुद्ध निम्नलिखित दलीलें दी जाती हैं :

(1) हर संत का (प्रतिकूल) अतीत होता है और इसी प्रकार हर अपराधी का (अनुकूल) भविष्य हो सकता है। इसलिए अपराधी को मारने की बजाय सुधरने का मौका मिलना चाहिए।

(2) दांत के बदले दांत या आंख के बदले आंख के सिद्धांत से प्रतिशोध चक्र चलता रहता है। यदि मृत्युदंड का प्रावधान रहा, तो यह सिलसिला दो पक्षों के बीच चलता रहेगा।

(3) आधुनिक समाज पूर्व की असभ्य एवं बर्बर अवस्था से काफी आगे बढ़ चुका है, अस्तु मृत्युदंड जैसी अत्यंत पुरानी पद्धति बदलनी चाहिए।

(4) अपराधी के पास भी काफी और विविध प्रकार के अनुभव होते हैं जिनका लाभ मृत्युदंड देने से समाज को नहीं मिल सकता। उसके एक अपराध की तुलना में दर्जनों अच्छे कार्य और कीमती अनुभव ज्यादा महत्वपूर्ण होते हैं।

(5) मृत्युदंड ऐसा दंड है जो अंतिम होता है, उसमें फेर-बदल या उलटने की गुंजाइश नहीं होती, इसलिए उसका औचित्य नहीं है।

(6) फांसी पर लटकाने में काफी पीड़ा होती है जो अमानवीय और क्रूर पद्धति है।

(7) फांसी की सजा कार्यान्वित करने वाले जल्लादों के प्रति आम लोगों की धारणा अच्छी नहीं होती, समाज उनका बहिष्कार करता है और उनके बच्चों की पढ़ाई आदि बुरी तरह प्रभावित होती है।

मगर विकसित पश्चिमी देशों की तुलना भारत जैसे विकासशील देशों से नहीं की जा सकती क्योंकि विकसित देश सामान्यतः 'विनियमित' समाज है जहां बहुत सारे कार्य एक ढर्रे पर सामान्यतः चलते हैं और वहां के लोगों के सामने भोजन, वस्त्र, मकान, शिक्षा और स्वास्थ्य जैसी अनिवार्य आवश्यकताएं समस्या के रूप में नहीं होतीं जबकि अधिकतर विकासशील देशों में अपनी आवश्यकताओं की पूर्ति के लिए भी अपराध किए जाते हैं।

बेरोजगारी और गरीबी के कारण बहुत सारे अपराध होते हैं, इसलिए इन अपराधों और दूसरे अपराधों में भेद होता है तथा संक्रमण से गुजरते भारत जैसे विकासशील देशों में बढ़ती आबादी और आतंकवाद/सांप्रदायिकता एवं नरसंहार जैसी मूल समस्याओं के कारण बढ़ते अपराध के आलोक में मृत्युदंड का प्रावधान होना चाहिए जिससे अपराधी प्रवृत्ति के लोग डरें और दूसरे गंभीर अपराध जगत में प्रवेश करने के पहले सैकड़ों बार सोचें। किंतु जैसा कि सर्वोच्च न्यायालय ने निर्णय दिया है मृत्युदंड विरलतम मामले (आतंकवादी हमले, नरसंहार) में ही दिया जाना चाहिए जहां अपराध जान-बूझकर जघन्य तरीके से किया गया हो।

सन् 2005 में तत्कालीन राष्ट्रपति श्री ए.पी.जे. अब्दुल कलाम ने भारत सरकार को बीस मामलों को समीक्षा करने के लिए लौटाया जो मृत्युदंड के थे और राष्ट्रपति के पास अंतिम अपील के रूप में थे। राष्ट्रपति ने लिखा कि मृत्युदंड को अन्य दंड में बदलने हेतु विभिन्न उचित मापदंड अपनाए जाने चाहिए। उस समय राष्ट्रपति भवन में 45 मामले राष्ट्रपति की कृपा/क्षमा के लिए लंबित थे जिनमें 12 मामले तत्कालीन राष्ट्रपति श्री के.आर. नारायणन के समय से लंबित हैं। दिल्ली उच्च न्यायालय के पूर्व मुख्य न्यायाधीश रजिंदर सच्चर का मानना है (मेनस्ट्रीम, 10.12.2005) कि किसी विचारण (ट्रायल) का परिणाम काफी हद तक वैधिक परामर्श/सहायता की गुणवत्ता पर निर्भर करता है। दूसरे यह कहना भ्रांति है कि मृत्युदंड हटा देने से हत्या के मामलों में वृद्धि हो जाएगी क्योंकि उनके अनुसार 1945-50 में ट्रावनकोट राज्य में बिना मृत्युदंड का प्रावधान रहने पर 1,962 हत्याएं हुई थीं जबकि 1950-55 के दौरान (जब मृत्युदंड का प्रावधान पुनः लागू हुआ) मात्र 967 हत्याएं हुईं। तीसरे, ब्रिटेन में 1965 में मृत्युदंड की सजा का प्रावधान खत्म कर दिया गया और यूरोपीय संघ की सदस्यता प्राप्त करने के लिए यह आवश्यक शर्त होती है कि वहां मृत्युदंड का कानूनी प्रावधान न हो। इटली जैसे राज्य ने भी मृत्युदंड का प्रावधान हटा दिया है। 1988 में संयुक्त राष्ट्र द्वारा कराए गए सर्वेक्षण में यह सिद्ध नहीं हो सका कि मृत्युदंड की सजा देने से आजीवन कारावास की अपेक्षा ज्यादा प्रभाव पड़ता है। 1976 में कनाडा में मृत्युदंड का प्रावधान खत्म कर देने के बाद गृह-हत्या के मामले में कमी आई। वहां सन् 2000 में 542 गृह-हत्याएं हुईं जबकि 1975 (मृत्युदंड हटाने के पूर्व) में वहां 701 गृह-हत्याएं हुई थीं। संयुक्त राज्य अमेरिका में न्यूयॉर्क टाइम्स ने 2000 के सितंबर में एक सर्वेक्षण में पाया कि जिन राज्यों में मृत्युदंड का प्रावधान है, वहां ऐसा प्रावधान न रहने वाले राज्यों की अपेक्षा 48 से 110 प्रतिशत अधिक गृह हत्या दर थी। विश्व के 118 देशों ने मृत्युदंड को या तो कानून में या व्यवहार में हटा दिया है। अंतर्राष्ट्रीय सिविल संविदा के द्वितीय प्रोटोकॉल (जो 1991 से लागू हुआ) में मृत्युदंड खत्म करने का प्रावधान है। मगर भारत ने अभी तक इस पर हस्ताक्षर नहीं किया है। संयुक्त राज्य अमेरिका के सर्वोच्च न्यायालय ने 1976 में मृत्युदंड का प्रावधान फिर

से लागू कर दिया है मगर वहां यह भी पाया गया कि सर्वोच्च न्यायालय ने प्रत्येक सात मृत्युदंड के मामले में एक मामले में पूर्णतः रिहाई भी की है। भारत के सर्वोच्च न्यायालय के तत्कालीन प्रधान न्यायाधीश ने 2005 में कहा था कि जज के रूप में वह राज्य के द्वारा स्थापित मृत्युदंड के प्रावधान के अनुसार कार्य करेंगे मगर एक नागरिक रूप में वह उसे खत्म कराना चाहते हैं।

इस प्रकार स्पष्ट है कि जेलों में बंद कैदियों को व्यवहार में सुरक्षा मिलनी चाहिए तथा रिहाई के बाद उनके पुनर्वास की व्यवस्था होनी चाहिए।

संदर्भ-सूची

1. अमित भादुड़ी, *डिफरेंसेज इन द डिजाइन्स आफ डेवलपमेंट,* द हिंदू, 25 जुलाई, 2006
2. अर्जुन देव एवं अन्य (सं.) (1998), *मानव अधिकार,* राष्ट्रीय शैक्षिक अनुसंधन और प्रशिक्षण परिषद, नई दिल्ली
3. उमेश राठौर, *पर्यावरण प्रदूषण,* नीमा प्रकाशन, जयपुर
4. गार्गी परसाई, *8000 रैयत सुसाइड्स सिंस 2003,* द हिंदू, 9 मई, 2007
5. चमन लाल, *बाल श्रम,* मानवाधिकार : नई दिशाएं, अंक 1, 2004
6. निलोवा रॉय चौधरी, *टेरर,* द हिंदुस्तान टाइम्स, 13 अगस्त, 2006 (पटना)
7. प्रभाकर सिन्हा, *ह्यूमन राइट्स,* पी.यू.सी.एल., पटना
8. भारत सरकार, *पर्यावरण से मैत्री,* (2000) प्रकाशन विभाग, भारत सरकार, नई दिल्ली
9. एम. रामा जॉइस, *भारतीय कल्चरल वैल्यूज फॉर द प्रोटेक्शन ऑव ह्यूमन राइट्स,* ओरिएंटल एंथ्रोपोलॉजिस्ट, 4(1), जनवरी 2004, पृष्ठ 107-28
10. युनिसेफ, *दुनिया के बच्चों की स्थिति 2005,* युनिसेफ, नई दिल्ली
11. राष्ट्रीय सहारा, *नब्बे प्रतिशत किसानों को कृषि सब्सिडी का लाभ नहीं,* 8 मई, 2007
12. विंदेश्वर पाठक, *सिर पर मैला ढोने की प्रथा : एक सामाजिक अभिशाप,* मानवाधिकार : नई दिशाएं अंक 1, 2004
13. संतोष कुमार, संपादकीय, *मानवाधिकार : नई दिशाएं,* अंक 1, 2004
14. स्वामी अग्निवेश, *बंधुआ श्रमिक : समस्याएं एवं समाधान,* मानवाधिकार : नई दिशाएं, अंक 1, 2004
15. सुभाष शर्मा, *भारत में बाल मजदूर* (2006), प्रकाशन संस्थान, नई दिल्ली (द्वितीय संस्करण)
16. सुभाष शर्मा, *भारतीय महिलाओं की दशा* (2006), आधार प्रकाशन प्रा.लि., पंचकूला (हरियाणा)
17. सुभाष शर्मा, *ह्यूमन राइट्स : पर्सपेक्टिव्स एंड क्रिटिकल इशूज,* ओरिएंटल एंथ्रोपोलॉजिस्ट, जुलाई 2005
18. हरपाल बराड़, *इराक : साम्राज्यवादी कब्जा और प्रतिरोध* (2004) परिकल्पना प्रकाशन, लखनऊ
19. हर्ष मंदर, *फेक इनकाउंटर्स एंड द नेशन,* हिंदुस्तान टाइम्स, 13 मई, 2007

अमर उजाला लि0, नौएडा द्वारा मुद्रित